Ran und die graue Welt

5

Aki Irie

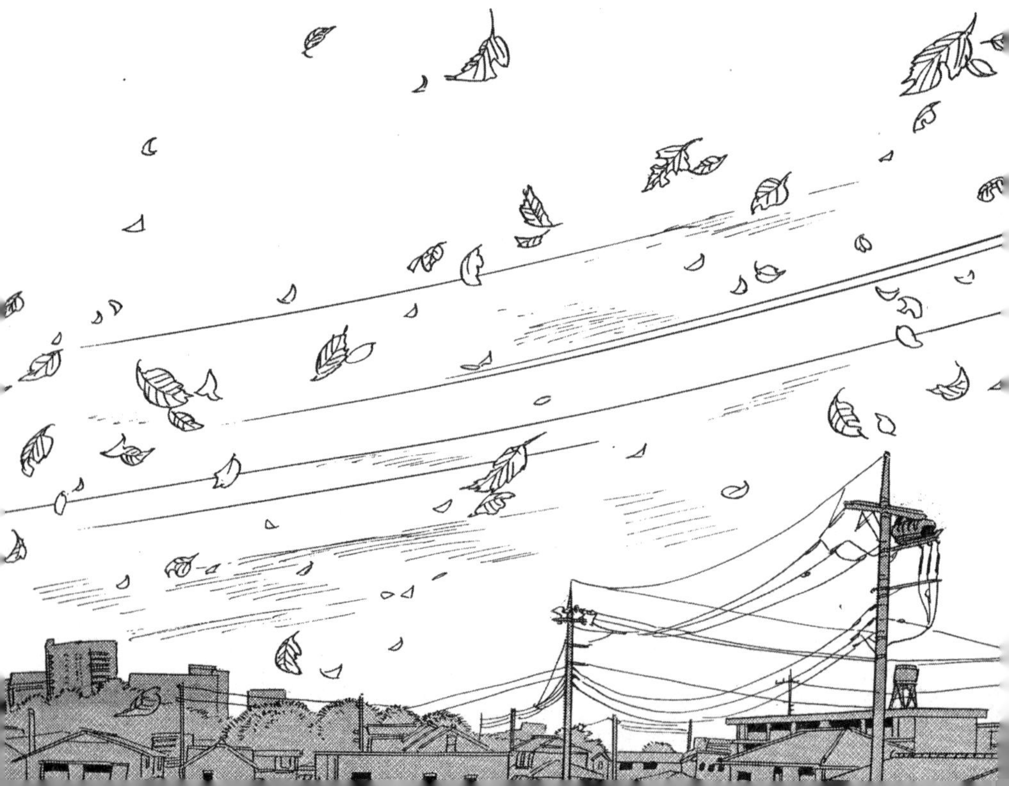

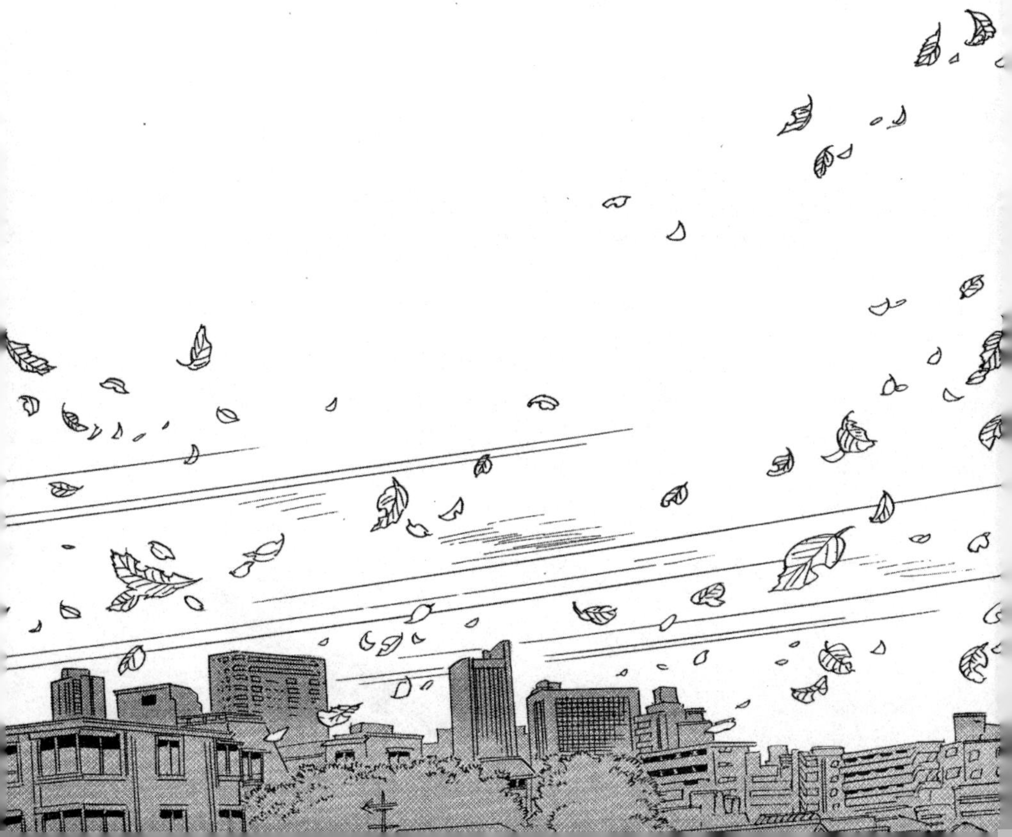

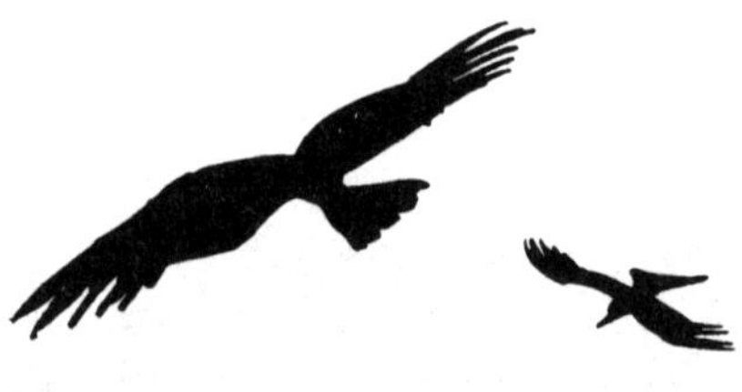

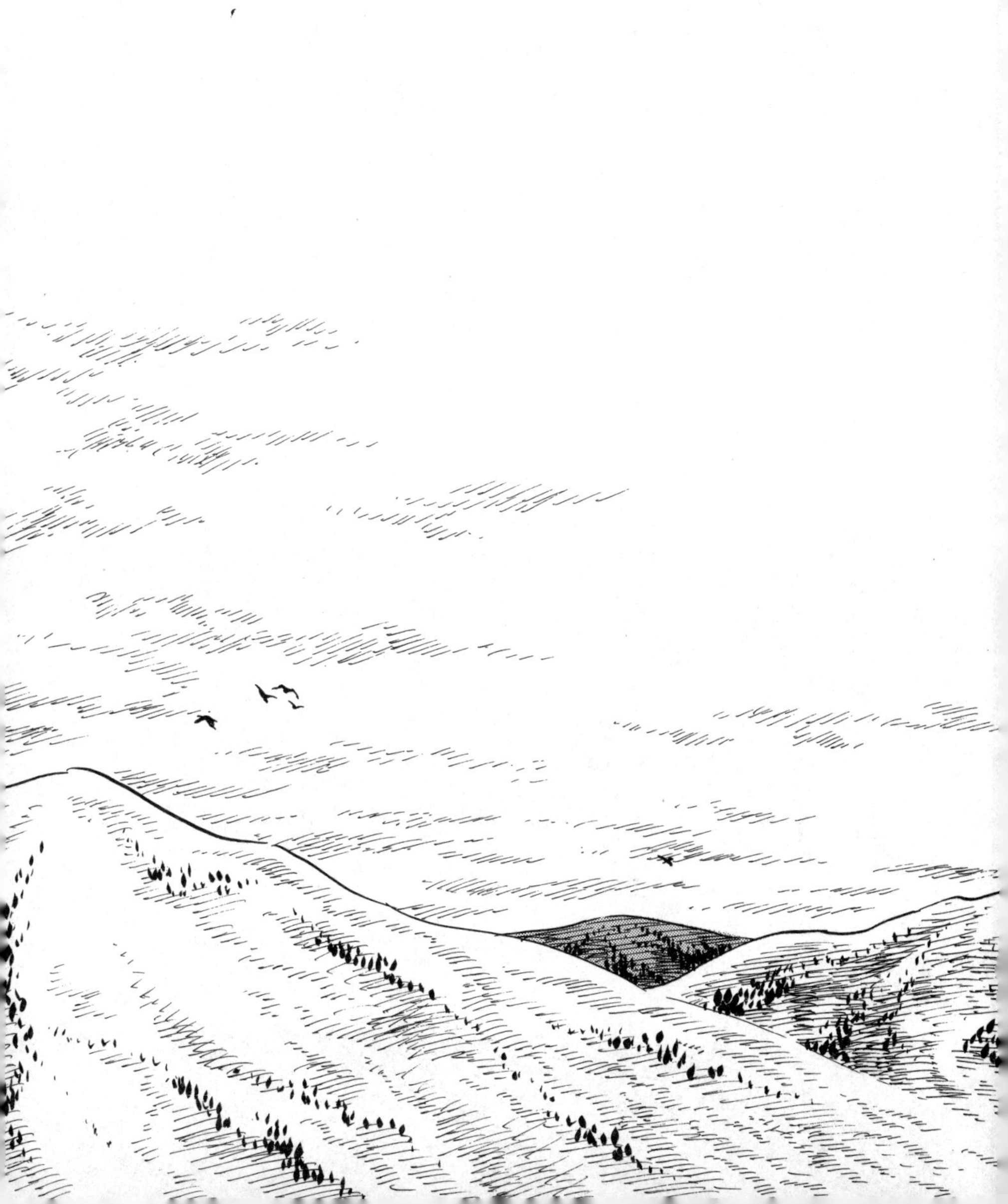

Inhalt

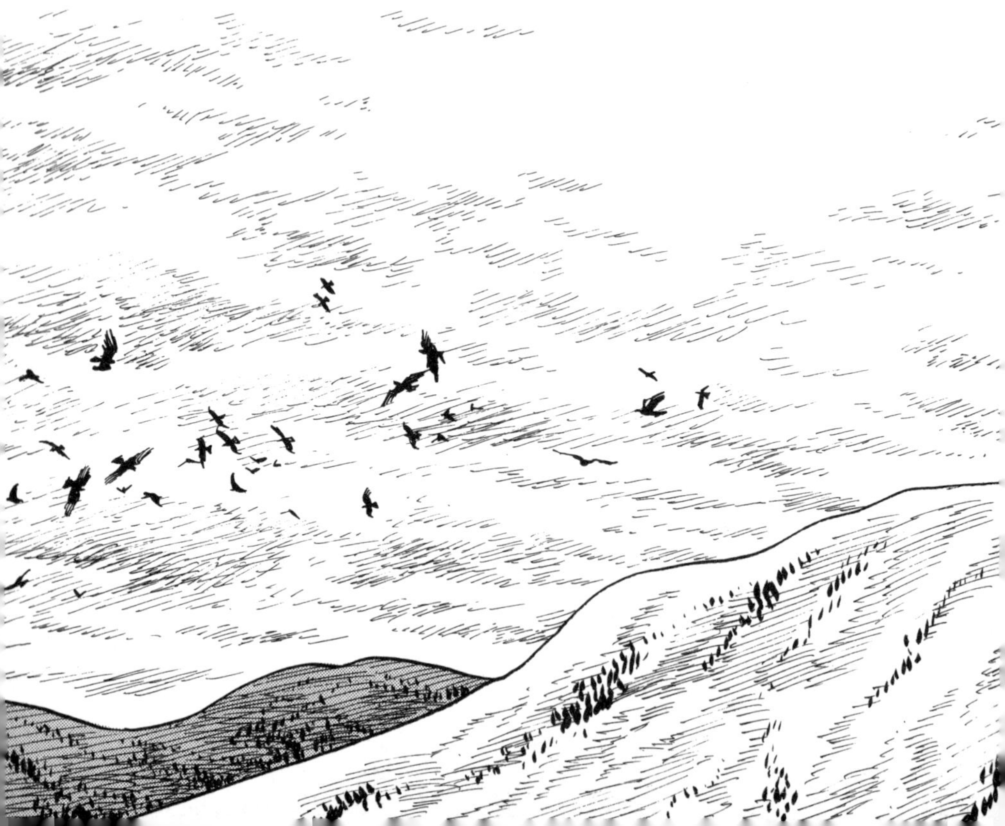

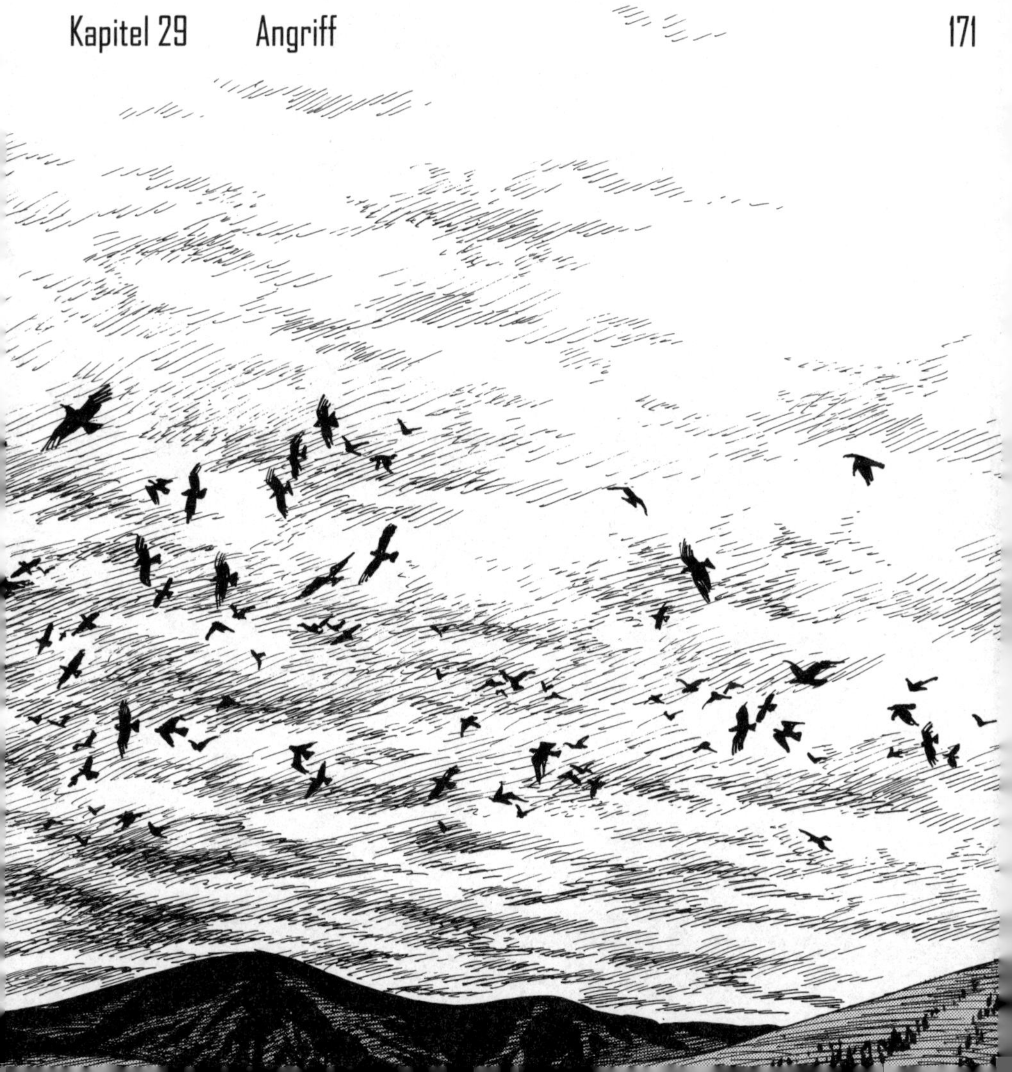

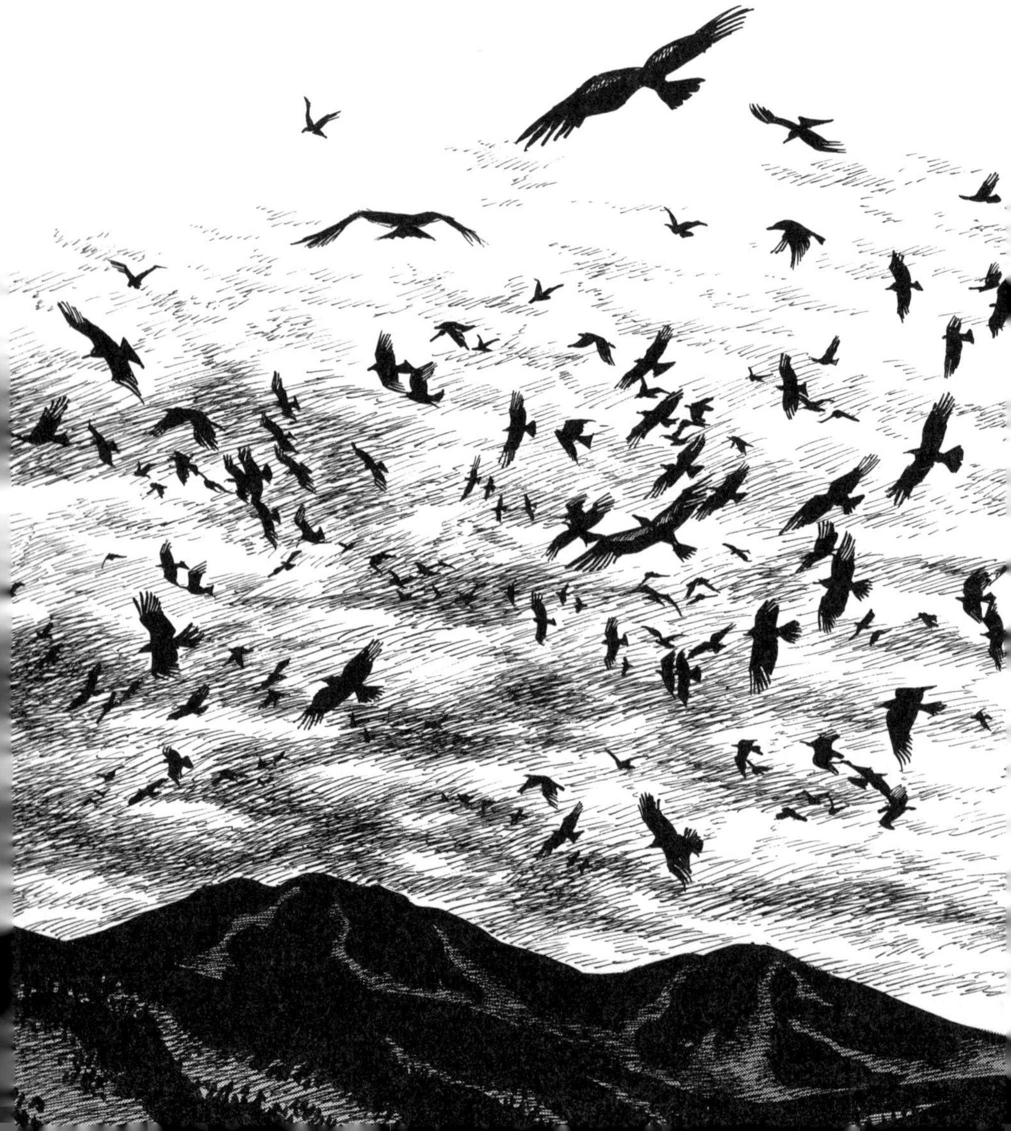

Kapitel 24

Vor dem vor dem vor dem Sturm

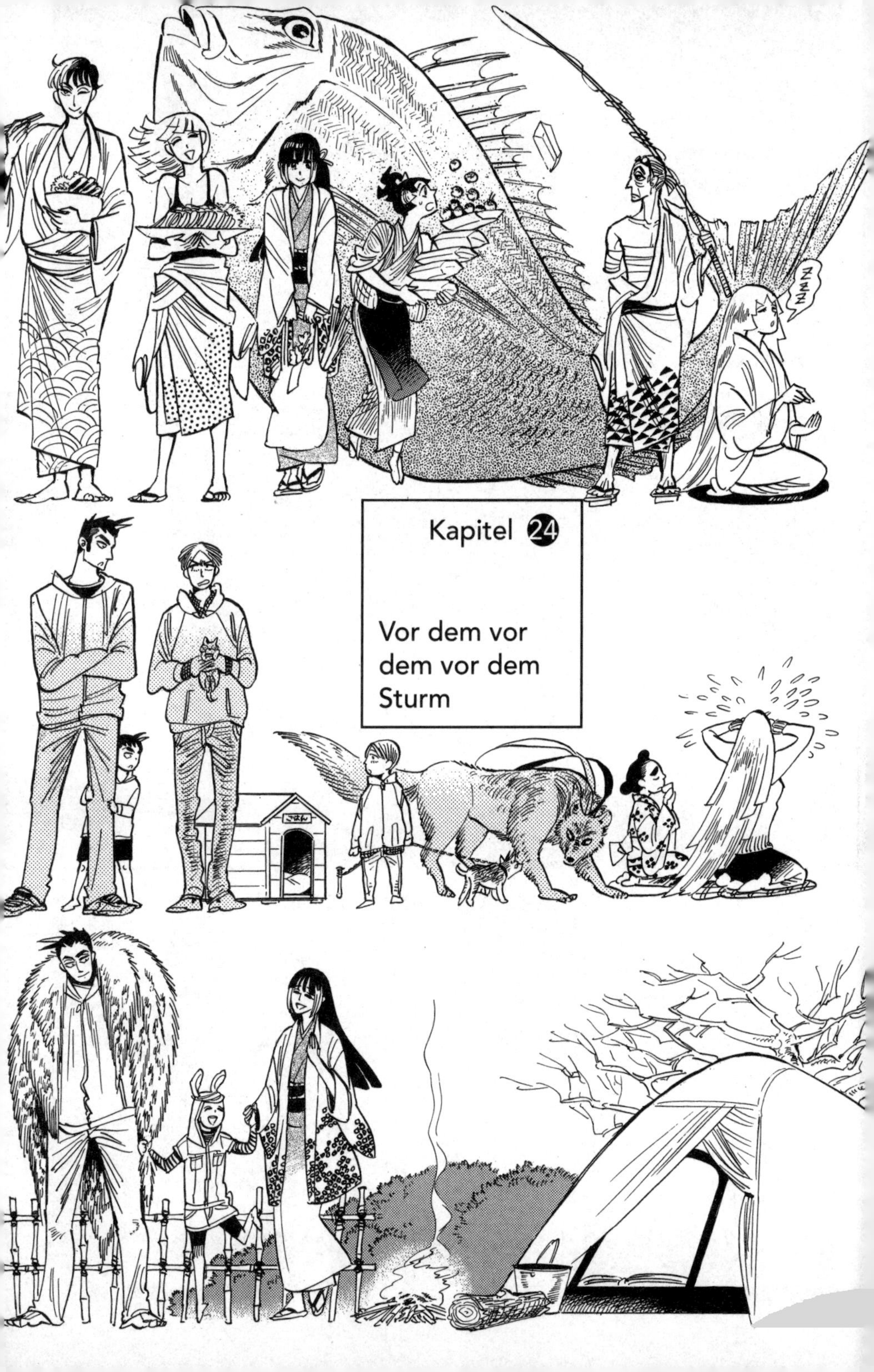

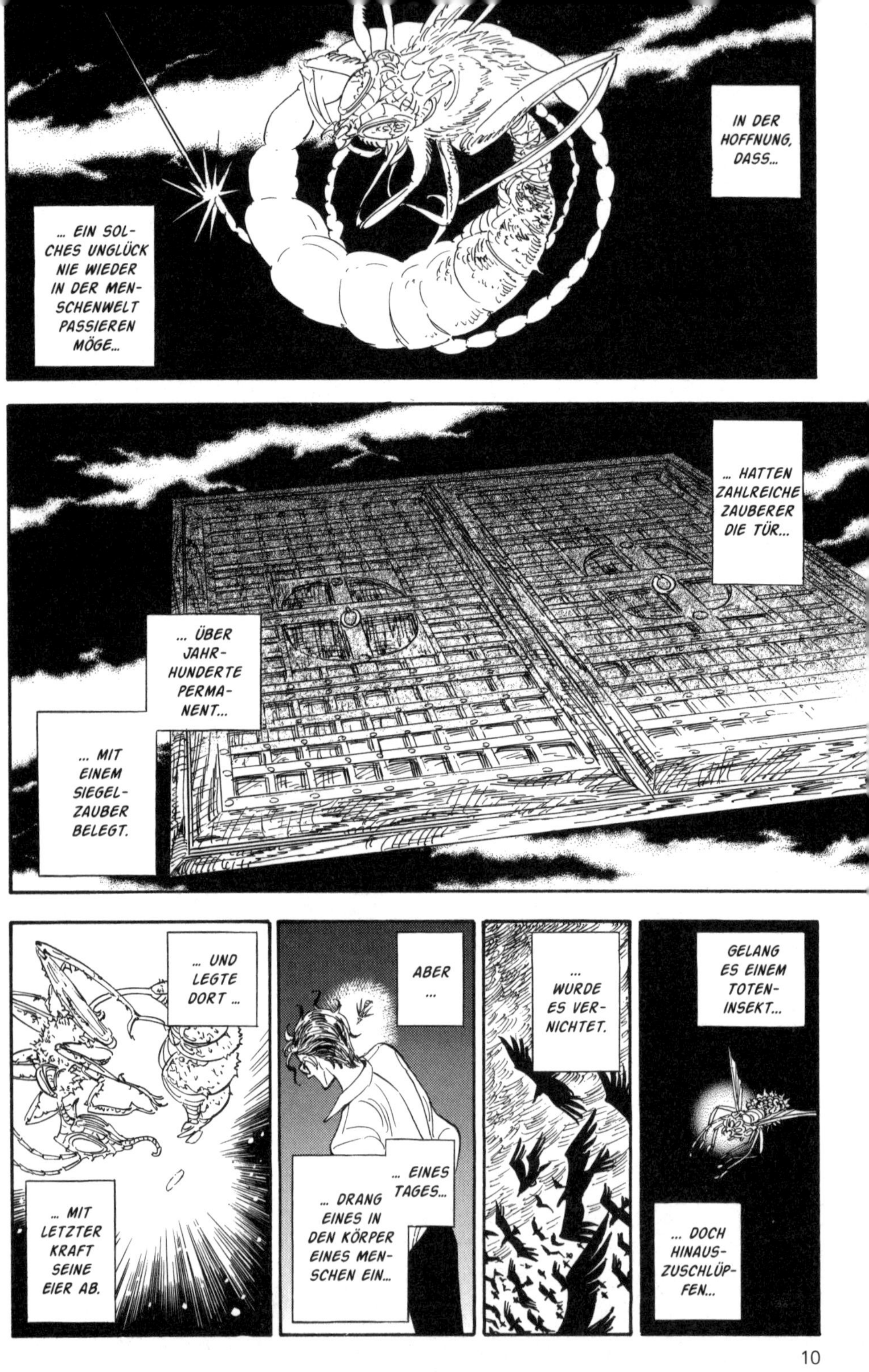

IN DER HOFFNUNG, DASS...
... EIN SOLCHES UNGLÜCK NIE WIEDER IN DER MENSCHENWELT PASSIEREN MÖGE...
... HATTEN ZAHLREICHE ZAUBERER DIE TÜR...
... ÜBER JAHRHUNDERTE PERMANENT...
... MIT EINEM SIEGELZAUBER BELEGT.
GELANG ES EINEM TOTENINSEKT...
... DOCH HINAUSZUSCHLÜPFEN...
... WURDE ES VERNICHTET.
ABER ...
... EINES TAGES...
... DRANG EINES IN DEN KÖRPER EINES MENSCHEN EIN...
... UND LEGTE DORT ...
... MIT LETZTER KRAFT SEINE EIER AB.

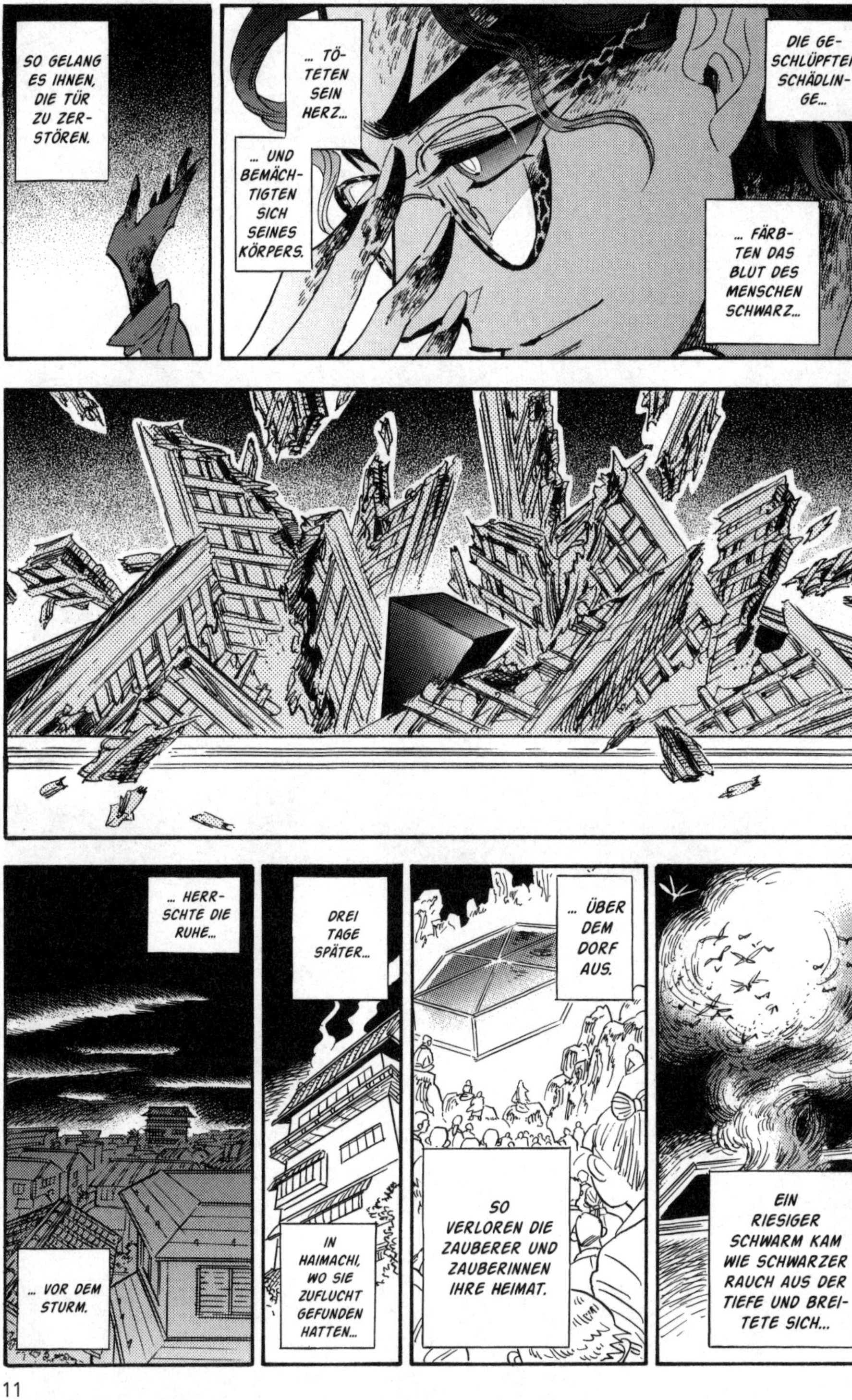
DIE GESCHLÜPFTEN SCHÄDLINGE...
... FÄRBTEN DAS BLUT DES MENSCHEN SCHWARZ...
... TÖTETEN SEIN HERZ...
... UND BEMÄCHTIGTEN SICH SEINES KÖRPERS.
SO GELANG ES IHNEN, DIE TÜR ZU ZERSTÖREN.
EIN RIESIGER SCHWARM KAM WIE SCHWARZER RAUCH AUS DER TIEFE UND BREITETE SICH...
... ÜBER DEM DORF AUS.
SO VERLOREN DIE ZAUBERER UND ZAUBERINNEN IHRE HEIMAT.
DREI TAGE SPÄTER...
IN HAIMACHI, WO SIE ZUFLUCHT GEFUNDEN HATTEN...
... HERRSCHTE DIE RUHE...
... VOR DEM STURM.

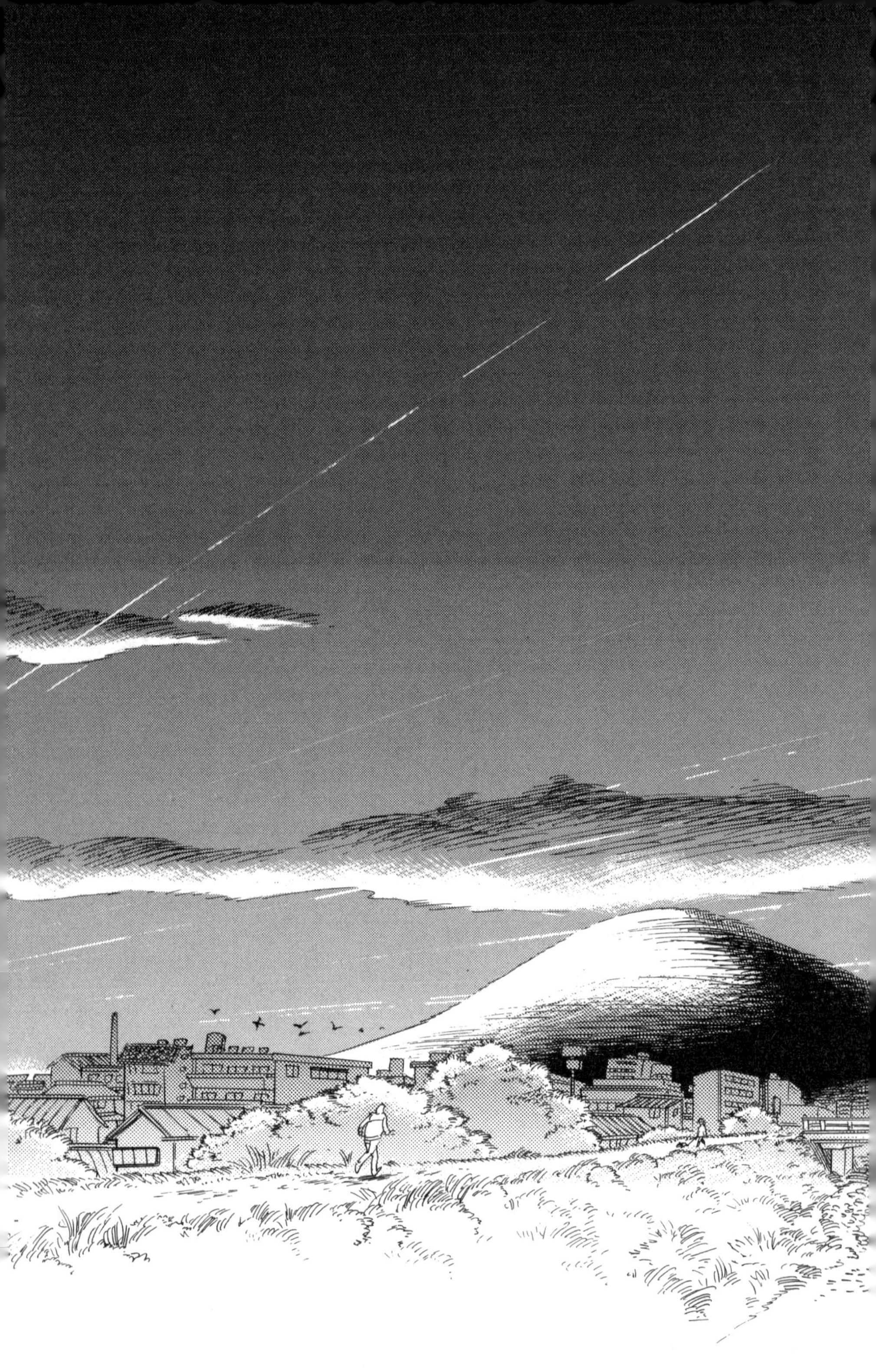

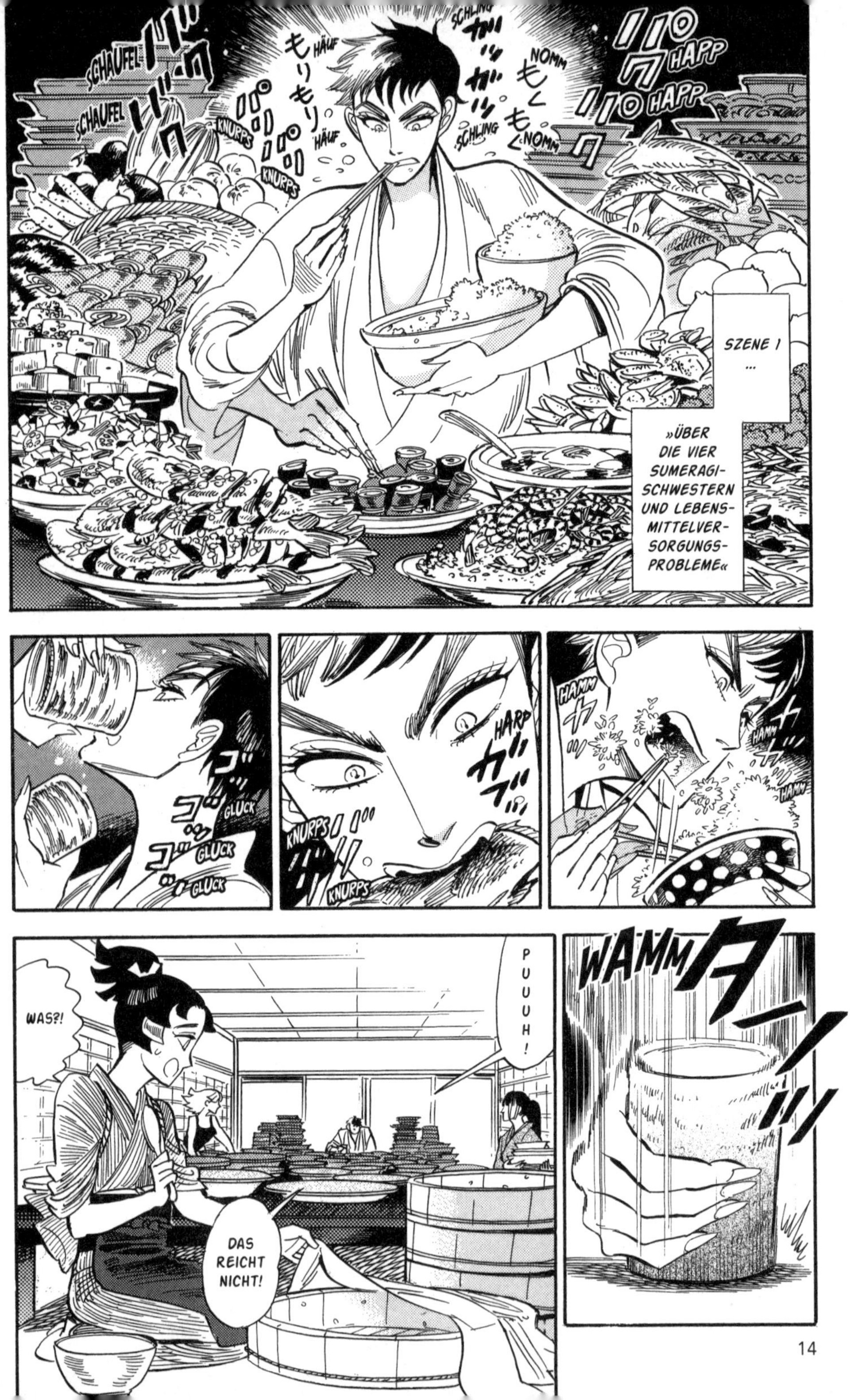
SCHAUFEL
SCHAUFEL
もりもり
HÄUF
HÄUF
KNURPS
KNURPS
SCHLING
SCHLING
NOMM
もぐもぐ
NOMM
HAPP
HAPP
SZENE 1 ...
»ÜBER DIE VIER SUMERAGI-SCHWESTERN UND LEBENSMITTELVERSORGUNGSPROBLEME«
GLUCK
GLUCK
GLUCK
HARP
KNURPS
KNURPS
HAMM
HAMM
HAMM
WAS?!
PUUUH!
DAS REICHT NICHT!
WAMM

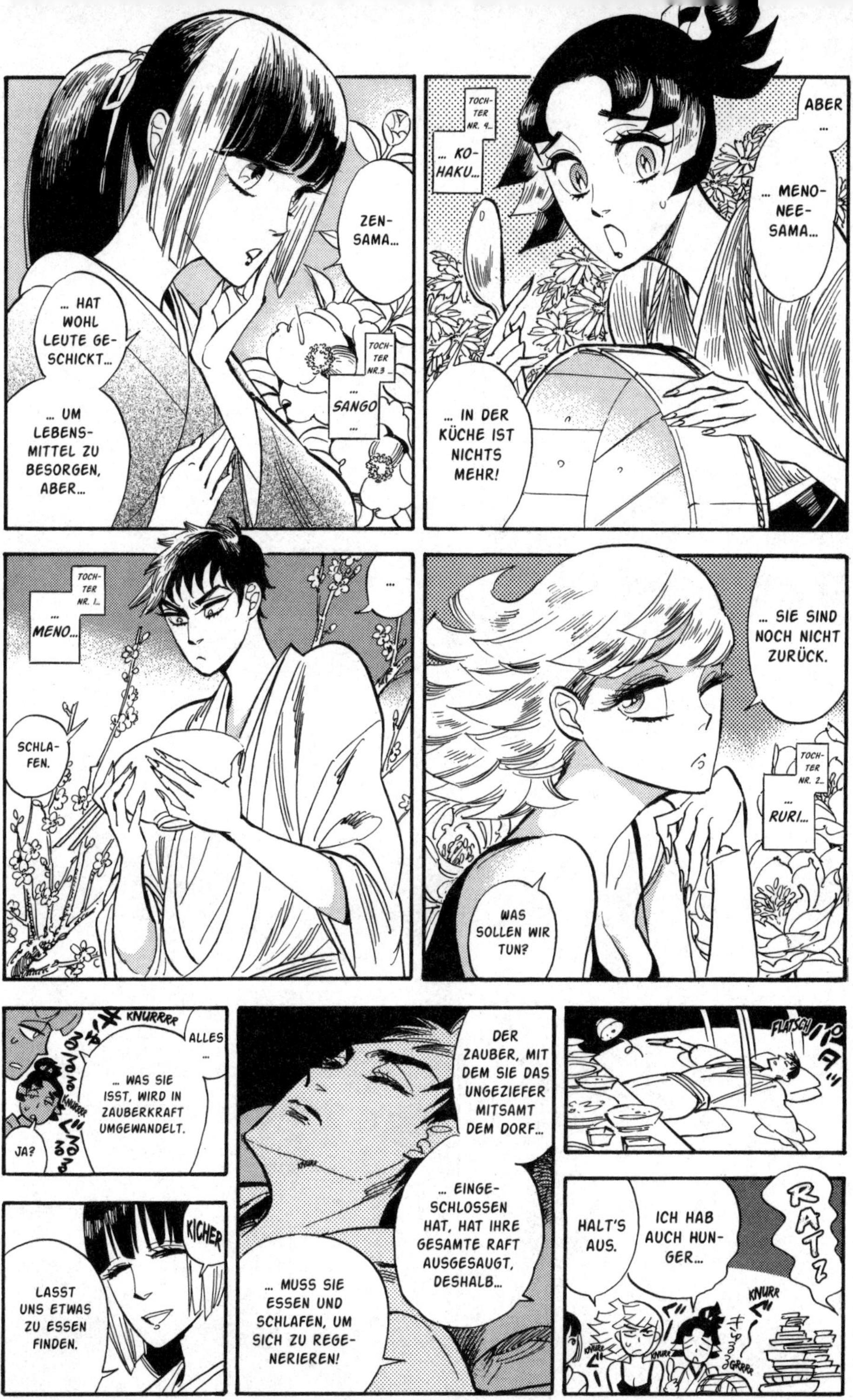
ABER ...
... MENO-NEE-SAMA...
TOCHTER NR. 4...
... KO-HAKU...
... IN DER KÜCHE IST NICHTS MEHR!
ZEN-SAMA...
TOCHTER NR.3 ...
... SANGO ...
... HAT WOHL LEUTE GE-SCHICKT...
... UM LEBENS-MITTEL ZU BESORGEN, ABER...
... SIE SIND NOCH NICHT ZURÜCK.
TOCHTER NR. 2...
... RURI...
WAS SOLLEN WIR TUN?
...
TOCHTER NR. 1...
... MENO...
SCHLA-FEN.
FLATSCH
RATZ
ICH HAB AUCH HUN-GER...
HALT'S AUS.
KNURR
DER ZAUBER, MIT DEM SIE DAS UNGEZIEFER MITSAMT DEM DORF...
... EINGE-SCHLOSSEN HAT, HAT IHRE GESAMTE RAFT AUSGESAUGT, DESHALB...
... MUSS SIE ESSEN UND SCHLAFEN, UM SICH ZU REGE-NERIEREN!
KNURRRR
ALLES ...
... WAS SIE ISST, WIRD IN ZAUBERKRAFT UMGEWANDELT.
JA?
KICHER
LASST UNS ETWAS ZU ESSEN FINDEN.

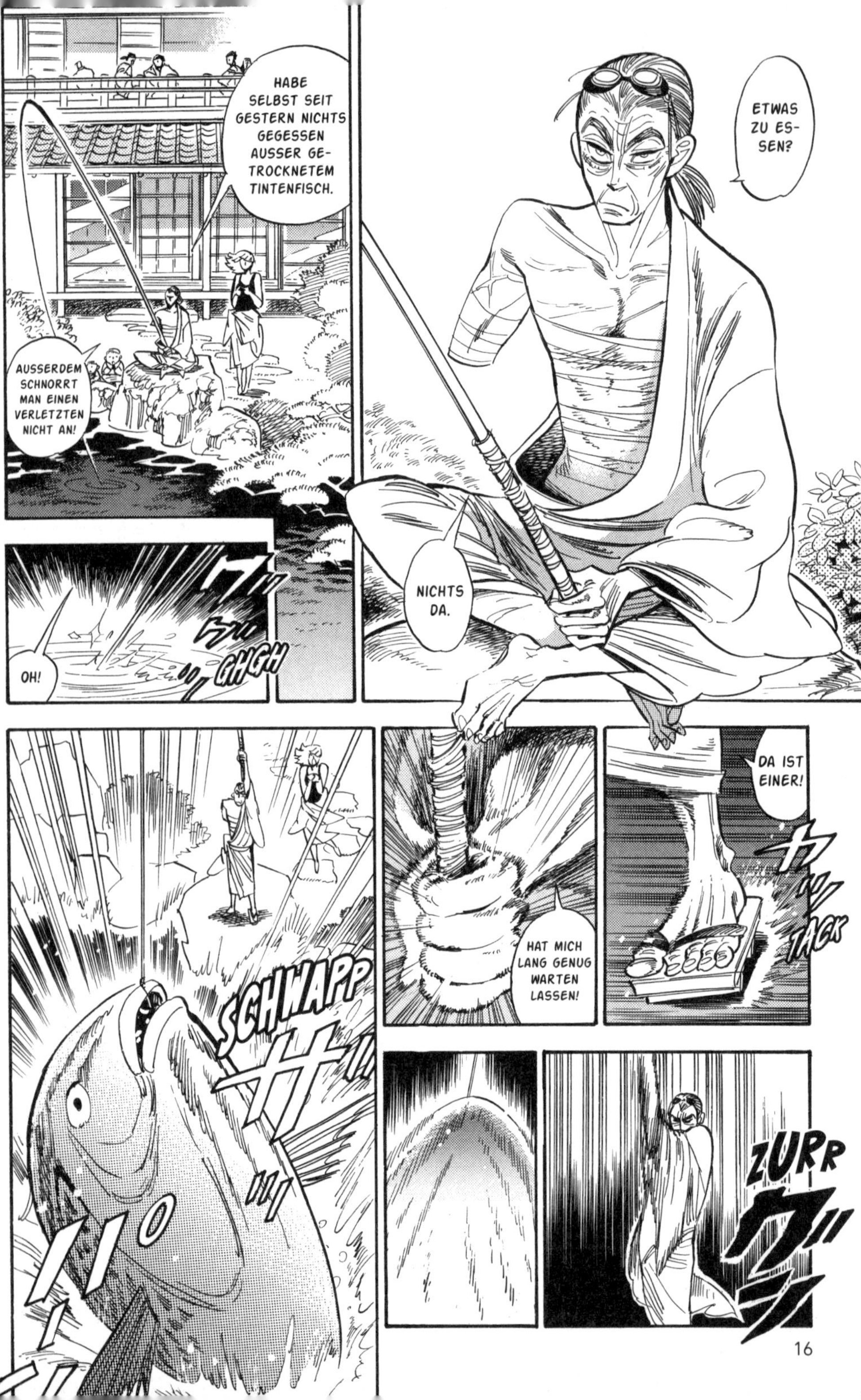
ETWAS ZU ES-SEN?
NICHTS DA.
HABE SELBST SEIT GESTERN NICHTS GEGESSEN AUSSER GE-TROCKNETEM TINTENFISCH.
AUSSERDEM SCHNORRT MAN EINEN VERLETZTEN NICHT AN!
GHGH
OH!
DA IST EINER!
TACK
HAT MICH LANG GENUG WARTEN LASSEN!
SCHWAPP
ZURR

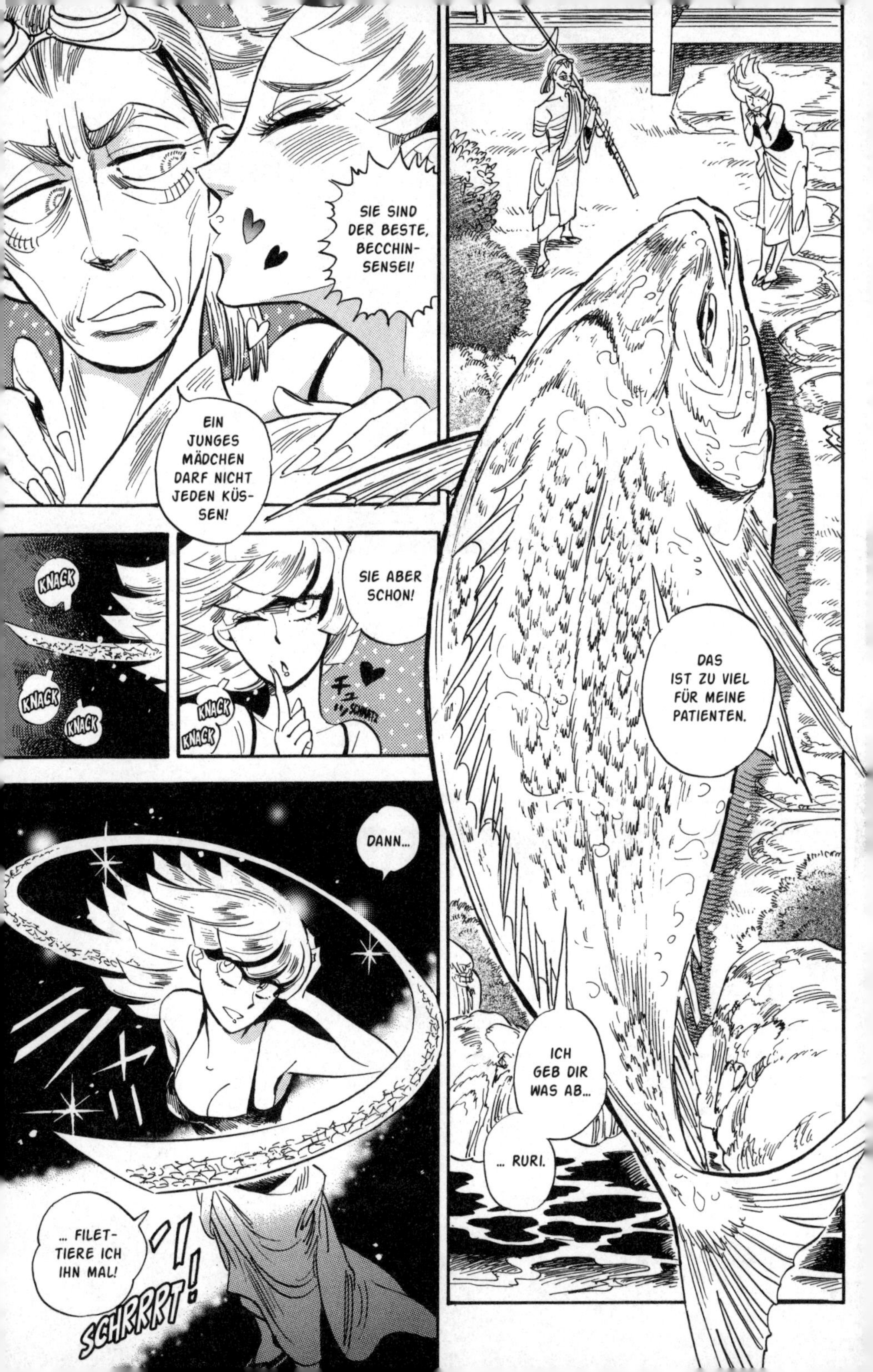
DAS IST ZU VIEL FÜR MEINE PATIENTEN.
ICH GEB DIR WAS AB...
... RURI.
SIE SIND DER BESTE, BECCHIN-SENSEI!
EIN JUNGES MÄDCHEN DARF NICHT JEDEN KÜS-SEN!
SIE ABER SCHON!
チュ
SCHMATZ
KNACK
KNACK
KNACK
KNACK
KNACK
DANN...
... FILET-TIERE ICH IHN MAL!
SCHRRRT!

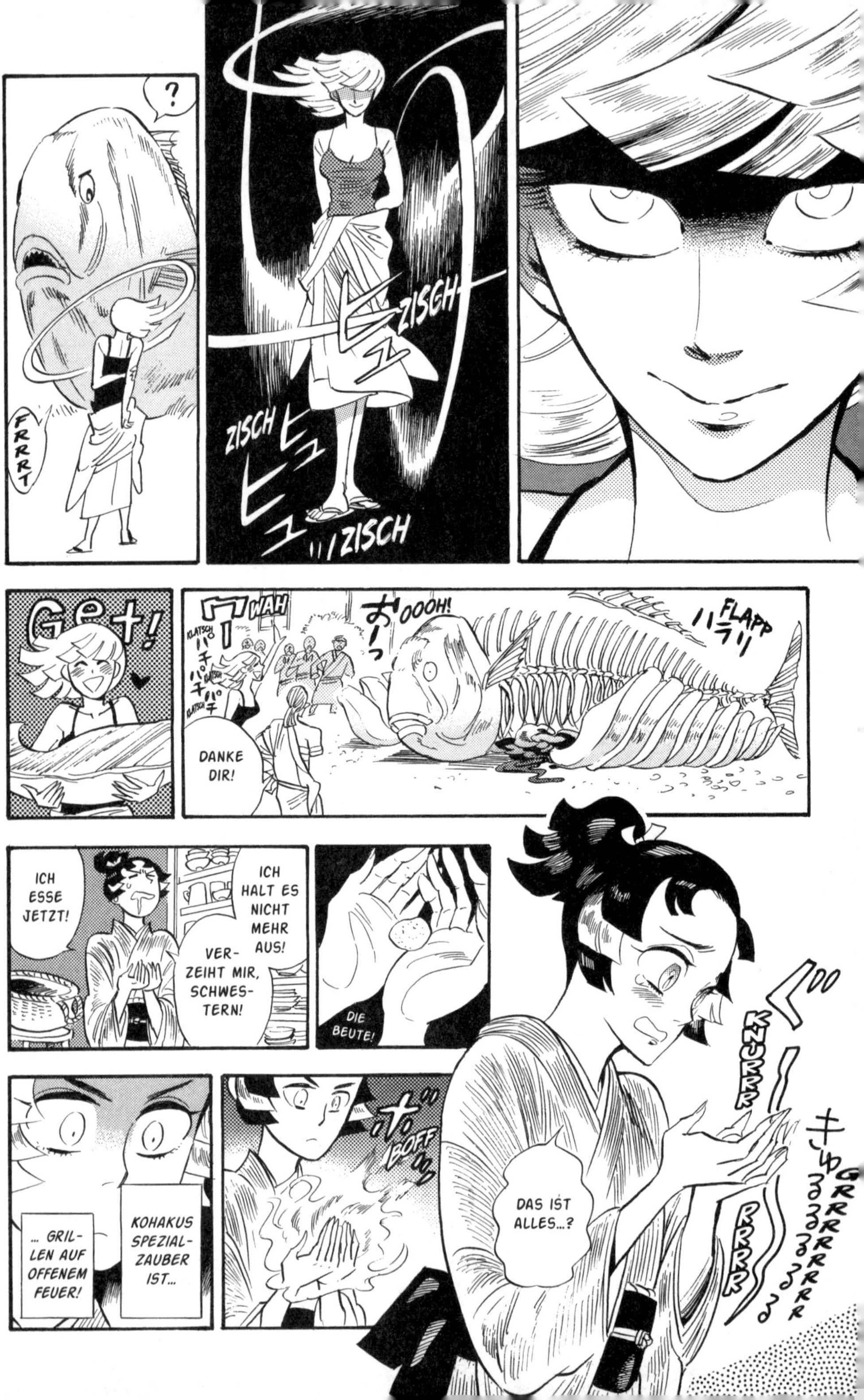

ZISCH
ZISCH
ZISCH
?
FRRRT
WAH
KLATSCH
KLATSCH
KLATSCH
OOOH!
FLAPP
DANKE DIR!
Get!
KNURRR
GRRRRRRR
RRRRR
DAS IST ALLES...?
DIE BEUTE!
ICH HALT ES NICHT MEHR AUS!
VER-ZEIHT MIR, SCHWES-TERN!
ICH ESSE JETZT!
BOFF
KOHAKUS SPEZIAL-ZAUBER IST...
... GRIL-LEN AUF OFFENEM FEUER!

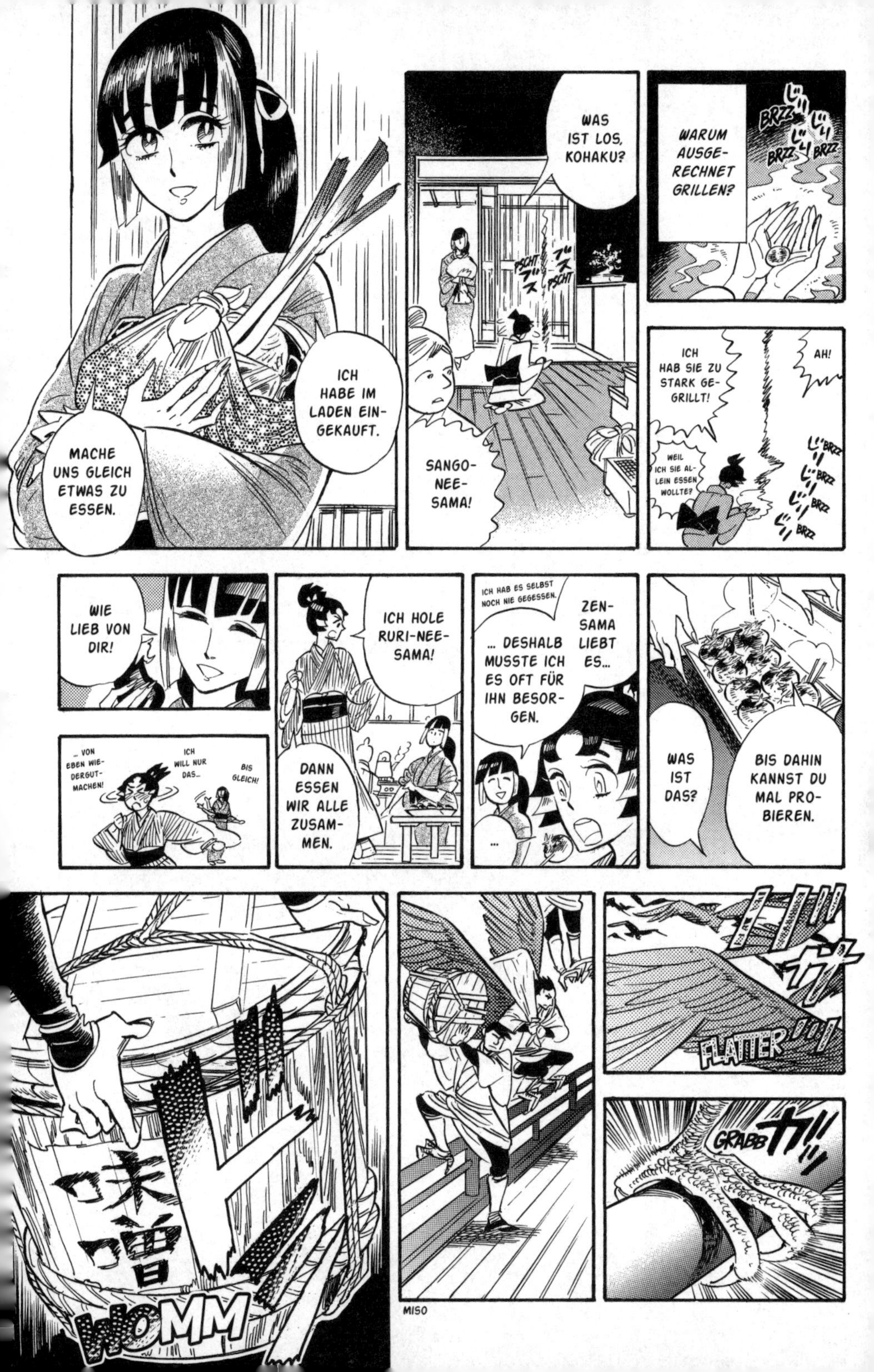

WARUM AUSGE-RECHNET GRILLEN?
BRZZ BRZZ BRZZ
WAS IST LOS, KOHAKU?
PSCHT PSCHT
SANGO-NEE-SAMA!
AH!
ICH HAB SIE ZU STARK GE-GRILLT!
WEIL ICH SIE AL-LEIN ESSEN WOLLTE?
BRZZ BRZZ BRZZ BRZZ
ICH HABE IM LADEN EIN-GEKAUFT.
MACHE UNS GLEICH ETWAS ZU ESSEN.
BIS DAHIN KANNST DU MAL PRO-BIEREN.
WAS IST DAS?
ZEN-SAMA LIEBT ES...
ICH HAB ES SELBST NOCH NIE GEGESSEN.
... DESHALB MUSSTE ICH ES OFT FÜR IHN BESOR-GEN.
...
ICH HOLE RURI-NEE-SAMA!
DANN ESSEN WIR ALLE ZUSAM-MEN.
WIE LIEB VON DIR!
BIS GLEICH!
ICH WILL NUR DAS...
... VON EBEN WIE-DERGUT-MACHEN!
FLATTER
GRABB
WOMM
MISO

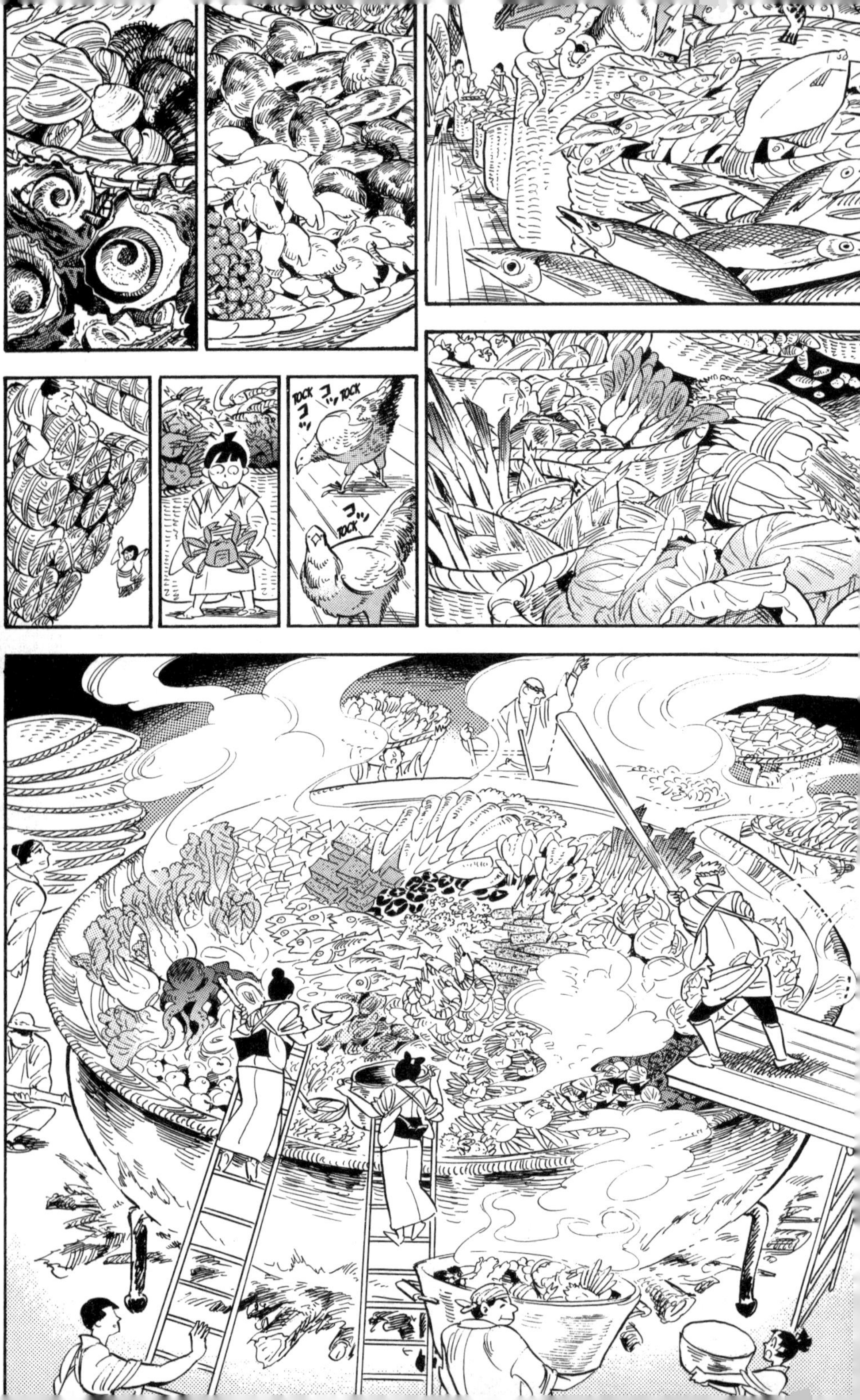
TOCK
コッ
TOCK
コッ
TOCK
コッ

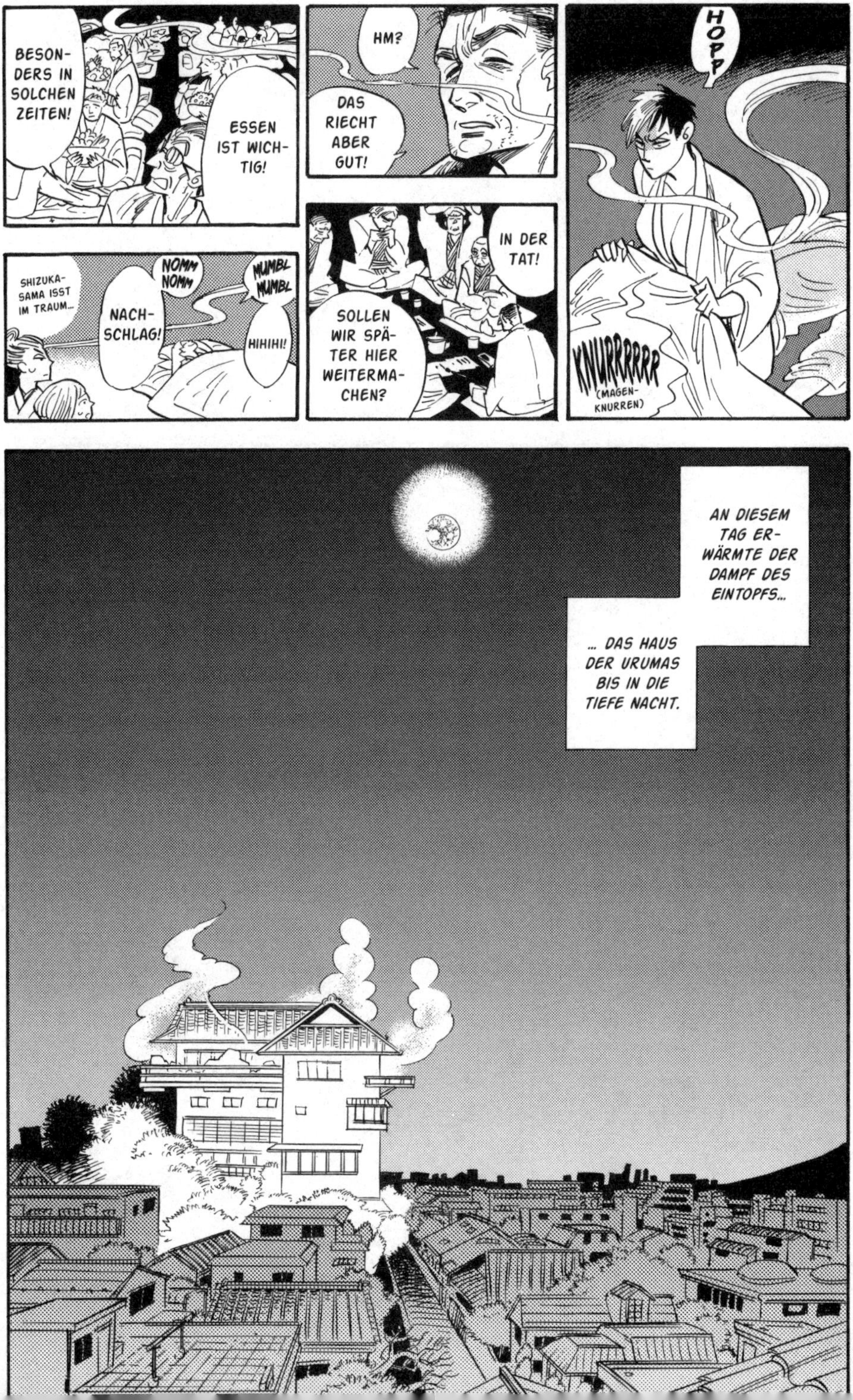
HOPP
KNURRRRRR
(MAGEN-KNURREN)
HM?
DAS RIECHT ABER GUT!
IN DER TAT!
SOLLEN WIR SPÄTER HIER WEITERMACHEN?
ESSEN IST WICHTIG!
BESONDERS IN SOLCHEN ZEITEN!
MUMBL MUMBL
HIHIHI!
NOMM NOMM
NACHSCHLAG!
SHIZUKA-SAMA ISST IM TRAUM…
AN DIESEM TAG ERWÄRMTE DER DAMPF DES EINTOPFS…
… DAS HAUS DER URUMAS BIS IN DIE TIEFE NACHT.

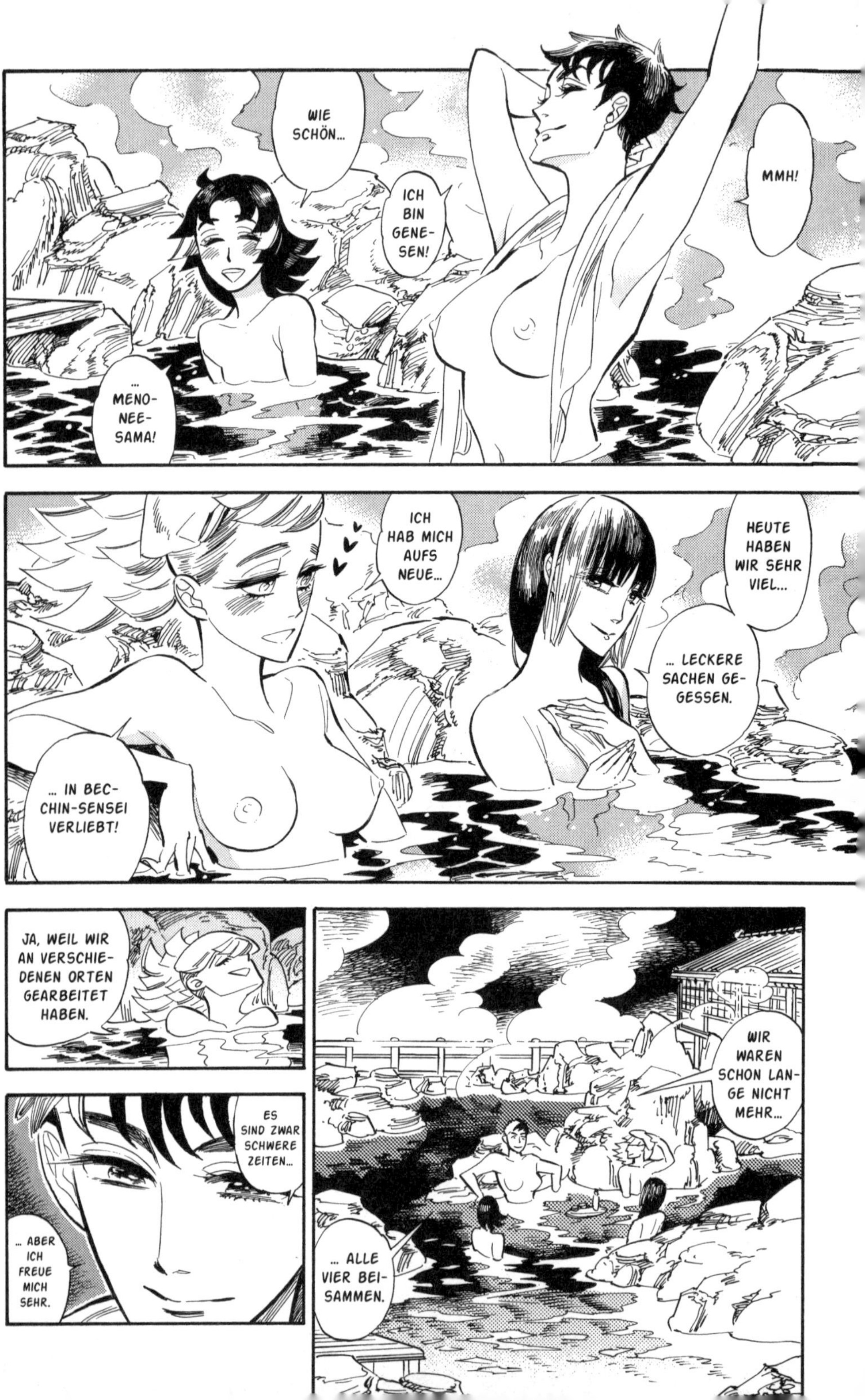
MMH!
ICH BIN GENESEN!
WIE SCHÖN...
... MENO-NEE-SAMA!
HEUTE HABEN WIR SEHR VIEL...
... LECKERE SACHEN GEGESSEN.
ICH HAB MICH AUFS NEUE...
... IN BECCHIN-SENSEI VERLIEBT!
WIR WAREN SCHON LANGE NICHT MEHR...
... ALLE VIER BEISAMMEN.
JA, WEIL WIR AN VERSCHIEDENEN ORTEN GEARBEITET HABEN.
ES SIND ZWAR SCHWERE ZEITEN...
... ABER ICH FREUE MICH SEHR.

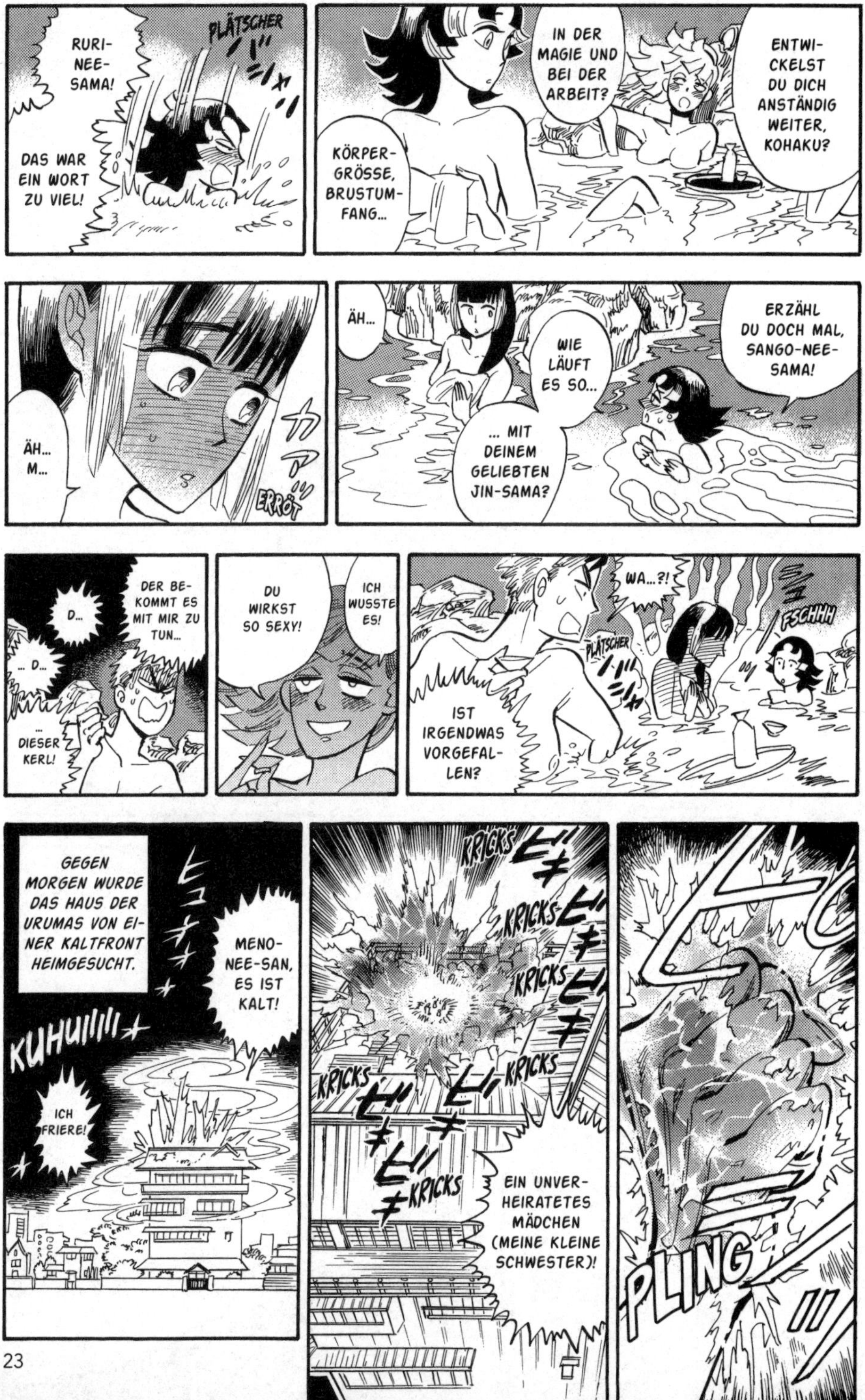
ENTWICKELST DU DICH ANSTÄNDIG WEITER, KOHAKU?
IN DER MAGIE UND BEI DER ARBEIT?
KÖRPERGRÖSSE, BRUSTUMFANG...
PLÄTSCHER
RURI-NEE-SAMA!
DAS WAR EIN WORT ZU VIEL!
ERZÄHL DU DOCH MAL, SANGO-NEE-SAMA!
WIE LÄUFT ES SO...
... MIT DEINEM GELIEBTEN JIN-SAMA?
ÄH...
ÄH... M...
ERRÖT
WA...?!
FSCHHH
PLÄTSCHER
IST IRGENDWAS VORGEFALLEN?
ICH WUSSTE ES!
DU WIRKST SO SEXY!
DER BEKOMMT ES MIT MIR ZU TUN...
D...
... D...
... DIESER KERL!
PLING
KRICKS
KRICKS
KRICKS
KRICKS
KRICKS
KRICKS
EIN UNVERHEIRATETES MÄDCHEN (MEINE KLEINE SCHWESTER)!
GEGEN MORGEN WURDE DAS HAUS DER URUMAS VON EINER KALTFRONT HEIMGESUCHT.
MENO-NEE-SAN, ES IST KALT!
KUHUIIIII
ICH FRIERE!

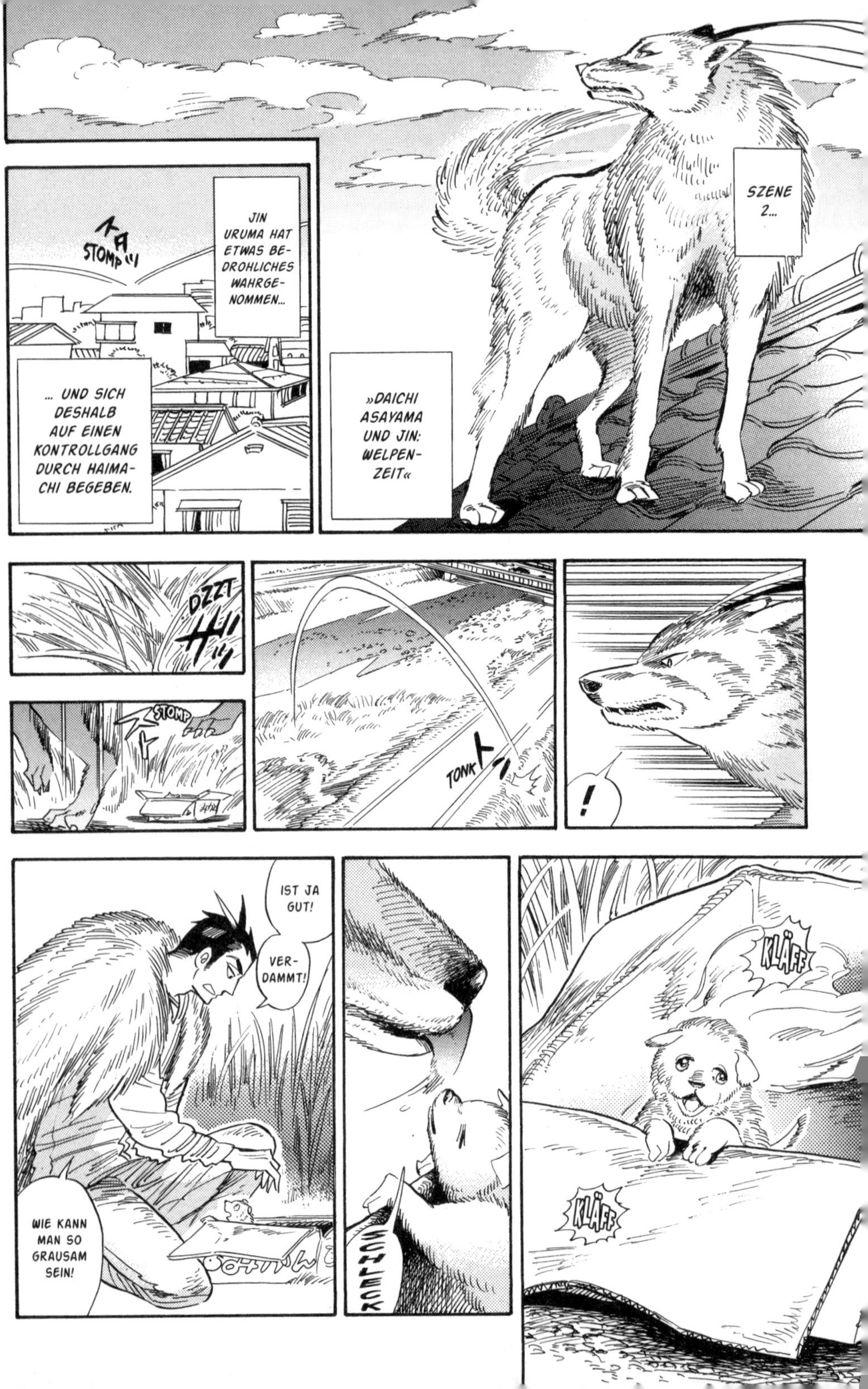
SZENE 2...
»DAICHI ASAYAMA UND JIN: WELPENZEIT«
JIN URUMA HAT ETWAS BEDROHLICHES WAHRGENOMMEN...
STOMP
... UND SICH DESHALB AUF EINEN KONTROLLGANG DURCH HAIMACHI BEGEBEN.
!
TONK
DZZT
STOMP
KLÄFF
KLÄFF
SCHLECK
IST JA GUT!
VERDAMMT!
WIE KANN MAN SO GRAUSAM SEIN!

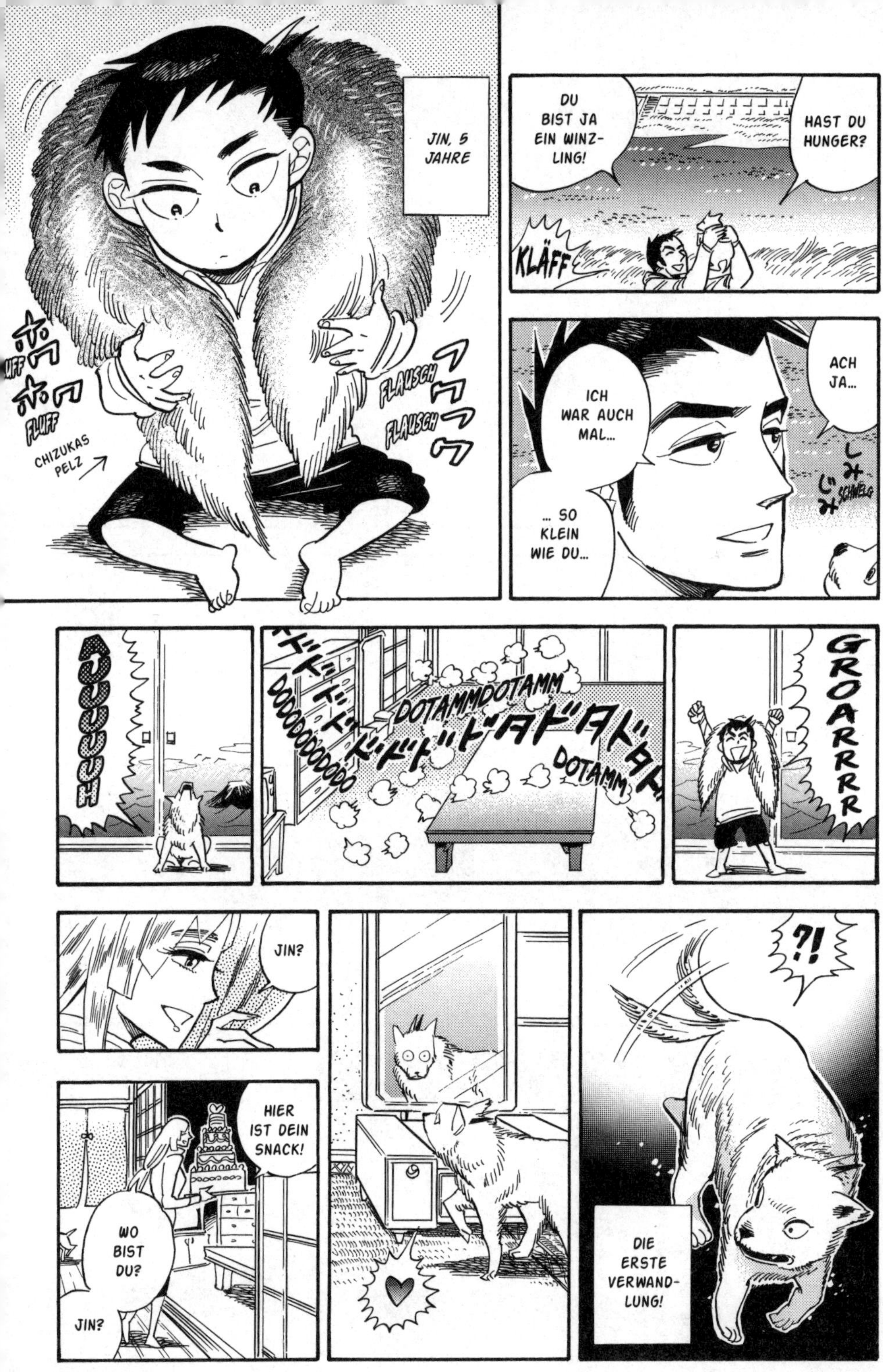

Hast du Hunger?
Du bist ja ein Winzling!
KLÄFF
Ach ja...
SCHWELG
Ich war auch mal...
... so klein wie du...
Jin, 5 Jahre
FLAUSCH
FLAUSCH
UFF
FLUFF
CHIZUKAS PELZ
GROARRRR
DOTAMMDOTAMM
DOTAMM
DODODODODODO
JUUUUH
?!
Jin?
Die erste Verwandlung!
Hier ist dein Snack!
Wo bist du?
Jin?

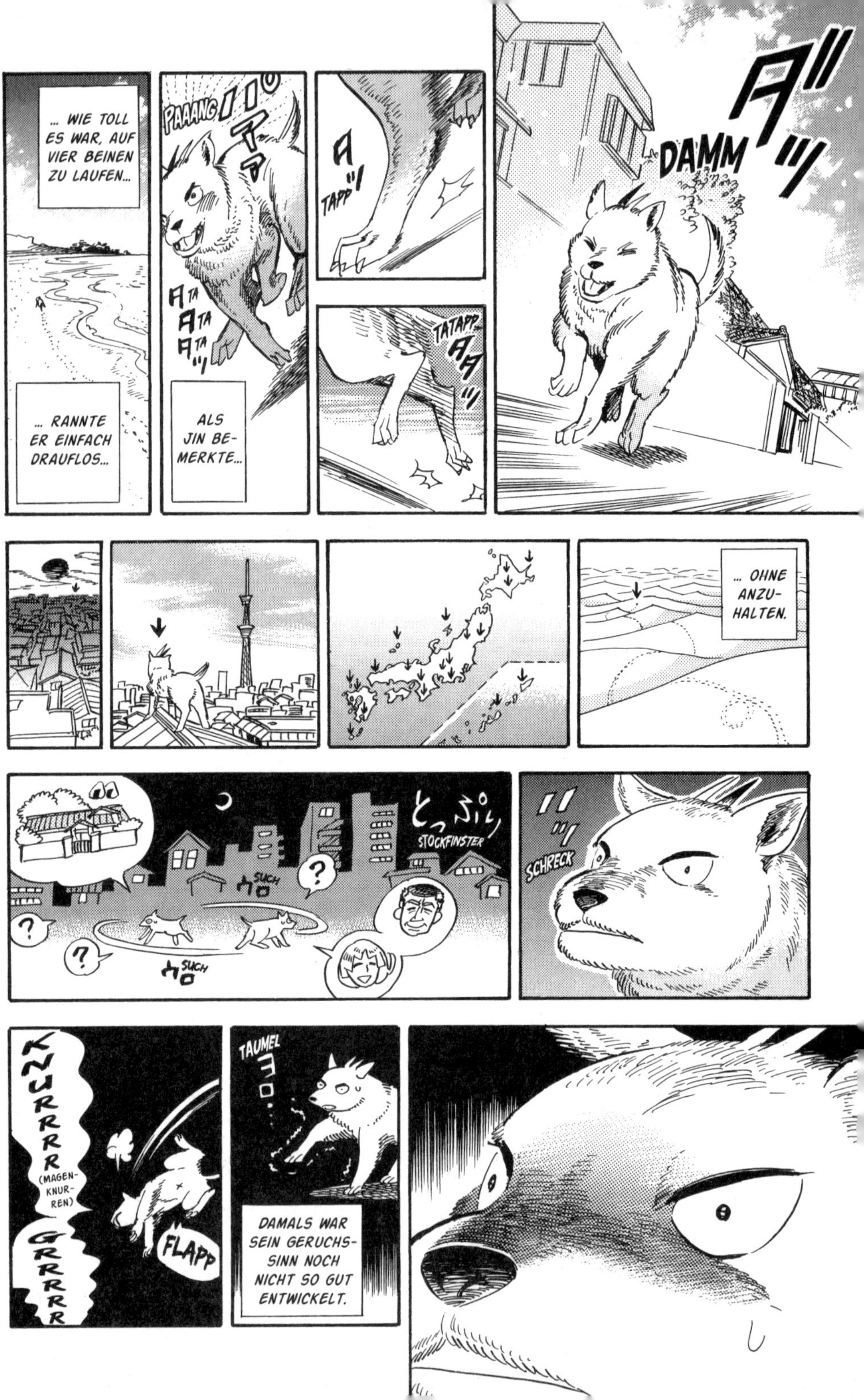

DAMM
TAPP
TATAPP
PAAANG
TA TA TA
ALS JIN BEMERKTE...
... WIE TOLL ES WAR, AUF VIER BEINEN ZU LAUFEN...
... RANNTE ER EINFACH DRAUFLOS...
... OHNE ANZUHALTEN.
SCHRECK
STOCKFINSTER
SUCH
?
?
?
?
SUCH
TAUMEL
DAMALS WAR SEIN GERUCHSSINN NOCH NICHT SO GUT ENTWICKELT.
KNURRRR
(MAGENKNURREN)
GRRRRR
FLAPP

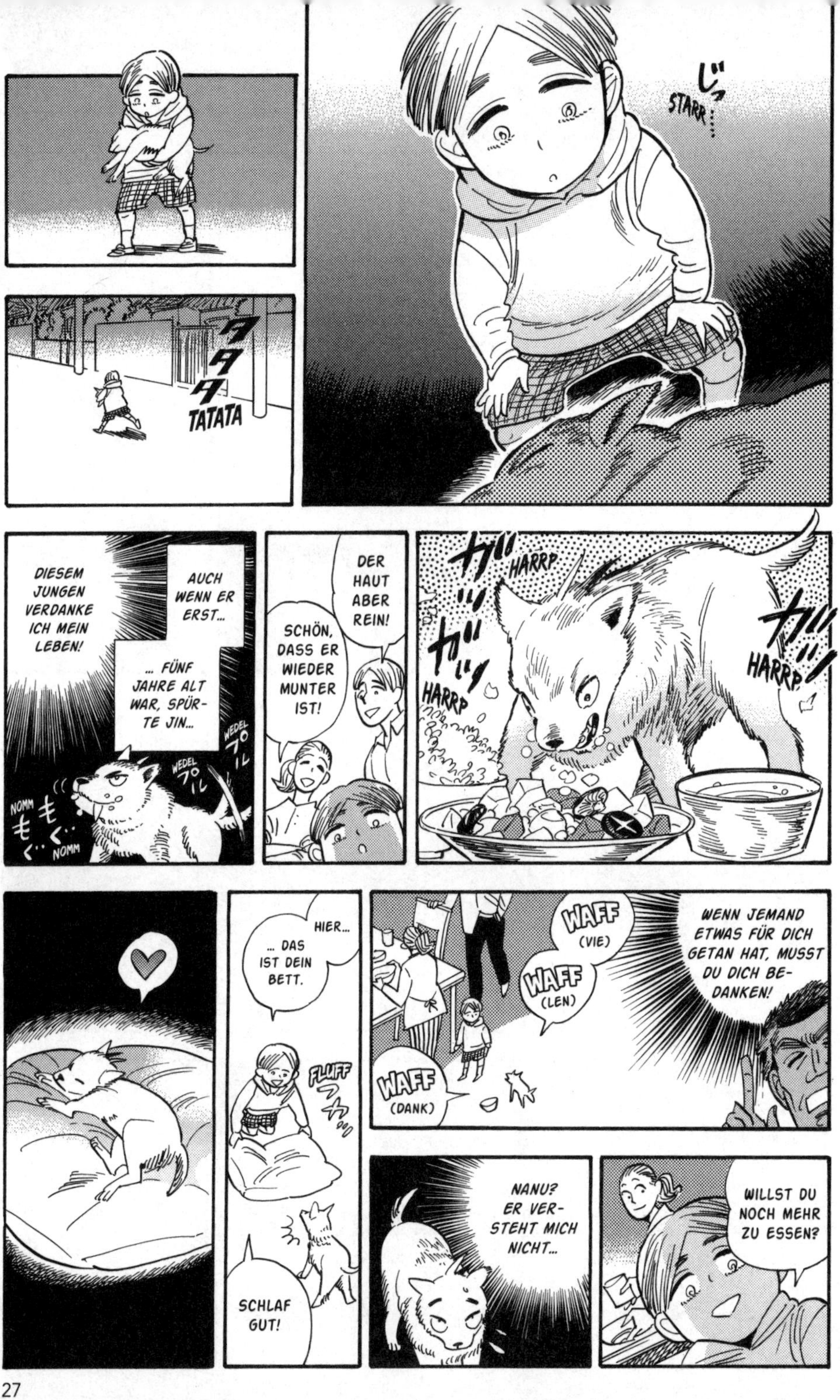

じっ
STARR…
タタタ
TATATA
ガツ ガツ
HARRP
ガツ ガツ
HARRP
HARRP
DER HAUT ABER REIN!
SCHÖN, DASS ER WIEDER MUNTER IST!
AUCH WENN ER ERST…
… FÜNF JAHRE ALT WAR, SPÜRTE JIN…
DIESEM JUNGEN VERDANKE ICH MEIN LEBEN!
WEDEL
WEDEL
NOMM
NOMM
WENN JEMAND ETWAS FÜR DICH GETAN HAT, MUSST DU DICH BEDANKEN!
WAFF (VIE)
WAFF (LEN)
WAFF (DANK)
WILLST DU NOCH MEHR ZU ESSEN?
NANU? ER VERSTEHT MICH NICHT…
HIER…
… DAS IST DEIN BETT.
FLUFF
SCHLAF GUT!

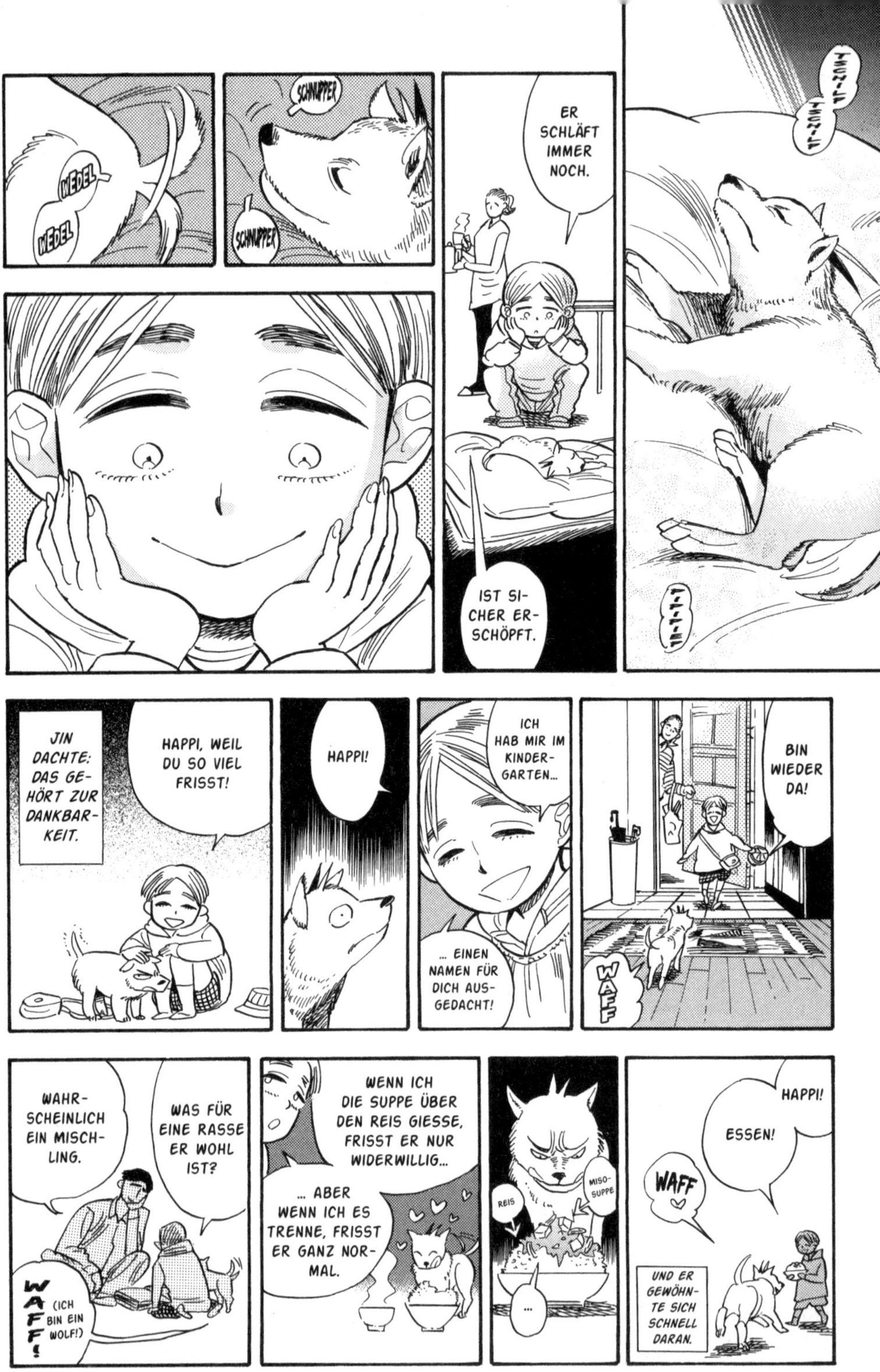

TSCHILP
TSCHILP
ER SCHLÄFT IMMER NOCH.
IST SICHER ERSCHÖPFT.
SCHNUPPER
SCHNUPPER
WEDEL
WEDEL
BIN WIEDER DA!
WAFF
ICH HAB MIR IM KINDERGARTEN...
... EINEN NAMEN FÜR DICH AUSGEDACHT!
HAPPI!
HAPPI, WEIL DU SO VIEL FRISST!
JIN DACHTE: DAS GEHÖRT ZUR DANKBARKEIT.
HAPPI!
ESSEN!
WAFF
UND ER GEWÖHNTE SICH SCHNELL DARAN.
REIS
MISO-SUPPE
...
WENN ICH DIE SUPPE ÜBER DEN REIS GIESSE, FRISST ER NUR WIDERWILLIG...
... ABER WENN ICH ES TRENNE, FRISST ER GANZ NORMAL.
WAS FÜR EINE RASSE ER WOHL IST?
WAHRSCHEINLICH EIN MISCHLING.
WAFF!
(ICH BIN EIN WOLF!)

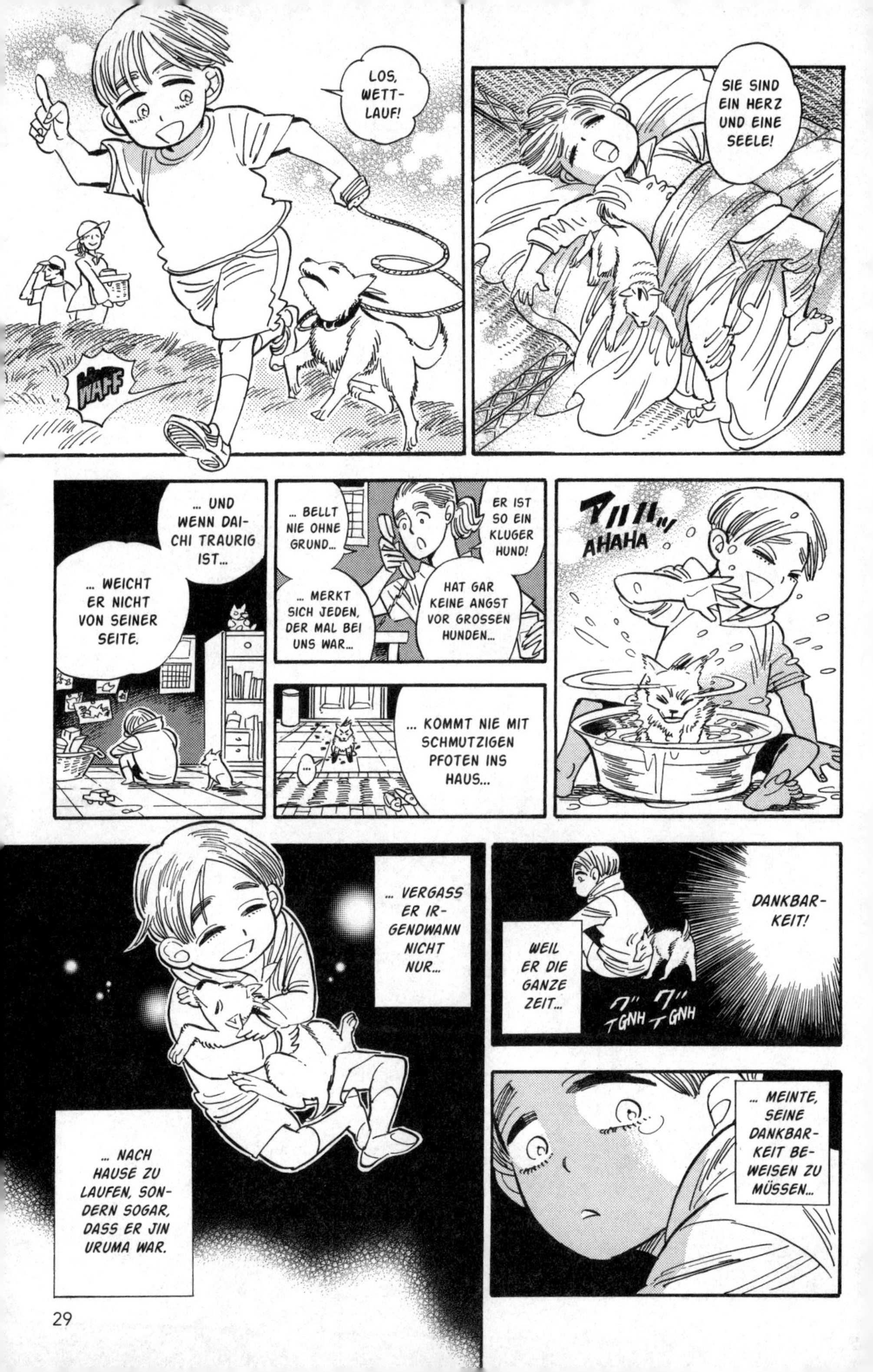
SIE SIND EIN HERZ UND EINE SEELE!
LOS, WETT-LAUF!
WAFF
AHAHA
ER IST SO EIN KLUGER HUND!
HAT GAR KEINE ANGST VOR GROSSEN HUNDEN...
... BELLT NIE OHNE GRUND...
... MERKT SICH JEDEN, DER MAL BEI UNS WAR...
... KOMMT NIE MIT SCHMUTZIGEN PFOTEN INS HAUS...
...
... UND WENN DAI-CHI TRAURIG IST...
... WEICHT ER NICHT VON SEINER SEITE.
DANKBAR-KEIT!
WEIL ER DIE GANZE ZEIT...
GNH GNH
... MEINTE, SEINE DANKBAR-KEIT BE-WEISEN ZU MÜSSEN...
... VERGASS ER IR-GENDWANN NICHT NUR...
... NACH HAUSE ZU LAUFEN, SON-DERN SOGAR, DASS ER JIN URUMA WAR.

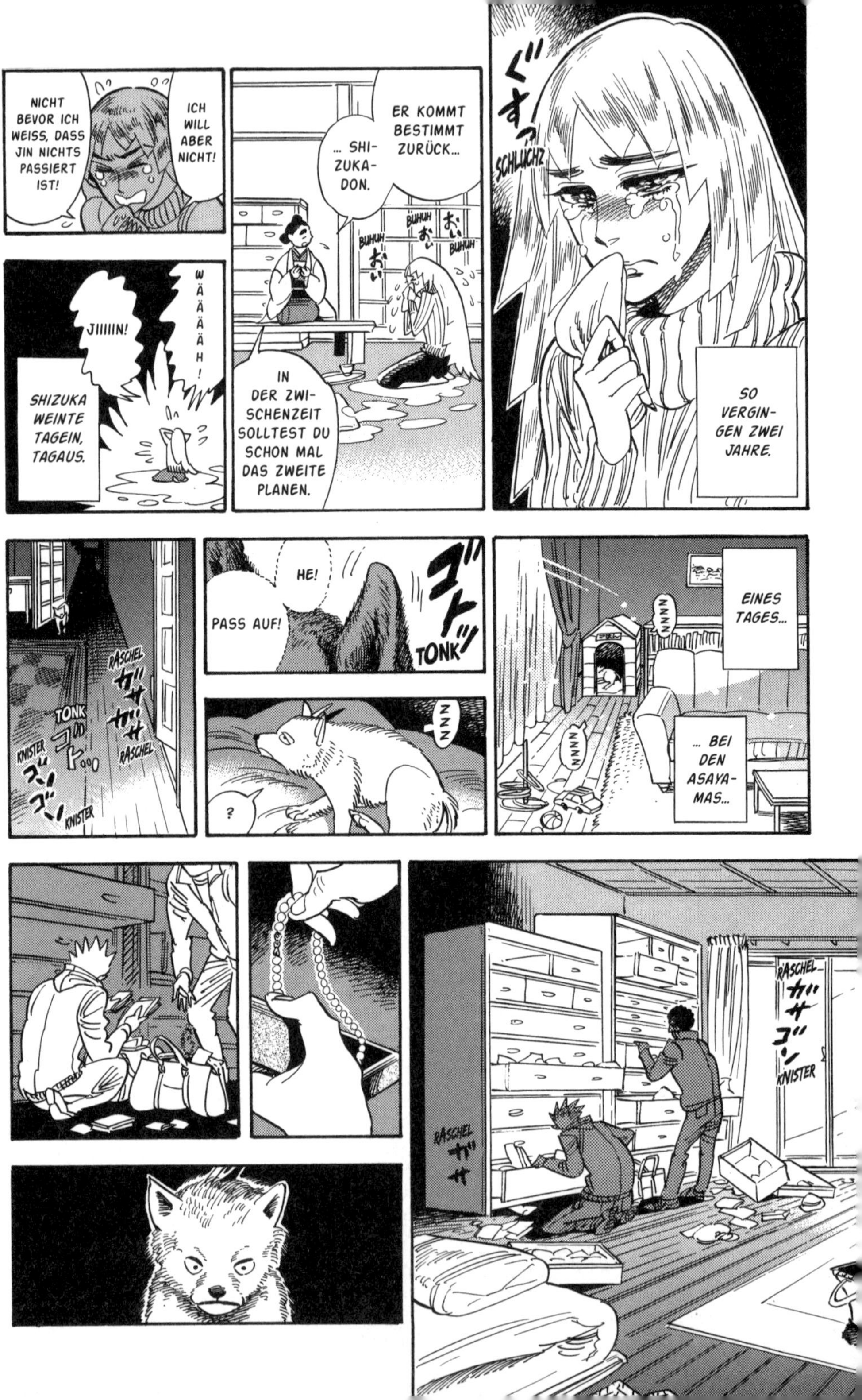

SCHLUCHZ
SO VERGINGEN ZWEI JAHRE.
ER KOMMT BESTIMMT ZURÜCK...
... SHIZUKA-DON.
BUHUH
BUHUH
BUHUH
IN DER ZWISCHENZEIT SOLLTEST DU SCHON MAL DAS ZWEITE PLANEN.
ICH WILL ABER NICHT!
NICHT BEVOR ICH WEISS, DASS JIN NICHTS PASSIERT IST!
WÄÄÄÄH!
JIIIIIN!
SHIZUKA WEINTE TAGEIN, TAGAUS.
EINES TAGES...
... BEI DEN ASAYAMAS...
ZZZZ
ZZZZ
TONK
HE!
PASS AUF!
ZZZ
?
RASCHEL
TONK
KNISTER
RASCHEL
KNISTER
RASCHEL
KNISTER
RASCHEL

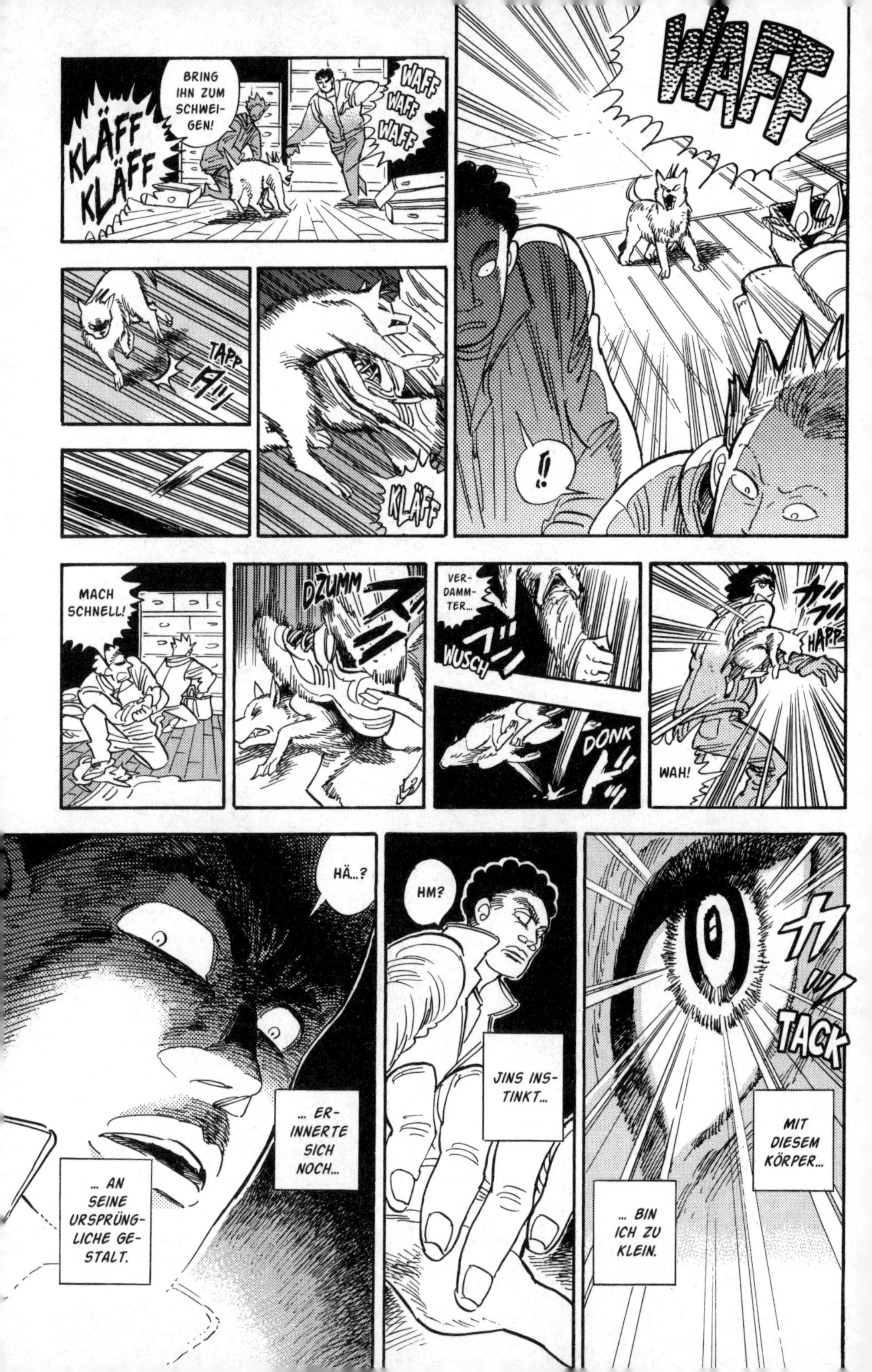

BRING IHN ZUM SCHWEIGEN!
KLÄFF KLÄFF
WAFF WAFF WAFF
TAPP
KLÄFF
WAFF
!!
MACH SCHNELL!
DZUMM
VERDAMMTER…
WUSCH
DONK
HAPP
WAH!
HÄ…?
… AN SEINE URSPRÜNGLICHE GESTALT.
… ERINNERTE SICH NOCH…
HM?
JINS INSTINKT…
TACK
MIT DIESEM KÖRPER…
… BIN ICH ZU KLEIN.

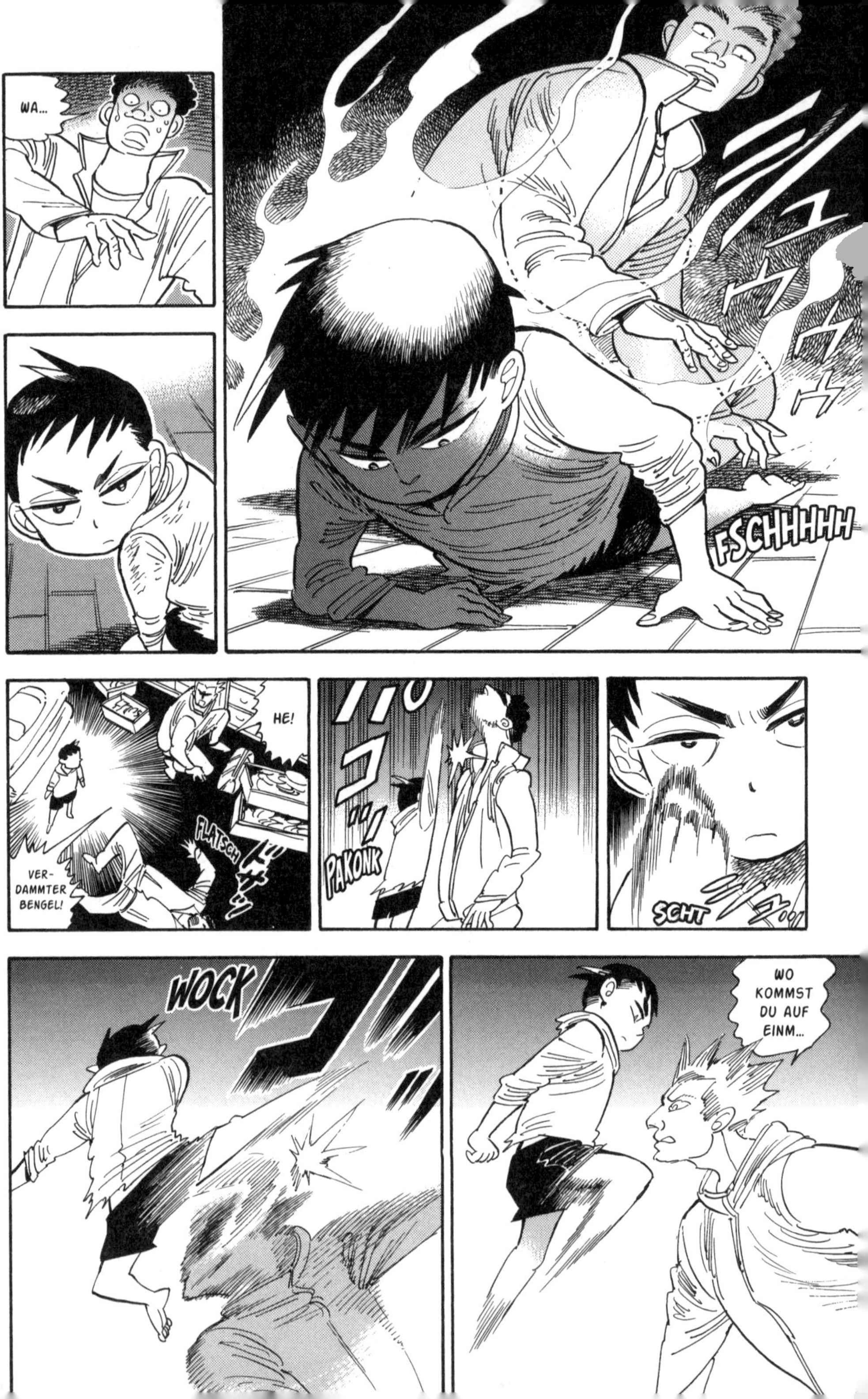

FSCHHHHH
WA...
HE!
VER-
DAMMTER
BENGEL!
FLATSCH
PAKONK
SCHT
WO
KOMMST
DU AUF
EINM...
WOCK

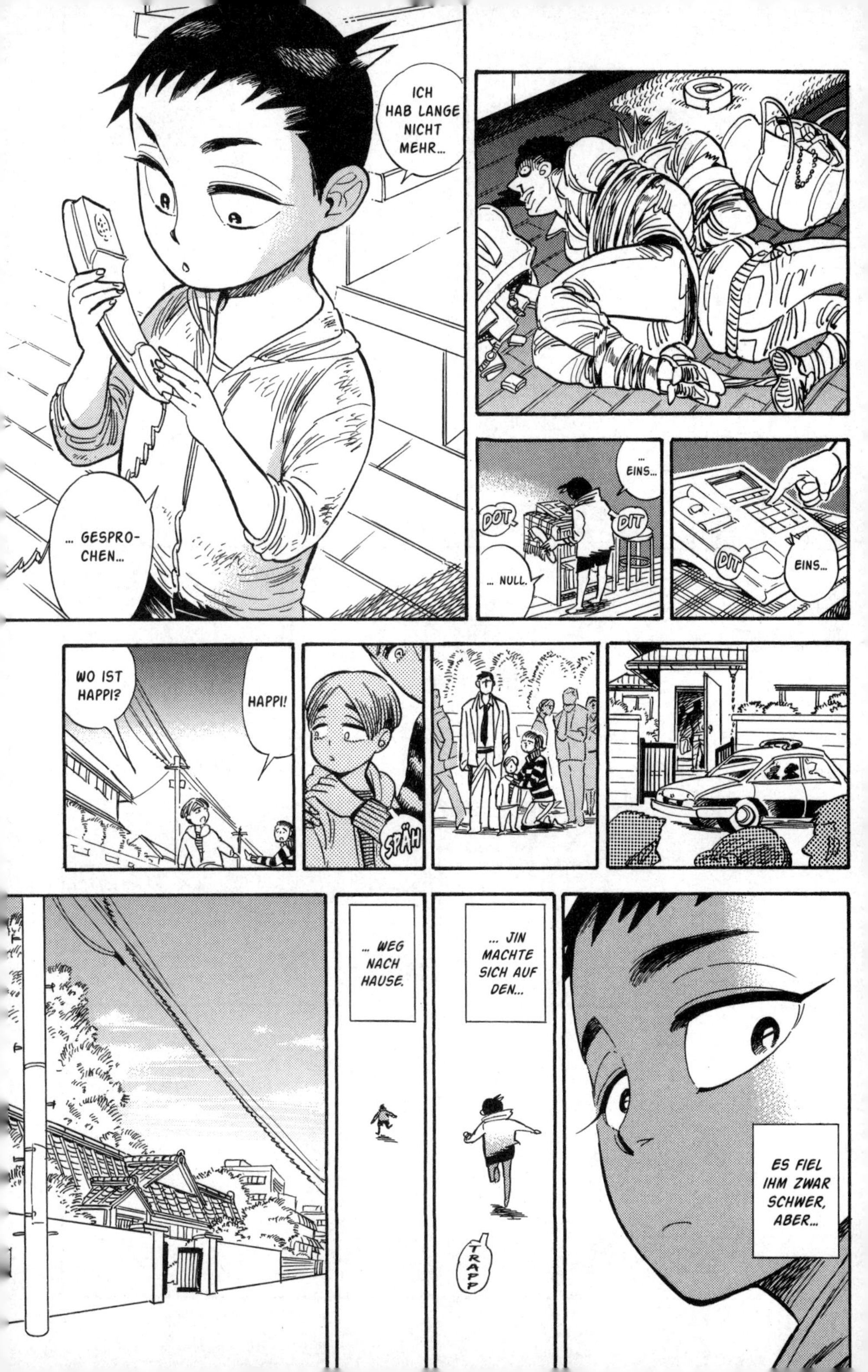
DIT
EINS...
... EINS...
DOT
DIT
... NULL.
ICH HAB LANGE NICHT MEHR...
... GESPROCHEN...
SPÄH
HAPPI!
WO IST HAPPI?
ES FIEL IHM ZWAR SCHWER, ABER...
... JIN MACHTE SICH AUF DEN...
TRAPP
... WEG NACH HAUSE.

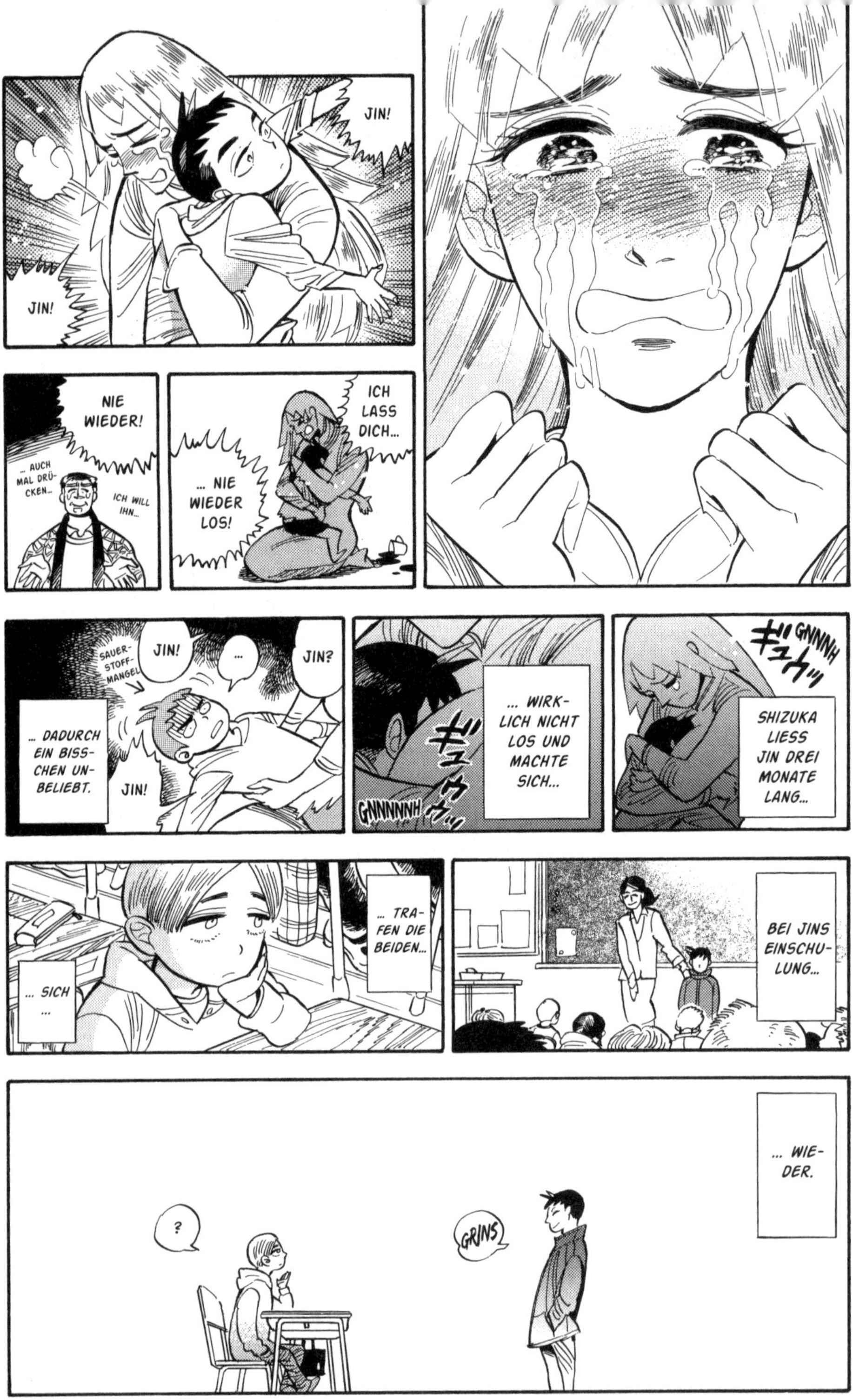
JIN!
JIN!
ICH LASS DICH...
... NIE WIEDER LOS!
NIE WIEDER!
ICH WILL IHN...
... AUCH MAL DRÜCKEN...
GNNNH
SHIZUKA LIESS JIN DREI MONATE LANG...
... WIRKLICH NICHT LOS UND MACHTE SICH...
GNNNNNH
JIN?
...
JIN!
SAUERSTOFFMANGEL
JIN!
... DADURCH EIN BISSCHEN UNBELIEBT.
BEI JINS EINSCHULUNG...
... TRAFEN DIE BEIDEN...
... SICH ...
... WIEDER.
GRINS
?

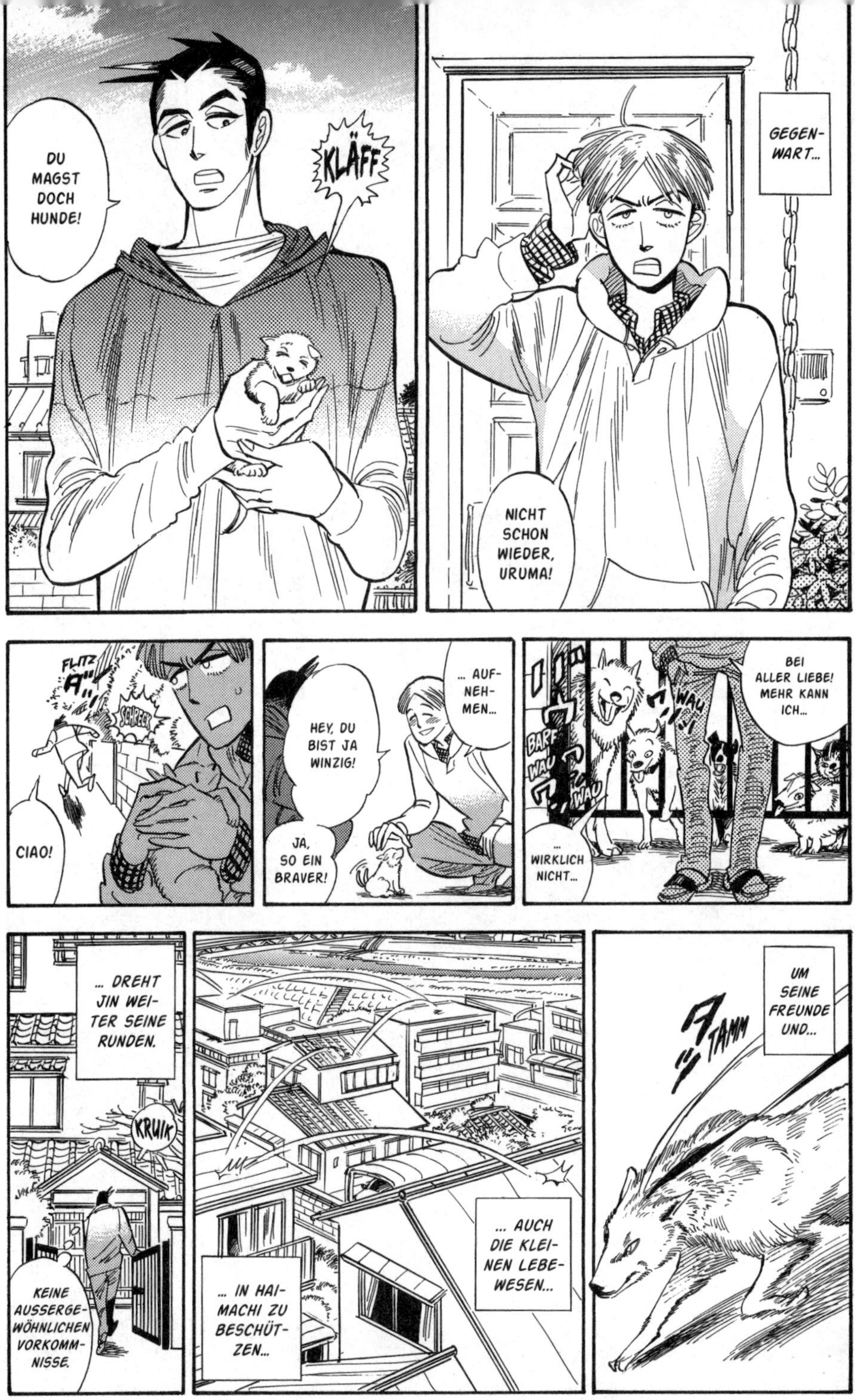
GEGENWART...
NICHT SCHON WIEDER, URUMA!
DU MAGST DOCH HUNDE!
KLÄFF
BEI ALLER LIEBE! MEHR KANN ICH...
WAU
BARF
WAU
WAU
... WIRKLICH NICHT...
... AUFNEHMEN...
HEY, DU BIST JA WINZIG!
JA, SO EIN BRAVER!
FLITZ
SCHRECK
CIAO!
UM SEINE FREUNDE UND...
TAMM
... AUCH DIE KLEINEN LEBEWESEN...
... IN HAIMACHI ZU BESCHÜTZEN...
... DREHT JIN WEITER SEINE RUNDEN.
KRUIK
KEINE AUSSERGEWÖHNLICHEN VORKOMMNISSE.

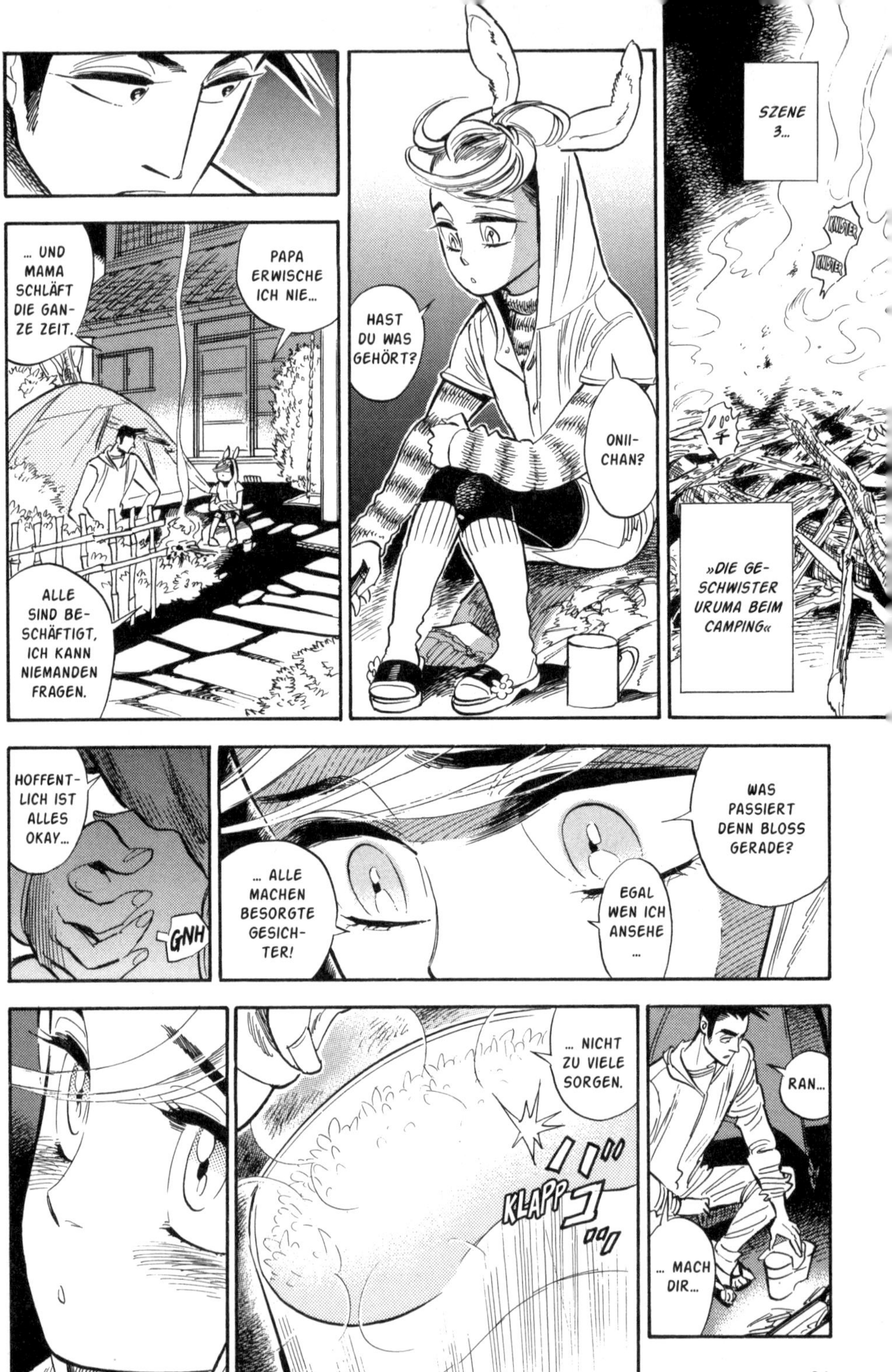
SZENE 3...
KNISTER
KNISTER
»DIE GESCHWISTER URUMA BEIM CAMPING«
ONII-CHAN?
HAST DU WAS GEHÖRT?
PAPA ERWISCHE ICH NIE...
... UND MAMA SCHLÄFT DIE GANZE ZEIT.
ALLE SIND BESCHÄFTIGT, ICH KANN NIEMANDEN FRAGEN.
WAS PASSIERT DENN BLOSS GERADE?
EGAL WEN ICH ANSEHE ...
... ALLE MACHEN BESORGTE GESICHTER!
HOFFENTLICH IST ALLES OKAY...
GNH
RAN...
... MACH DIR...
... NICHT ZU VIELE SORGEN.
KLAPP

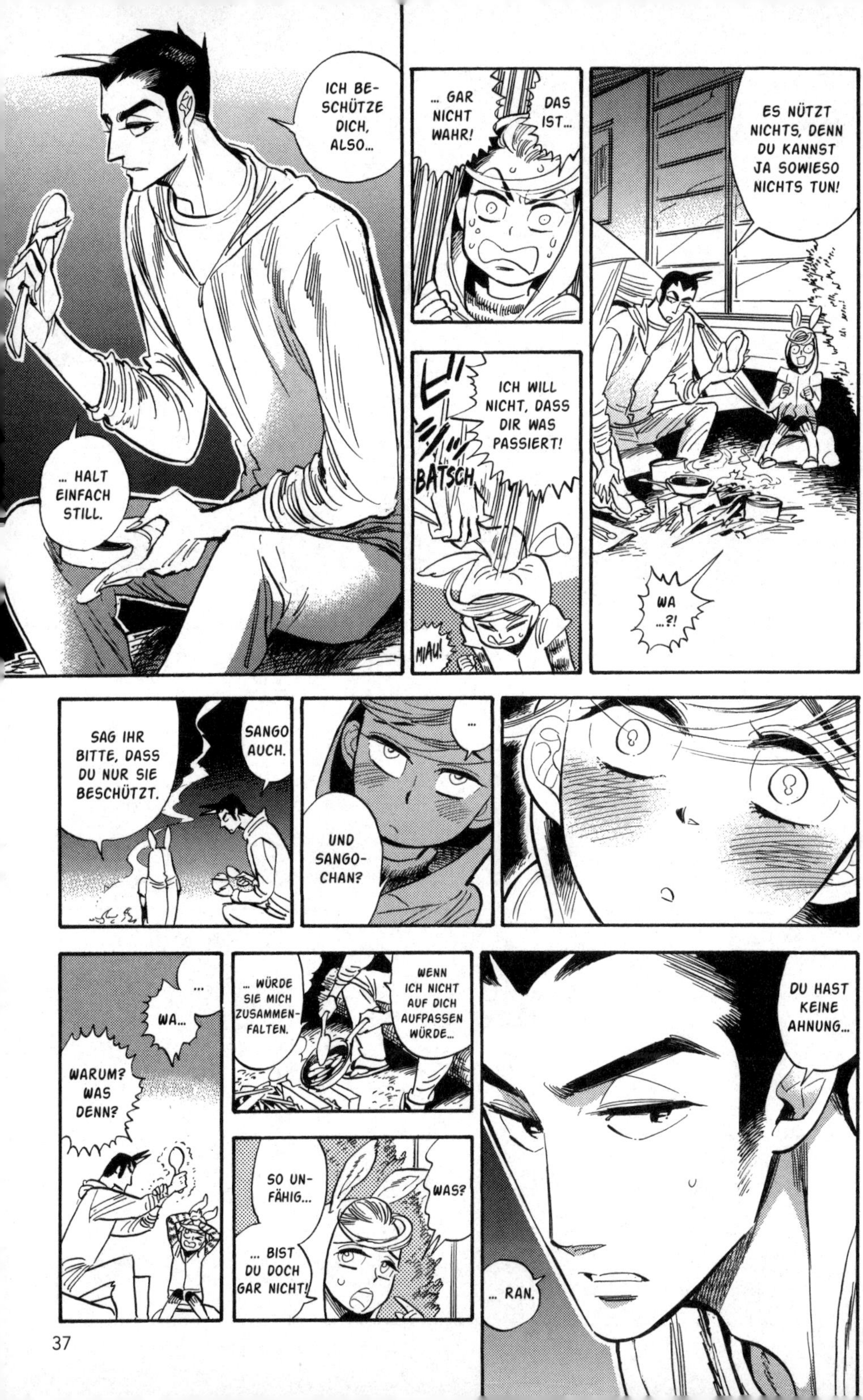
ES NÜTZT NICHTS, DENN DU KANNST JA SOWIESO NICHTS TUN!
WA ...?!
DAS IST...
... GAR NICHT WAHR!
ICH WILL NICHT, DASS DIR WAS PASSIERT!
BATSCH
MIAU!
ICH BESCHÜTZE DICH, ALSO...
... HALT EINFACH STILL.
...
UND SANGO-CHAN?
SANGO AUCH.
SAG IHR BITTE, DASS DU NUR SIE BESCHÜTZT.
DU HAST KEINE AHNUNG...
... RAN.
WENN ICH NICHT AUF DICH AUFPASSEN WÜRDE...
... WÜRDE SIE MICH ZUSAMMENFALTEN.
WAS?
SO UNFÄHIG...
... BIST DU DOCH GAR NICHT!
...
WA...
WARUM? WAS DENN?

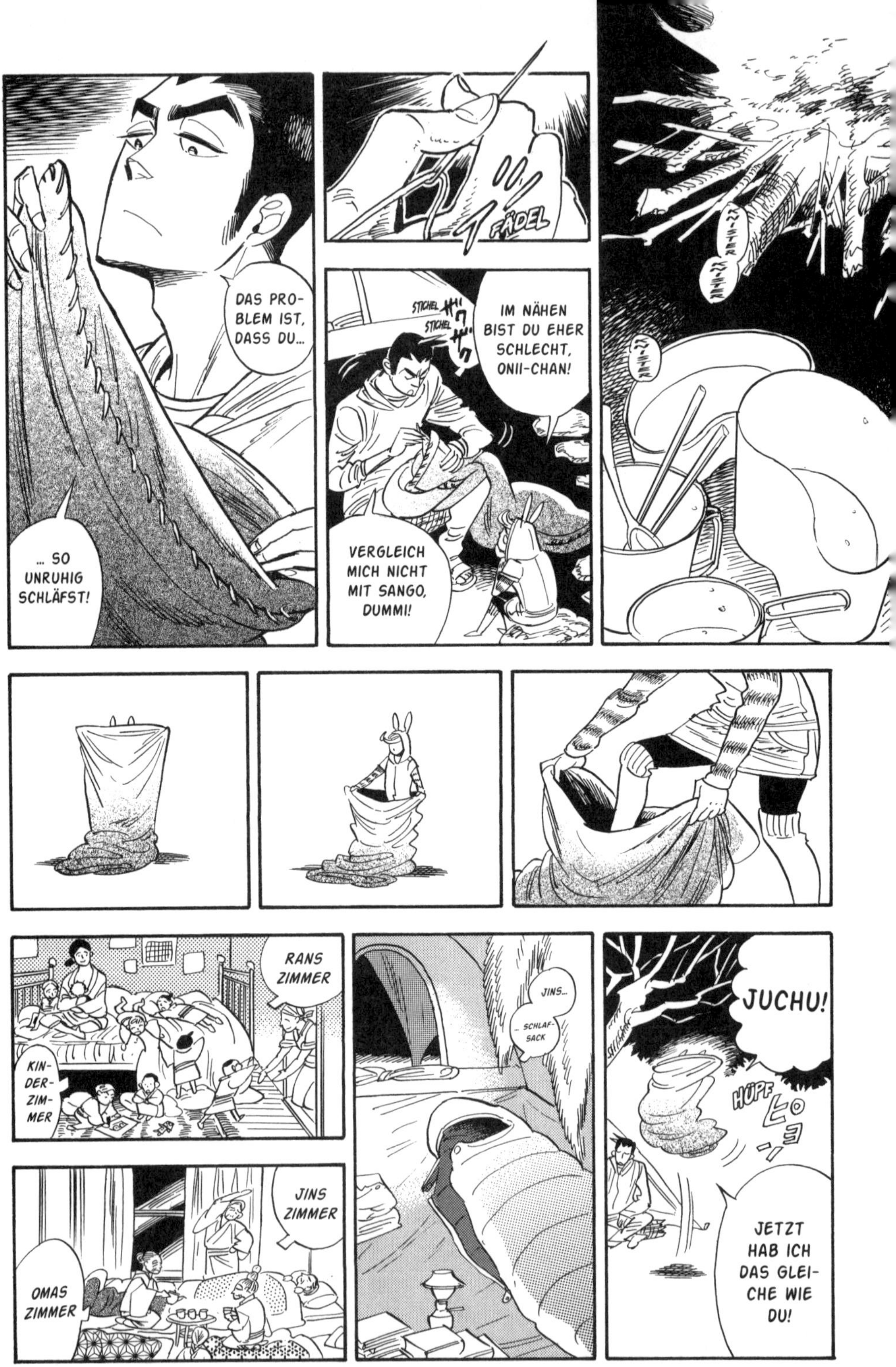
KNISTER
KNISTER
KNISTER
FÄDEL
IM NÄHEN BIST DU EHER SCHLECHT, ONII-CHAN!
STICHEL
STICHEL
VERGLEICH MICH NICHT MIT SANGO, DUMMI!
DAS PROBLEM IST, DASS DU...
... SO UNRUHIG SCHLÄFST!
JUCHU!
HÜPF
JETZT HAB ICH DAS GLEICHE WIE DU!
JINS...
– SCHLAFSACK
RANS ZIMMER
KINDERZIMMER
JINS ZIMMER
OMAS ZIMMER

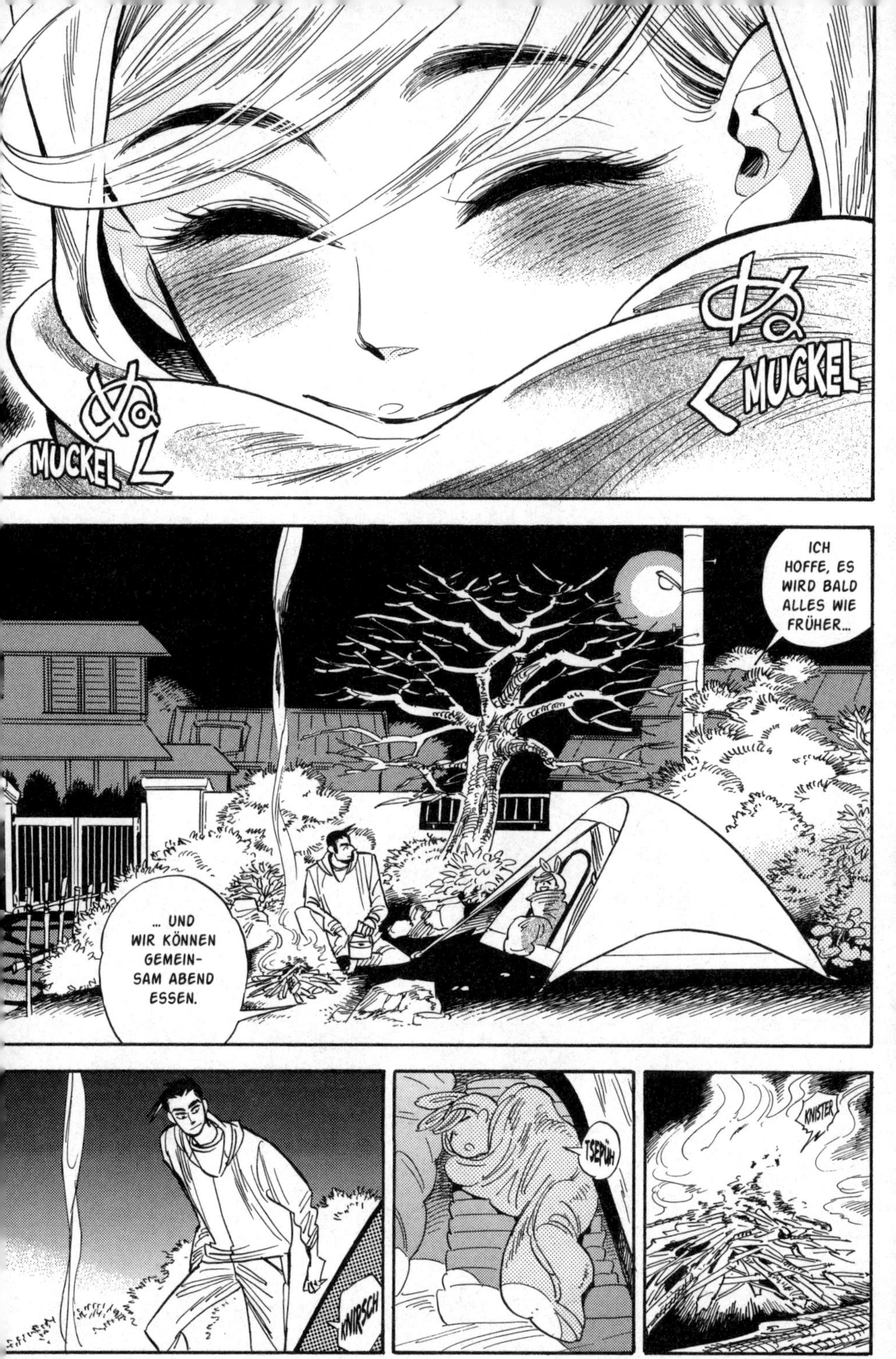

MUCKEL
MUCKEL
ICH HOFFE, ES WIRD BALD ALLES WIE FRÜHER...
... UND WIR KÖNNEN GEMEINSAM ABEND ESSEN.
KNIRSCH
TSEPÜH
KNISTER

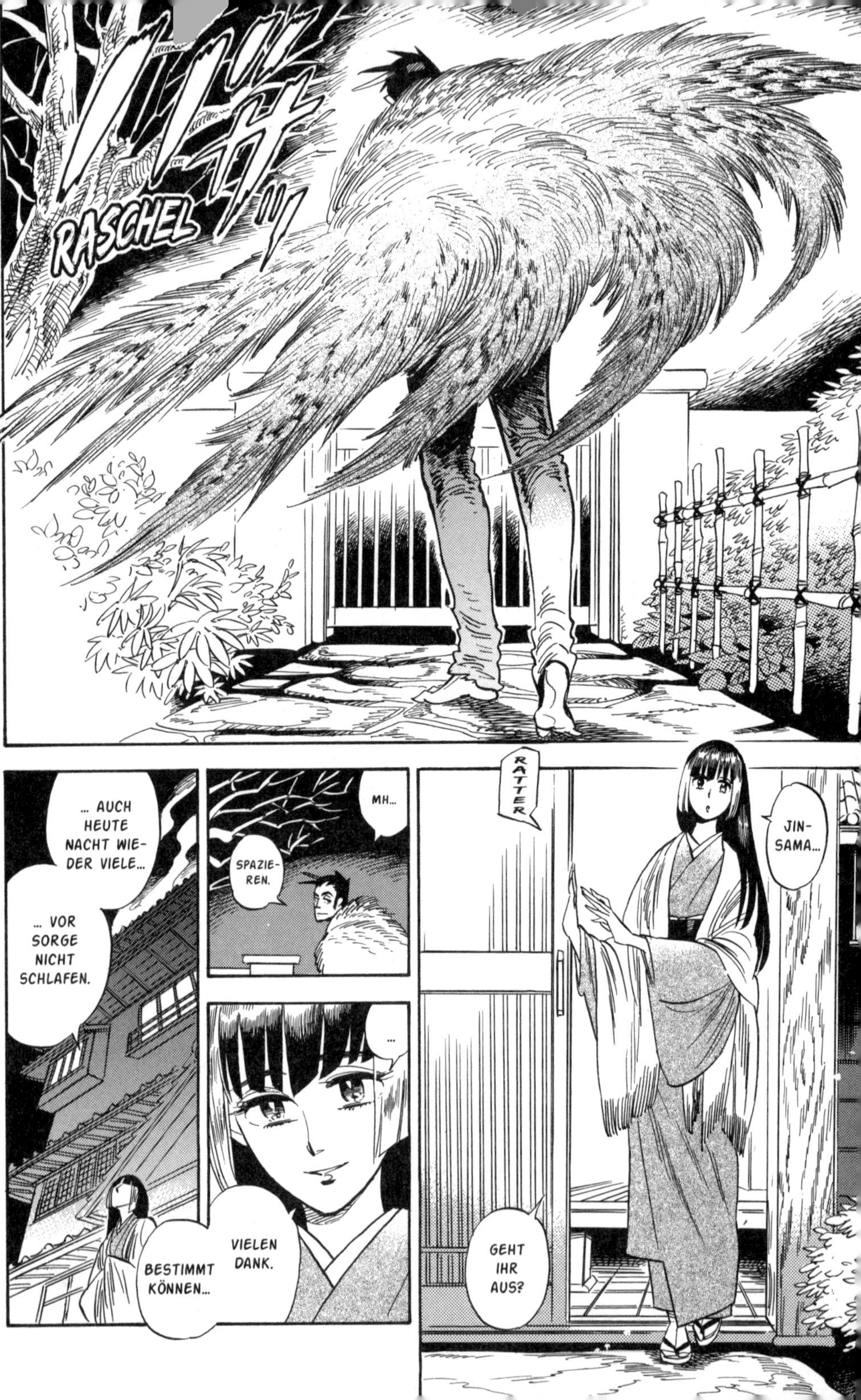
RASCHEL
RATTER
JIN-SAMA…
GEHT IHR AUS?
MH…
SPAZIEREN.
…
VIELEN DANK.
… AUCH HEUTE NACHT WIEDER VIELE…
… VOR SORGE NICHT SCHLAFEN.
BESTIMMT KÖNNEN…

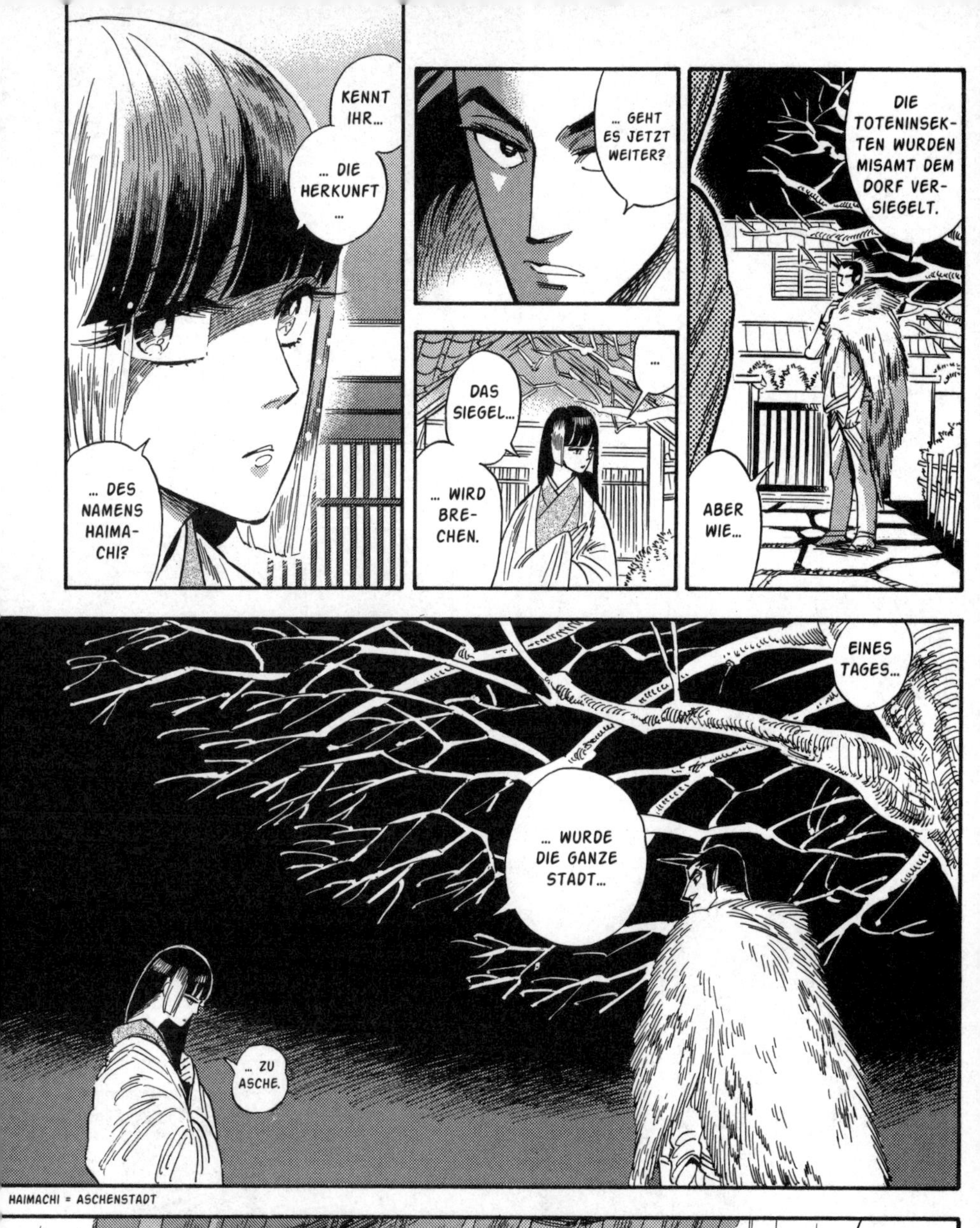

HAIMACHI = ASCHENSTADT

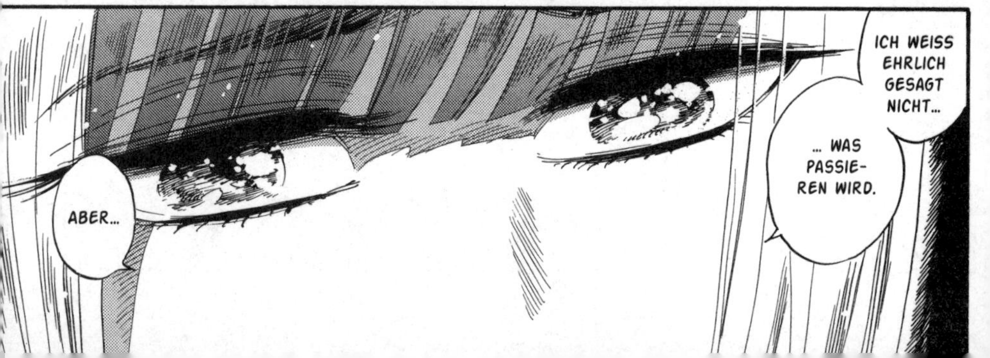

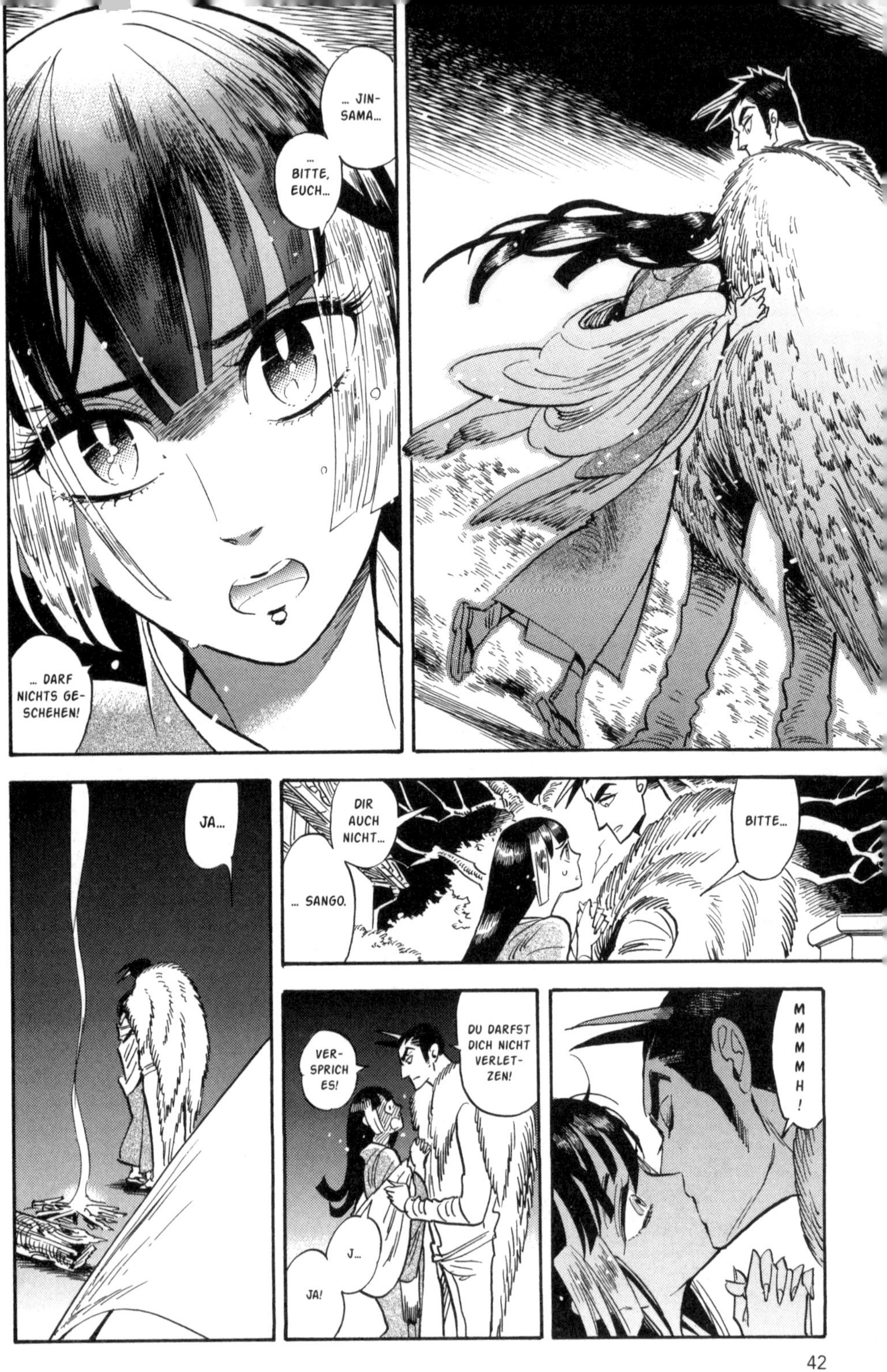

... JIN-SAMA...
... BITTE, EUCH...
... DARF NICHTS GESCHEHEN!
BITTE...
DIR AUCH NICHT...
... SANGO.
JA...
MMMMH!
DU DARFST DICH NICHT VERLETZEN!
VERSPRICH ES!
J...
JA!

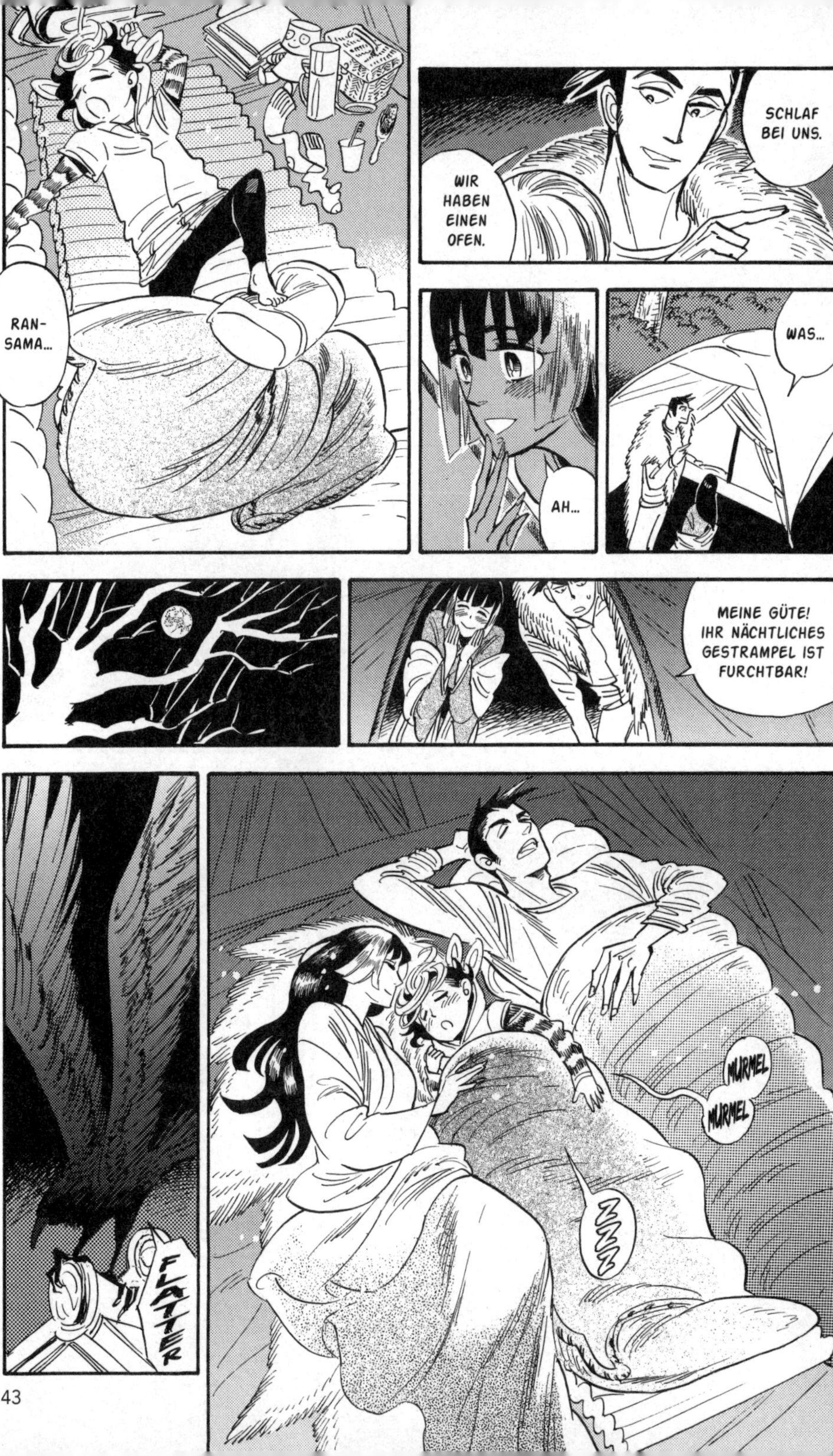
RAN-SAMA…
SCHLAF BEI UNS.
WIR HABEN EINEN OFEN.
WAS…
AH…
MEINE GÜTE! IHR NÄCHTLICHES GESTRAMPEL IST FURCHTBAR!
FLATTER
MURMEL
MURMEL
ZZZ

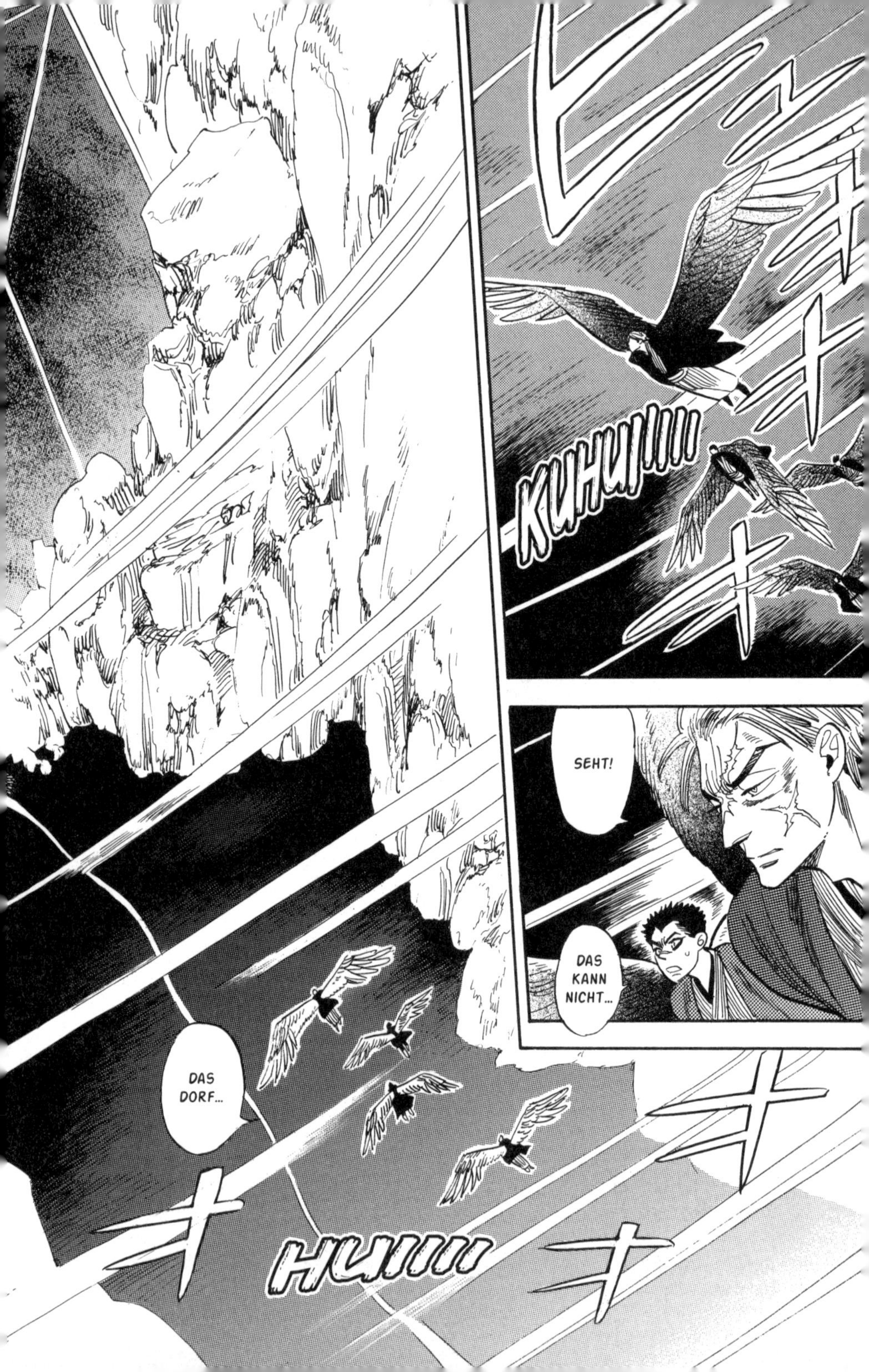

KUHUIIIII
SEHT!
DAS KANN NICHT…
DAS DORF…
HUIIII

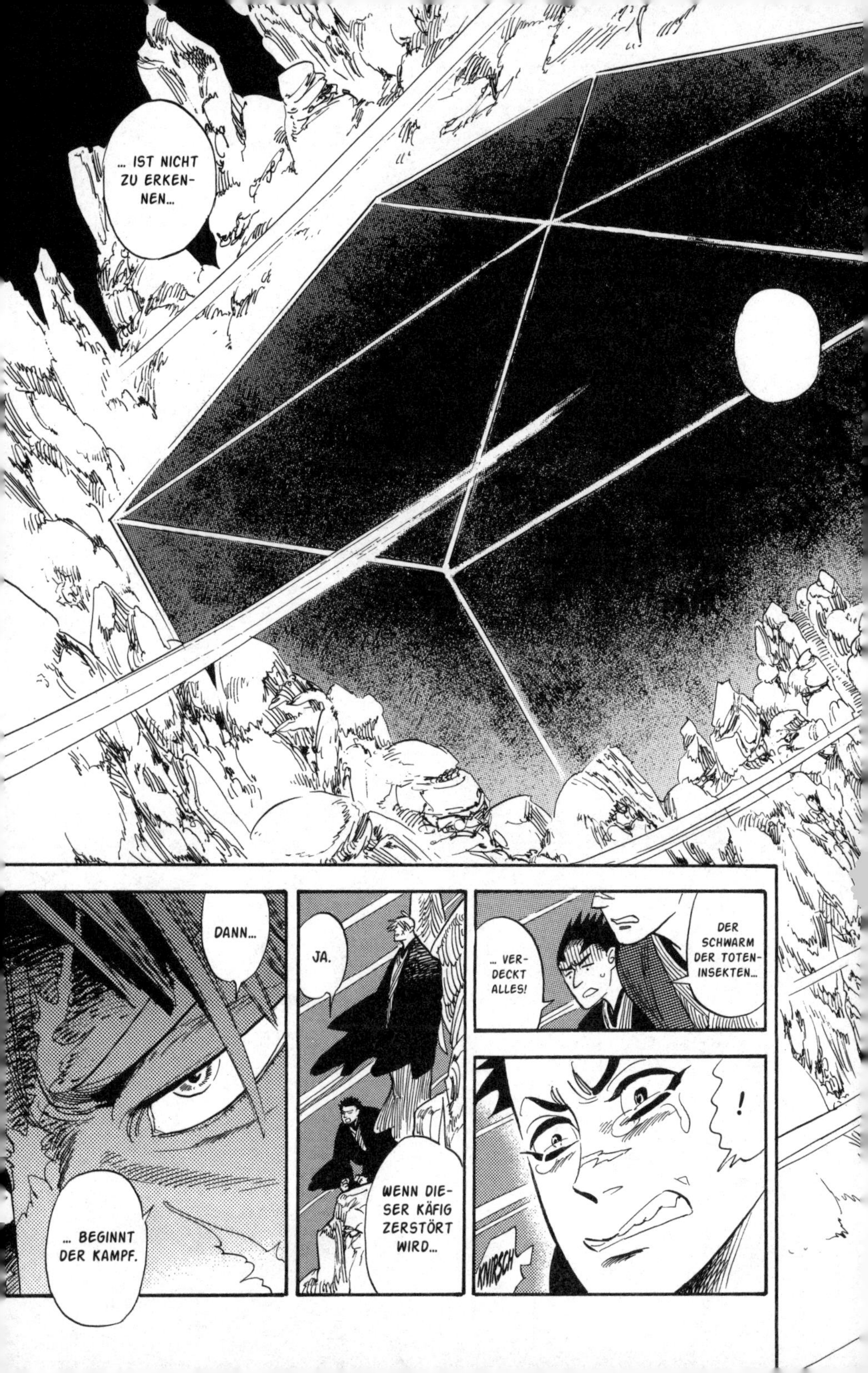
... IST NICHT ZU ERKEN-NEN...
DER SCHWARM DER TOTEN-INSEKTEN...
... VER-DECKT ALLES!
!
KNIRSCH
JA.
WENN DIE-SER KÄFIG ZERSTÖRT WIRD...
DANN...
... BEGINNT DER KAMPF.

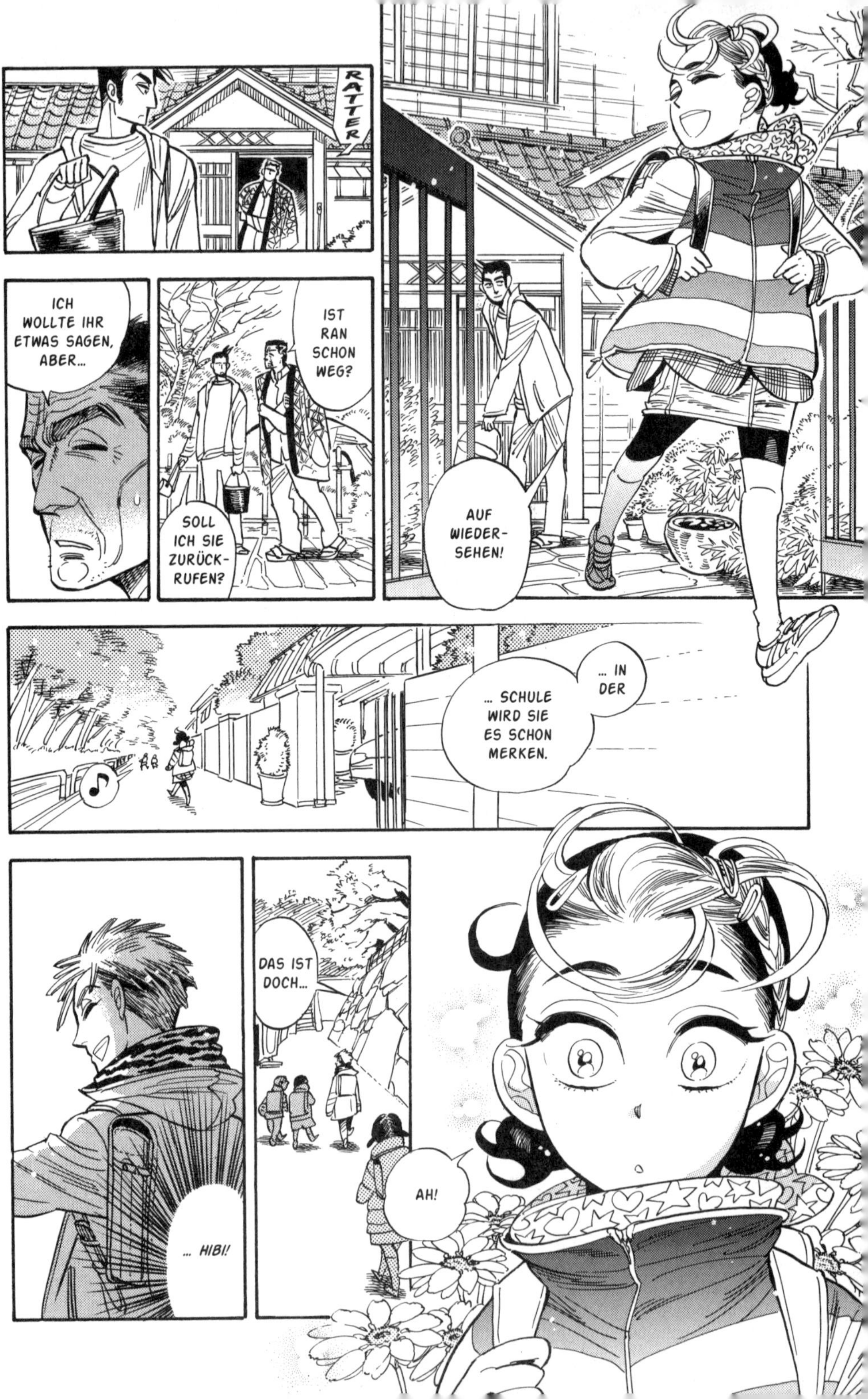
RATTER
AUF WIEDER-SEHEN!
IST RAN SCHON WEG?
SOLL ICH SIE ZURÜCK-RUFEN?
ICH WOLLTE IHR ETWAS SAGEN, ABER...
... IN DER
... SCHULE WIRD SIE ES SCHON MERKEN.
AH!
DAS IST DOCH...
... HIBI!

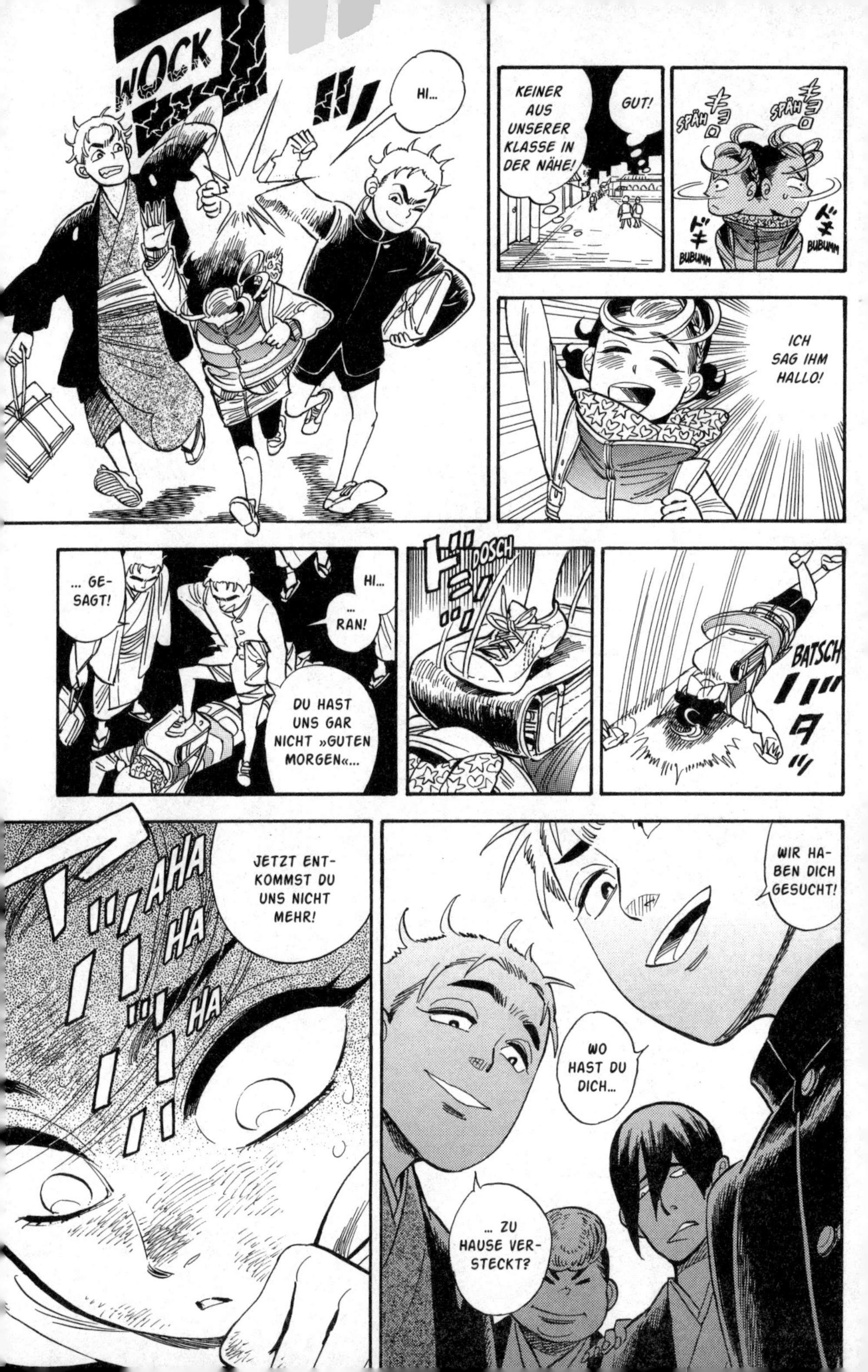

SPÄH
SPÄH
BUBUMM
BUBUMM
GUT!
KEINER AUS UNSERER KLASSE IN DER NÄHE!
ICH SAG IHM HALLO!
HI...
WOCK
BATSCH
DOSCH
HI...
... RAN!
... GE-SAGT!
DU HAST UNS GAR NICHT »GUTEN MORGEN«...
WIR HA-BEN DICH GESUCHT!
WO HAST DU DICH...
... ZU HAUSE VER-STECKT?
JETZT ENT-KOMMST DU UNS NICHT MEHR!
AHA HA HA

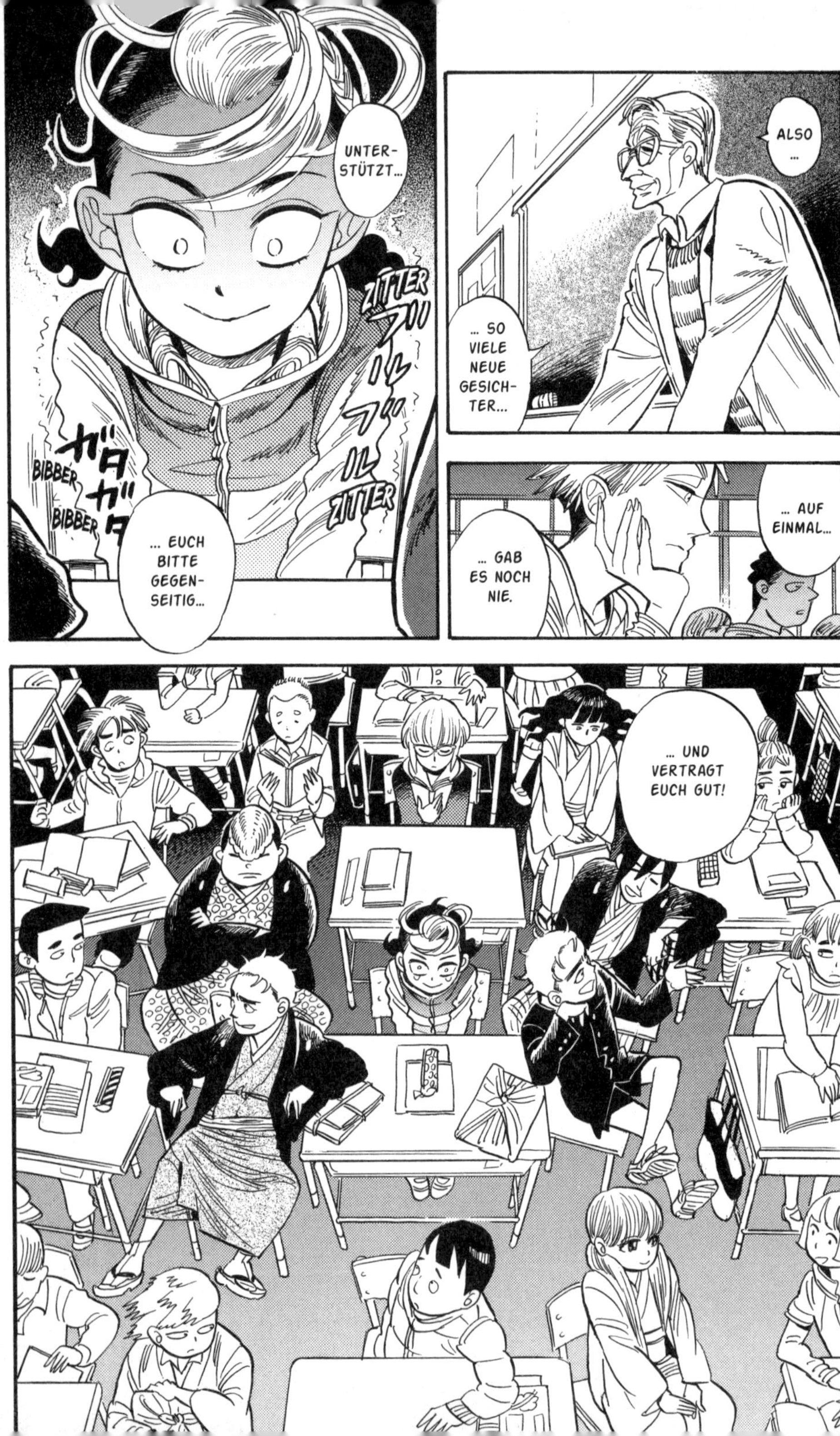

Kapitel 24 – Ende

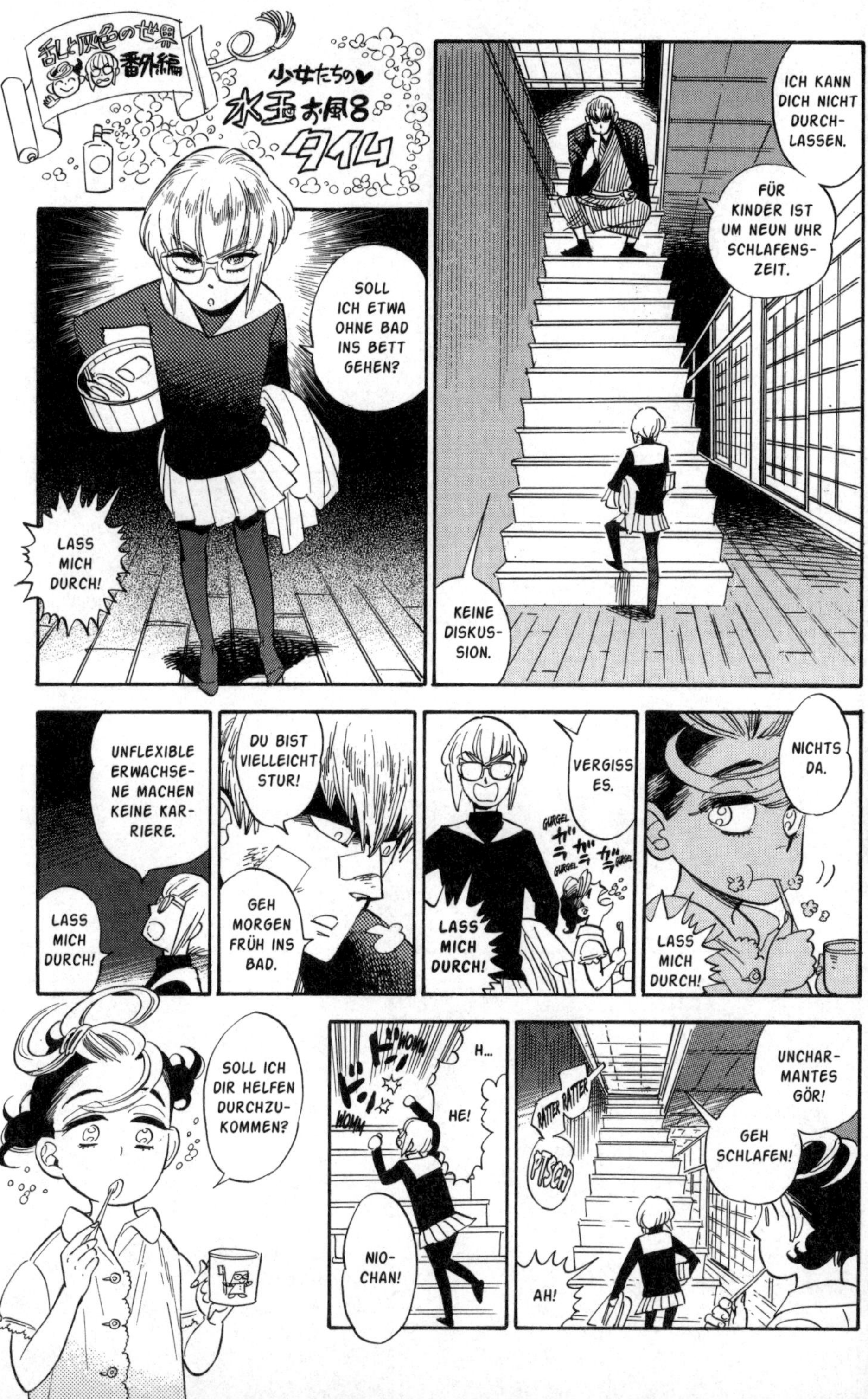
乱と灰色の世界
番外編
少女たちの♥
水玉お風呂タイム
ICH KANN DICH NICHT DURCH-LASSEN.
FÜR KINDER IST UM NEUN UHR SCHLAFENS-ZEIT.
KEINE DISKUS-SION.
SOLL ICH ETWA OHNE BAD INS BETT GEHEN?
LASS MICH DURCH!
NICHTS DA.
LASS MICH DURCH!
VERGISS ES.
GURGEL GURGEL GURGEL
LASS MICH DURCH!
DU BIST VIELLEICHT STUR!
GEH MORGEN FRÜH INS BAD.
UNFLEXIBLE ERWACHSE-NE MACHEN KEINE KAR-RIERE.
LASS MICH DURCH!
UNCHAR-MANTES GÖR!
GEH SCHLAFEN!
RATTER RATTER
PTSCH
AH!
H...
HE!
WOMM
WOMM
NIO-CHAN!
SOLL ICH DIR HELFEN DURCHZU-KOMMEN?

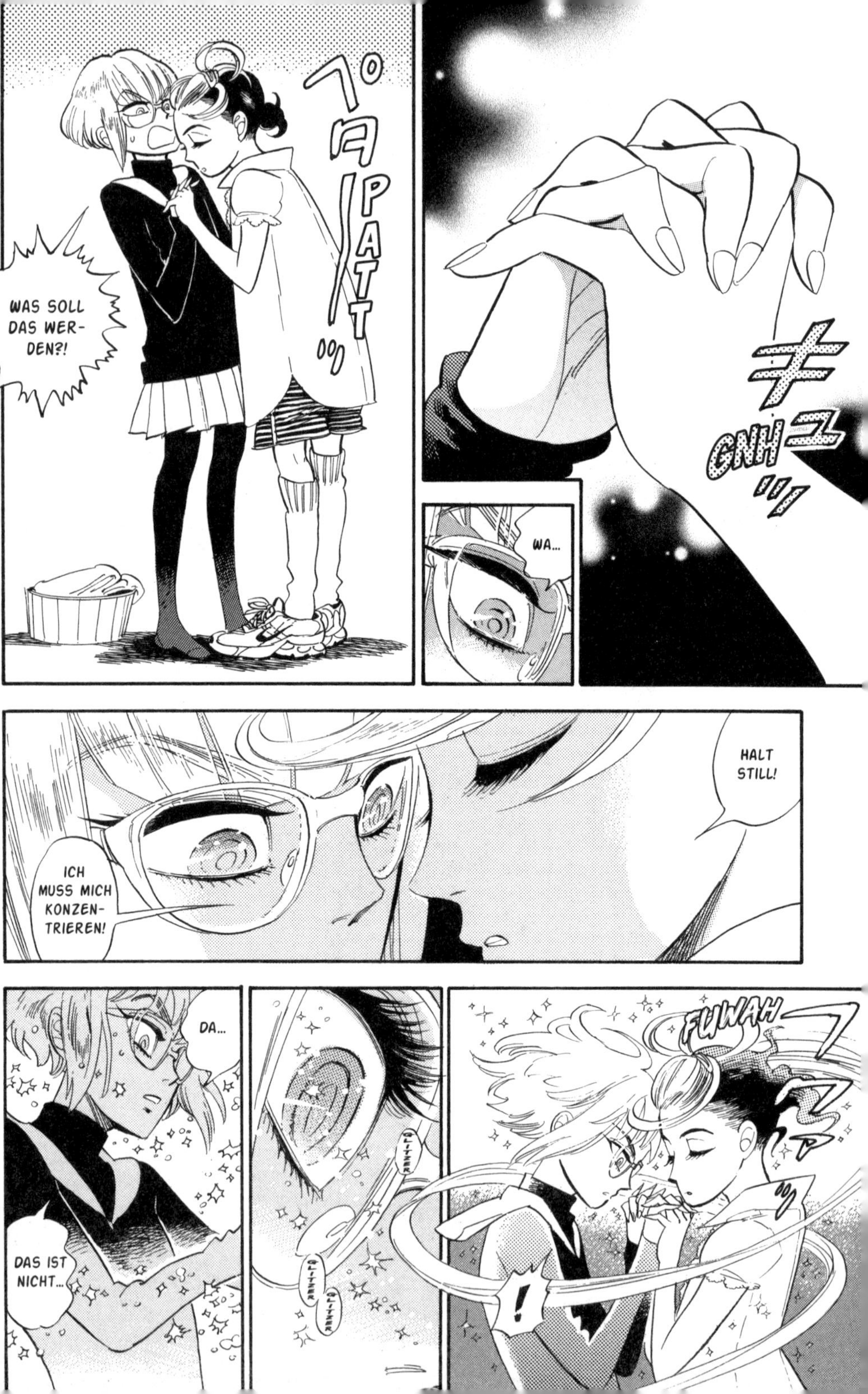
PATT
WAS SOLL DAS WER-DEN?!
GNH
WA...
HALT STILL!
ICH MUSS MICH KONZEN-TRIEREN!
DA...
DAS IST NICHT...
FUWAH
!

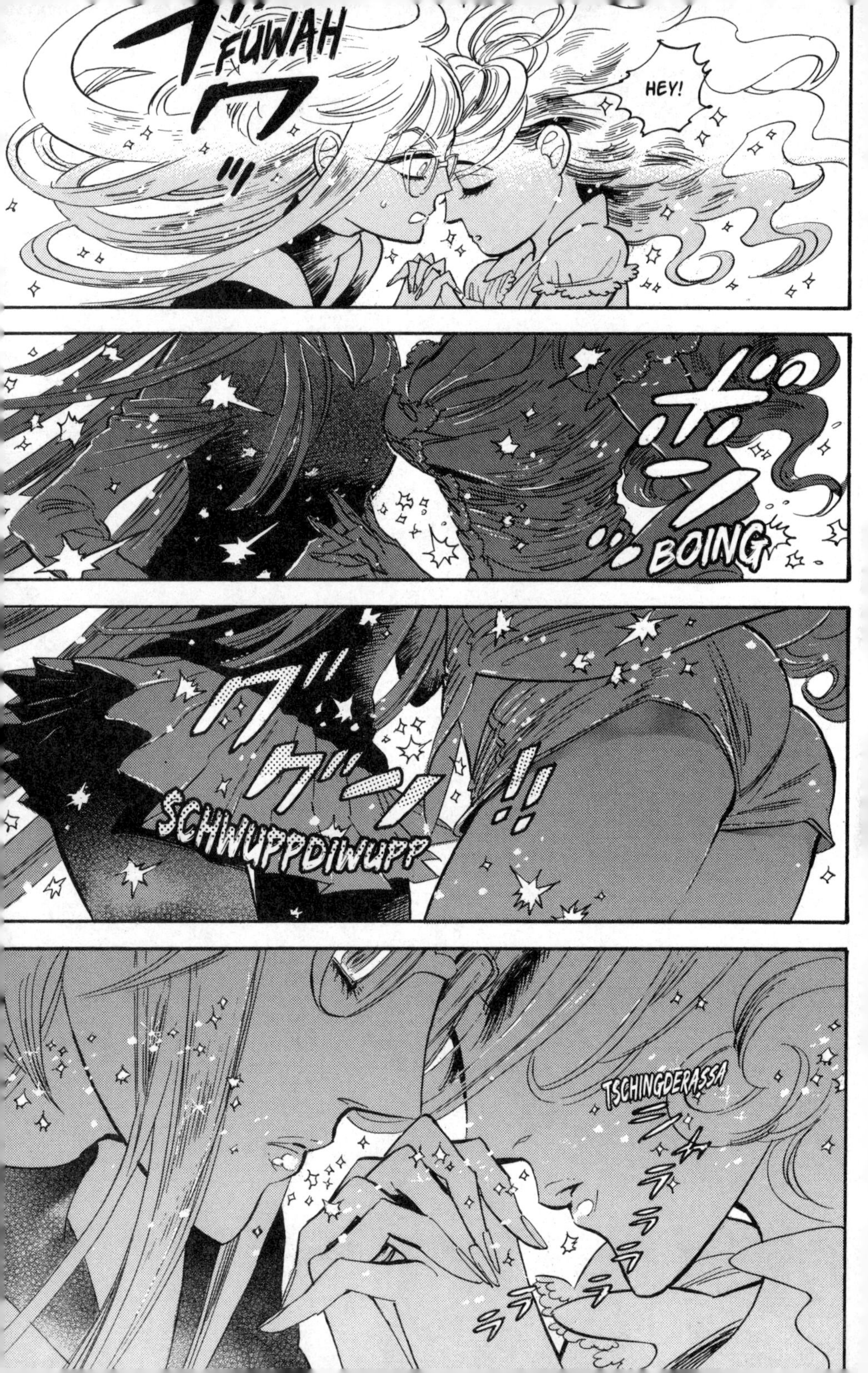
FUWAH
HEY!
BOING
SCHWUPPDIWUPP
!!
TSCHINGDERASSA

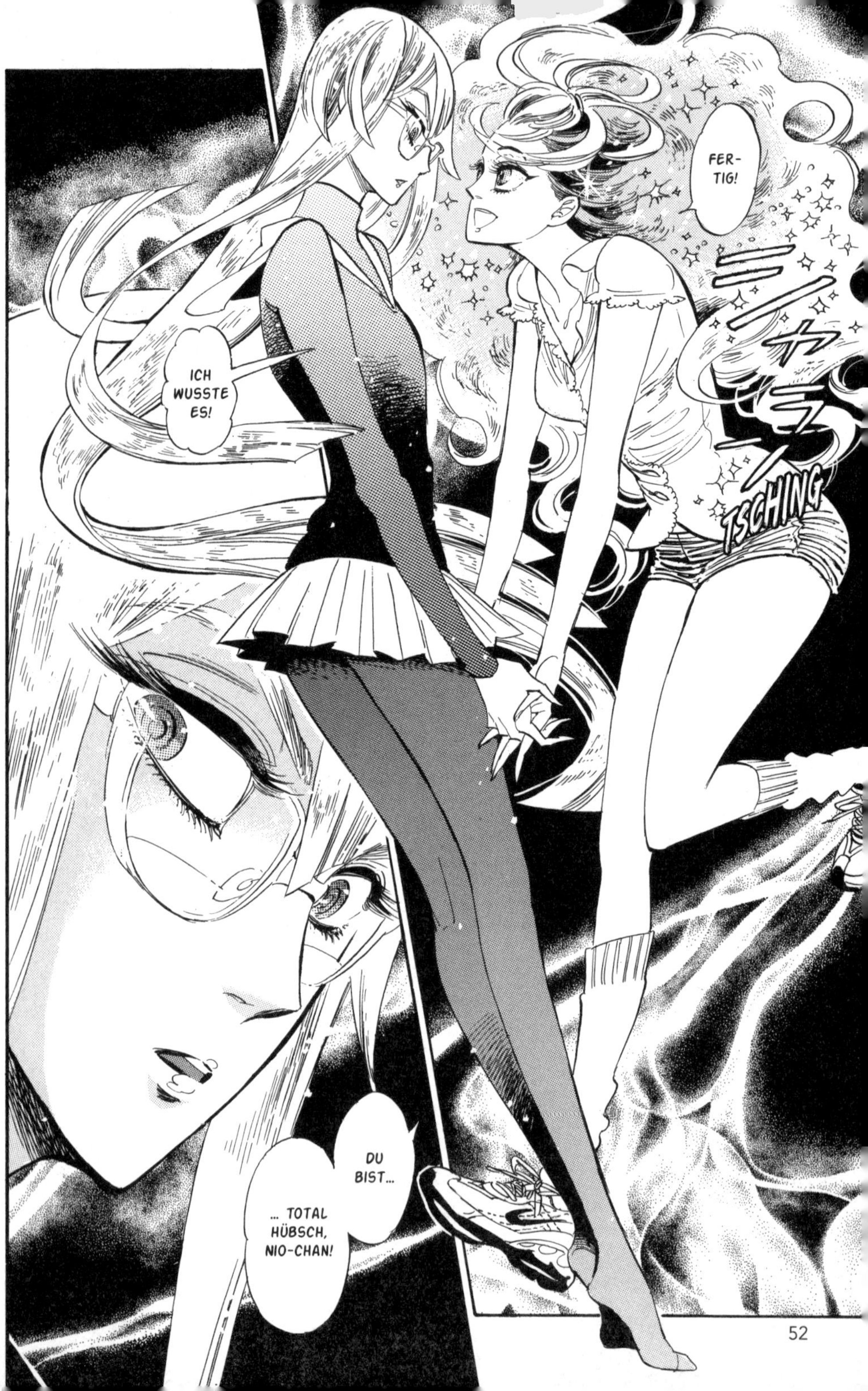
FER-
TIG!
TSCHING
ICH
WUSSTE
ES!
DU
BIST...
... TOTAL
HÜBSCH,
NIO-CHAN!

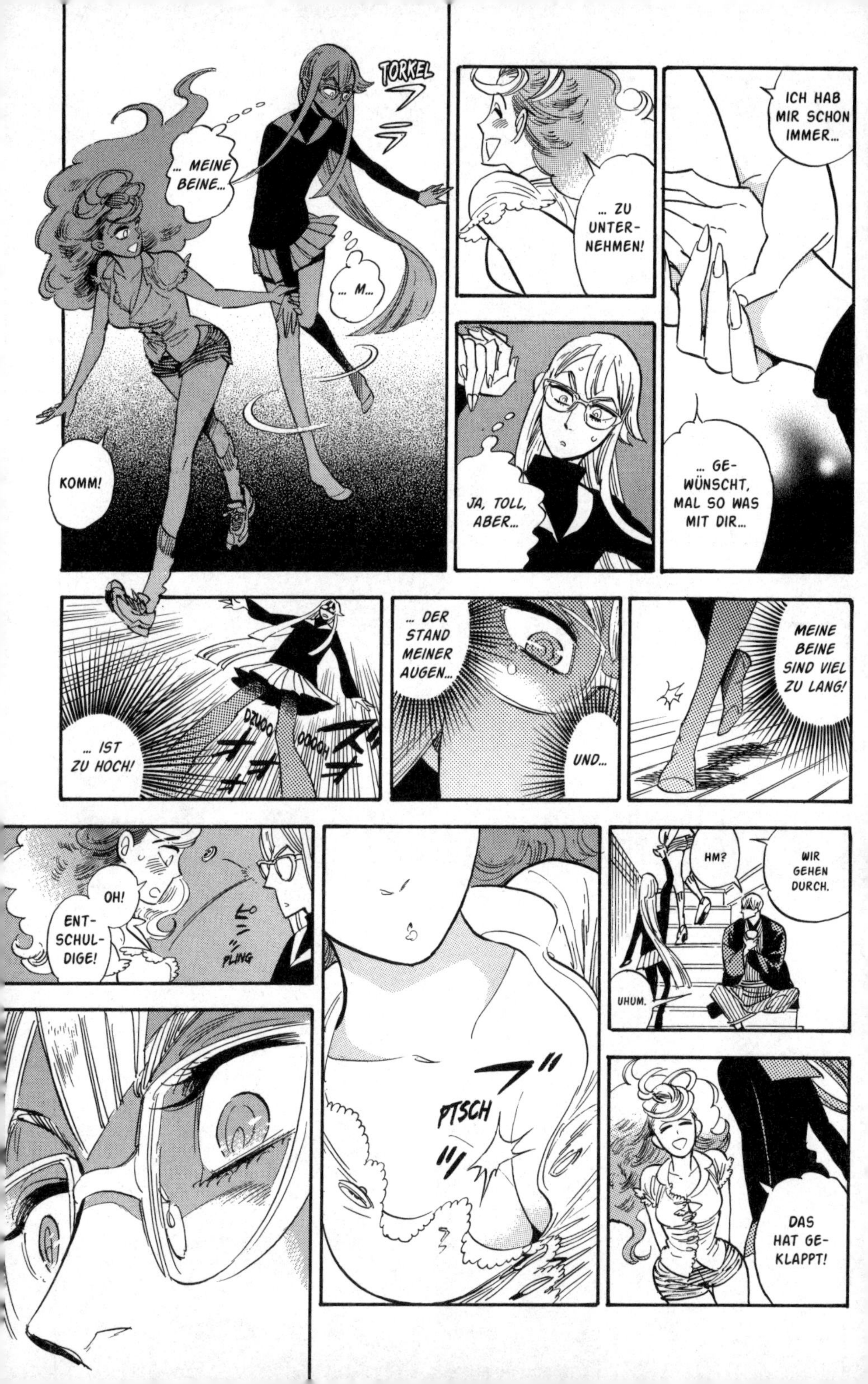
ICH HAB MIR SCHON IMMER...
... GE-WÜNSCHT, MAL SO WAS MIT DIR...
... ZU UNTER-NEHMEN!
JA, TOLL, ABER...
TORKEL
... MEINE BEINE...
... M...
KOMM!
MEINE BEINE SIND VIEL ZU LANG!
UND...
... DER STAND MEINER AUGEN...
DZUOO
... IST ZU HOCH!
WIR GEHEN DURCH.
HM?
UHUM.
OH! ENT-SCHUL-DIGE!
PLING
DAS HAT GE-KLAPPT!
PTSCH

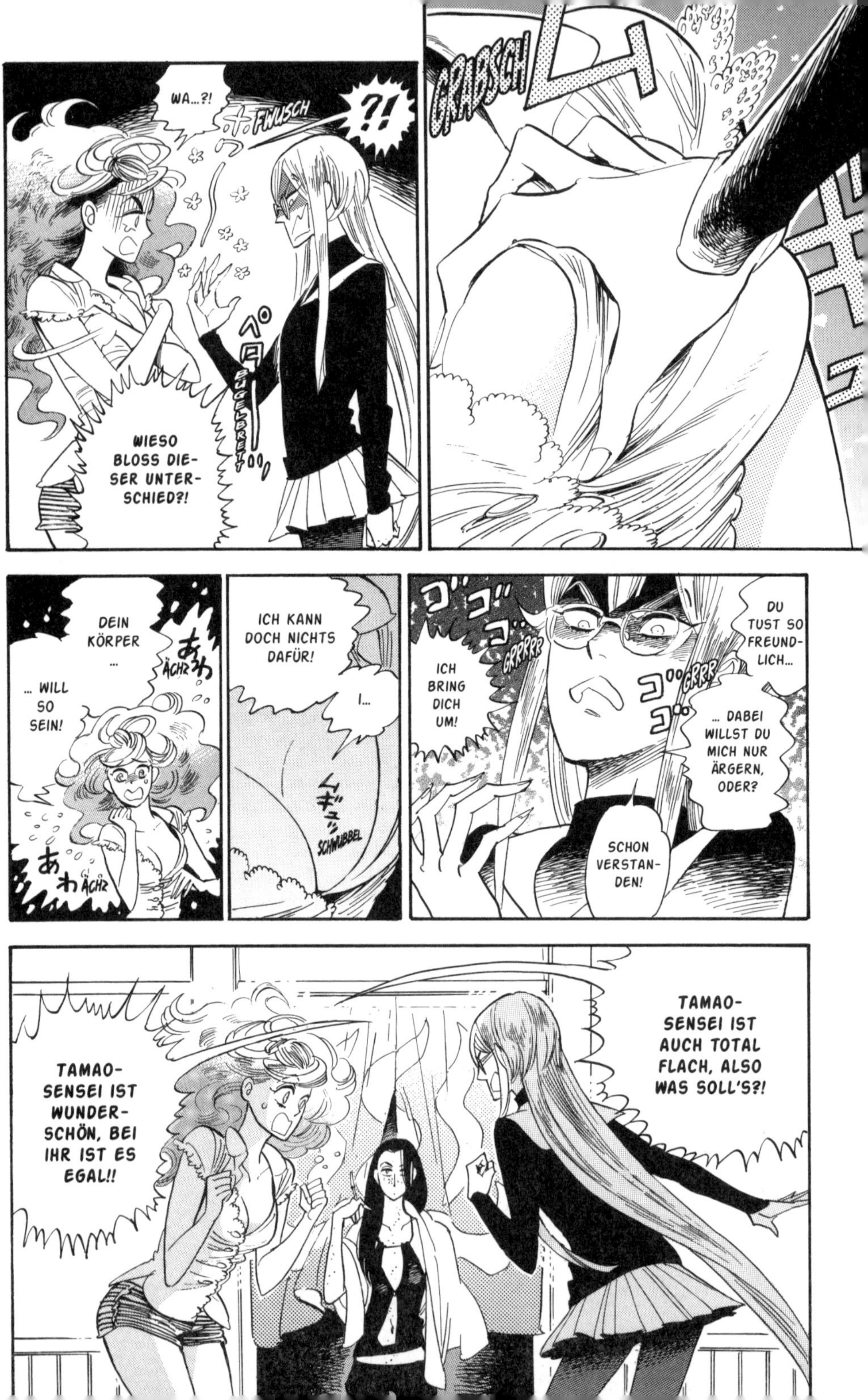
CRABSCH
WA...?!
FWUSCH
?!
BÜGELBRETT
WIESO BLOSS DIESER UNTERSCHIED?!
DU TUST SO FREUNDLICH...
... DABEI WILLST DU MICH NUR ÄRGERN, ODER?
GRRRR
GRRRRR
ICH BRING DICH UM!
SCHON VERSTANDEN!
ICH KANN DOCH NICHTS DAFÜR!
I...
SCHWUBBEL
DEIN KÖRPER ...
ÄCHZ
... WILL SO SEIN!
ÄCHZ
TAMAO-SENSEI IST AUCH TOTAL FLACH, ALSO WAS SOLL'S?!
TAMAO-SENSEI IST WUNDERSCHÖN, BEI IHR IST ES EGAL!!

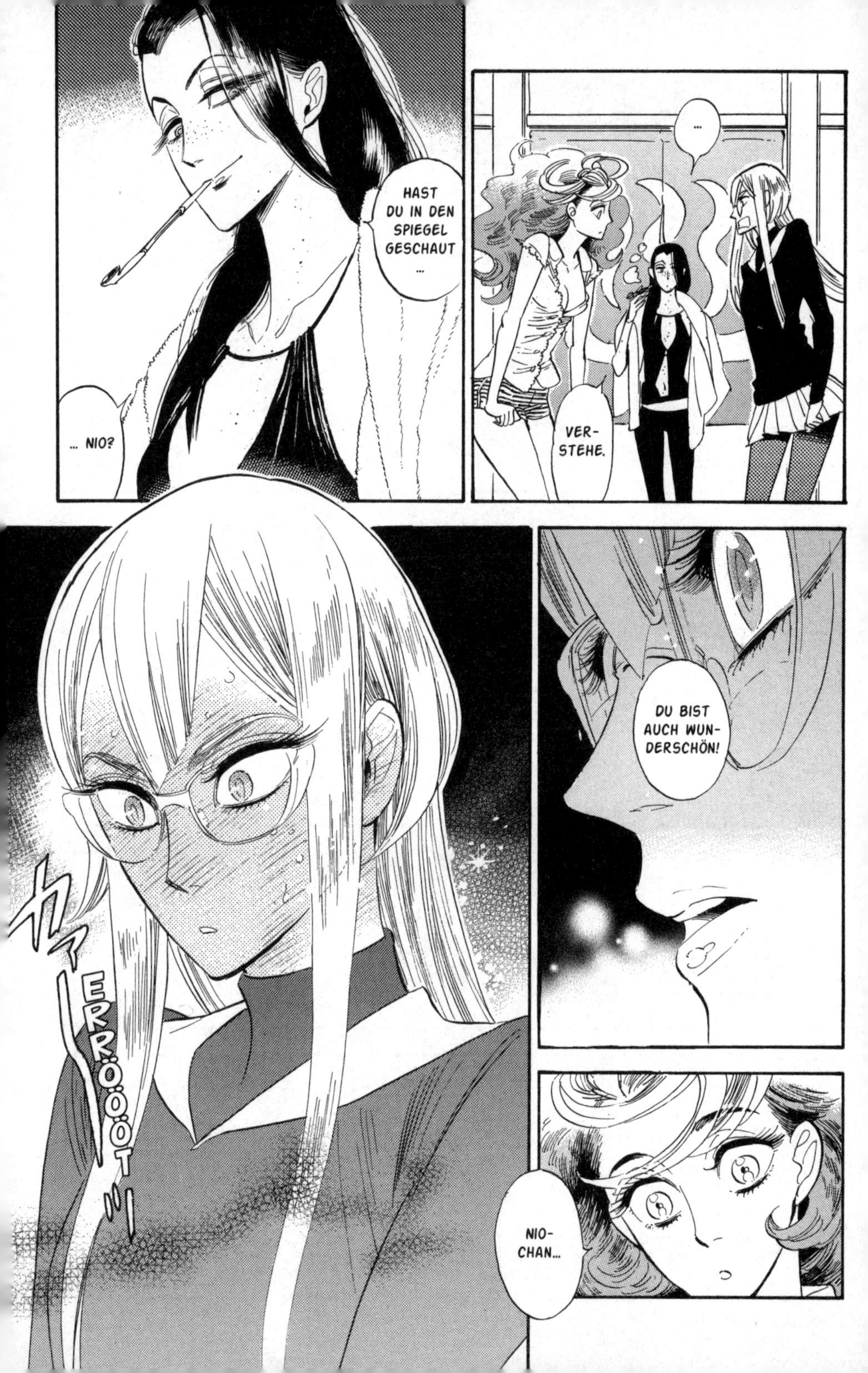
...
VER-
STEHE.
HAST DU IN DEN SPIEGEL GESCHAUT ...
... NIO?
DU BIST AUCH WUN-DERSCHÖN!
NIO-CHAN...
ERRÖÖÖT

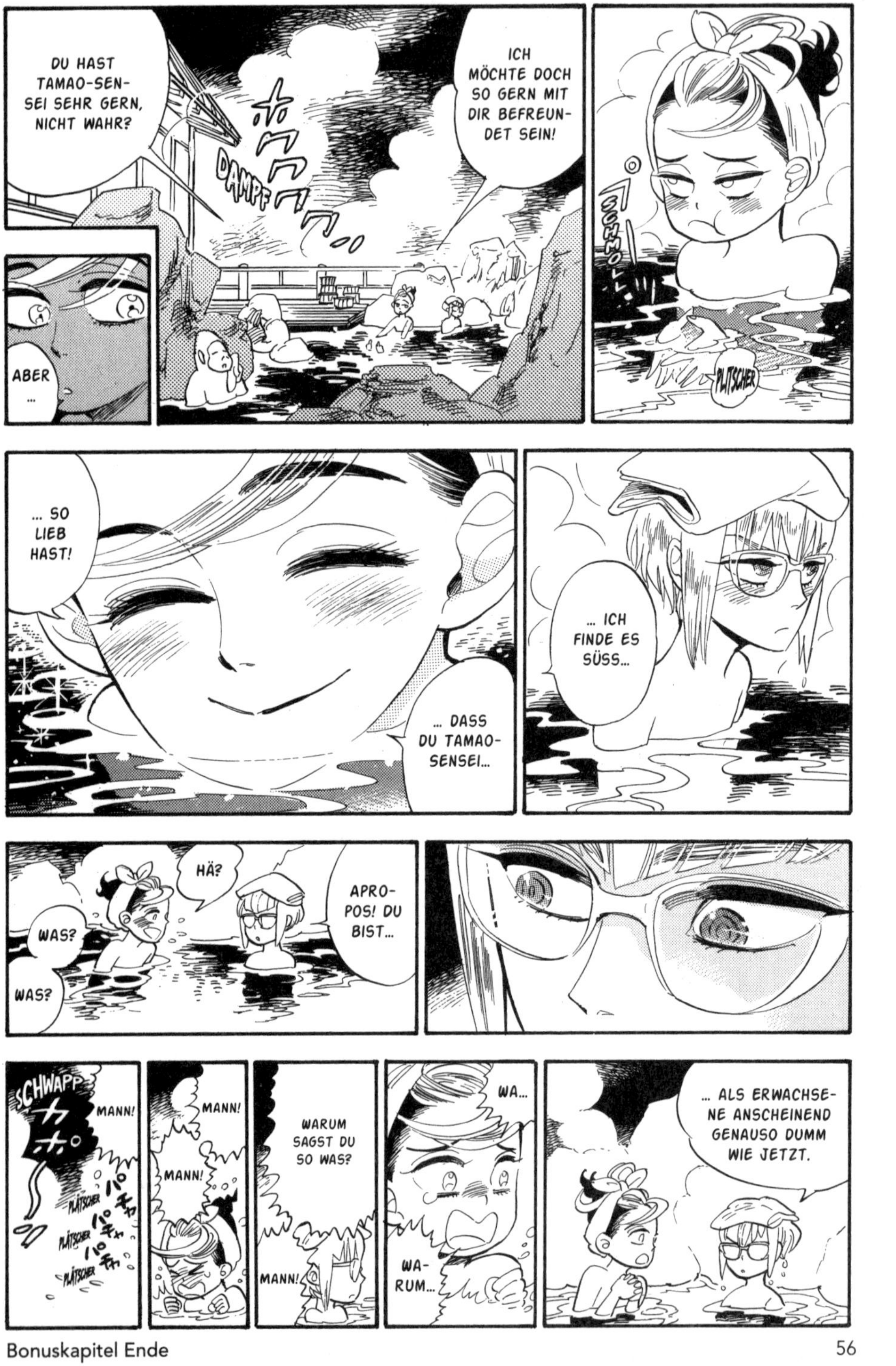

Bonuskapitel Ende

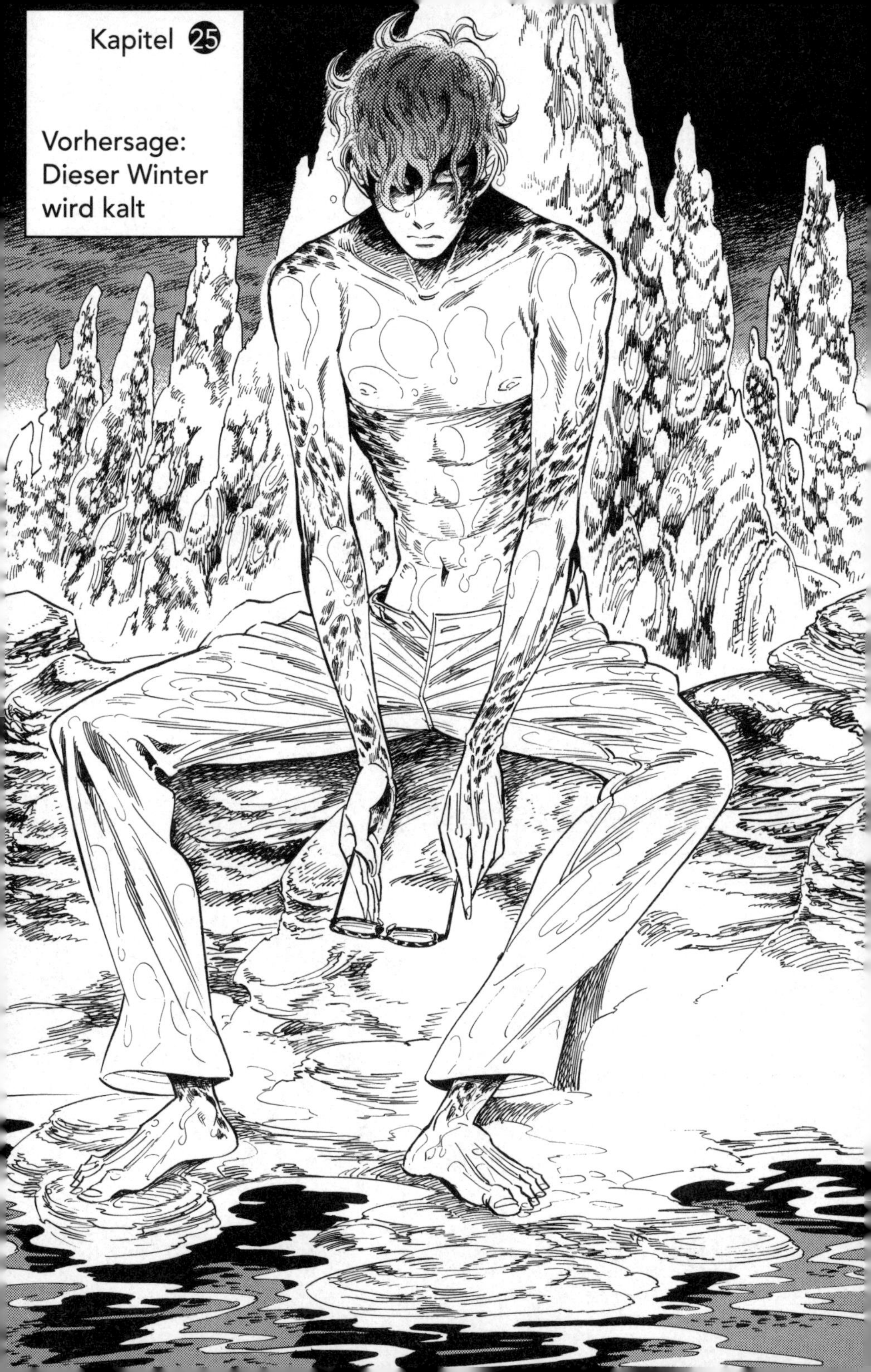
Kapitel 25
Vorhersage:
Dieser Winter
wird kalt

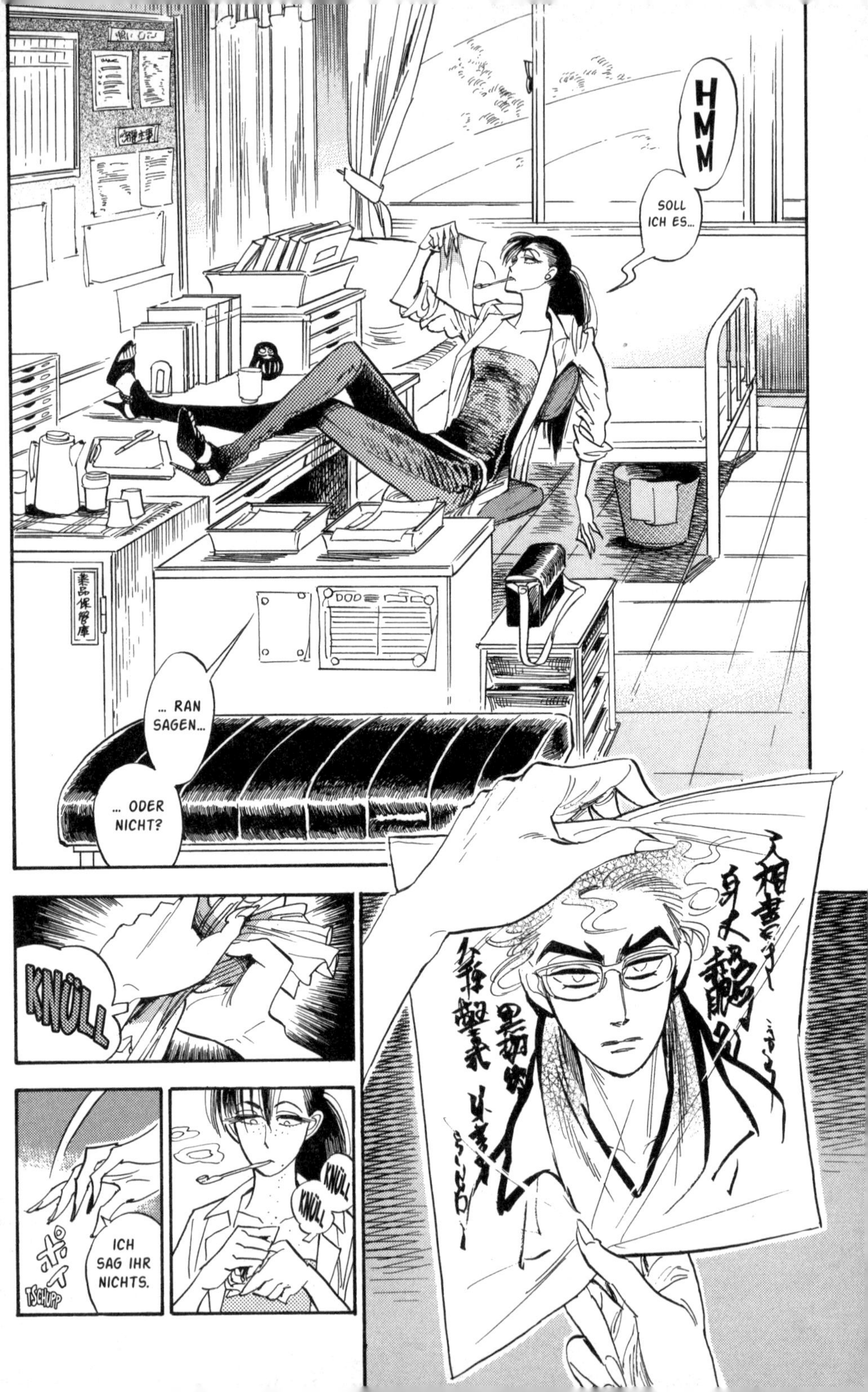
HMM
SOLL ICH ES...
... RAN SAGEN...
... ODER NICHT?
KNÜLL
KNÜLL
KNÜLL
ICH SAG IHR NICHTS.
ポイ
TSCHUPP

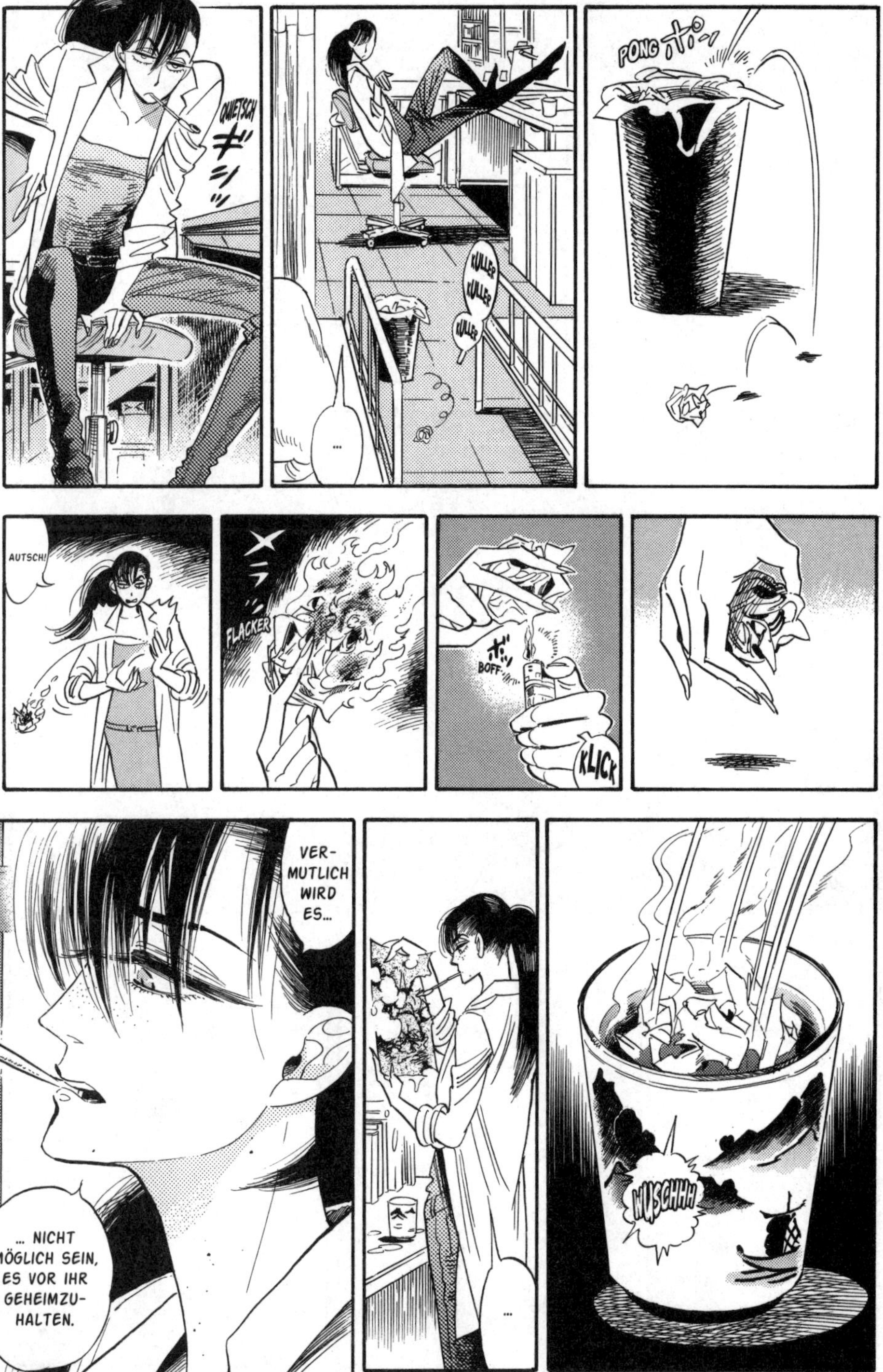
PONG
KULLER
KULLER
KULLER
...
QUIETSCH
KLICK
BOFF
FLACKER
AUTSCH!
WUSCHHH
...
VER-MUTLICH WIRD ES...
... NICHT MÖGLICH SEIN, ES VOR IHR GEHEIMZU-HALTEN.

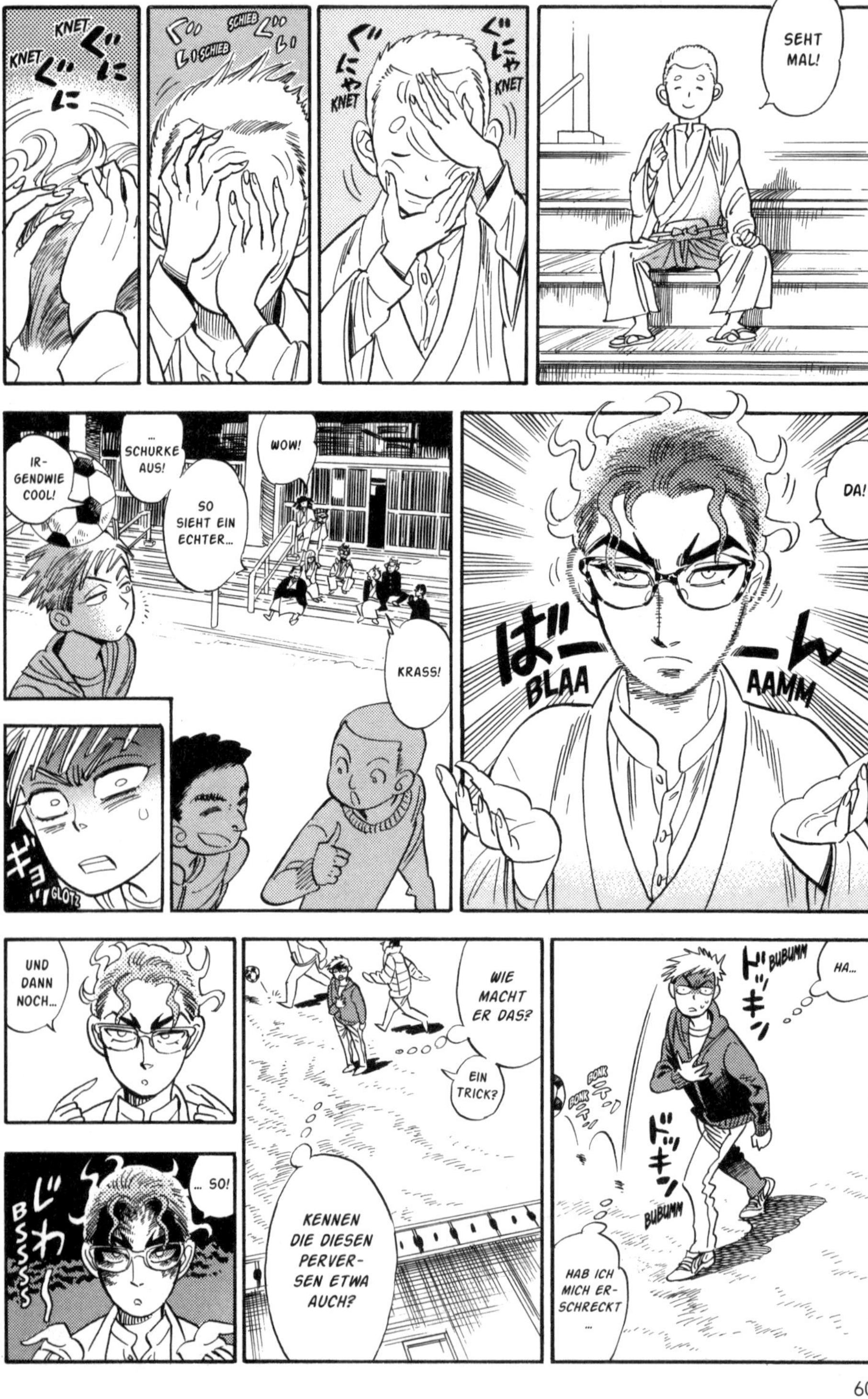
SEHT MAL!
KNET
KNET
SCHIEB
SCHIEB
KNET
KNET
DA!
BLAA
AAMM
SO SIEHT EIN ECHTER...
... SCHURKE AUS!
WOW!
IR-GENDWIE COOL!
KRASS!
GLOTZ
HA...
BUBUMM
BONK
BONK
BUBUMM
HAB ICH MICH ER-SCHRECKT ...
WIE MACHT ER DAS?
EIN TRICK?
KENNEN DIE DIESEN PERVER-SEN ETWA AUCH?
UND DANN NOCH...
... SO!
BSSSS

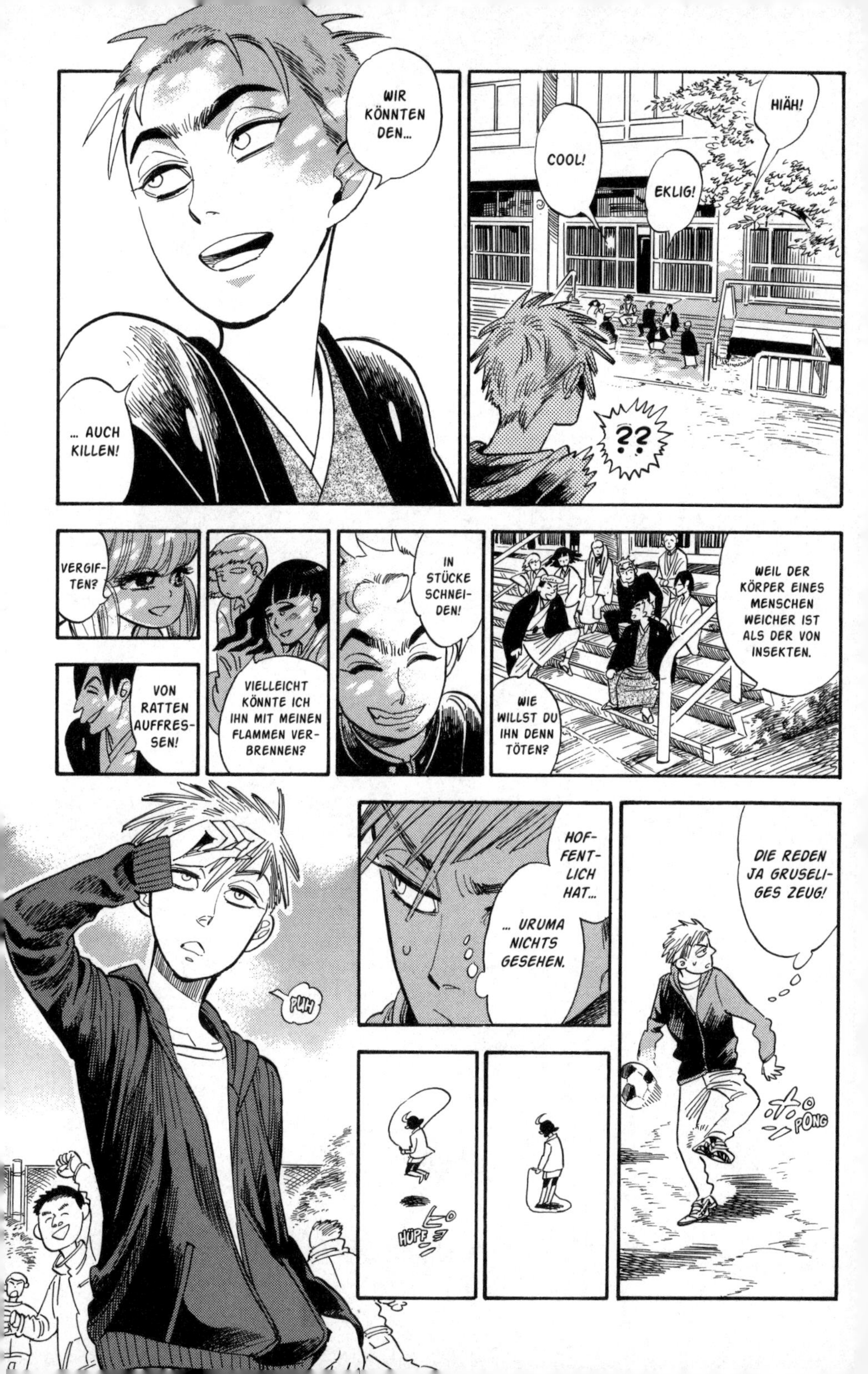
HIÄH!
EKLIG!
COOL!
??
WIR KÖNNTEN DEN...
... AUCH KILLEN!
WEIL DER KÖRPER EINES MENSCHEN WEICHER IST ALS DER VON INSEKTEN.
WIE WILLST DU IHN DENN TÖTEN?
IN STÜCKE SCHNEIDEN!
VIELLEICHT KÖNNTE ICH IHN MIT MEINEN FLAMMEN VERBRENNEN?
VERGIFTEN?
VON RATTEN AUFFRESSEN!
DIE REDEN JA GRUSELIGES ZEUG!
PONG
HOFFENTLICH HAT...
... URUMA NICHTS GESEHEN.
HÜPF
PUH

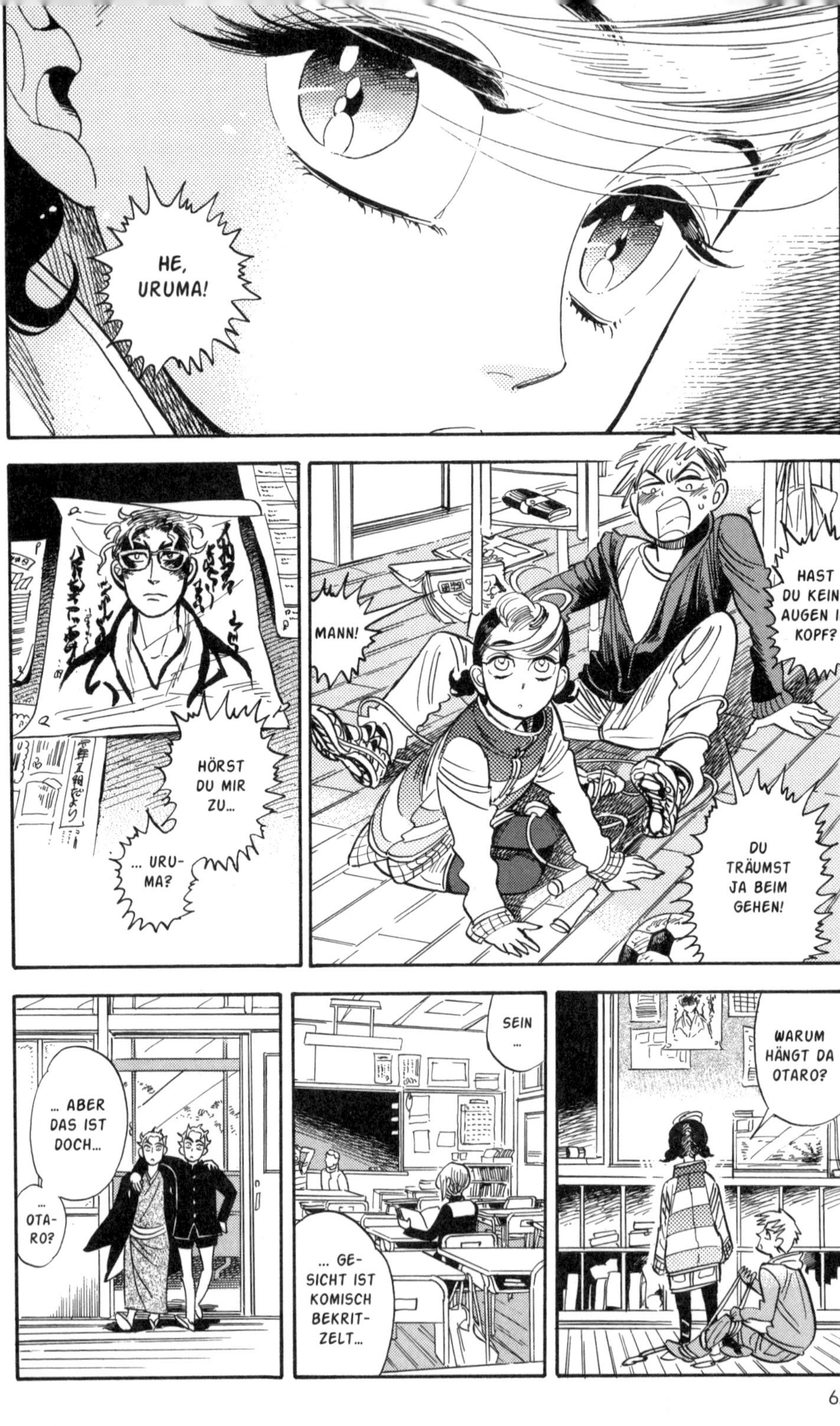
HE, URUMA!
MANN!
HAST DU KEINE AUGEN IM KOPF?
DU TRÄUMST JA BEIM GEHEN!
HÖRST DU MIR ZU...
... URU-MA?
WARUM HÄNGT DA OTARO?
SEIN ...
... GE-SICHT IST KOMISCH BEKRIT-ZELT...
... ABER DAS IST DOCH...
... OTA-RO?

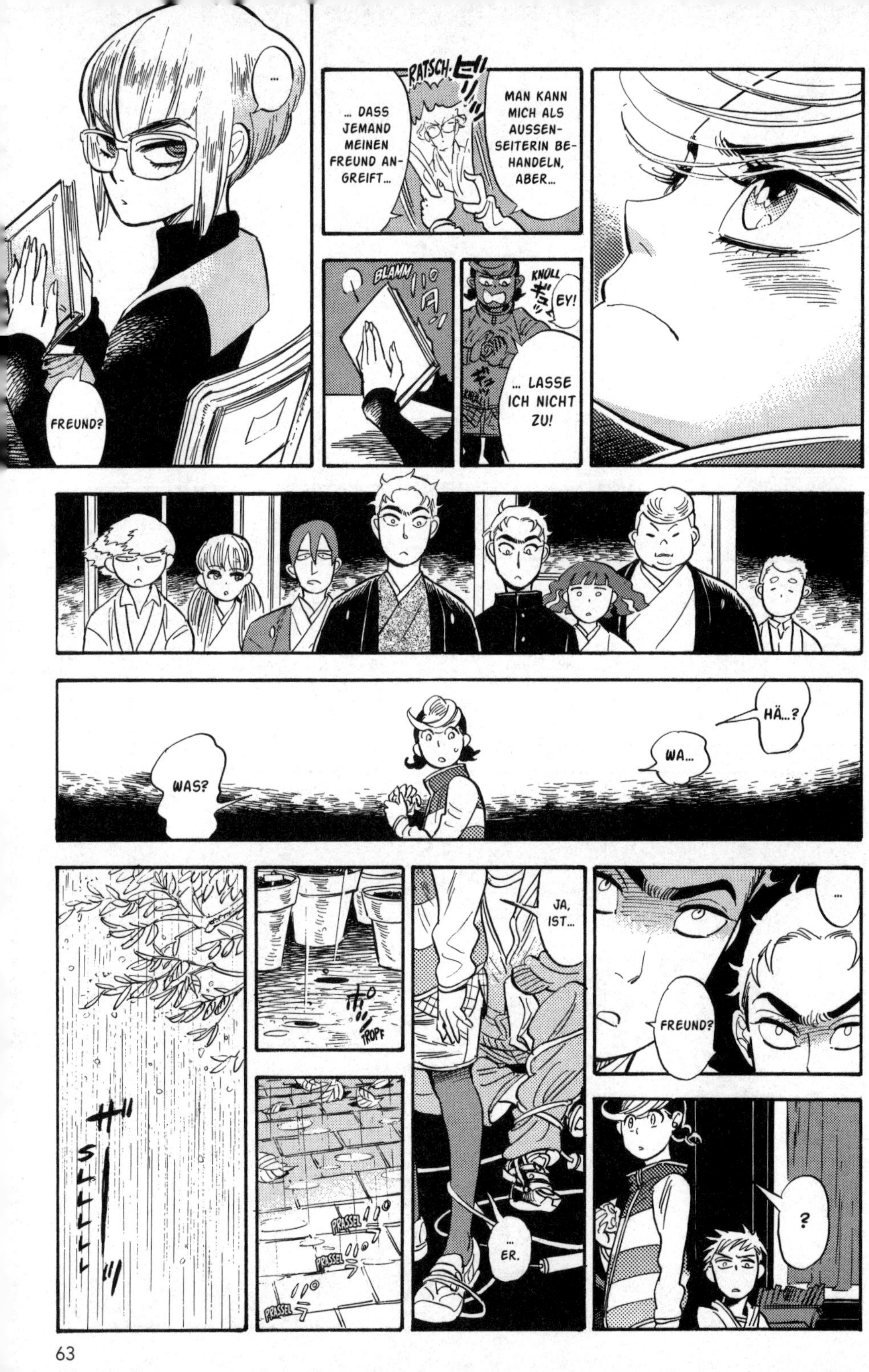
RATSCH
MAN KANN MICH ALS AUSSEN-SEITERIN BE-HANDELN, ABER...
... DASS JEMAND MEINEN FREUND AN-GREIFT...
KNÜLL
EY!
... LASSE ICH NICHT ZU!
BLAMM
...
FREUND?
HÄ...?
WA...
WAS?
...
FREUND?
?
JA, IST...
... ER.
TROPF
PRASSEL
PRASSEL
PRASSEL

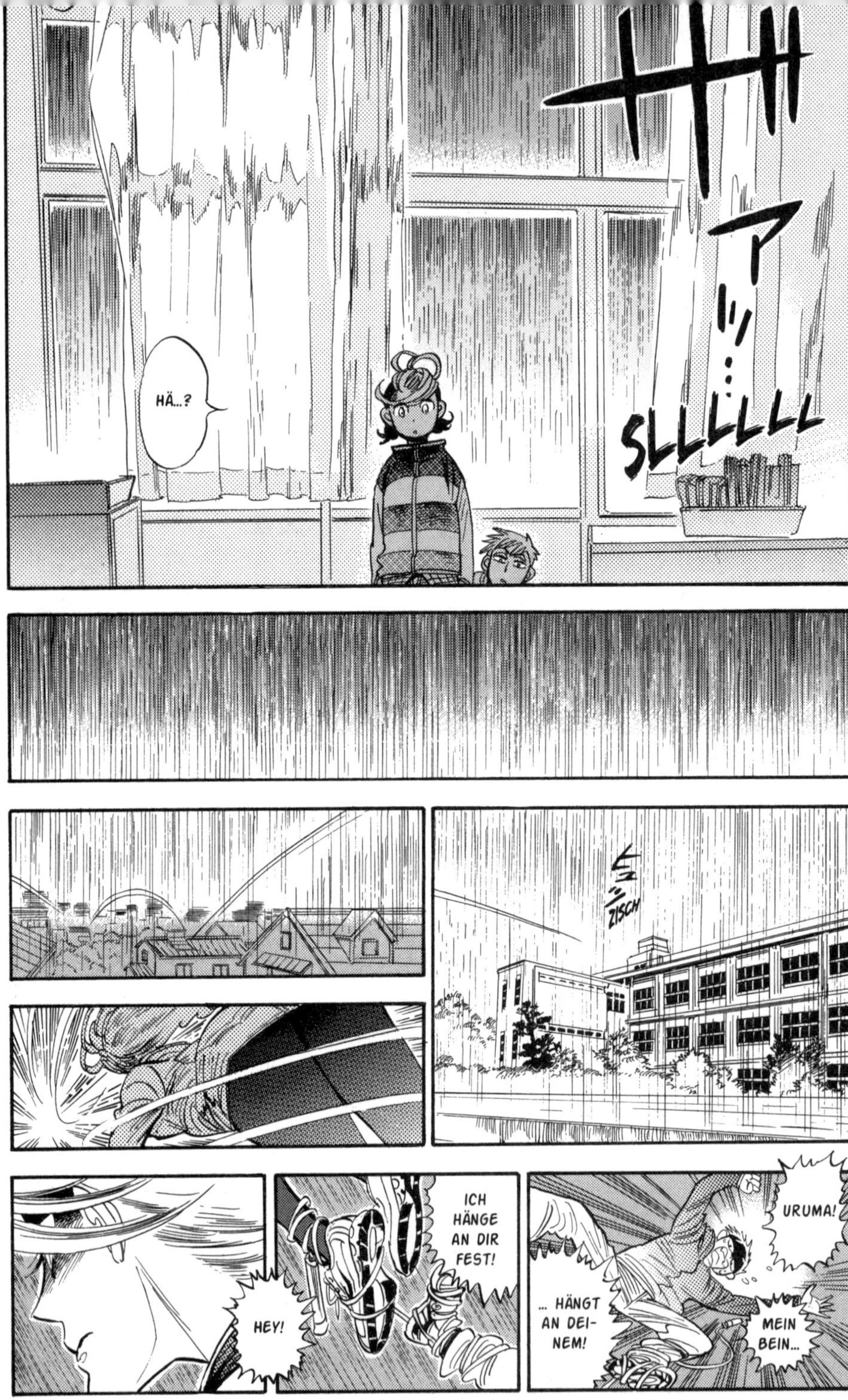
ガアッ…
SLLLLLLL
HÄ…?
ZISCH
URUMA!
MEIN BEIN…
… HÄNGT AN DEI-NEM!
ICH HÄNGE AN DIR FEST!
HEY!

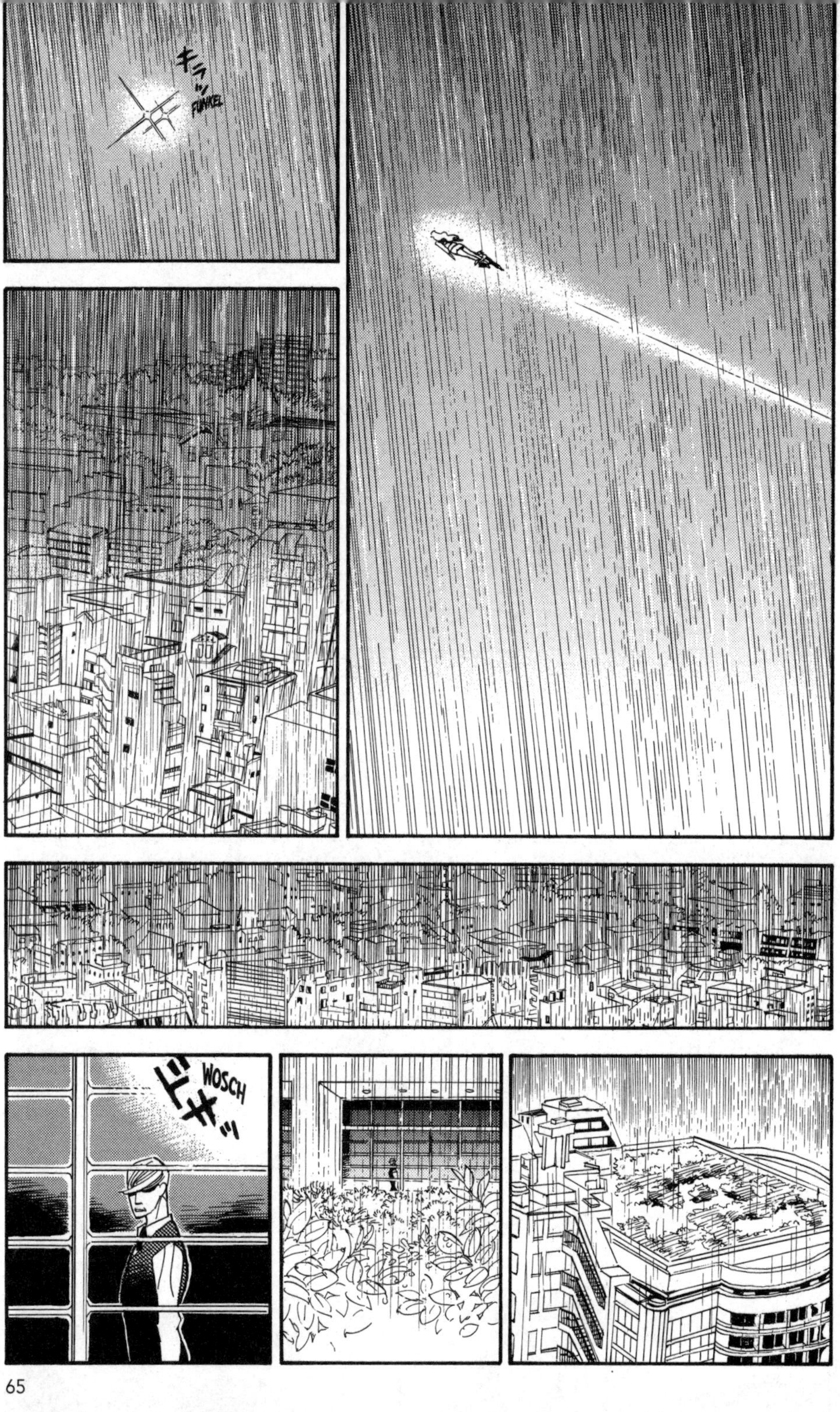
キラッ
FUNKEL
ドギャッ
WOSCH

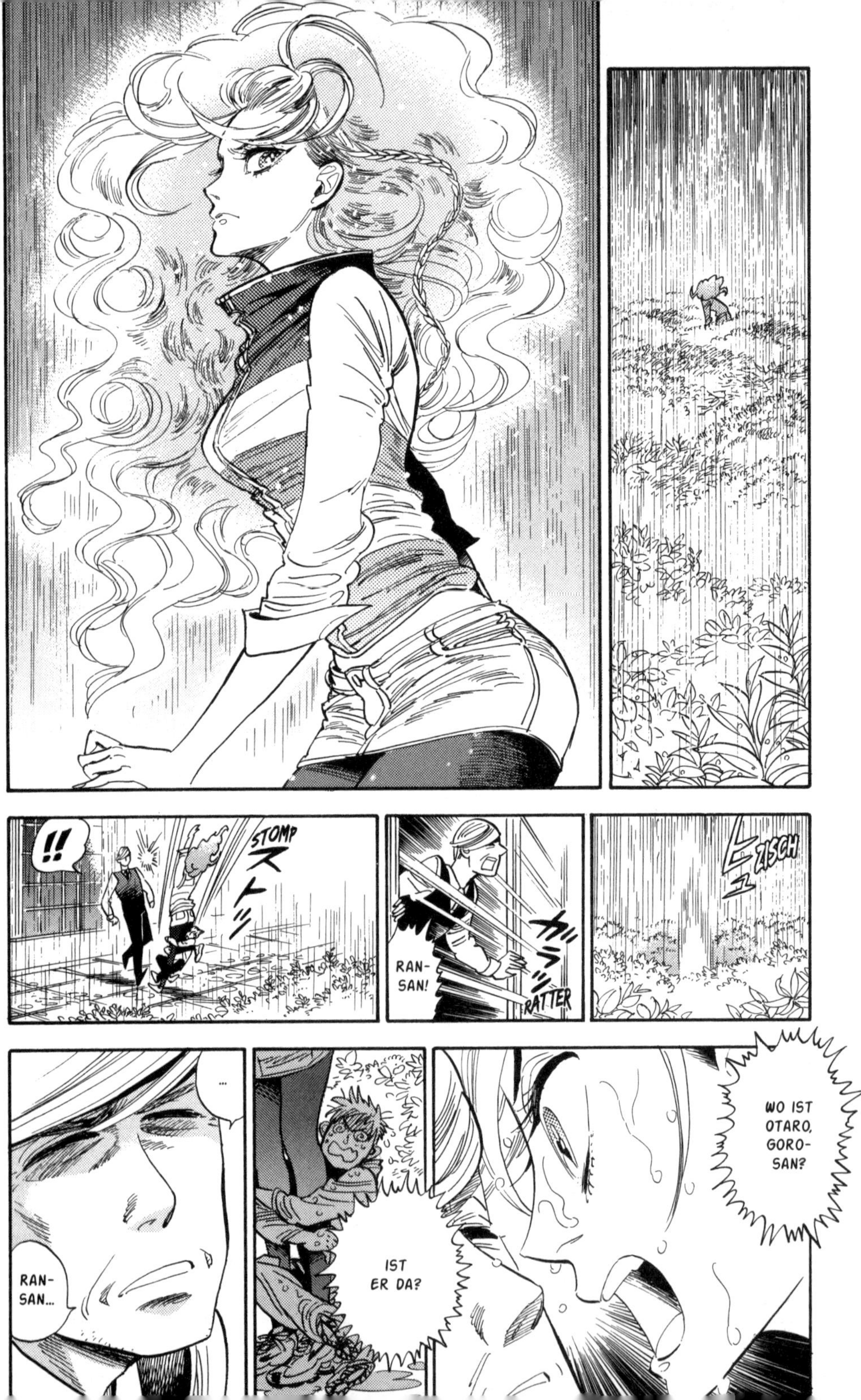

!!
STOMP
RAN-
SAN!
RATTER
ZISCH
WO IST
OTARO,
GORO-
SAN?
IST
ER DA?
...
RAN-
SAN...

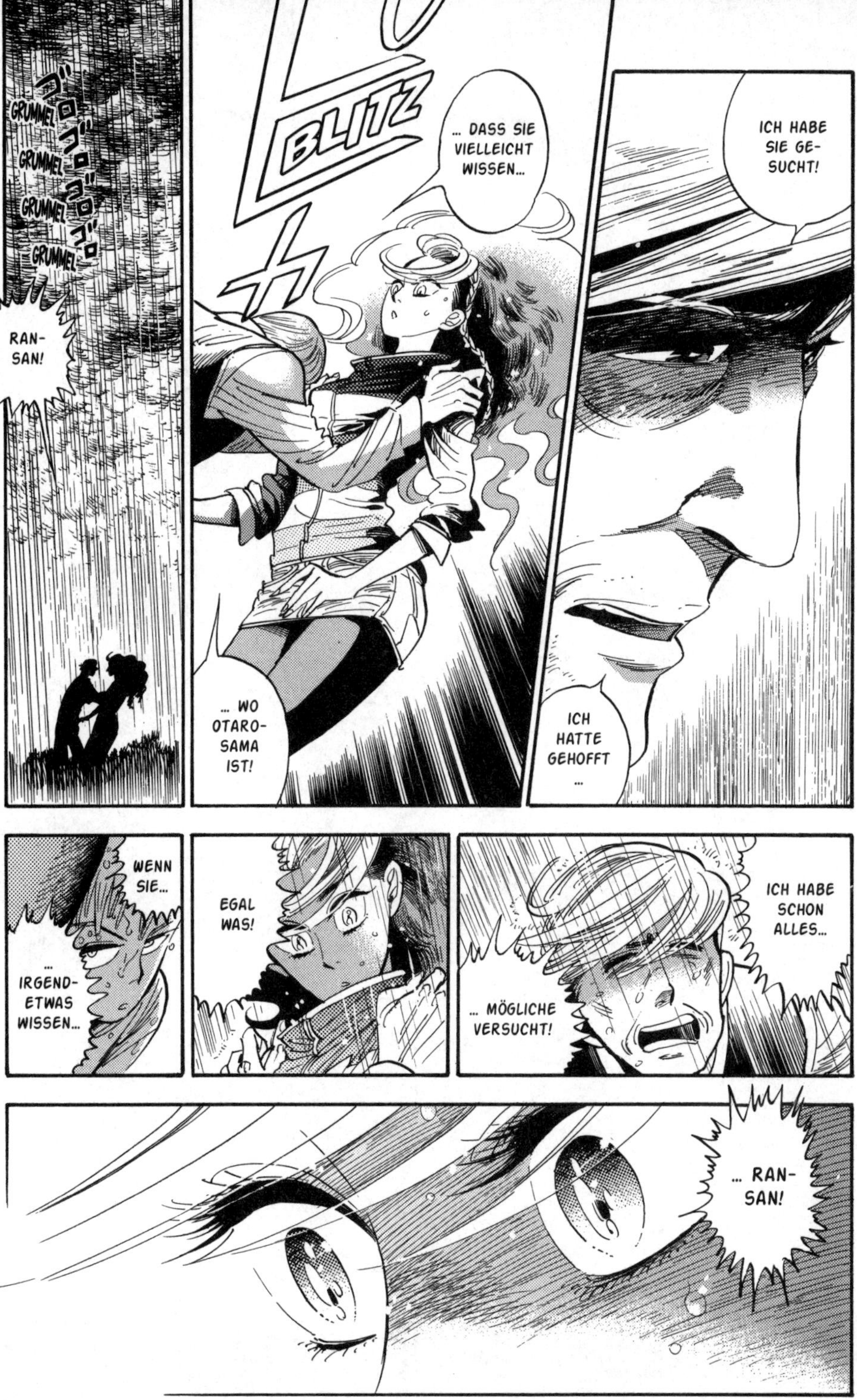
ICH HABE SIE GE-SUCHT!
ICH HATTE GEHOFFT ...
... DASS SIE VIELLEICHT WISSEN...
BLITZ
... WO OTARO-SAMA IST!
GRUMMEL GRUMMEL GRUMMEL GRUMMEL
RAN-SAN!
ICH HABE SCHON ALLES...
... MÖGLICHE VERSUCHT!
EGAL WAS!
WENN SIE...
... IRGEND-ETWAS WISSEN...
... RAN-SAN!

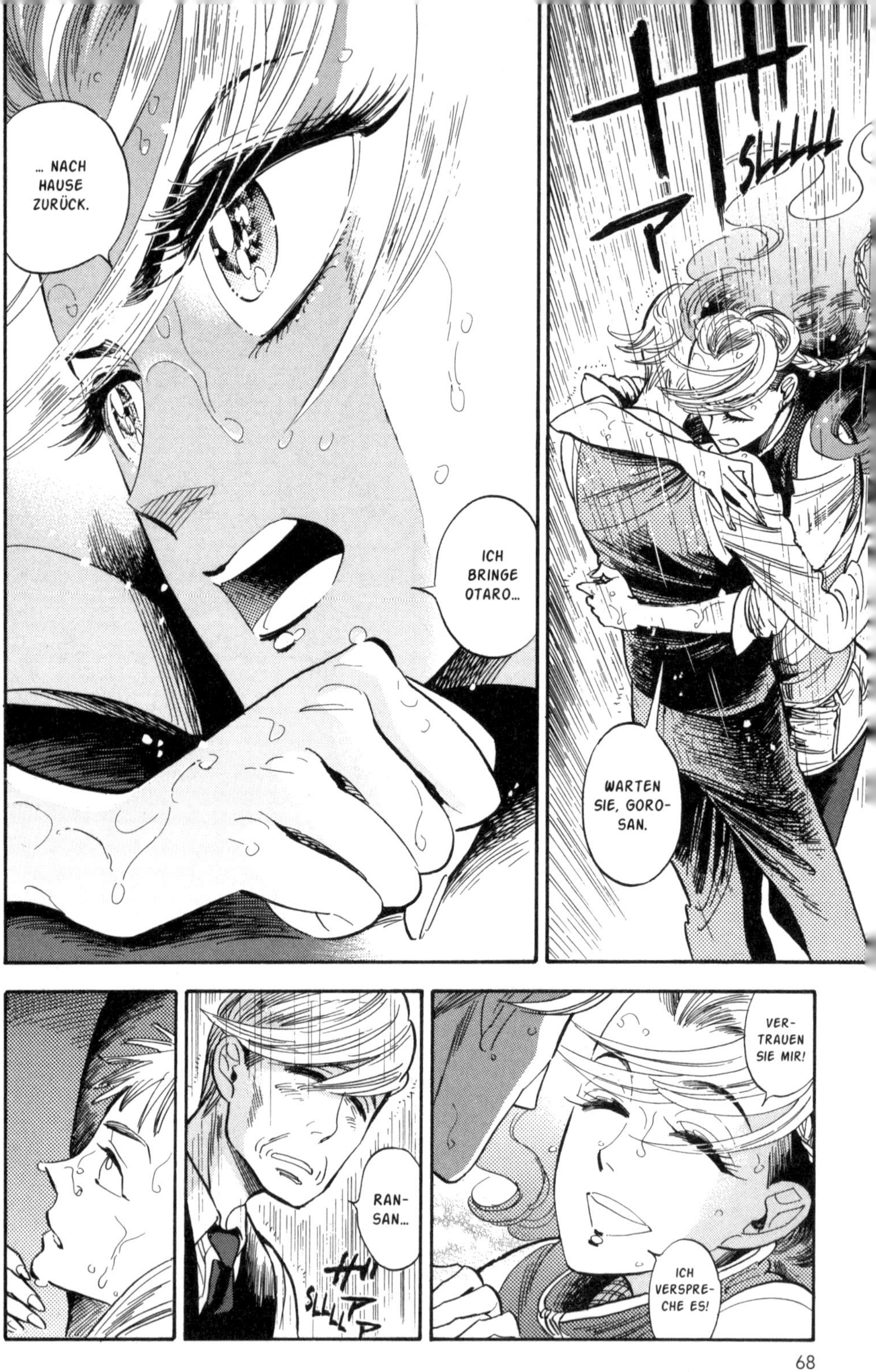

SLLLLL
WARTEN SIE, GORO-SAN.
ICH BRINGE OTARO…
… NACH HAUSE ZURÜCK.
VER-TRAUEN SIE MIR!
ICH VERSPRE-CHE ES!
RAN-SAN…
SLLLLP

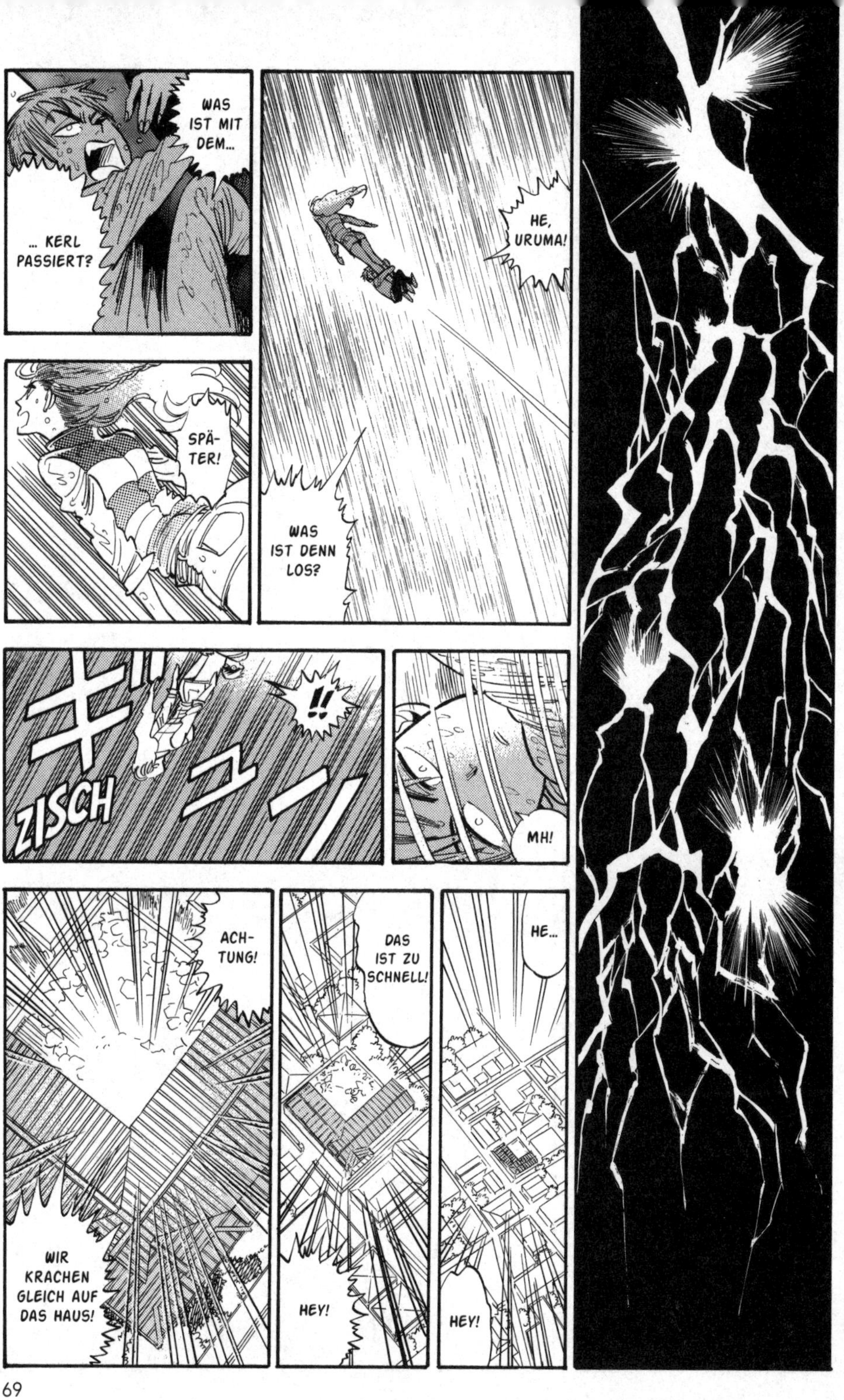
HE, URUMA!
WAS IST DENN LOS?
WAS IST MIT DEM...
... KERL PASSIERT?
SPÄ-TER!
MH!
!!
ZISCH
HE...
HEY!
DAS IST ZU SCHNELL!
HEY!
ACH-TUNG!
WIR KRACHEN GLEICH AUF DAS HAUS!

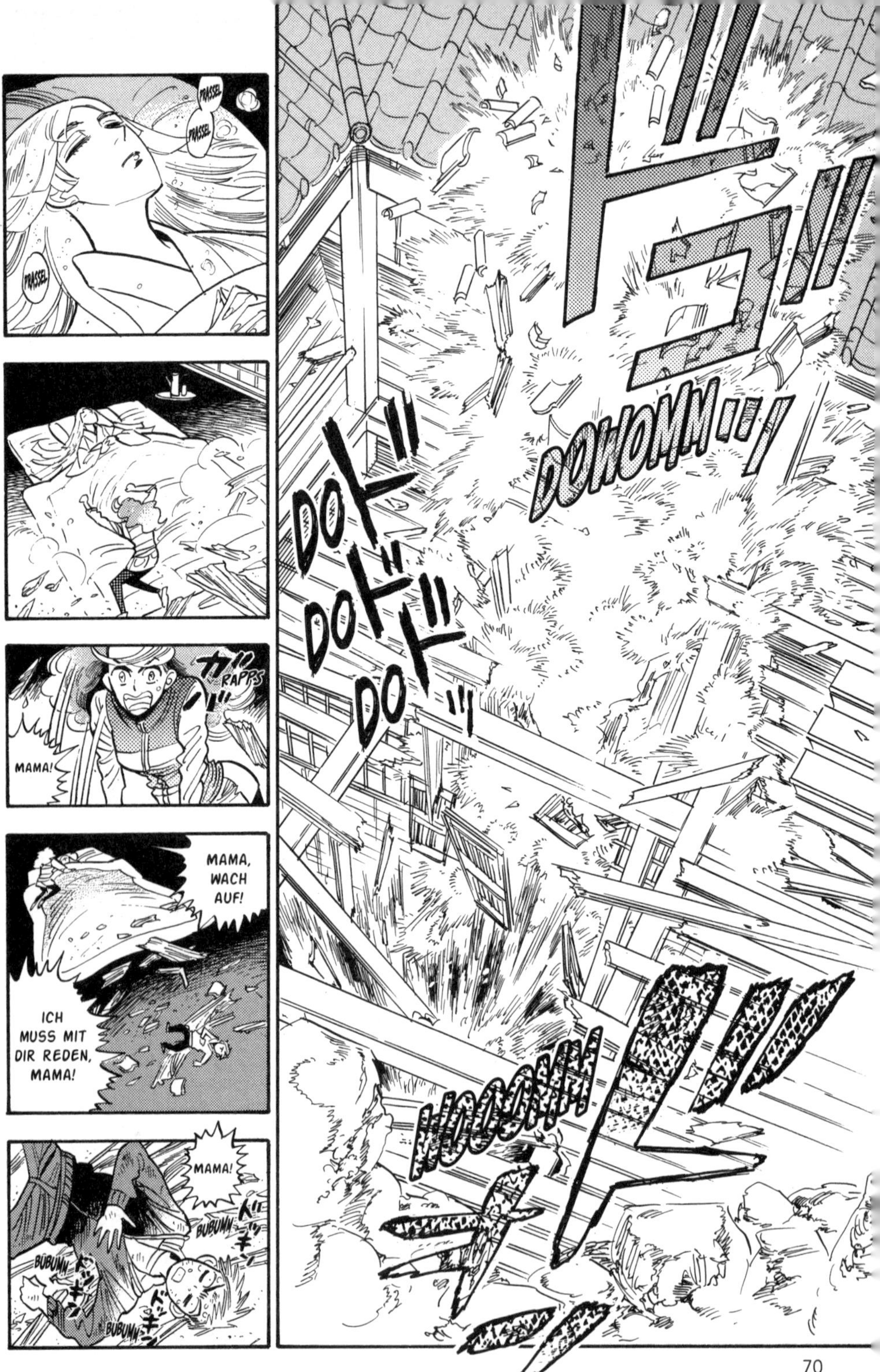
DOHOMM!!
DO DO DO!!
WOOOM
PRASSEL
PRASSEL
PRASSEL
RAPPS
MAMA!
MAMA, WACH AUF!
ICH MUSS MIT DIR REDEN, MAMA!
MAMA!
BUBUMM
BUBUMM
BUBUMM

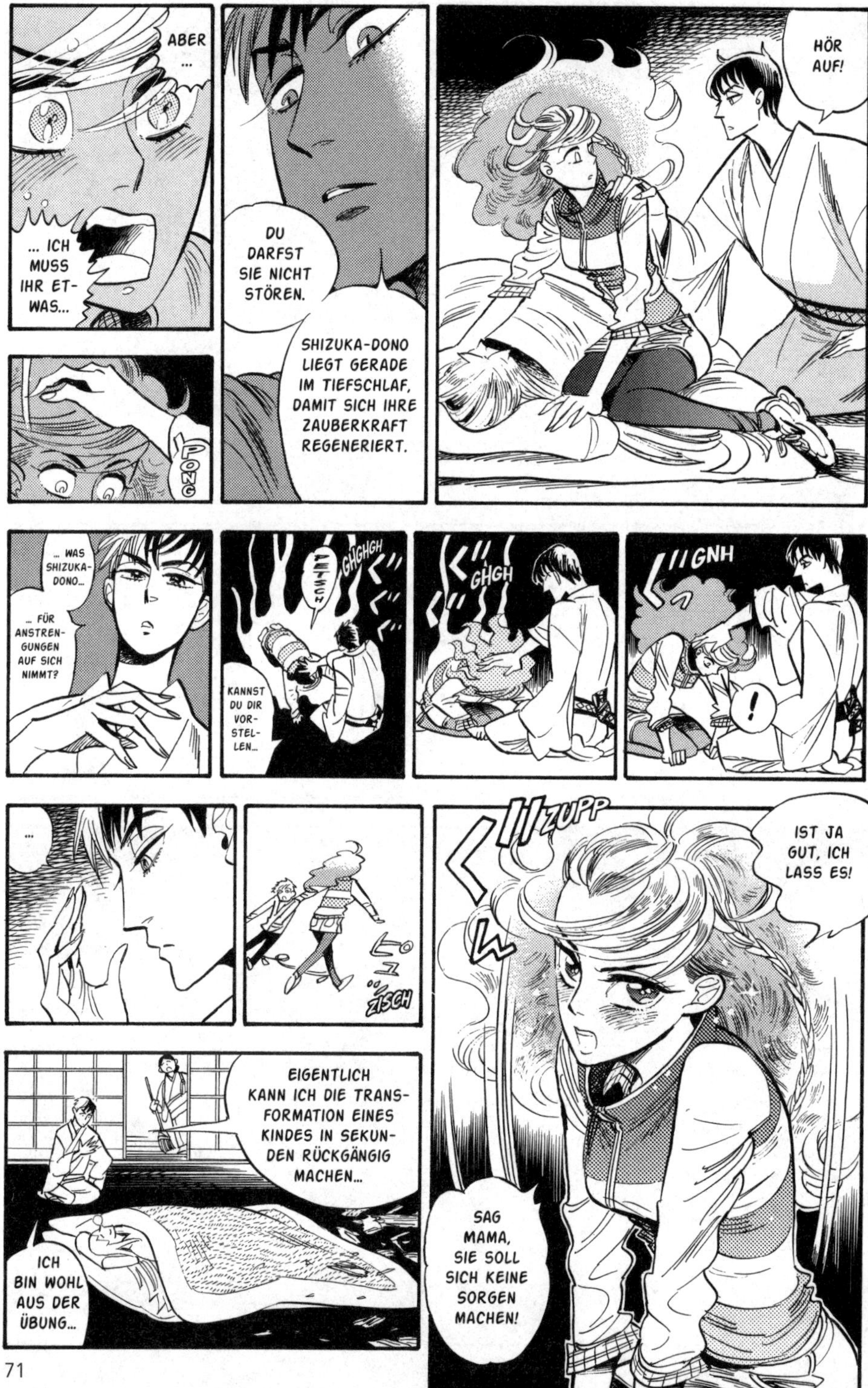
HÖR AUF!
DU DARFST SIE NICHT STÖREN.
SHIZUKA-DONO LIEGT GERADE IM TIEFSCHLAF, DAMIT SICH IHRE ZAUBERKRAFT REGENERIERT.
ABER ...
... ICH MUSS IHR ET-WAS...
PONG
GNH
GHGH
PETSCH
GHGHGH
KANNST DU DIR VORSTEL-LEN...
... WAS SHIZUKA-DONO...
... FÜR ANSTRENGUNGEN AUF SICH NIMMT?
ZUPP
IST JA GUT, ICH LASS ES!
SAG MAMA, SIE SOLL SICH KEINE SORGEN MACHEN!
ZISCH
...
EIGENTLICH KANN ICH DIE TRANSFORMATION EINES KINDES IN SEKUNDEN RÜCKGÄNGIG MACHEN...
ICH BIN WOHL AUS DER ÜBUNG...

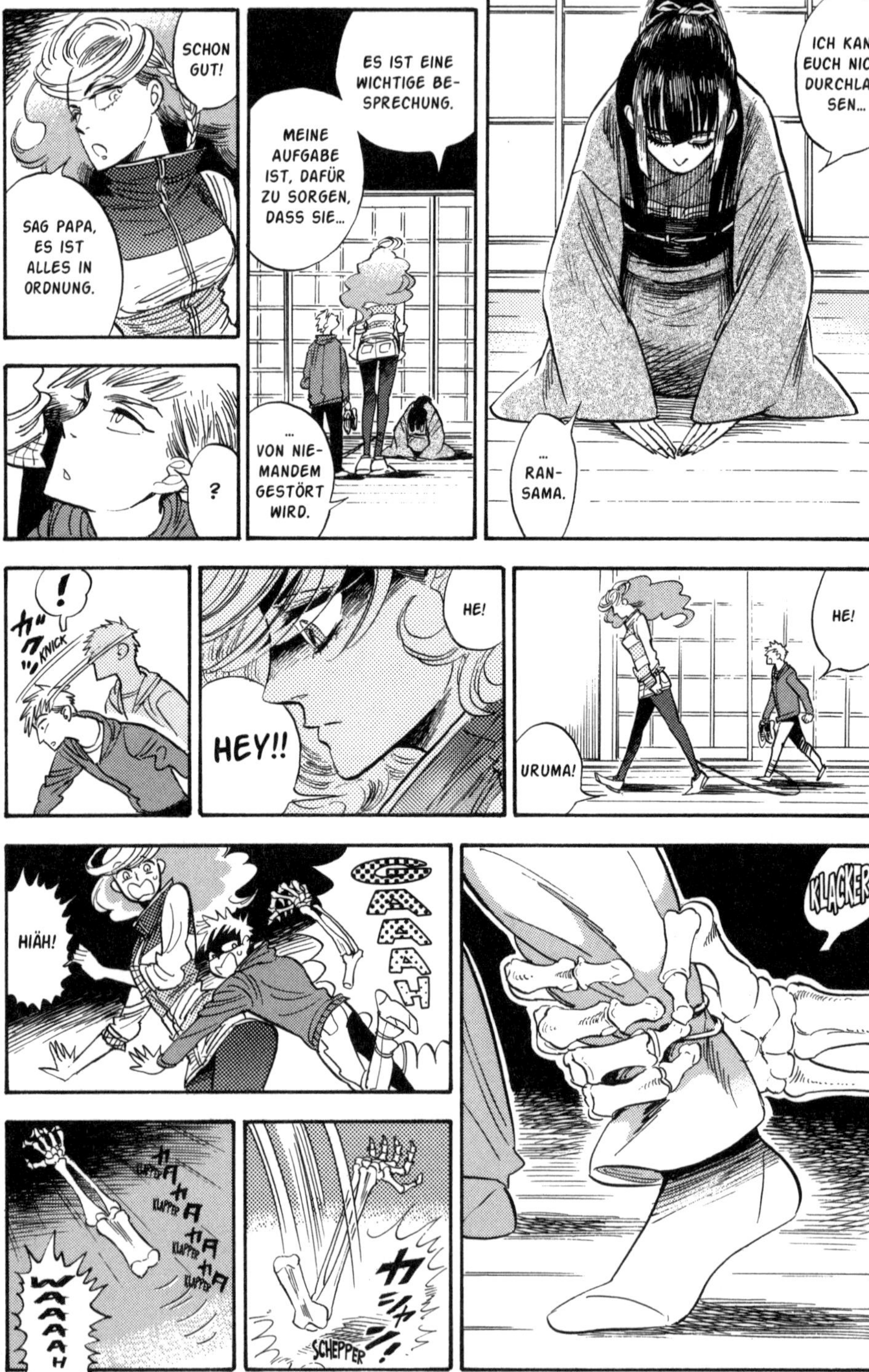
ICH KANN EUCH NICHT DURCHLAS-SEN...
... RAN-SAMA.
ES IST EINE WICHTIGE BE-SPRECHUNG.
MEINE AUFGABE IST, DAFÜR ZU SORGEN, DASS SIE...
... VON NIE-MANDEM GESTÖRT WIRD.
SCHON GUT!
SAG PAPA, ES IST ALLES IN ORDNUNG.
?
HE!
URUMA!
HE!
HEY!!
!
KNICK
KLACKER
GAAAAH
HIÄH!
SCHEPPER
KLAPPER
KLAPPER
KLAPPER
KLAPPER
WAAAAH

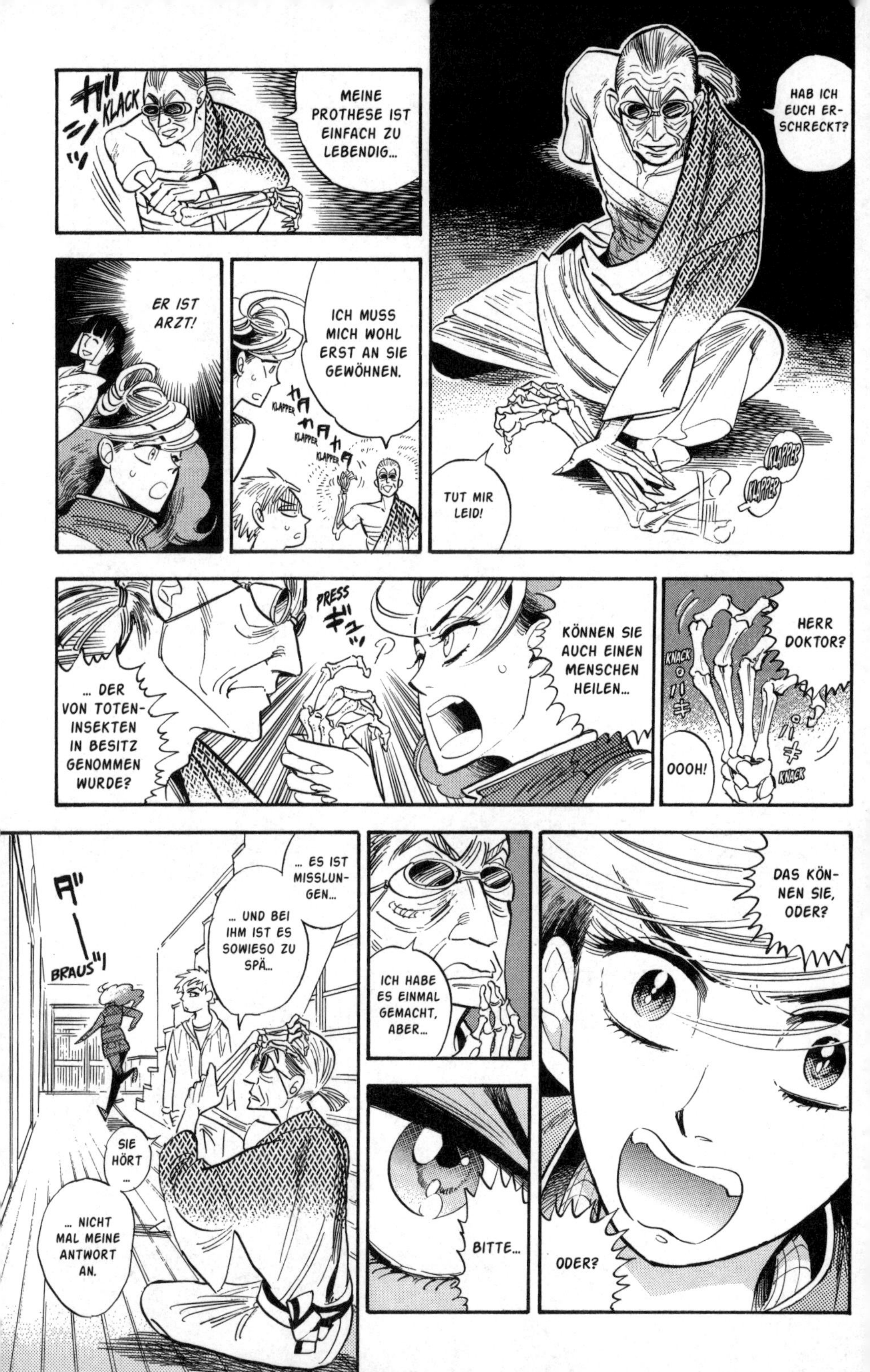
HAB ICH EUCH ER-SCHRECKT?
KLAPPER
KLAPPER
TUT MIR LEID!
KLACK
MEINE PROTHESE IST EINFACH ZU LEBENDIG...
ICH MUSS MICH WOHL ERST AN SIE GEWÖHNEN.
KLAPPER
KLAPPER
KLAPPER
ER IST ARZT!
HERR DOKTOR?
KNACK
KNACK
OOOH!
KÖNNEN SIE AUCH EINEN MENSCHEN HEILEN...
PRESS
... DER VON TOTEN-INSEKTEN IN BESITZ GENOMMEN WURDE?
DAS KÖN-NEN SIE, ODER?
ODER?
BITTE...
ICH HABE ES EINMAL GEMACHT, ABER...
... ES IST MISSLUN-GEN...
... UND BEI IHM IST ES SOWIESO ZU SPÄ...
BRAUS
SIE HÖRT ...
... NICHT MAL MEINE ANTWORT AN.

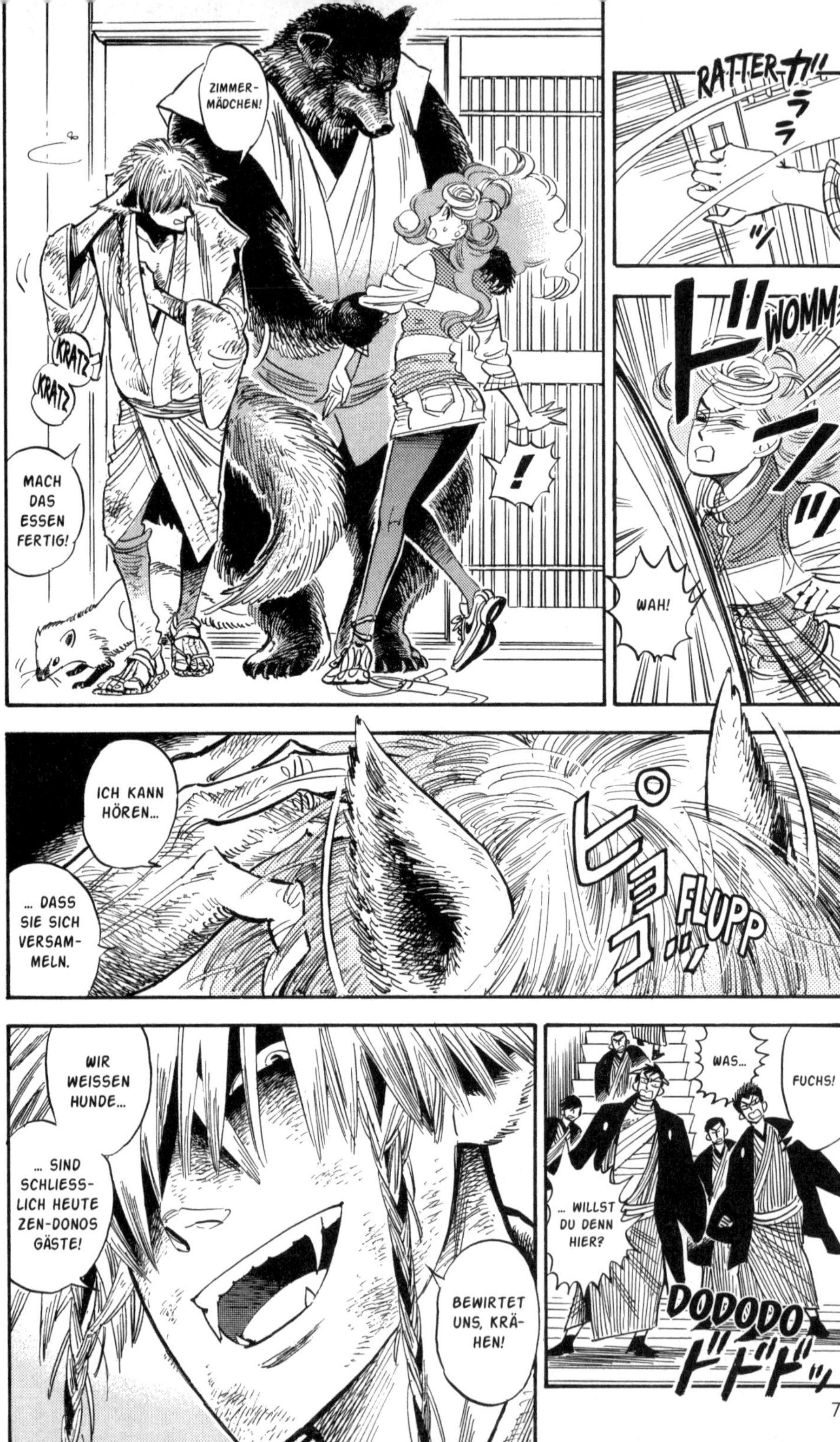
RATTER
WOMM
WAH!
ZIMMER-MÄDCHEN!
KRATZ
KRATZ
MACH DAS ESSEN FERTIG!
!
FLUPP
ICH KANN HÖREN...
... DASS SIE SICH VERSAMMELN.
FUCHS!
WAS...
... WILLST DU DENN HIER?
DODODO
WIR WEISSEN HUNDE...
... SIND SCHLIESSLICH HEUTE ZEN-DONOS GÄSTE!
BEWIRTET UNS, KRÄHEN!

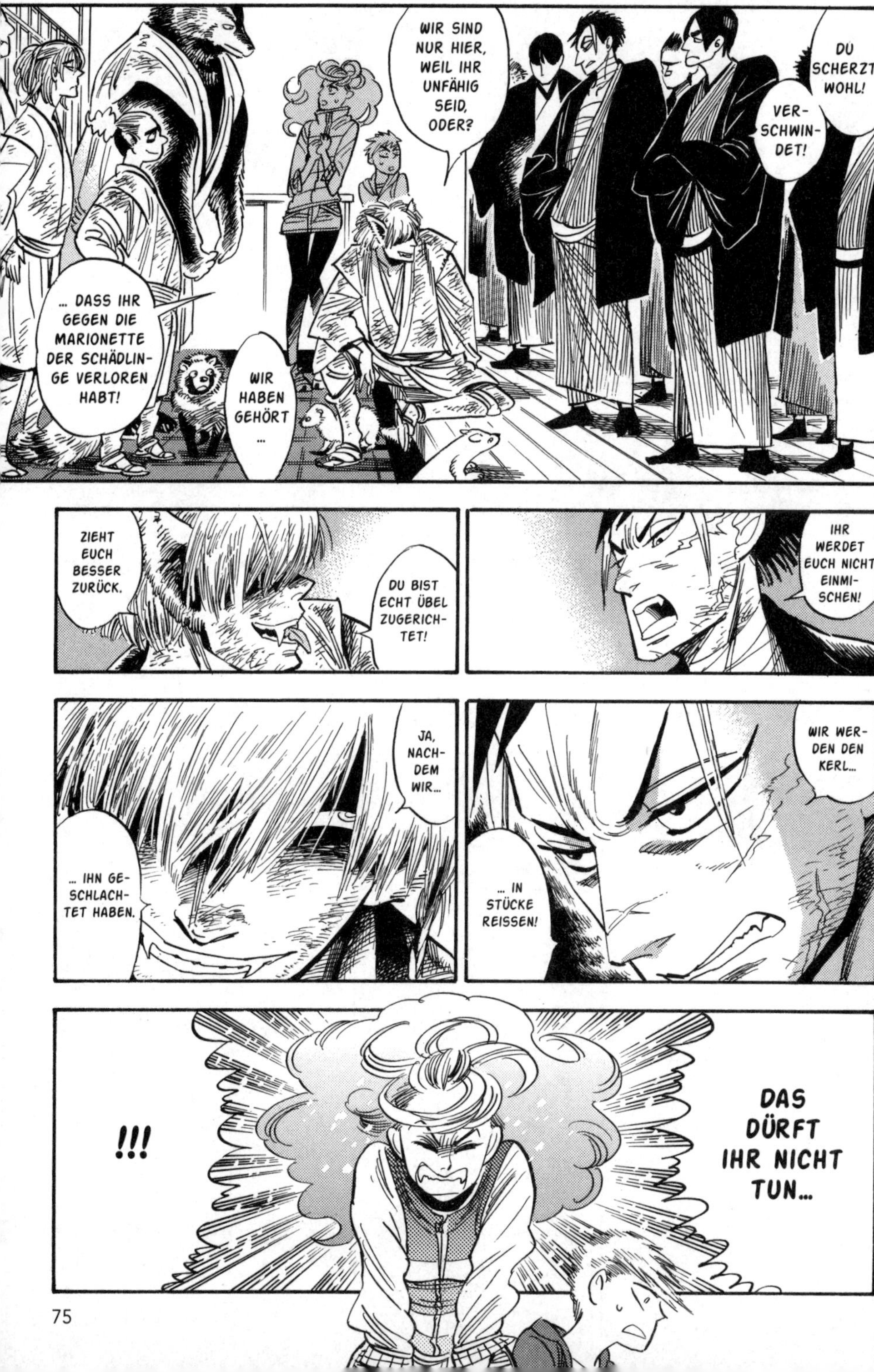
DU SCHERZT WOHL!
VER-SCHWIN-DET!
WIR SIND NUR HIER, WEIL IHR UNFÄHIG SEID, ODER?
WIR HABEN GEHÖRT ...
... DASS IHR GEGEN DIE MARIONETTE DER SCHÄDLINGE VERLOREN HABT!
IHR WERDET EUCH NICHT EINMISCHEN!
DU BIST ECHT ÜBEL ZUGERICHTET!
ZIEHT EUCH BESSER ZURÜCK.
WIR WERDEN DEN KERL...
... IN STÜCKE REISSEN!
JA, NACHDEM WIR...
... IHN GESCHLACHTET HABEN.
DAS DÜRFT IHR NICHT TUN...
!!!

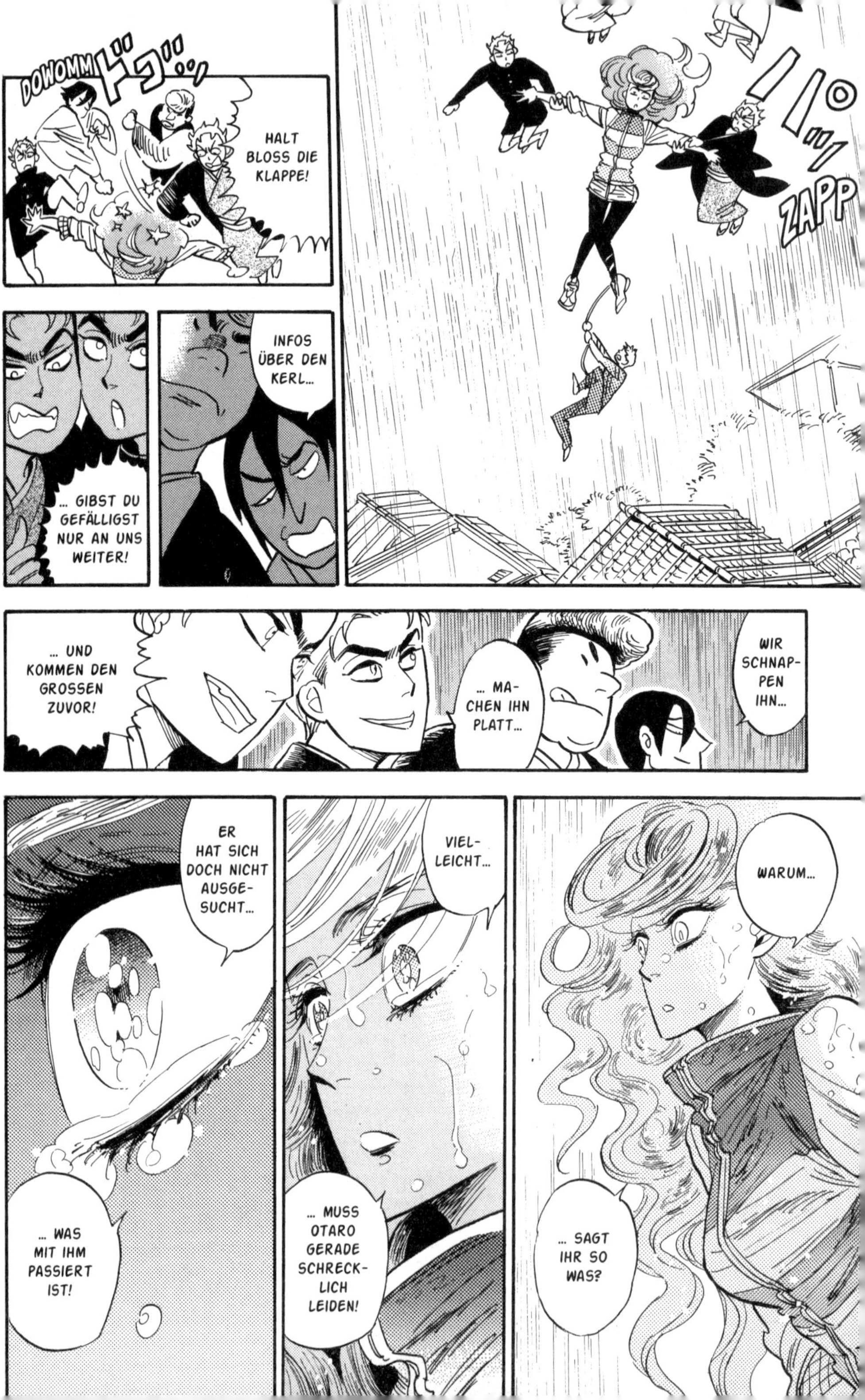
ZAPP
DOWOMM
HALT BLOSS DIE KLAPPE!
INFOS ÜBER DEN KERL...
... GIBST DU GEFÄLLIGST NUR AN UNS WEITER!
WIR SCHNAPPEN IHN...
... MACHEN IHN PLATT...
... UND KOMMEN DEN GROSSEN ZUVOR!
WARUM...
... SAGT IHR SO WAS?
VIELLEICHT...
... MUSS OTARO GERADE SCHRECKLICH LEIDEN!
ER HAT SICH DOCH NICHT AUSGESUCHT...
... WAS MIT IHM PASSIERT IST!

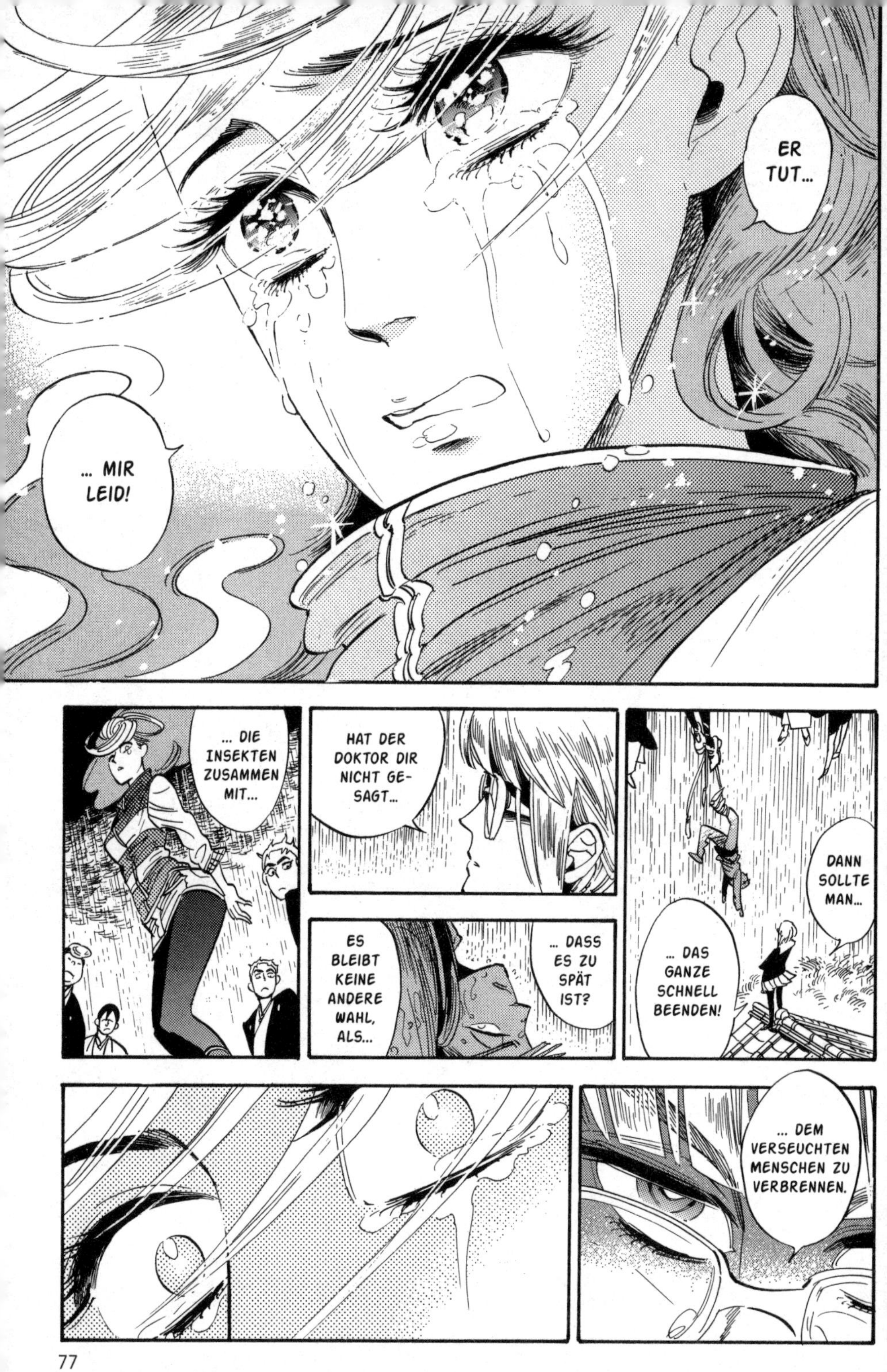
ER TUT...
... MIR LEID!
DANN SOLLTE MAN...
... DAS GANZE SCHNELL BEENDEN!
HAT DER DOKTOR DIR NICHT GESAGT...
... DASS ES ZU SPÄT IST?
ES BLEIBT KEINE ANDERE WAHL, ALS...
... DIE INSEKTEN ZUSAMMEN MIT...
... DEM VERSEUCHTEN MENSCHEN ZU VERBRENNEN.

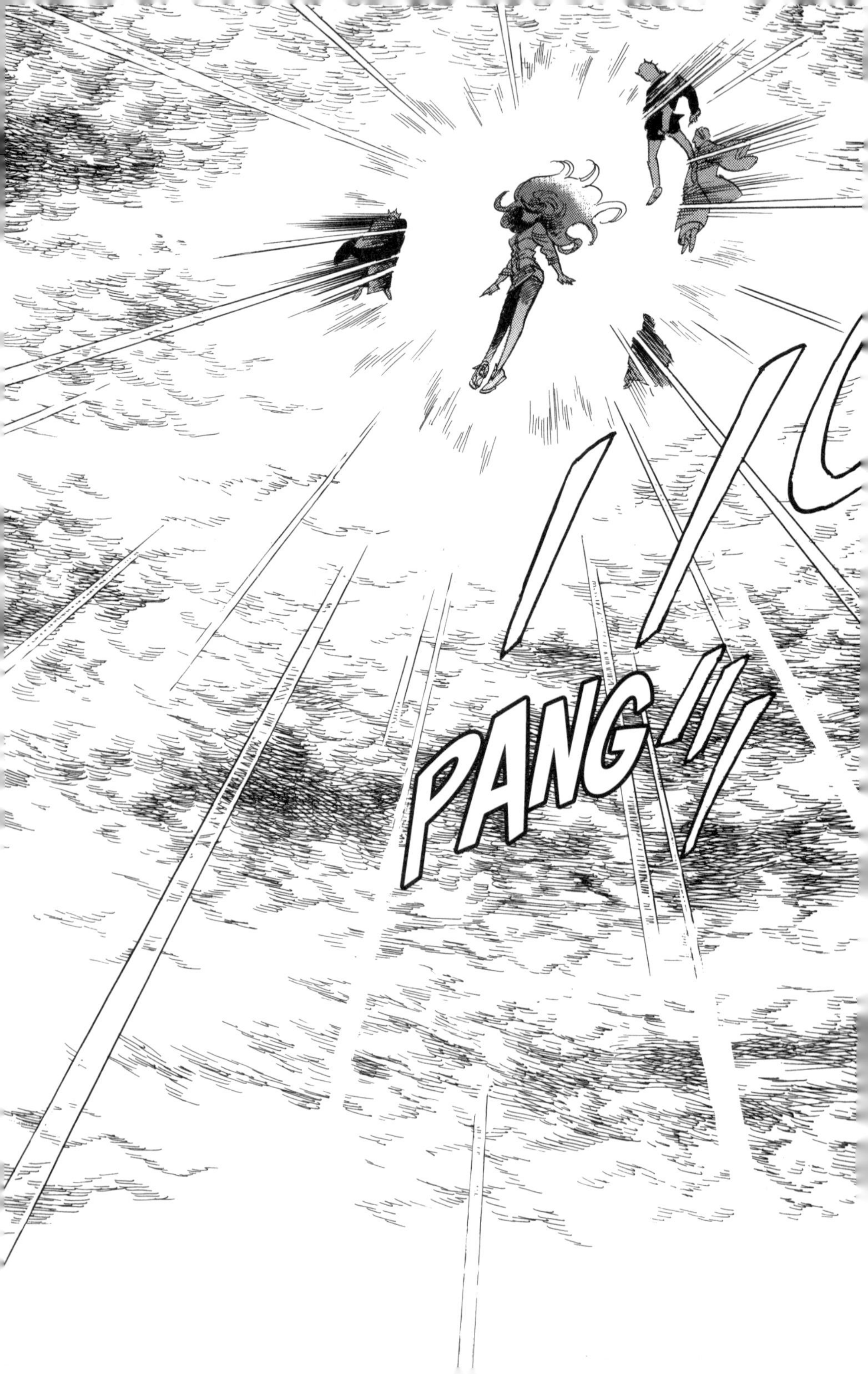
PANG!!

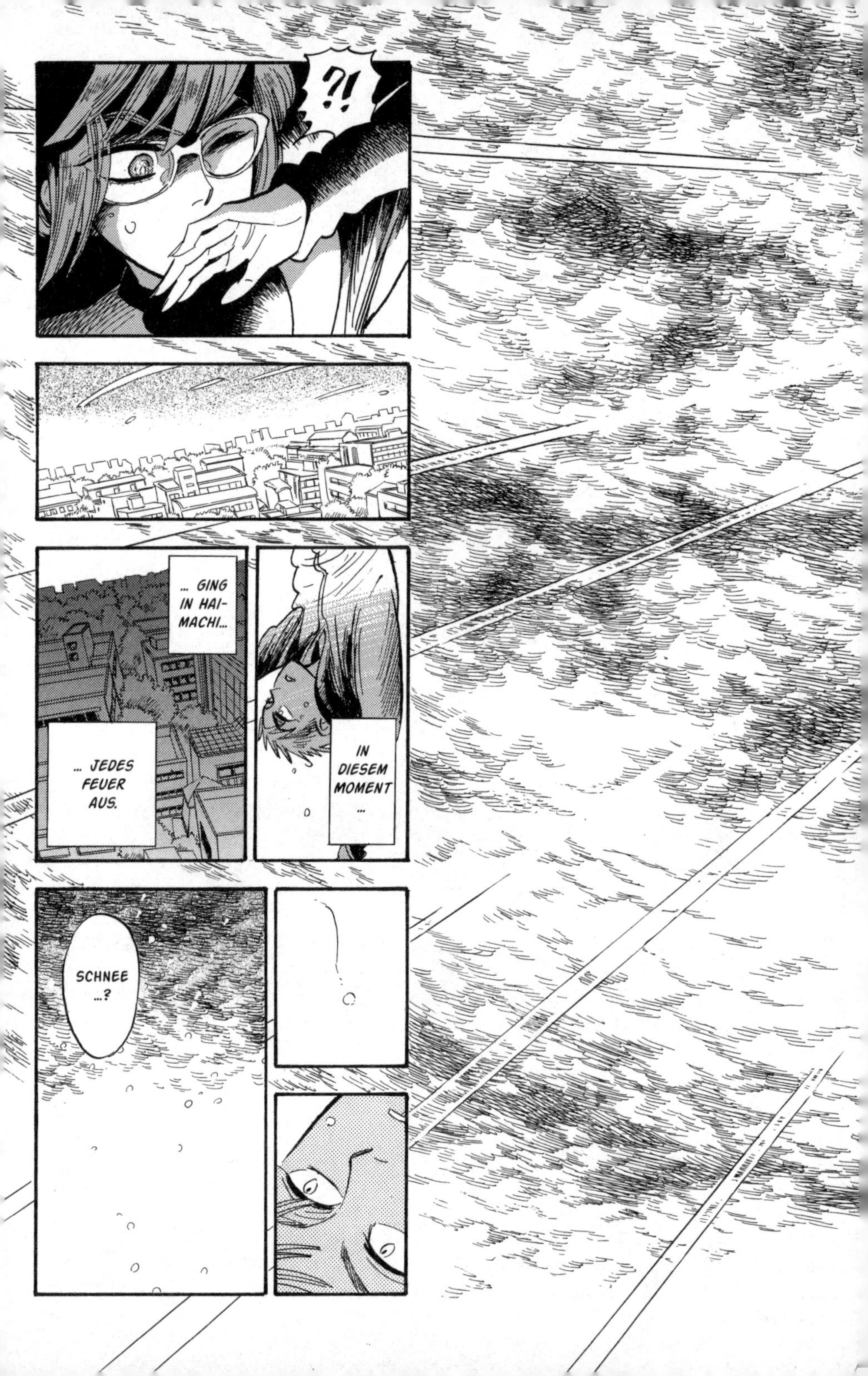
?!
... GING IN HAI-MACHI...
... JEDES FEUER AUS.
IN DIESEM MOMENT ...
SCHNEE ...?

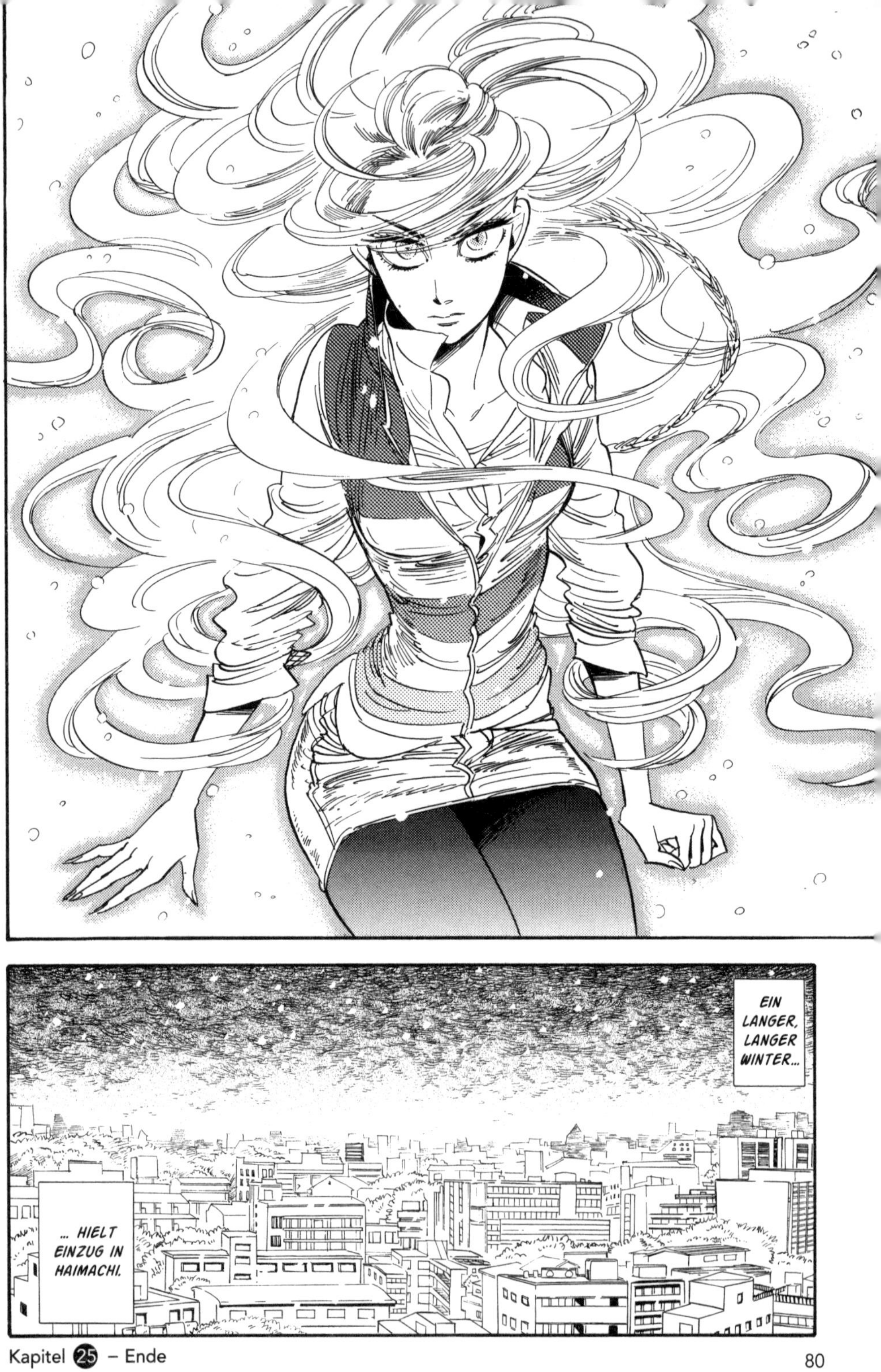

Kapitel 25 – Ende

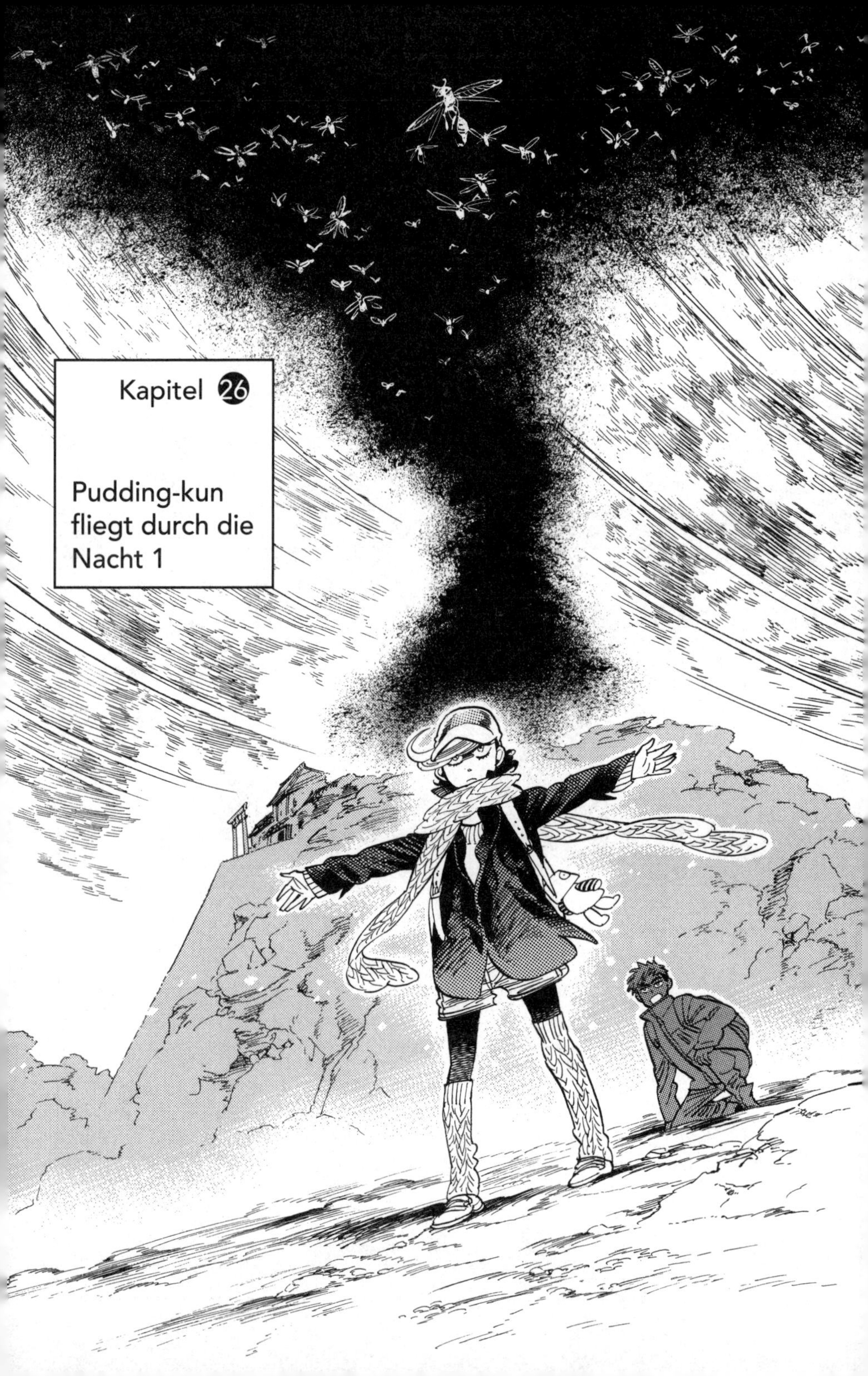
Kapitel 26
Pudding-kun fliegt durch die Nacht 1

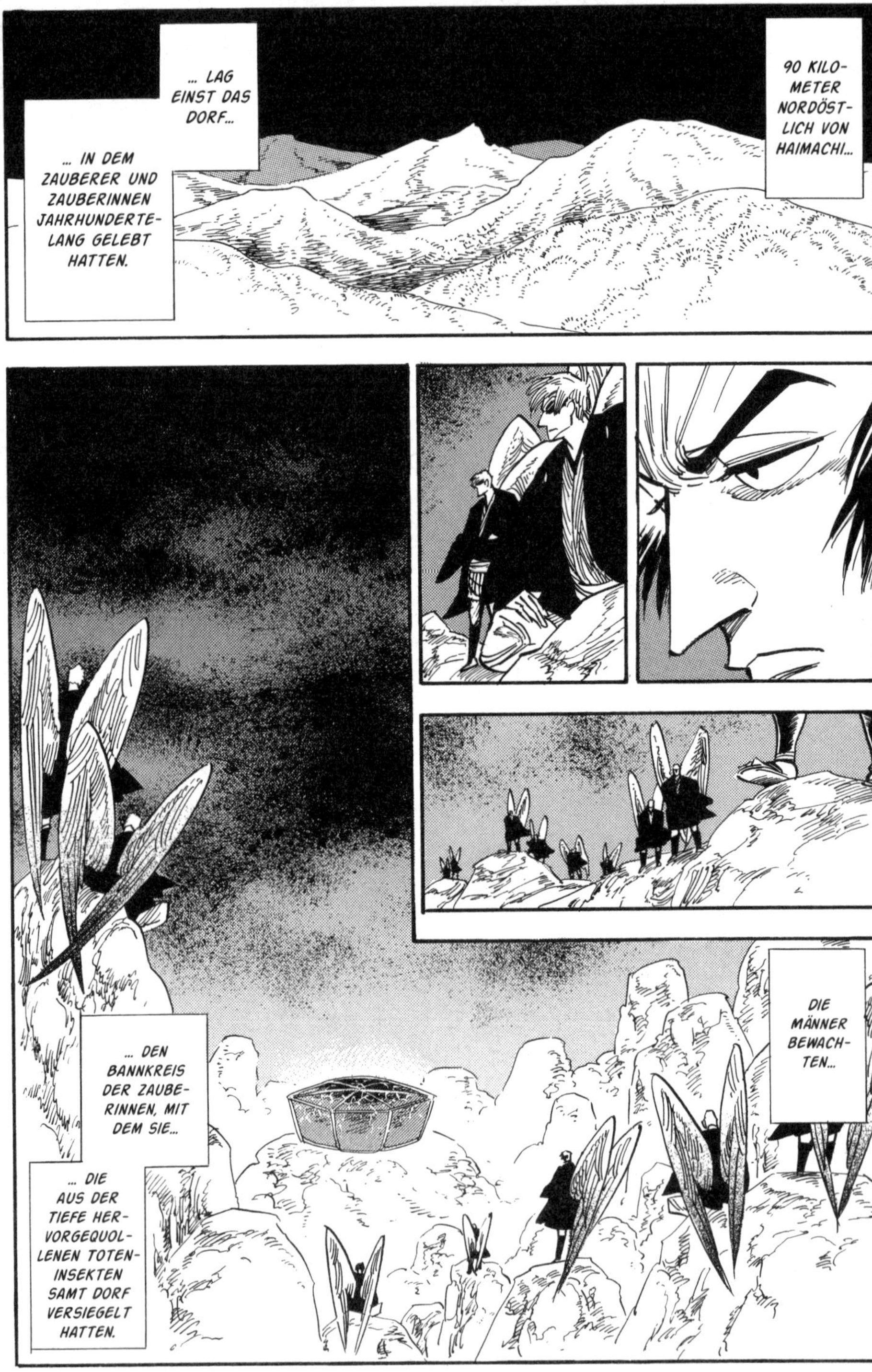
90 KILOMETER NORDÖSTLICH VON HAIMACHI...
... LAG EINST DAS DORF...
... IN DEM ZAUBERER UND ZAUBERINNEN JAHRHUNDERTELANG GELEBT HATTEN.
DIE MÄNNER BEWACHTEN...
... DEN BANNKREIS DER ZAUBERINNEN, MIT DEM SIE...
... DIE AUS DER TIEFE HERVORGEQUOLLENEN TOTENINSEKTEN SAMT DORF VERSIEGELT HATTEN.

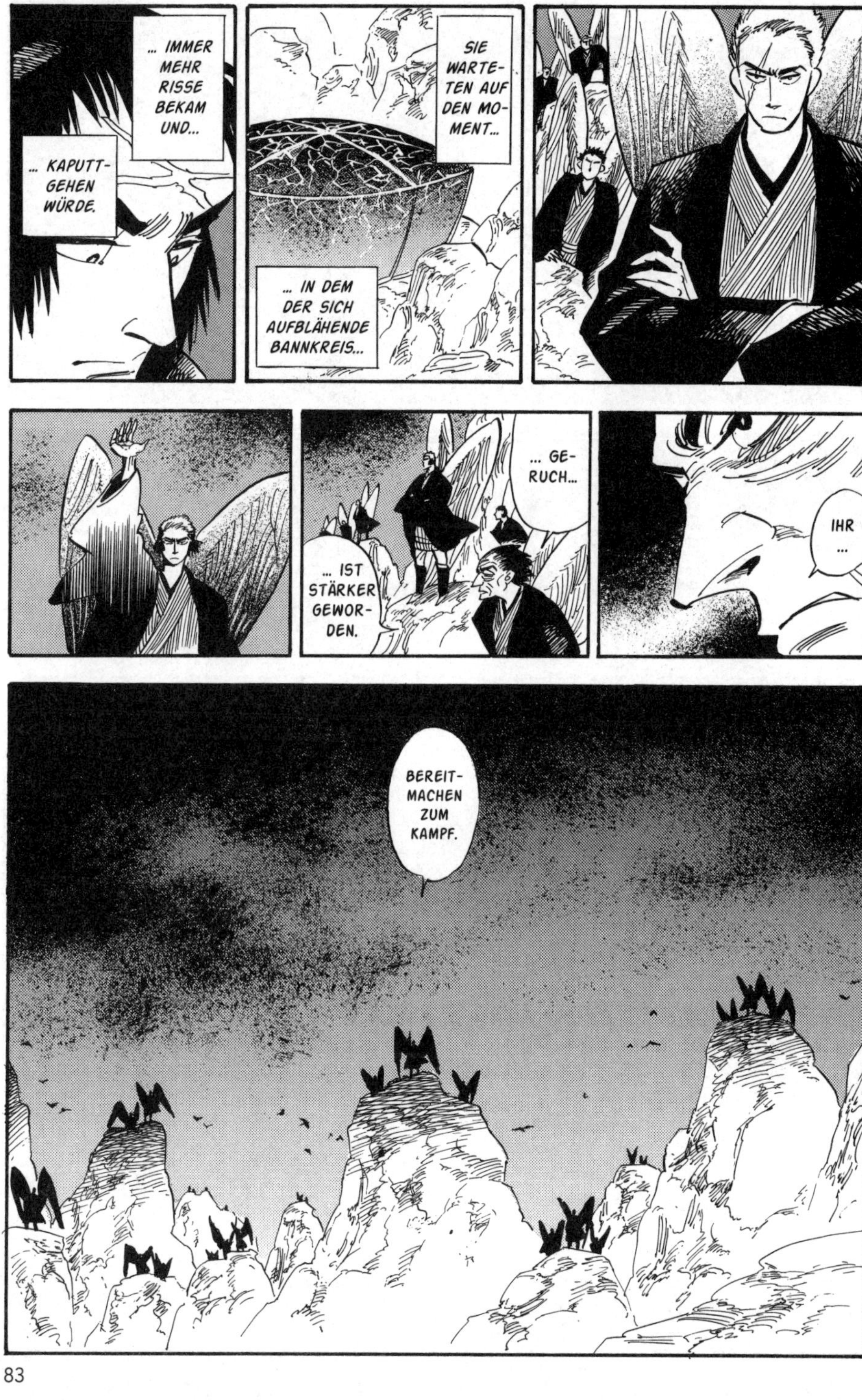
SIE WARTETEN AUF DEN MOMENT...
... IN DEM DER SICH AUFBLÄHENDE BANNKREIS...
... IMMER MEHR RISSE BEKAM UND...
... KAPUTTGEHEN WÜRDE.
IHR ...
... GERUCH...
... IST STÄRKER GEWORDEN.
BEREITMACHEN ZUM KAMPF.

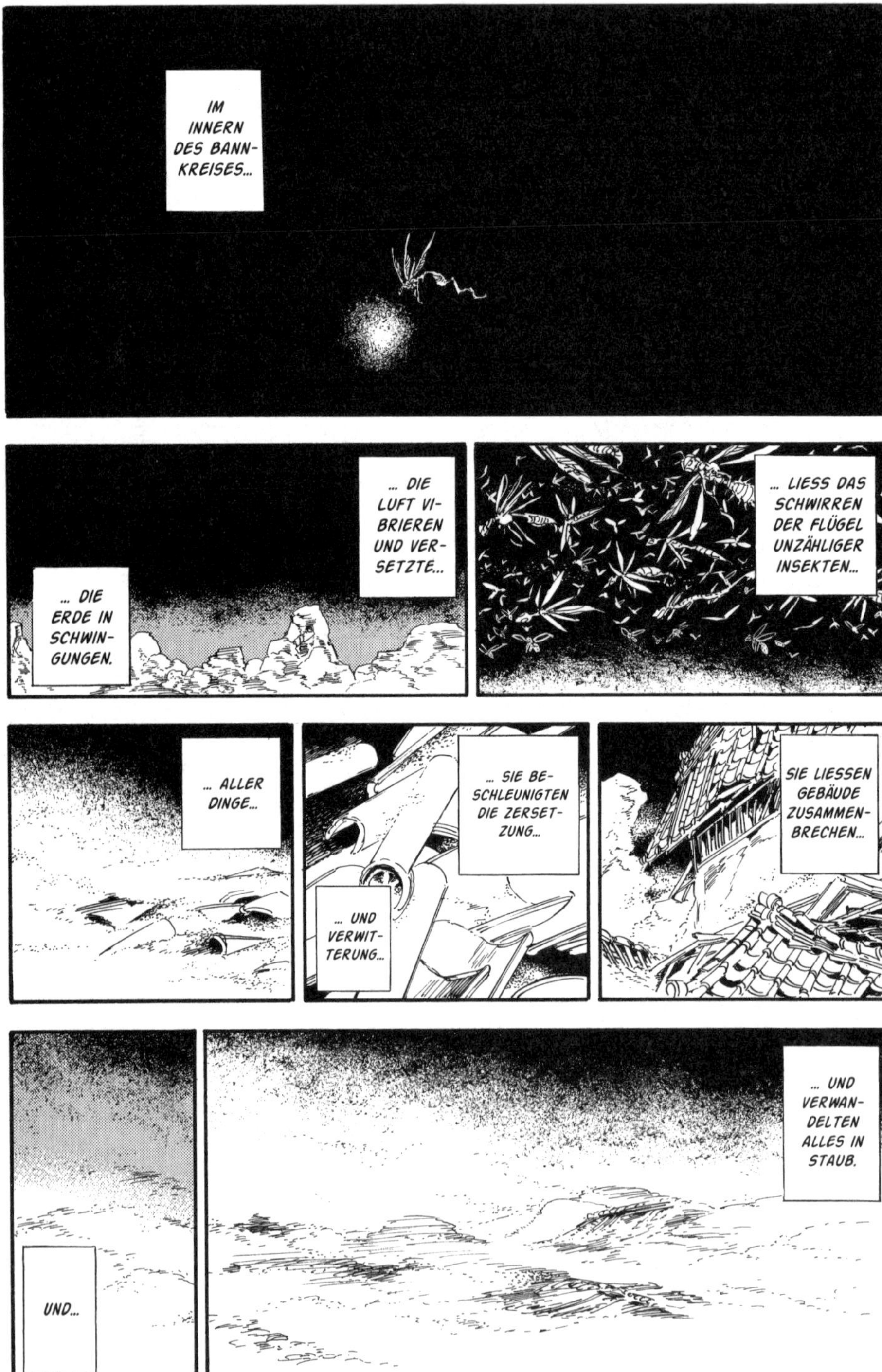
IM INNERN DES BANN-KREISES...
... LIESS DAS SCHWIRREN DER FLÜGEL UNZÄHLIGER INSEKTEN...
... DIE LUFT VI-BRIEREN UND VER-SETZTE...
... DIE ERDE IN SCHWIN-GUNGEN.
SIE LIESSEN GEBÄUDE ZUSAMMEN-BRECHEN...
... SIE BE-SCHLEUNIGTEN DIE ZERSET-ZUNG...
... UND VERWIT-TERUNG...
... ALLER DINGE...
... UND VERWAN-DELTEN ALLES IN STAUB.
UND...

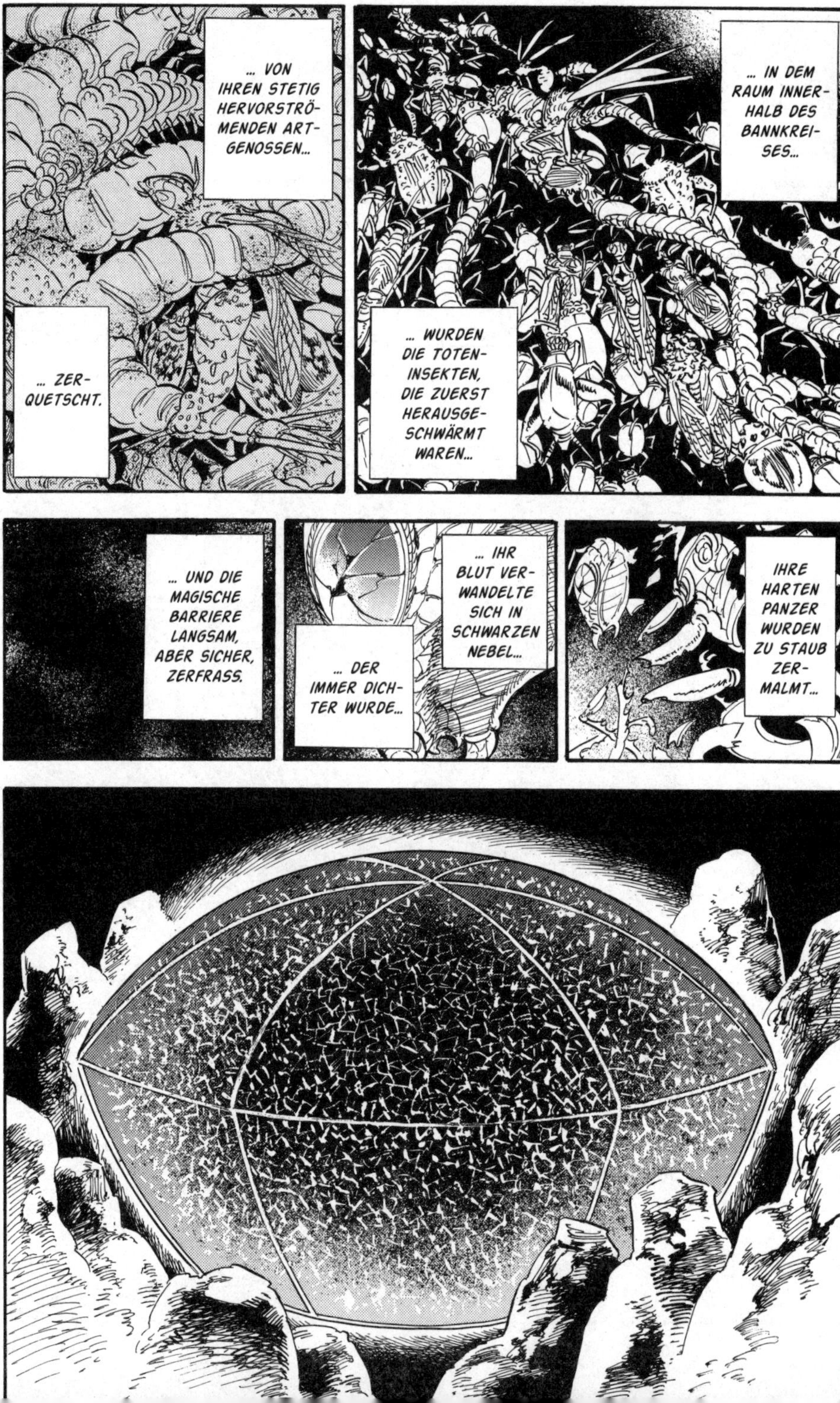
... IN DEM RAUM INNER-HALB DES BANNKREI-SES...
... WURDEN DIE TOTEN-INSEKTEN, DIE ZUERST HERAUSGE-SCHWÄRMT WAREN...
... VON IHREN STETIG HERVORSTRÖ-MENDEN ART-GENOSSEN...
... ZER-QUETSCHT.
IHRE HARTEN PANZER WURDEN ZU STAUB ZER-MALMT...
... IHR BLUT VER-WANDELTE SICH IN SCHWARZEN NEBEL...
... DER IMMER DICH-TER WURDE...
... UND DIE MAGISCHE BARRIERE LANGSAM, ABER SICHER, ZERFRASS.

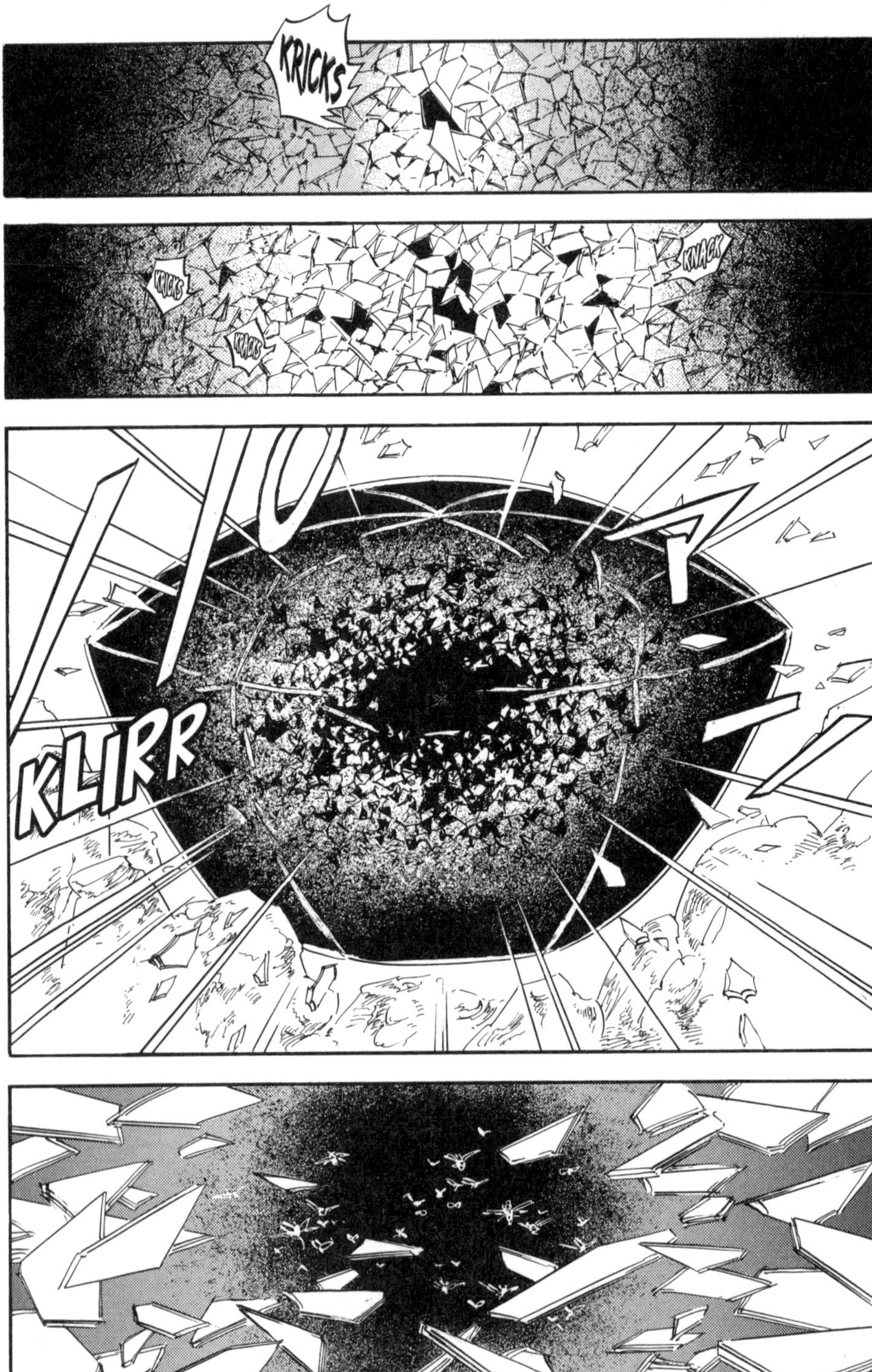
KRICKS
KRICKS
KNACKS
KNACK
KLIRR

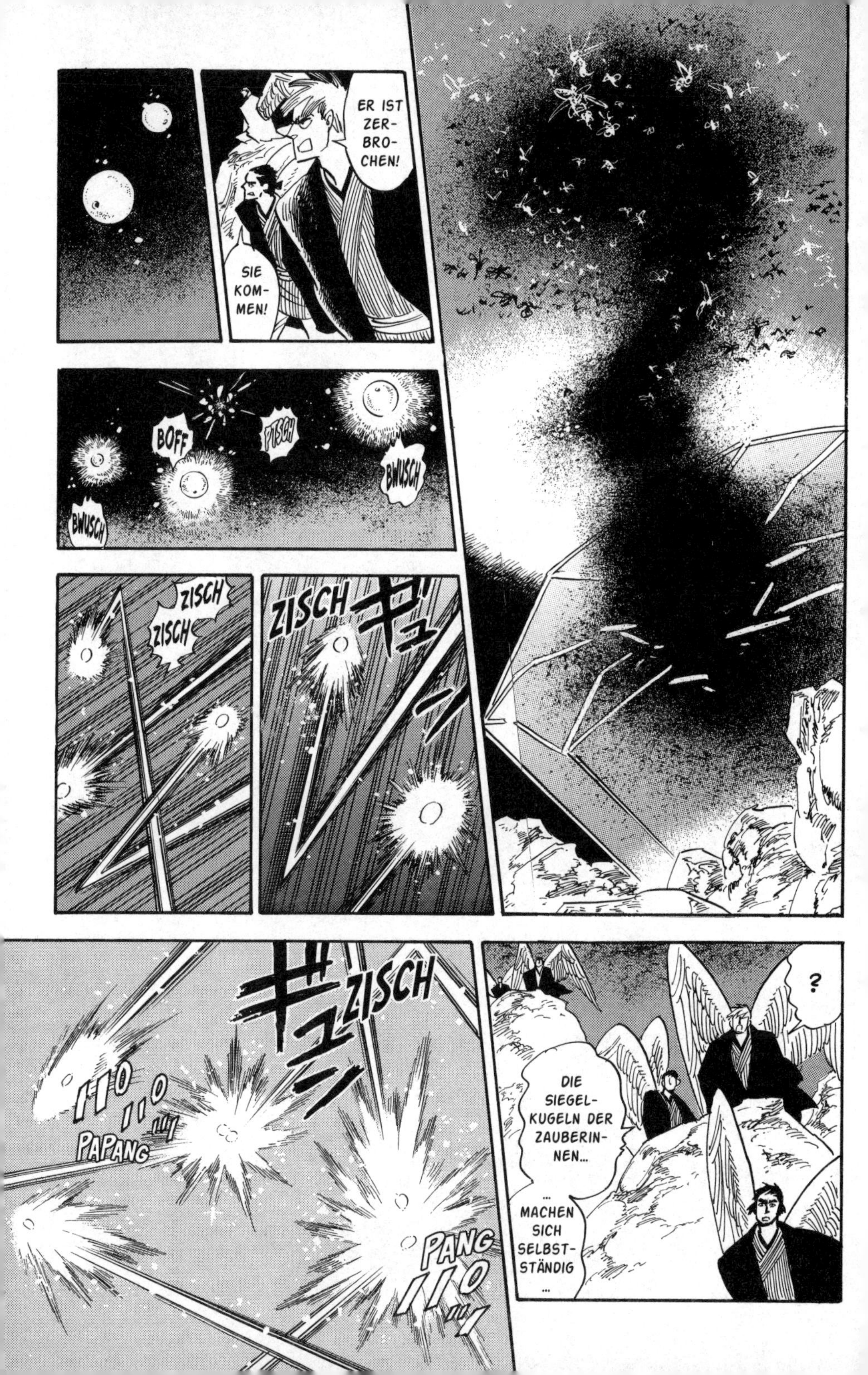
ER IST ZER-BRO-CHEN!
SIE KOM-MEN!
BOFF
PTSCH
BWUSCH
BWUSCH
ZISCH
ZISCH
ZISCH
ZISCH
PAPANG
PANG
?
DIE SIEGEL-KUGELN DER ZAUBERIN-NEN...
... MACHEN SICH SELBST-STÄNDIG ...

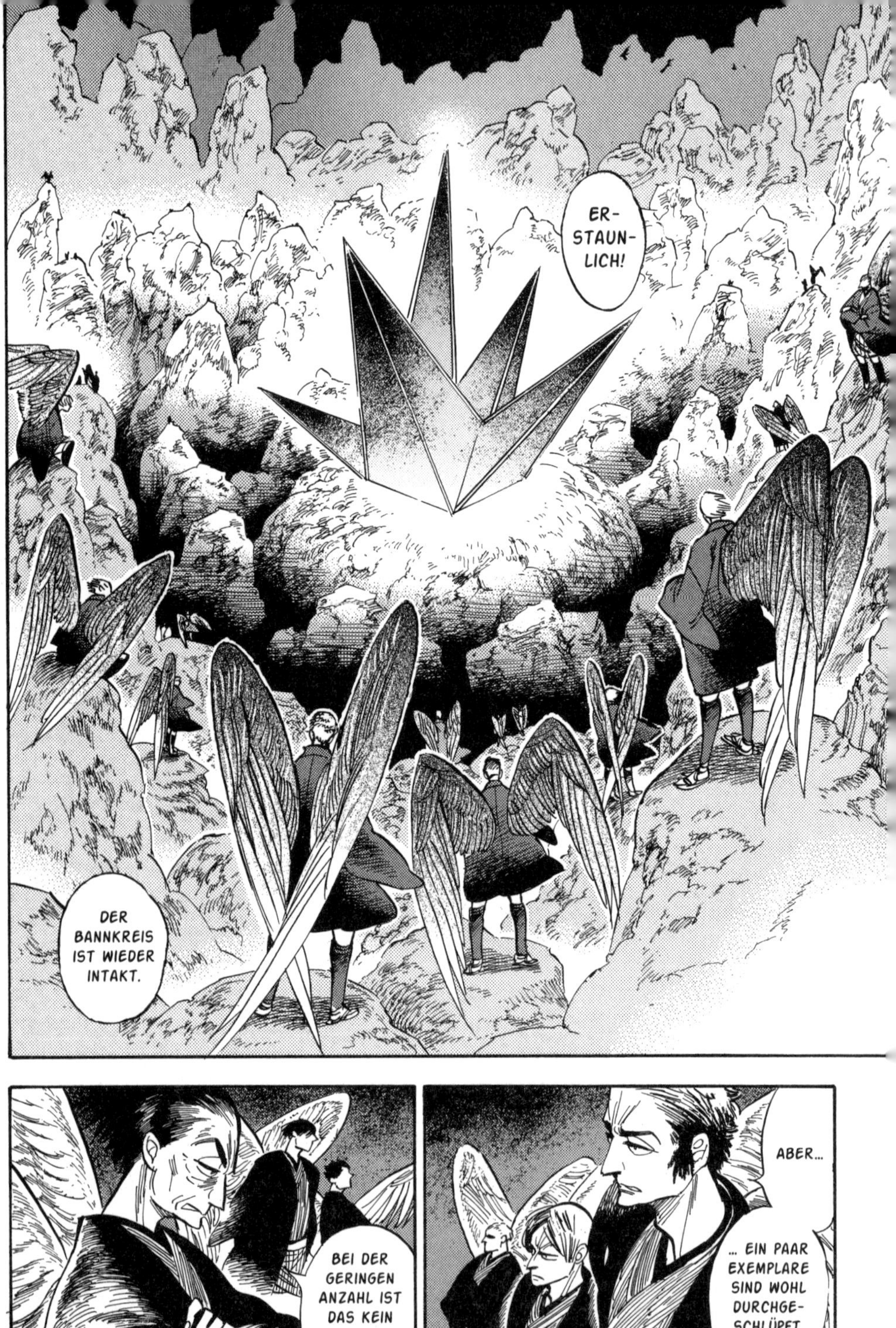
ER-STAUN-LICH!
DER BANNKREIS IST WIEDER INTAKT.
ABER…
… EIN PAAR EXEMPLARE SIND WOHL DURCHGE-SCHLÜPFT.
BEI DER GERINGEN ANZAHL IST DAS KEIN PROBLEM.

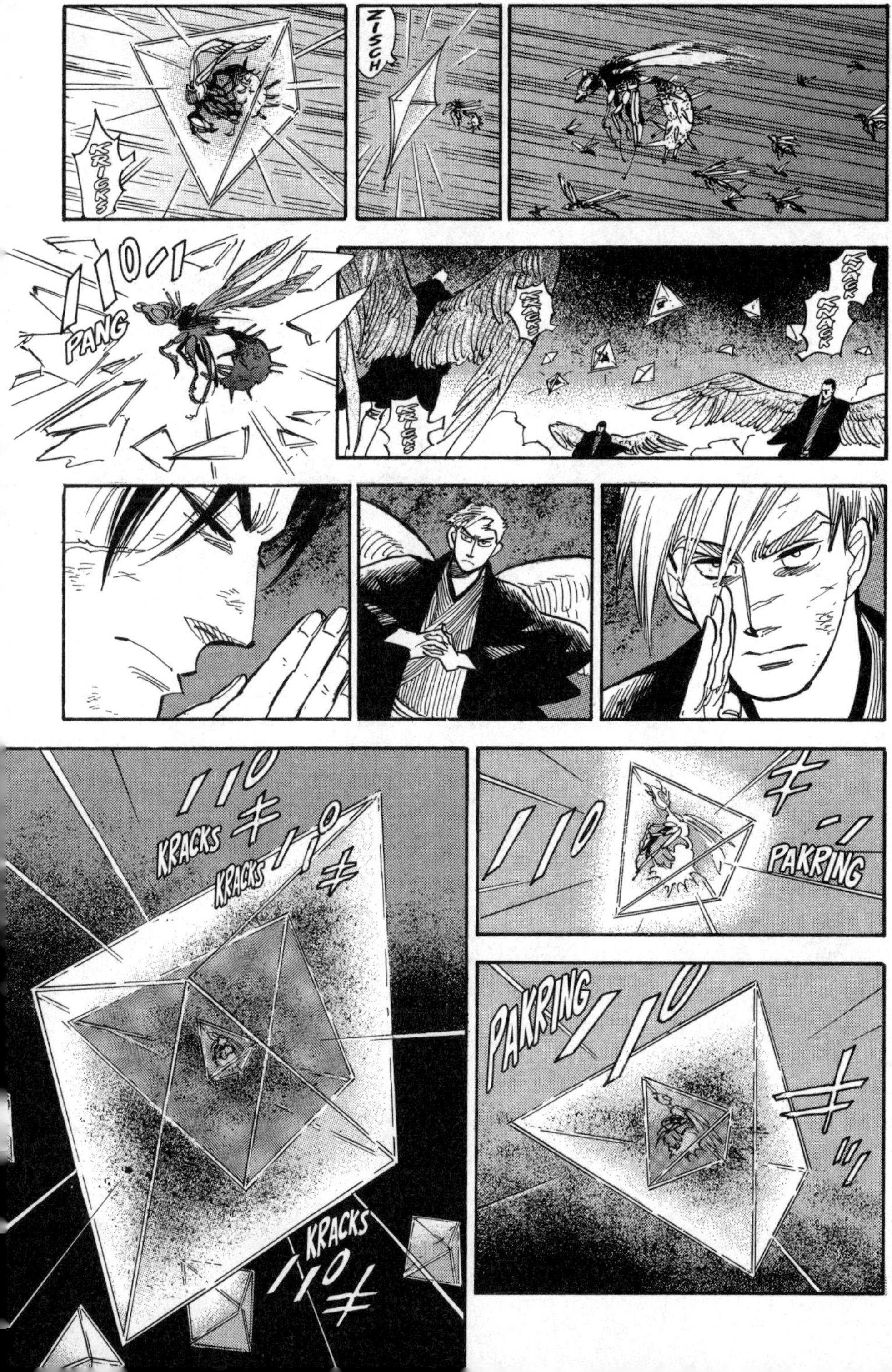
ZISCH
KRICKS
KNACK KNACK
KRICKS
KRICKS
PANG
PAKRING
PAKRING
KRACKS
KRACKS
KRACKS

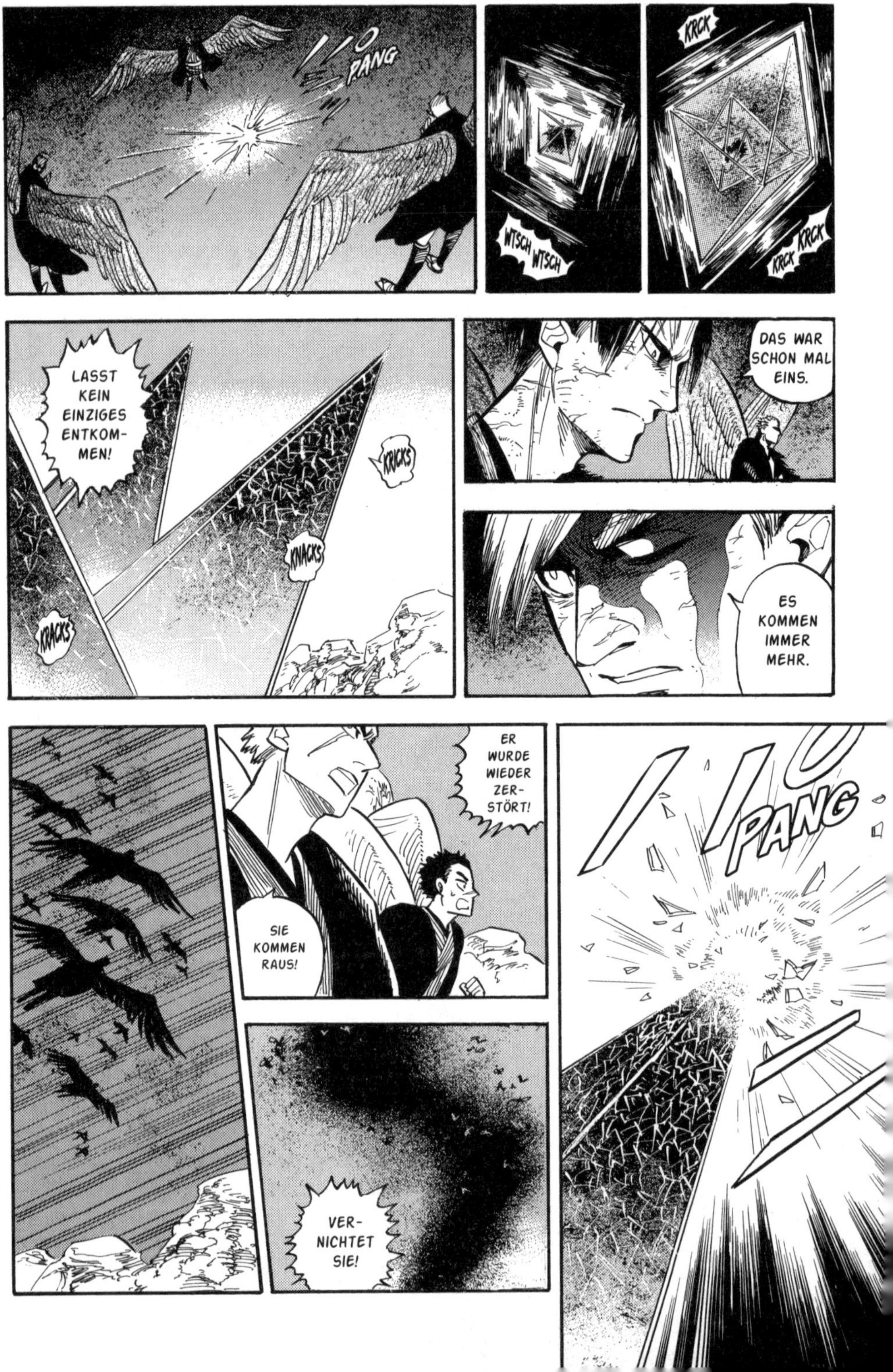
PANG
WTSCH WTSCH
KRCK
KRCK KRCK
DAS WAR SCHON MAL EINS.
LASST KEIN EINZIGES ENTKOMMEN!
KRICKS
KNACKS
KRACKS
ES KOMMEN IMMER MEHR.
PANG
ER WURDE WIEDER ZERSTÖRT!
SIE KOMMEN RAUS!
VERNICHTET SIE!

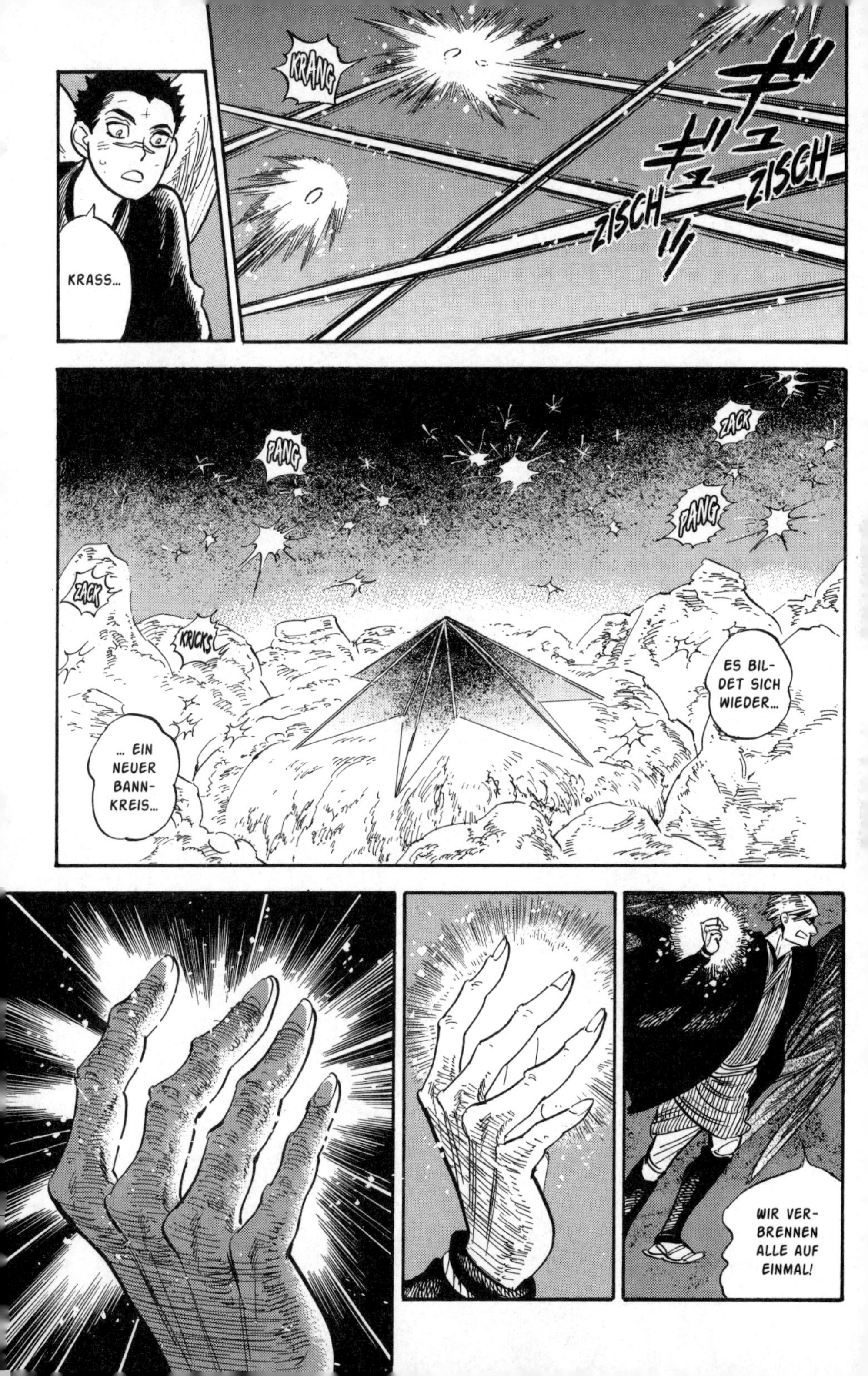
KRANG
ZISCH
ZISCH
KRASS…
ZACK
PANG
PANG
ZACK
KRICKS
ES BILDET SICH WIEDER…
… EIN NEUER BANNKREIS…
WIR VERBRENNEN ALLE AUF EINMAL!

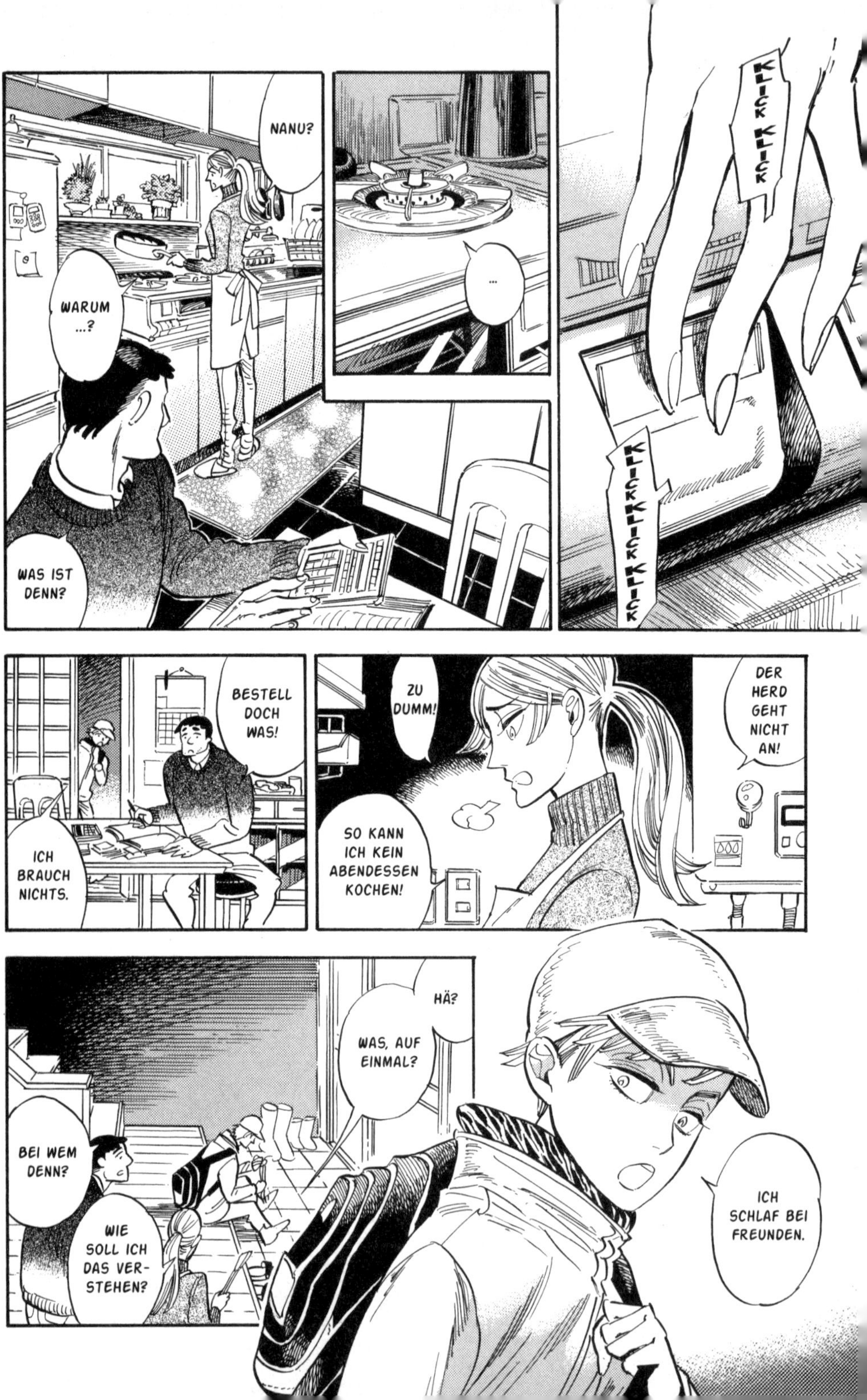
KLICK KLICK
KLICKKLICKKLICK
...
NANU?
WARUM ...?
WAS IST DENN?
DER HERD GEHT NICHT AN!
ZU DUMM!
SO KANN ICH KEIN ABENDESSEN KOCHEN!
BESTELL DOCH WAS!
ICH BRAUCH NICHTS.
ICH SCHLAF BEI FREUNDEN.
HÄ?
WAS, AUF EINMAL?
BEI WEM DENN?
WIE SOLL ICH DAS VER-STEHEN?

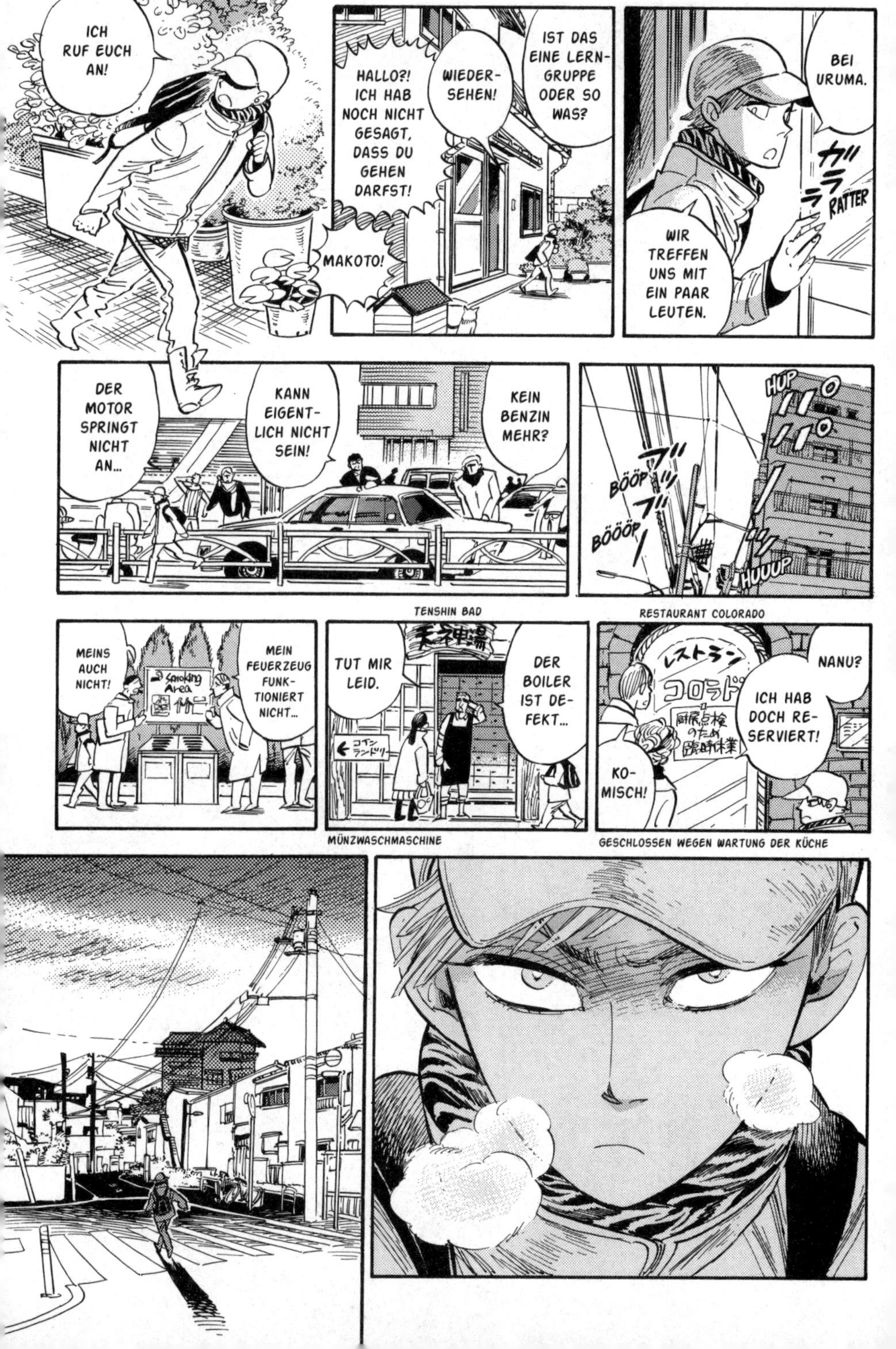
Bei Uruma.
Ratter
Wir treffen uns mit ein paar Leuten.
Ist das eine Lerngruppe oder so was?
Wiedersehen!
Hallo?! Ich hab noch nicht gesagt, dass du gehen darfst!
Makoto!
Ich ruf euch an!
Hup
Böööp
Böööp
Huuup
Kein Benzin mehr?
Kann eigentlich nicht sein!
Der Motor springt nicht an…
Restaurant Colorado
Nanu?
Ich hab doch reserviert!
Komisch!
Geschlossen wegen Wartung der Küche
Tenshin Bad
Der Boiler ist defekt…
Tut mir leid.
Münzwaschmaschine
Mein Feuerzeug funktioniert nicht…
Meins auch nicht!
Smoking Area

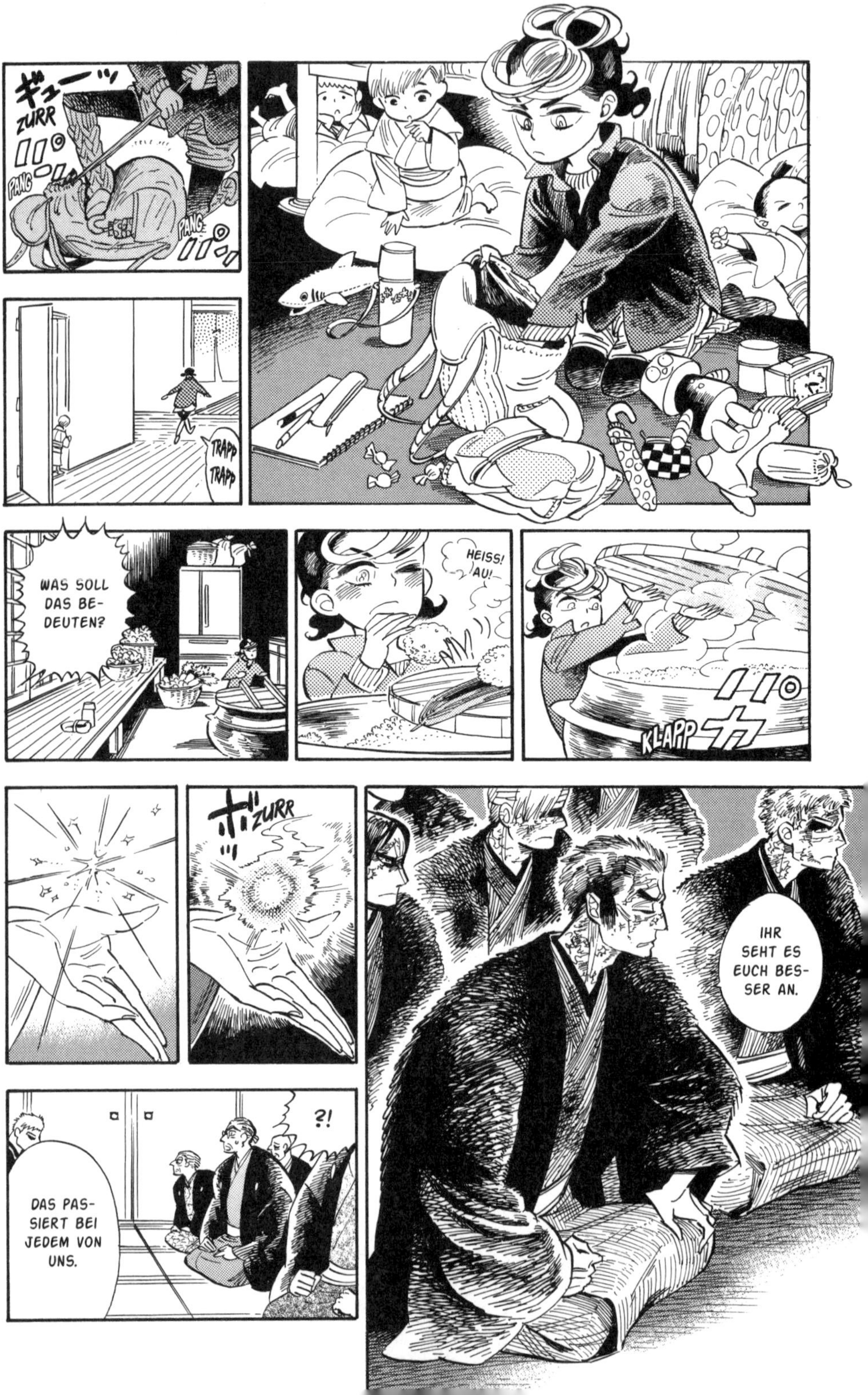
ギューッ
ZURR
パ
PANG
パ
PANG
TRAPP
TRAPP
WAS SOLL
DAS BE-
DEUTEN?
HEISS!
AU!
パカ
KLAPP
ポ
ZURR
IHR
SEHT ES
EUCH BES-
SER AN.
?!
DAS PAS-
SIERT BEI
JEDEM VON
UNS.

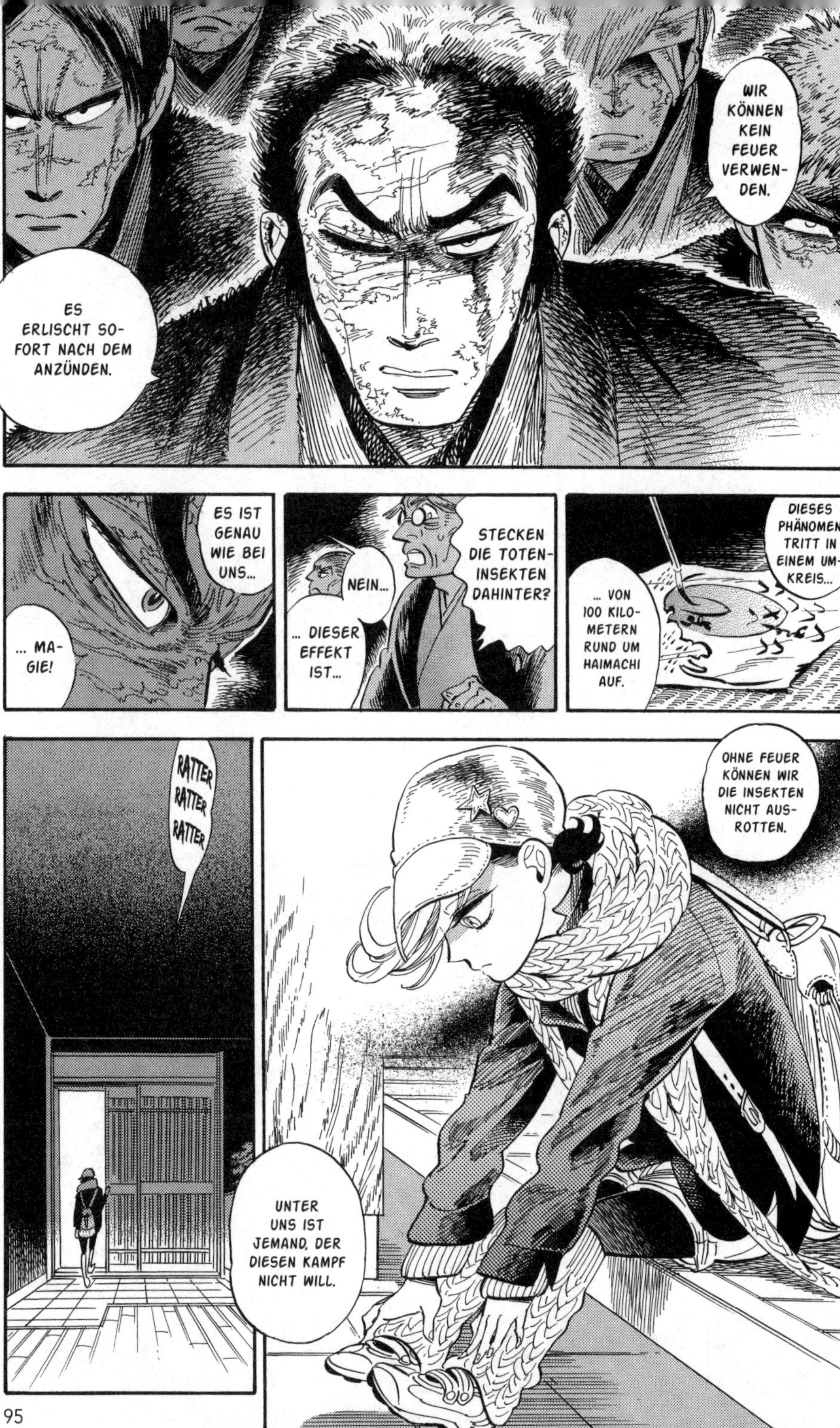
WIR KÖNNEN KEIN FEUER VERWENDEN.
ES ERLISCHT SOFORT NACH DEM ANZÜNDEN.
DIESES PHÄNOMEN TRITT IN EINEM UMKREIS...
... VON 100 KILOMETERN RUND UM HAIMACHI AUF.
STECKEN DIE TOTENINSEKTEN DAHINTER?
NEIN...
... DIESER EFFEKT IST...
ES IST GENAU WIE BEI UNS...
... MAGIE!
OHNE FEUER KÖNNEN WIR DIE INSEKTEN NICHT AUSROTTEN.
UNTER UNS IST JEMAND, DER DIESEN KAMPF NICHT WILL.
RATTER RATTER RATTER

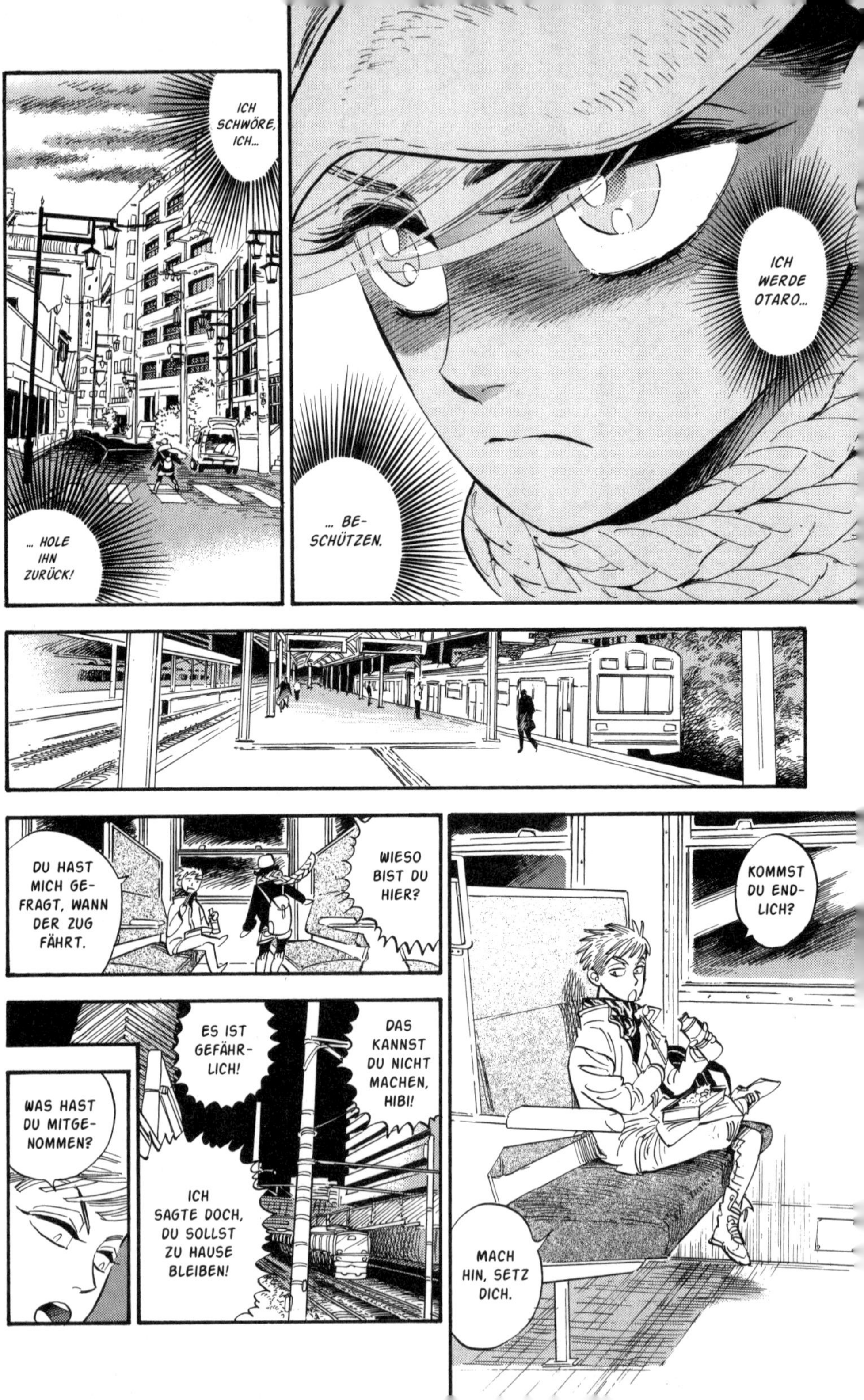
ICH WERDE OTARO...
... BESCHÜTZEN.
ICH SCHWÖRE, ICH...
... HOLE IHN ZURÜCK!
KOMMST DU ENDLICH?
MACH HIN, SETZ DICH.
WIESO BIST DU HIER?
DU HAST MICH GEFRAGT, WANN DER ZUG FÄHRT.
DAS KANNST DU NICHT MACHEN, HIBI!
ES IST GEFÄHRLICH!
ICH SAGTE DOCH, DU SOLLST ZU HAUSE BLEIBEN!
WAS HAST DU MITGENOMMEN?

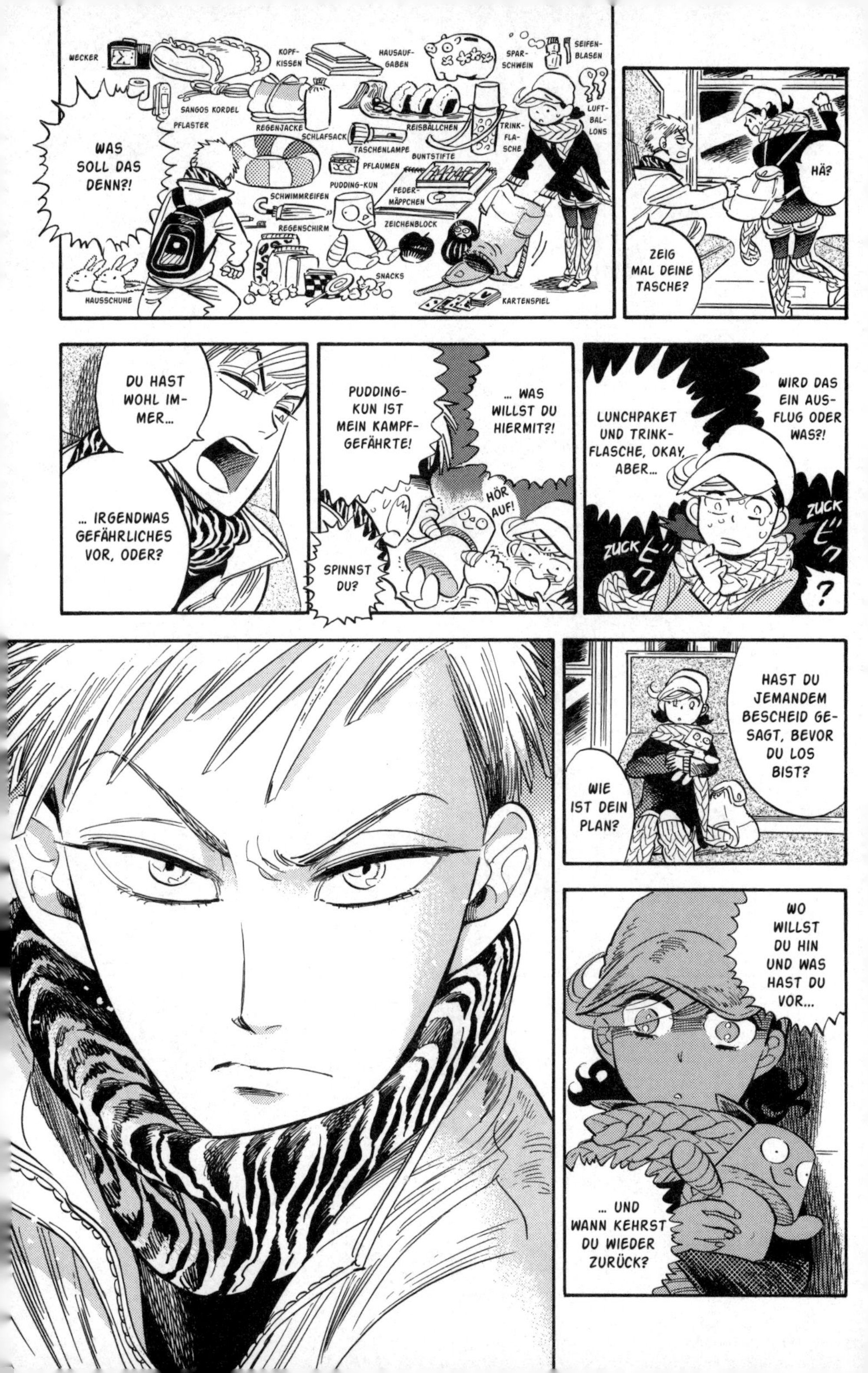

HÄ?
ZEIG MAL DEINE TASCHE?
WAS SOLL DAS DENN?!
WECKER
KOPF-KISSEN
HAUSAUF-GABEN
SPAR-SCHWEIN
SEIFEN-BLASEN
SANGOS KORDEL
PFLASTER
REGENJACKE
SCHLAFSACK
REISBÄLLCHEN
TRINK-FLA-SCHE
LUFT-BAL-LONS
TASCHENLAMPE
BUNTSTIFTE
PFLAUMEN
PUDDING-KUN
FEDER-MÄPPCHEN
SCHWIMMREIFEN
REGENSCHIRM
ZEICHENBLOCK
SNACKS
HAUSSCHUHE
KARTENSPIEL
WIRD DAS EIN AUS-FLUG ODER WAS?!
LUNCHPAKET UND TRINK-FLASCHE, OKAY, ABER…
ZUCK
ZUCK
?
… WAS WILLST DU HIERMIT?!
PUDDING-KUN IST MEIN KAMPF-GEFÄHRTE!
HÖR AUF!
SPINNST DU?
DU HAST WOHL IM-MER…
… IRGENDWAS GEFÄHRLICHES VOR, ODER?
HAST DU JEMANDEM BESCHEID GE-SAGT, BEVOR DU LOS BIST?
WIE IST DEIN PLAN?
WO WILLST DU HIN UND WAS HAST DU VOR…
… UND WANN KEHRST DU WIEDER ZURÜCK?

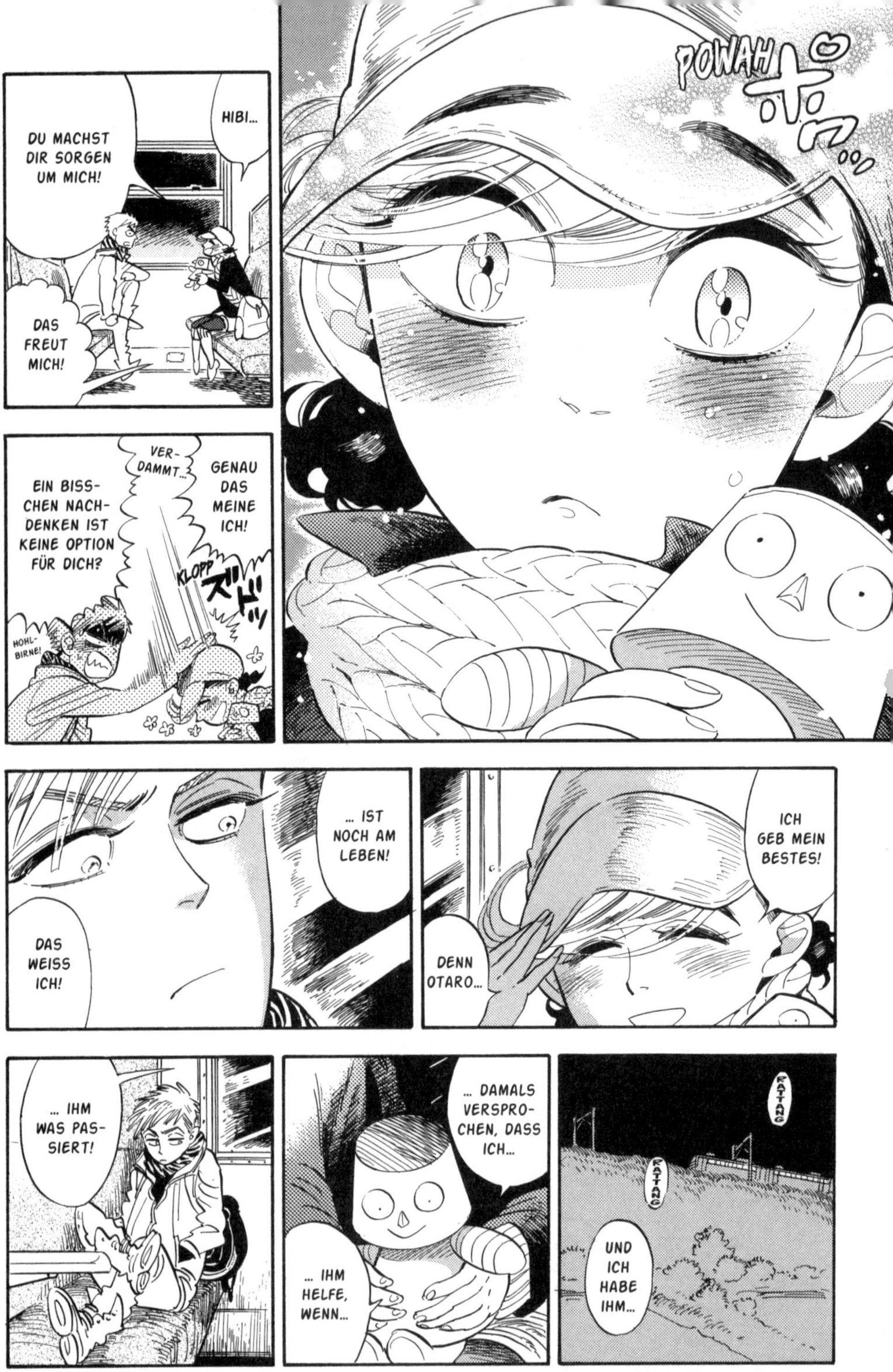
POWAH
HIBI...
DU MACHST DIR SORGEN UM MICH!
DAS FREUT MICH!
GENAU DAS MEINE ICH!
VER-DAMMT...
EIN BISS-CHEN NACH-DENKEN IST KEINE OPTION FÜR DICH?
KLOPP
HOHL-BIRNE!
ICH GEB MEIN BESTES!
DENN OTARO...
... IST NOCH AM LEBEN!
DAS WEISS ICH!
KATTANG
KATTANG
UND ICH HABE IHM...
... DAMALS VERSPRO-CHEN, DASS ICH...
... IHM HELFE, WENN...
... IHM WAS PAS-SIERT!

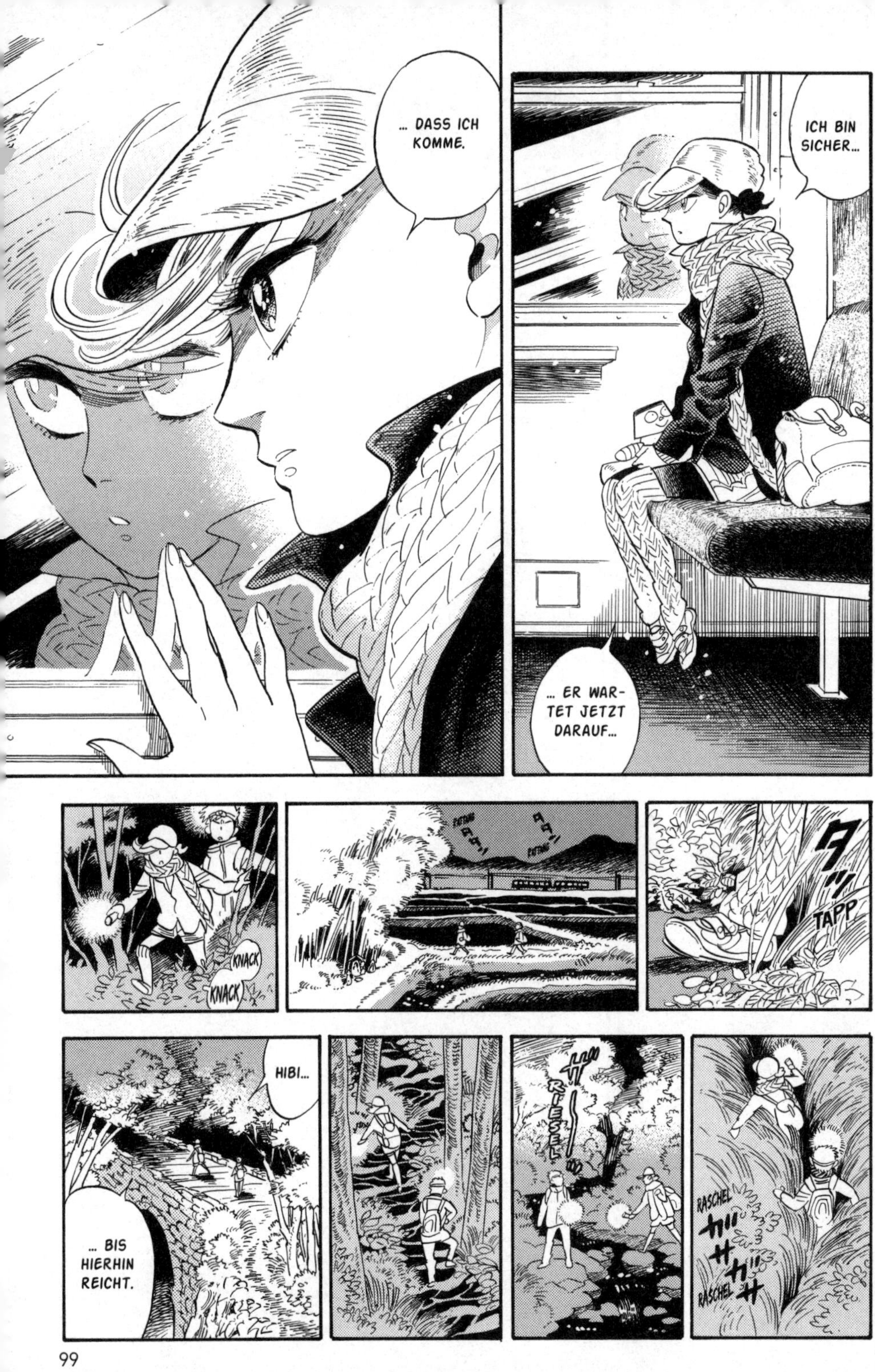
ICH BIN SICHER...
... ER WARTET JETZT DARAUF...
... DASS ICH KOMME.
TAPP
KNACK
KNACK
RASCHEL
RASCHEL
RIESEL
HIBI...
... BIS HIERHIN REICHT.

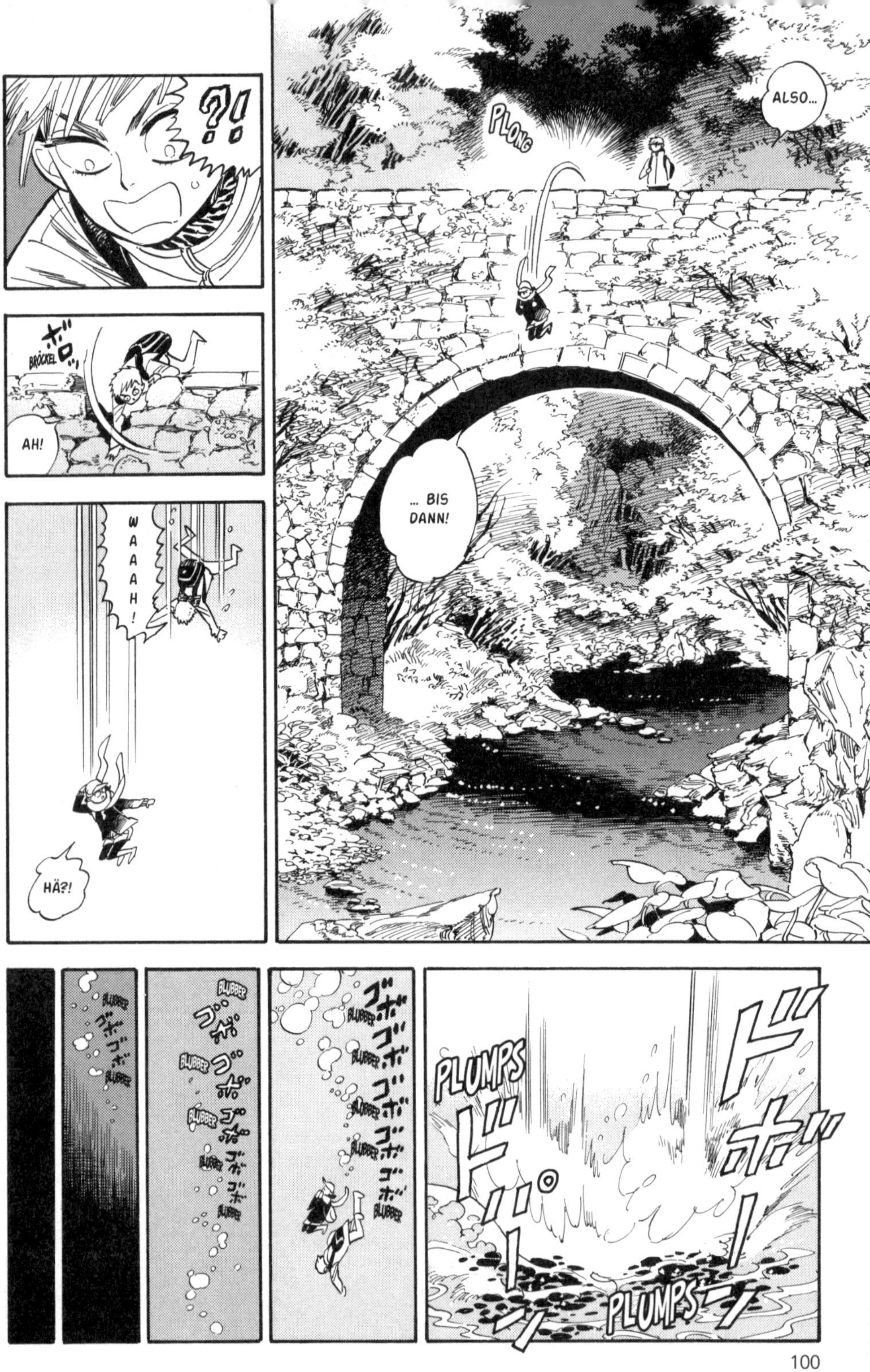

ALSO...
PLONG
... BIS DANN!
?!
BRÖCKEL
AH!
WAAAAH!
HÄ?!
PLUMPS
PLUMPS
BLUBBER
BLUBBER
BLUBBER
BLUBBER
BLUBBER
BLUBBER
BLUBBER
BLUBBER
BLUBBER
BLUBBER

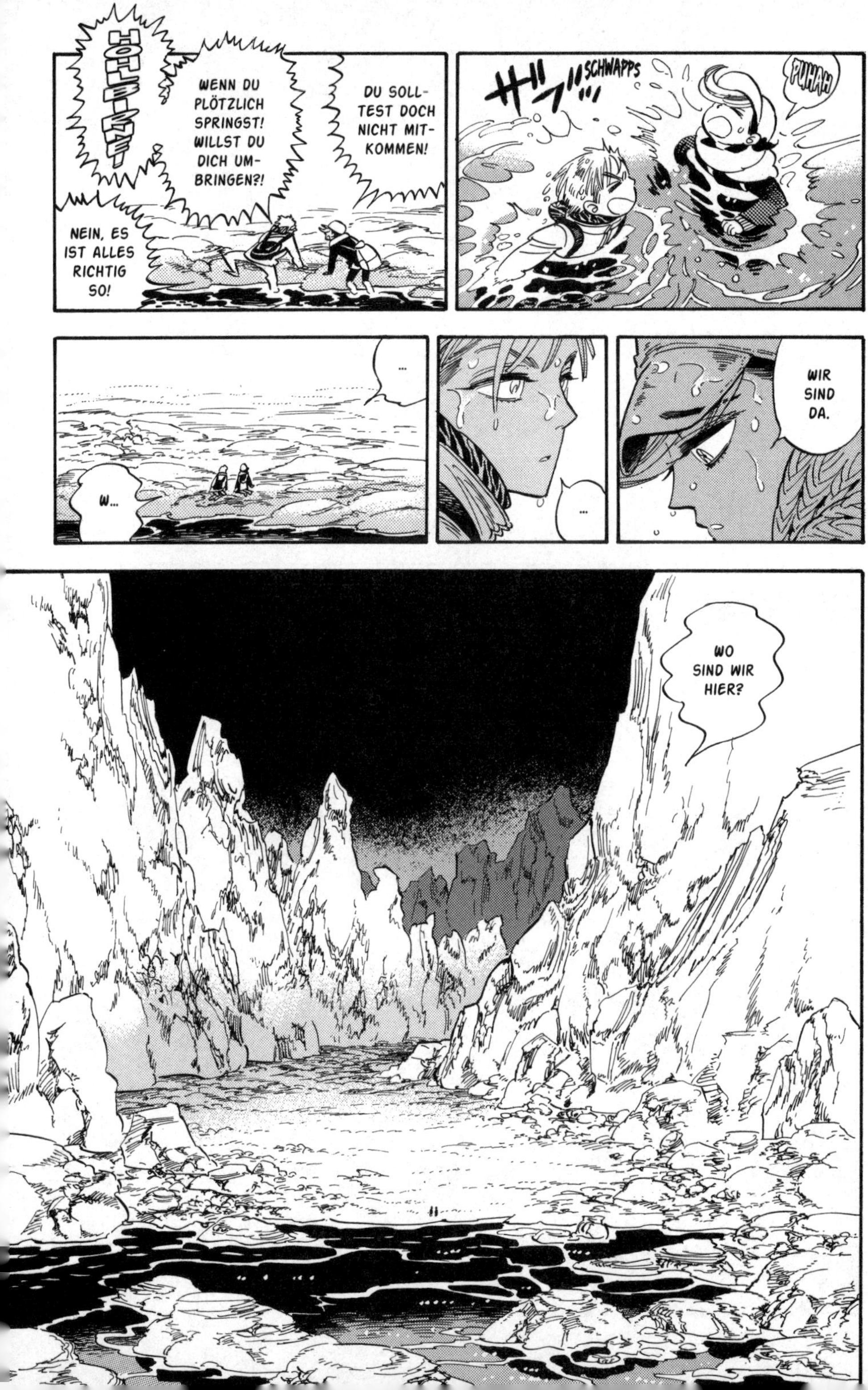
SCHWAPPS
PUHAH
DU SOLLTEST DOCH NICHT MITKOMMEN!
WENN DU PLÖTZLICH SPRINGST! WILLST DU DICH UMBRINGEN?!
NEIN, ES IST ALLES RICHTIG SO!
...
W...
...
WIR SIND DA.
WO SIND WIR HIER?

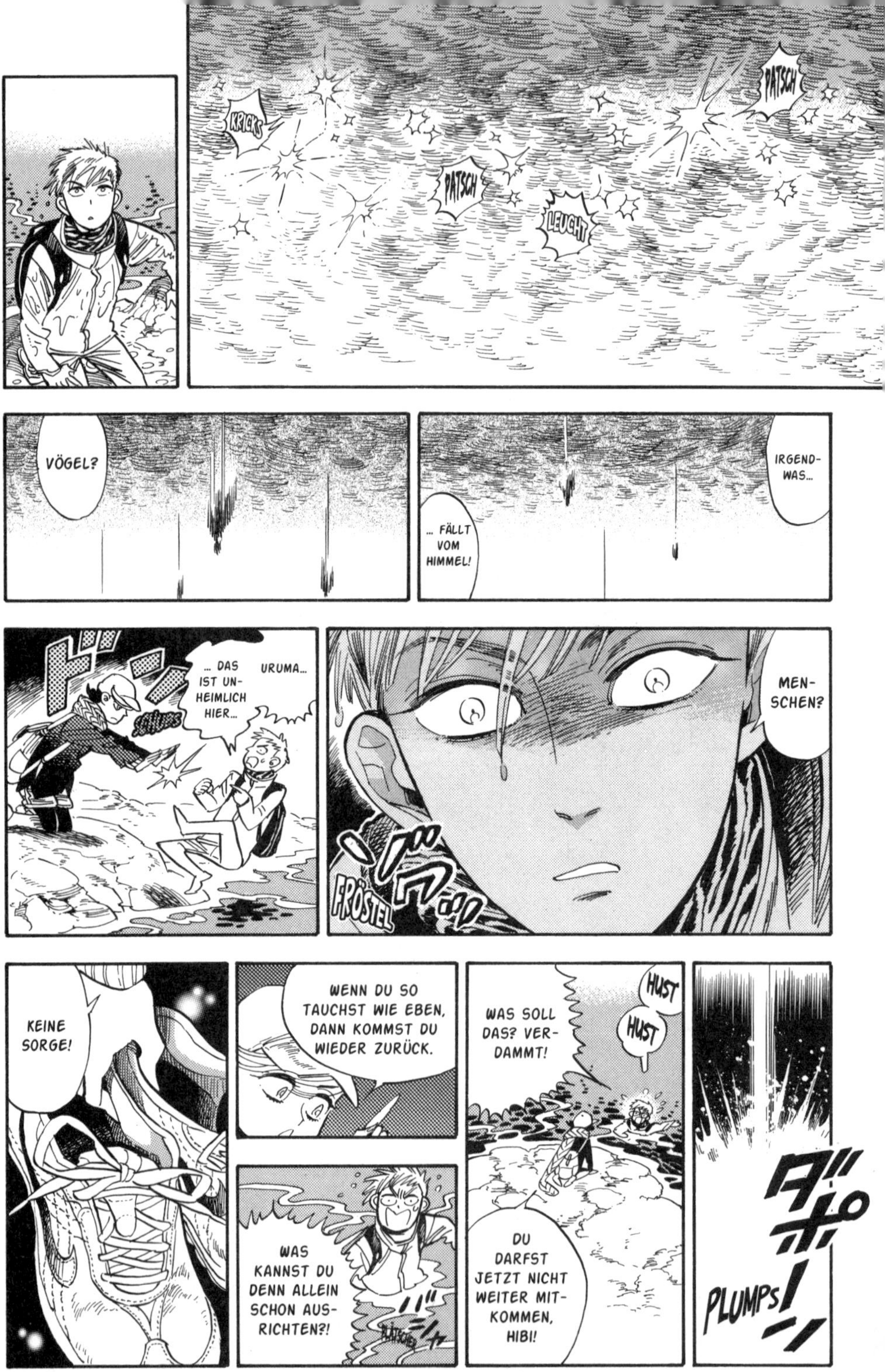
PATSCH
LEUCHT
PATSCH
KRICKS
IRGENDWAS...
... FÄLLT VOM HIMMEL!
VÖGEL?
MENSCHEN?
FRÖSTEL
URUMA...
... DAS IST UNHEIMLICH HIER...
PLUMPS
HUST
HUST
WAS SOLL DAS? VERDAMMT!
DU DARFST JETZT NICHT WEITER MITKOMMEN, HIBI!
WENN DU SO TAUCHST WIE EBEN, DANN KOMMST DU WIEDER ZURÜCK.
WAS KANNST DU DENN ALLEIN SCHON AUSRICHTEN?!
PLÄTSCHER
KEINE SORGE!

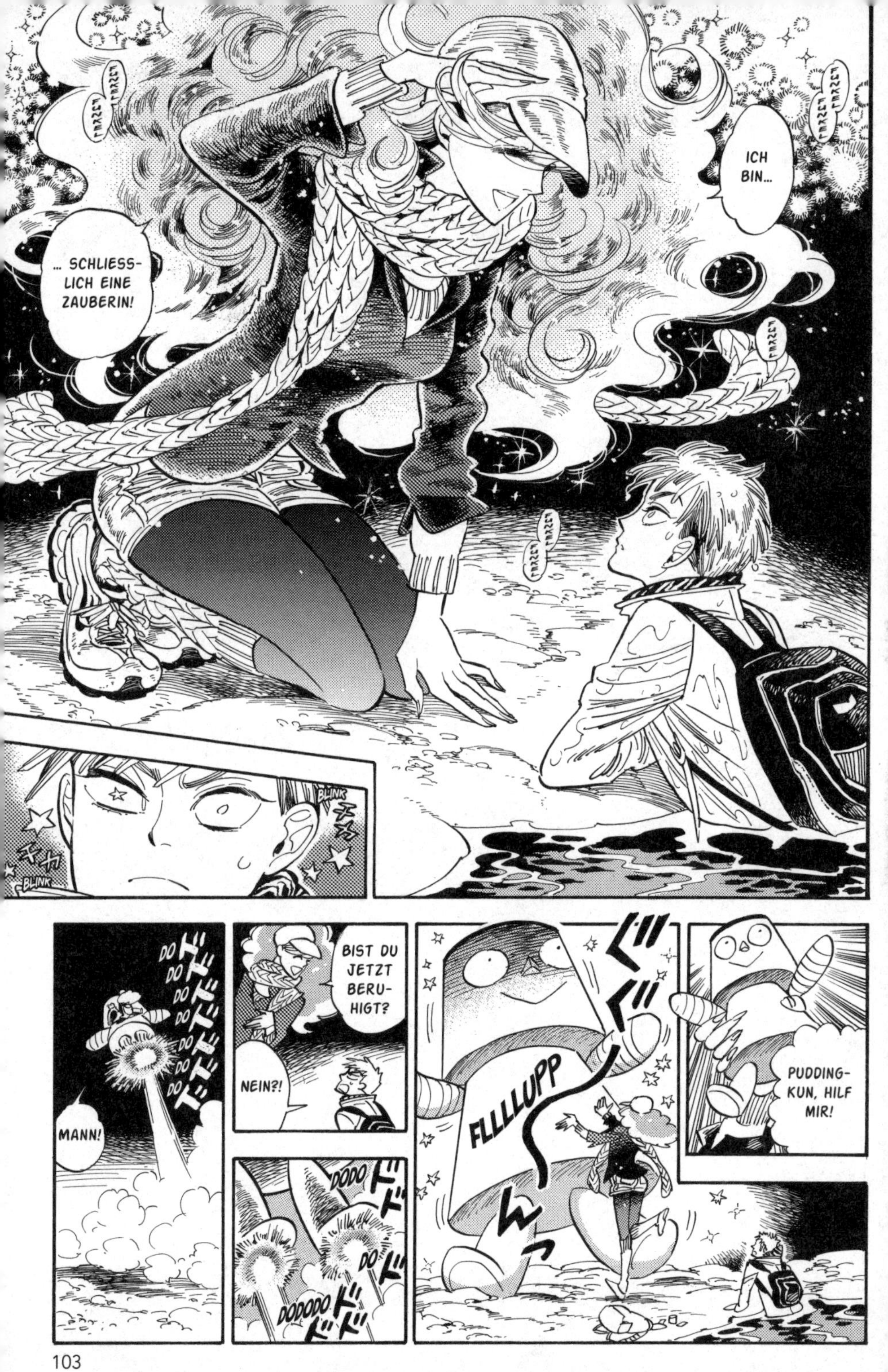
FUNKEL FUNKEL
ICH BIN...
FUNKEL FUNKEL
... SCHLIESS-LICH EINE ZAUBERIN!
FUNKEL
FUNKEL FUNKEL
BLINK
BLINK
PUDDING-KUN, HILF MIR!
FLLLLUPP
BIST DU JETZT BERUHIGT?
NEIN?!
DODO
DO
DODODO
DO DO DO DO DO DO DO DO
MANN!

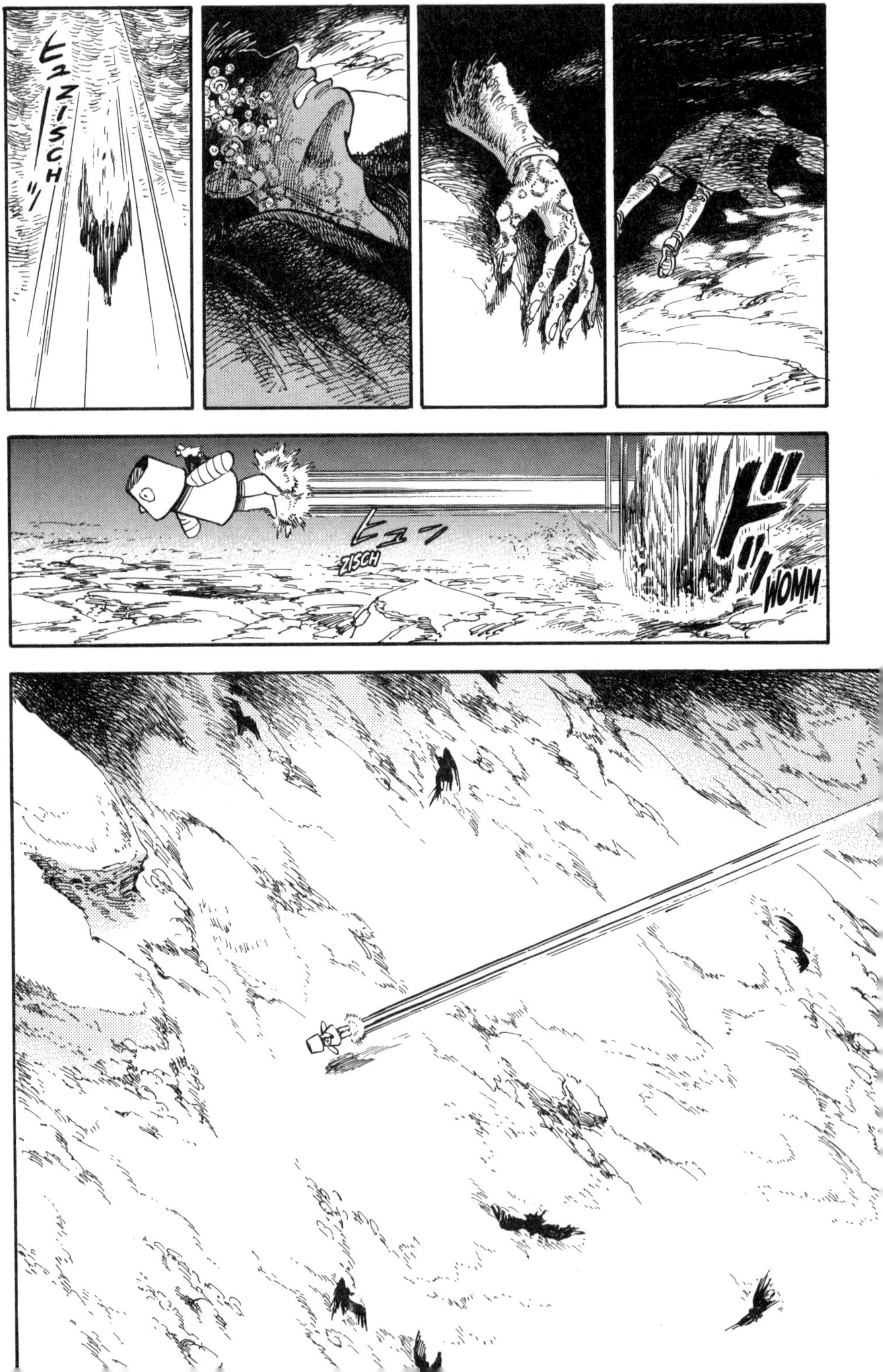

ヒュ
ZISCH
ッ
ヒュッ
ZISCH
ドッ
WOMM

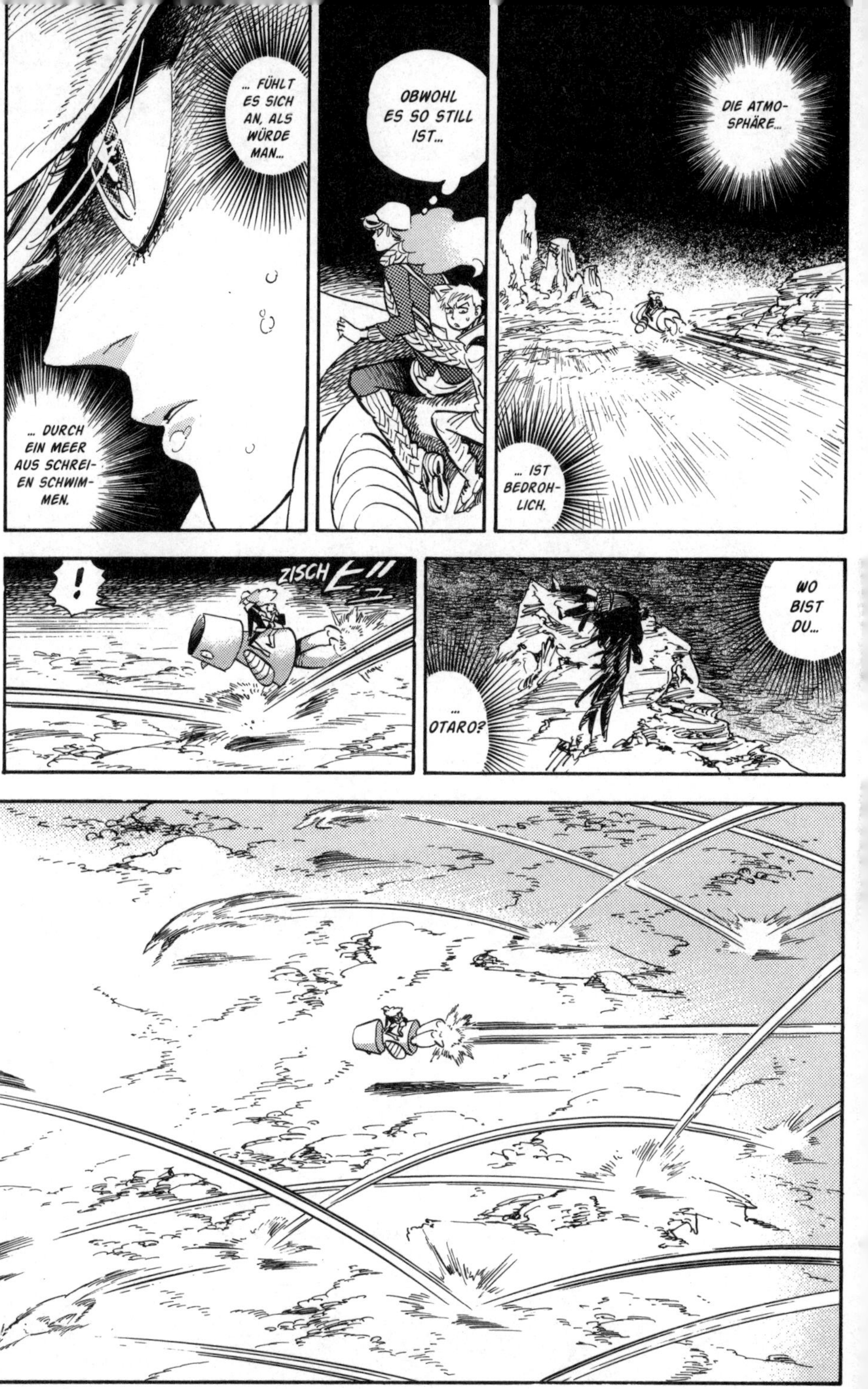
DIE ATMO-SPHÄRE...
... IST BEDROHLICH.
OBWOHL ES SO STILL IST...
... FÜHLT ES SICH AN, ALS WÜRDE MAN...
... DURCH EIN MEER AUS SCHREIEN SCHWIMMEN.
WO BIST DU...
... OTARO?
ZISCH
!

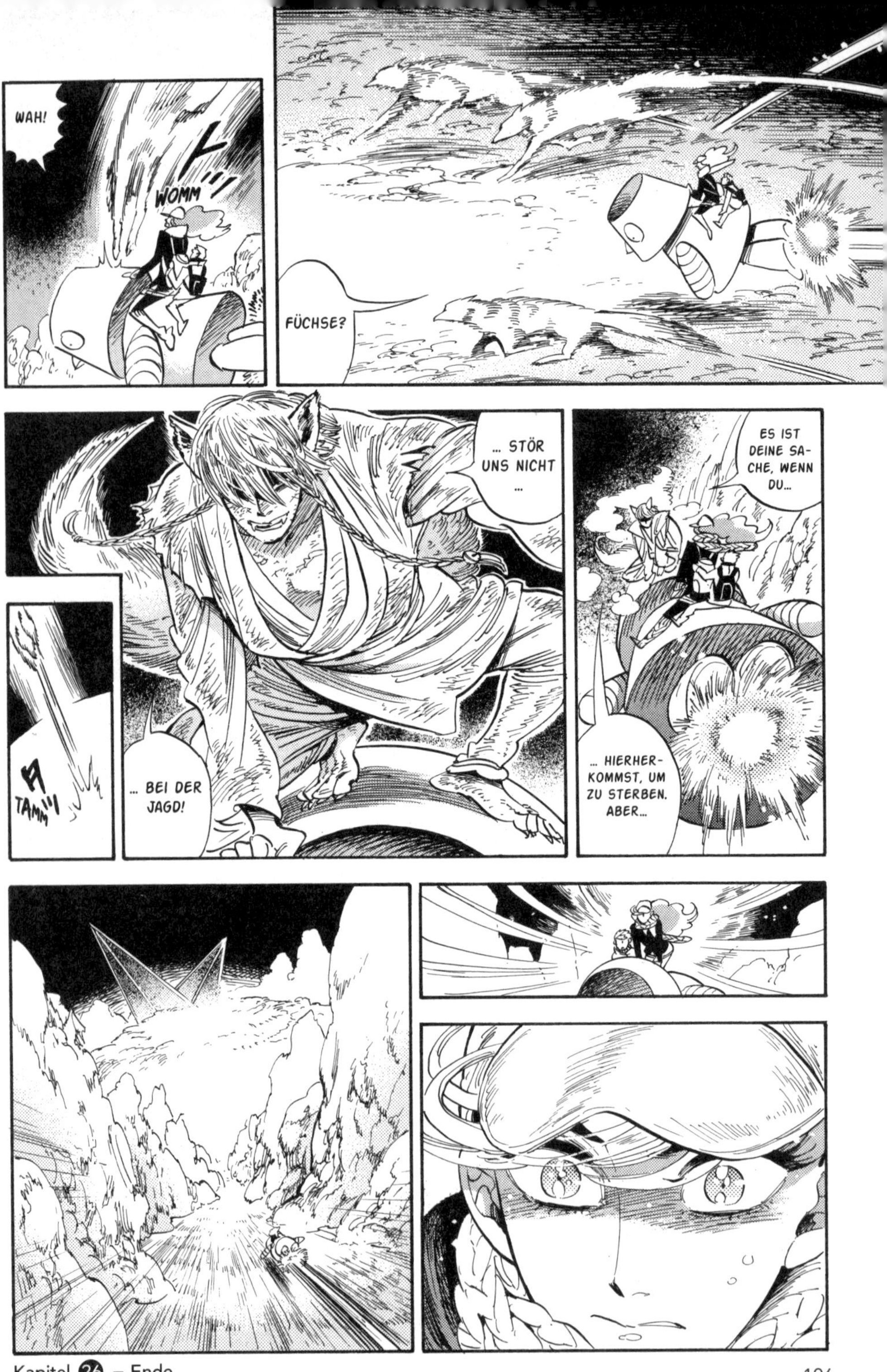

Kapitel 26 – Ende

Kapitel 27

Pudding-kun fliegt durch die Nacht 2

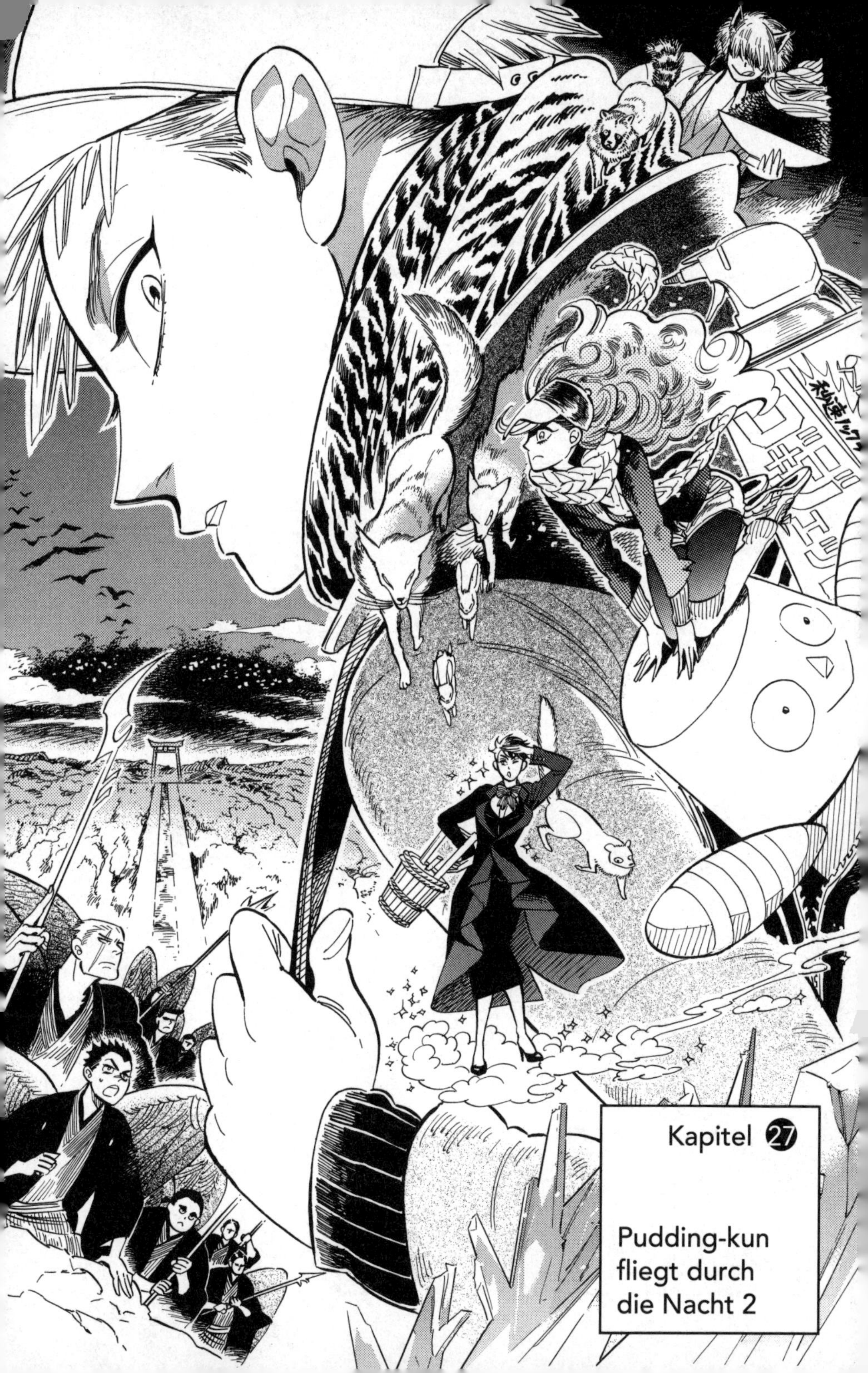

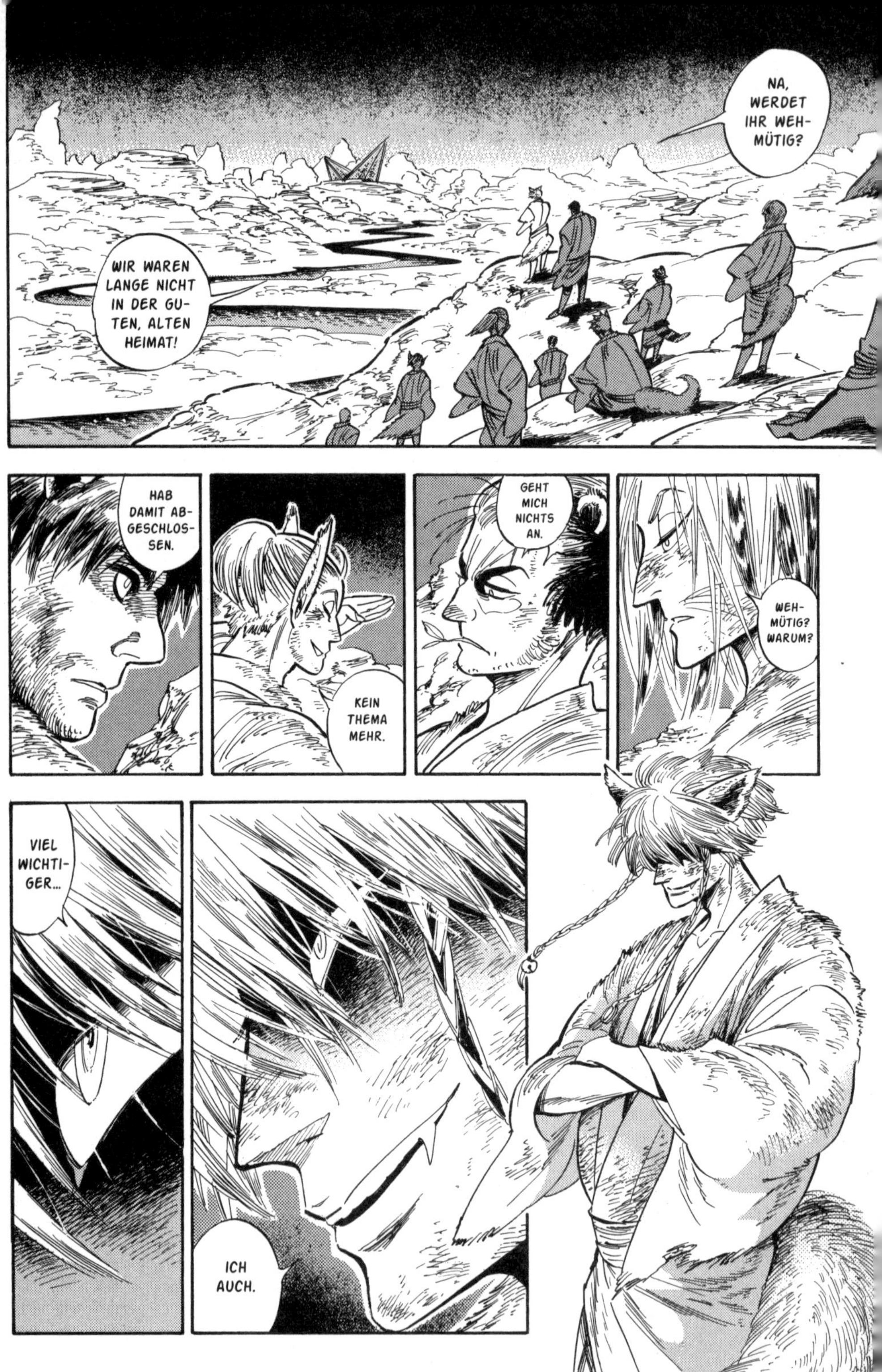

NA, WERDET IHR WEH-MÜTIG?
WIR WAREN LANGE NICHT IN DER GU-TEN, ALTEN HEIMAT!
WEH-MÜTIG? WARUM?
GEHT MICH NICHTS AN.
KEIN THEMA MEHR.
HAB DAMIT AB-GESCHLOS-SEN.
VIEL WICHTI-GER...
ICH AUCH.

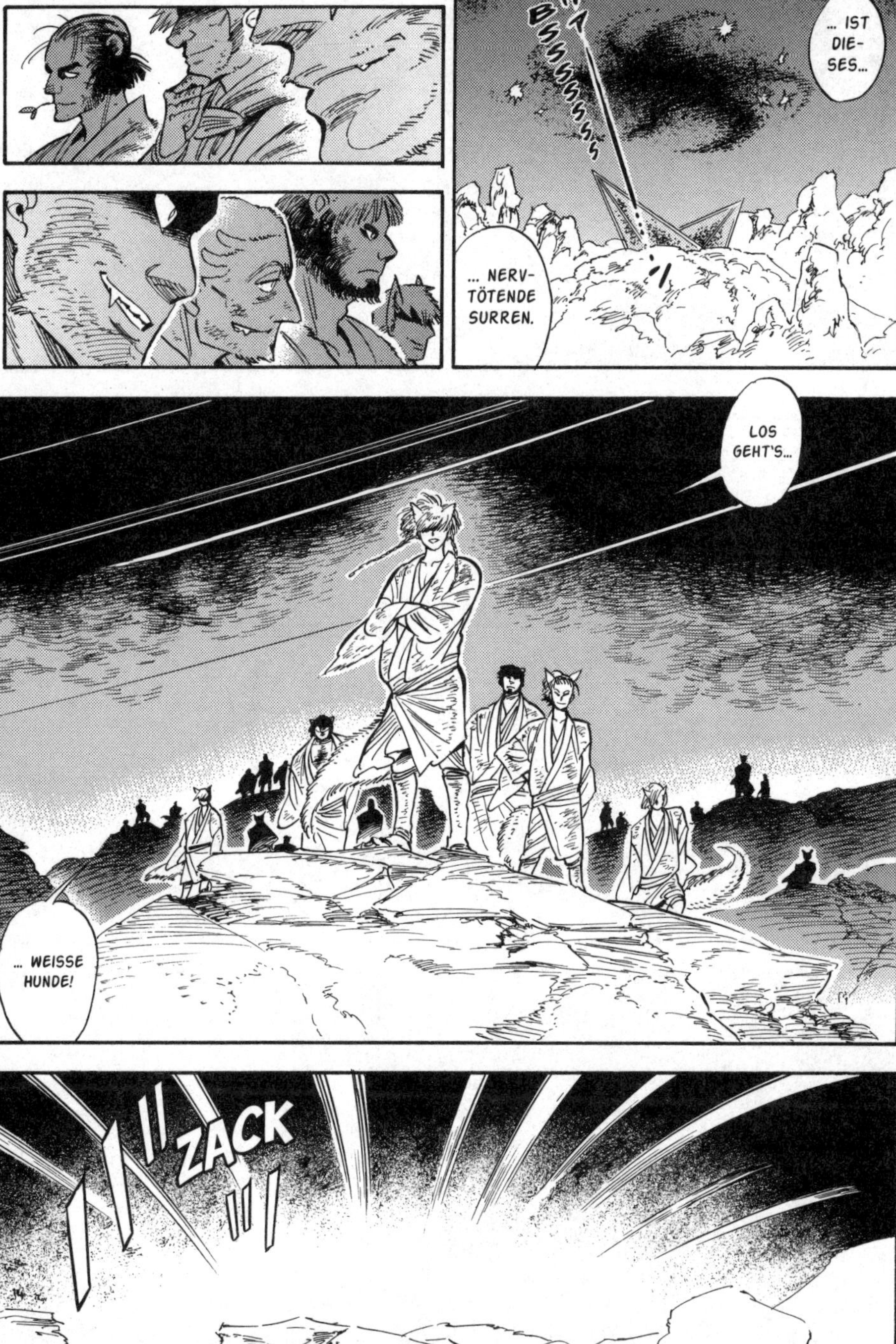

... IST DIE-SES...
... NERV-TÖTENDE SURREN.
LOS GEHT'S...
... WEISSE HUNDE!
ZACK

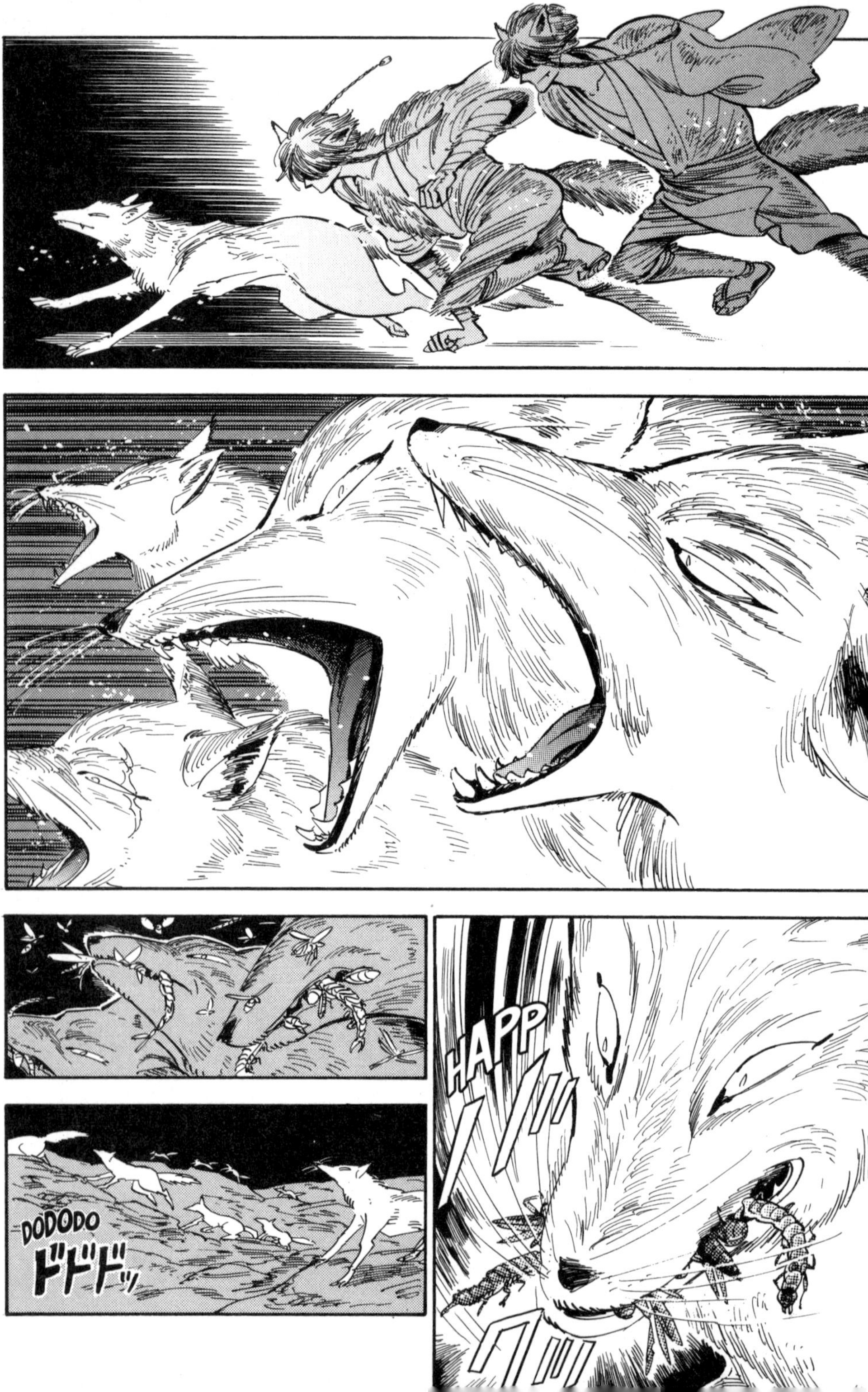
DODODO
ドドドッ
HAPP

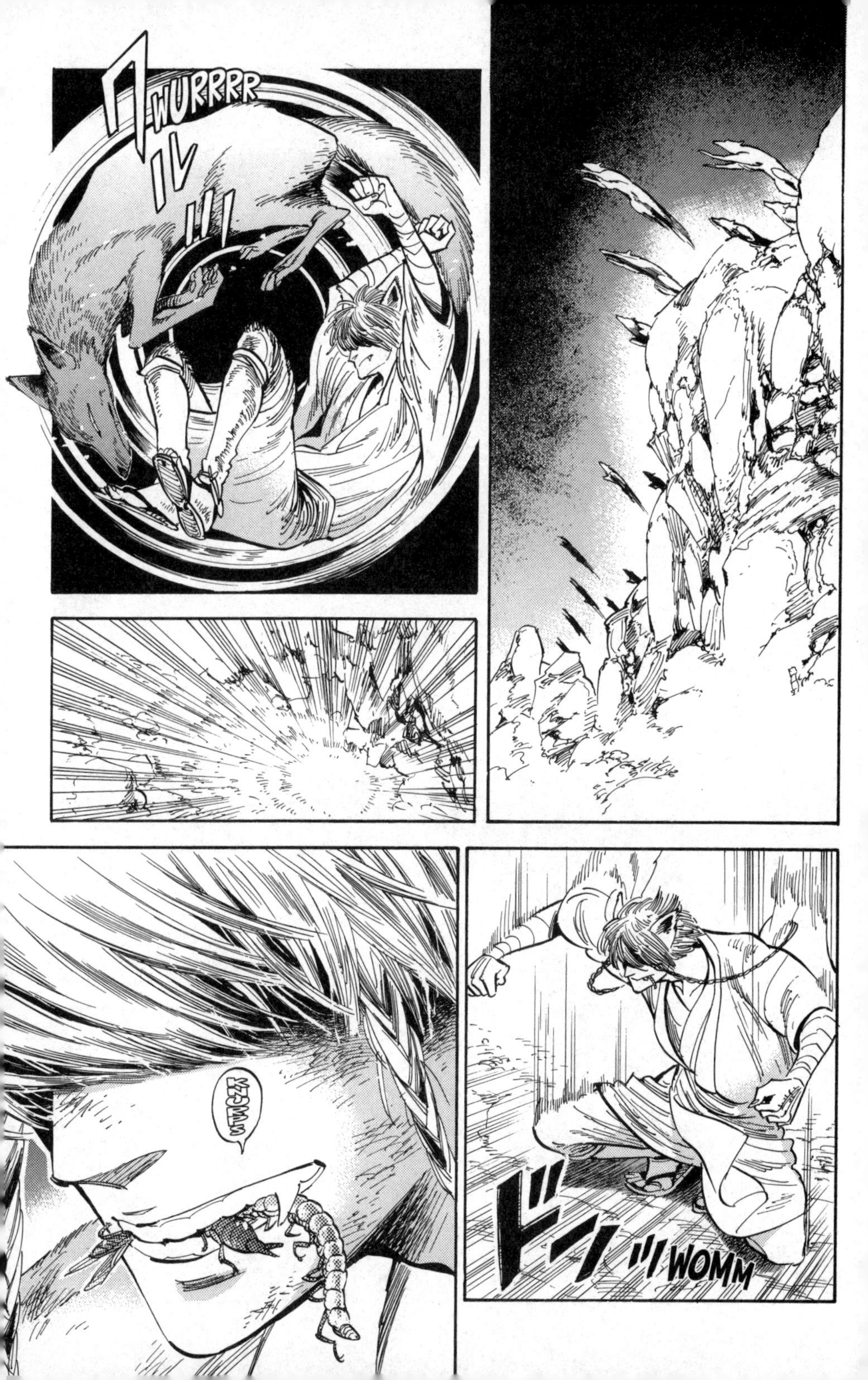
WURRRR
SMACK
WOMM

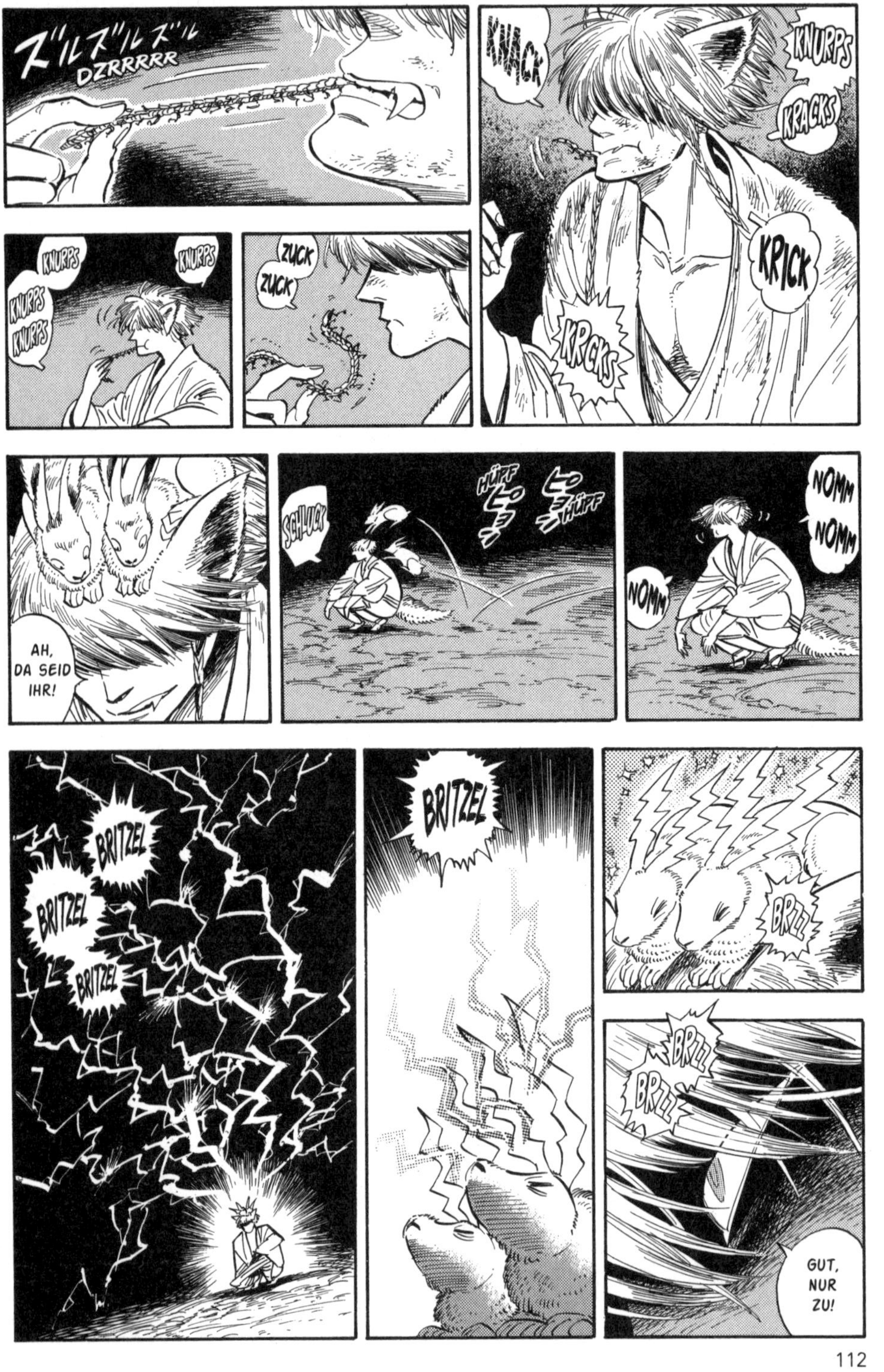

ズルズルズル
DZRRRRR
KNACK
KNURPS
KRACKS
KRICK
KRACKS
KNURPS
KNURPS
KNURPS
KNURPS
ZUCK
ZUCK
AH, DA SEID IHR!
SCHLUCK
HÜPF
HÜPF
NOMM
NOMM
NOMM
BRITZEL
BRITZEL
BRITZEL
BRITZEL
BRZZL
BRZZL
BRZZL
GUT, NUR ZU!

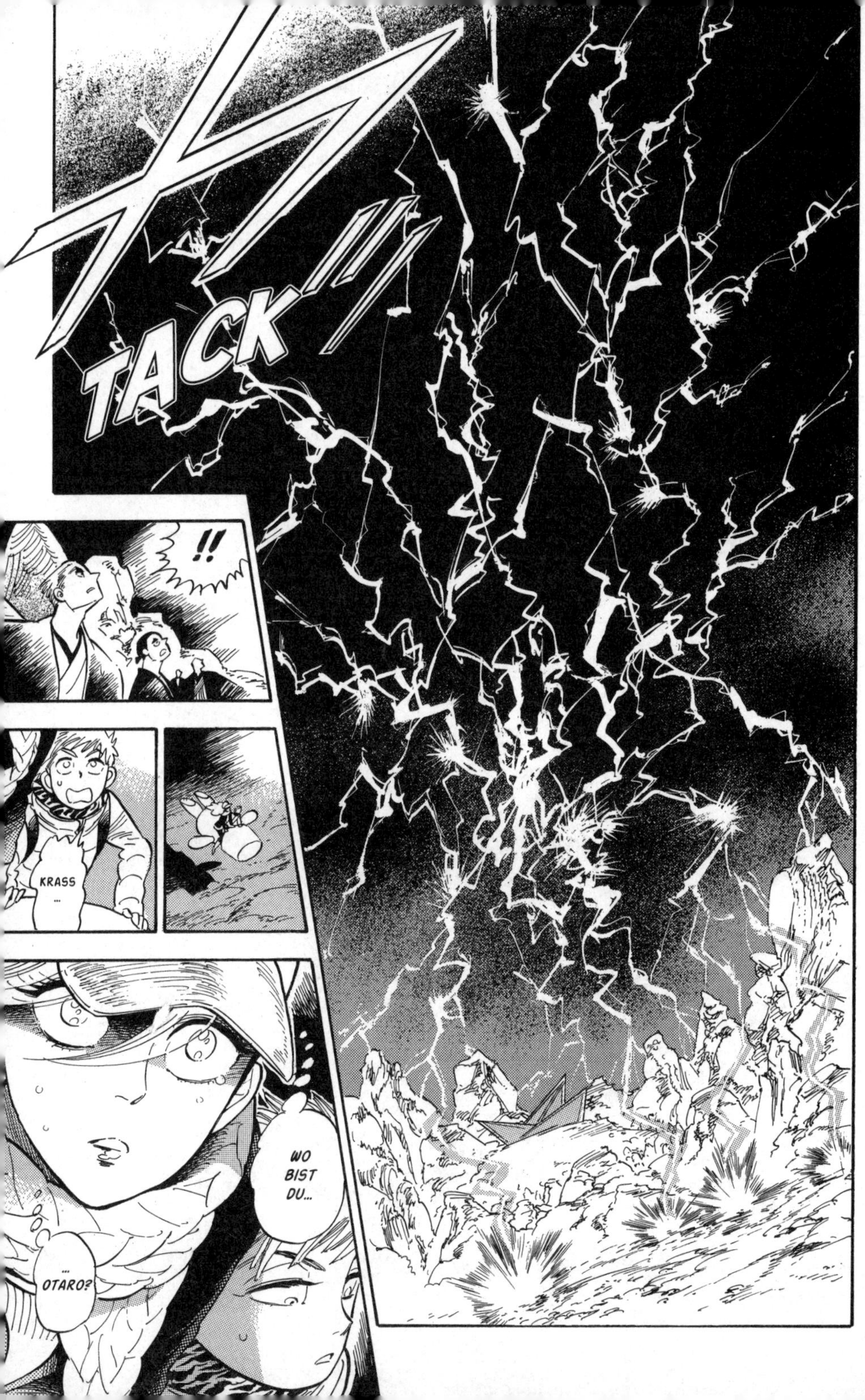

TACK!!
!!
KRASS ...
WO BIST DU...
... OTARO?

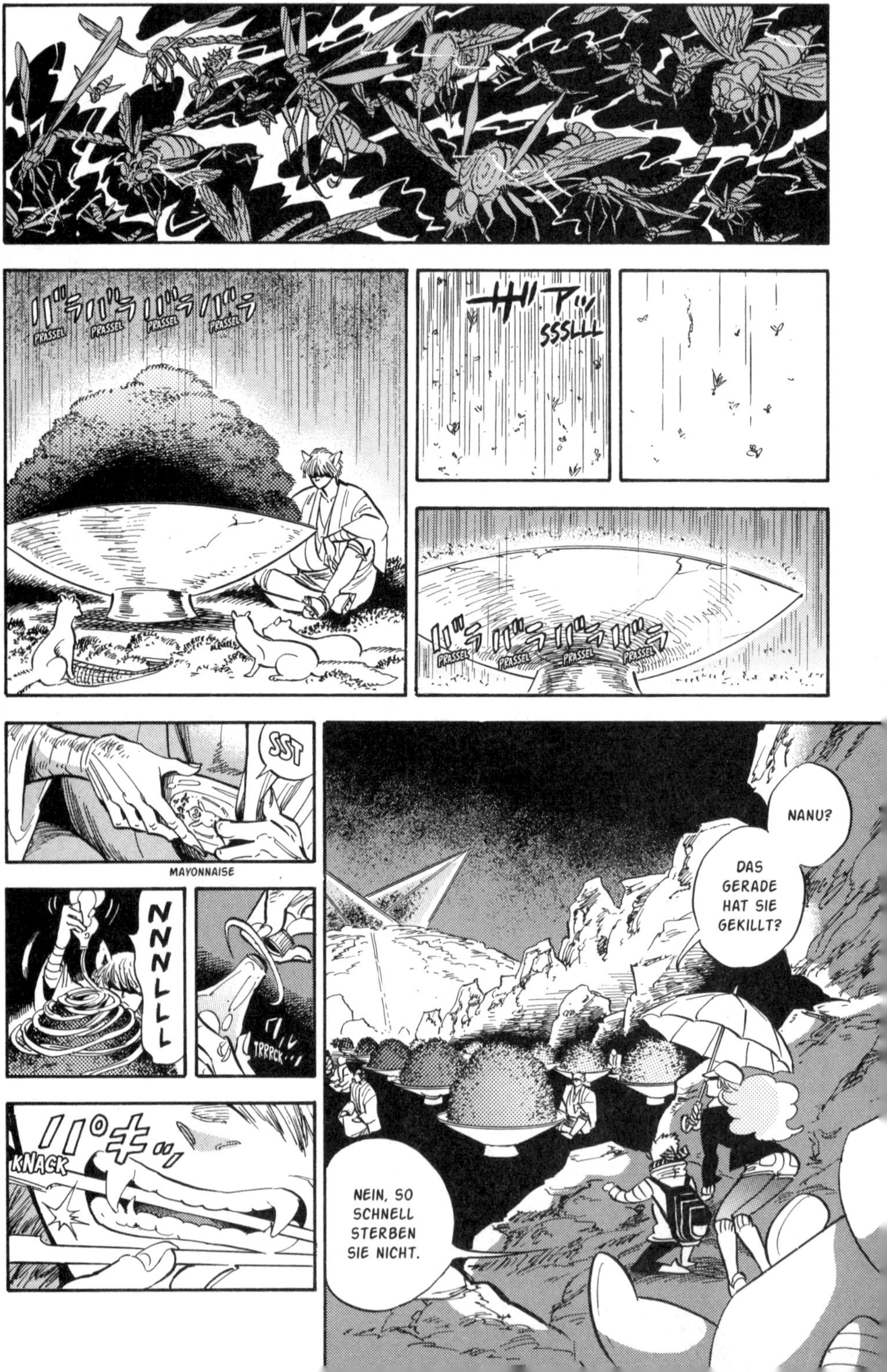

バラバラバラバラ
PRASSEL PRASSEL PRASSEL PRASSEL
ザアッ
SSSLLL
バラバラバラバラ
PRASSEL PRASSEL PRASSEL PRASSEL
SST
MAYONNAISE
NNNLLL
TRRRCK..!
パキッ
KNACK
NANU?
DAS GERADE HAT SIE GEKILLT?
NEIN, SO SCHNELL STERBEN SIE NICHT.

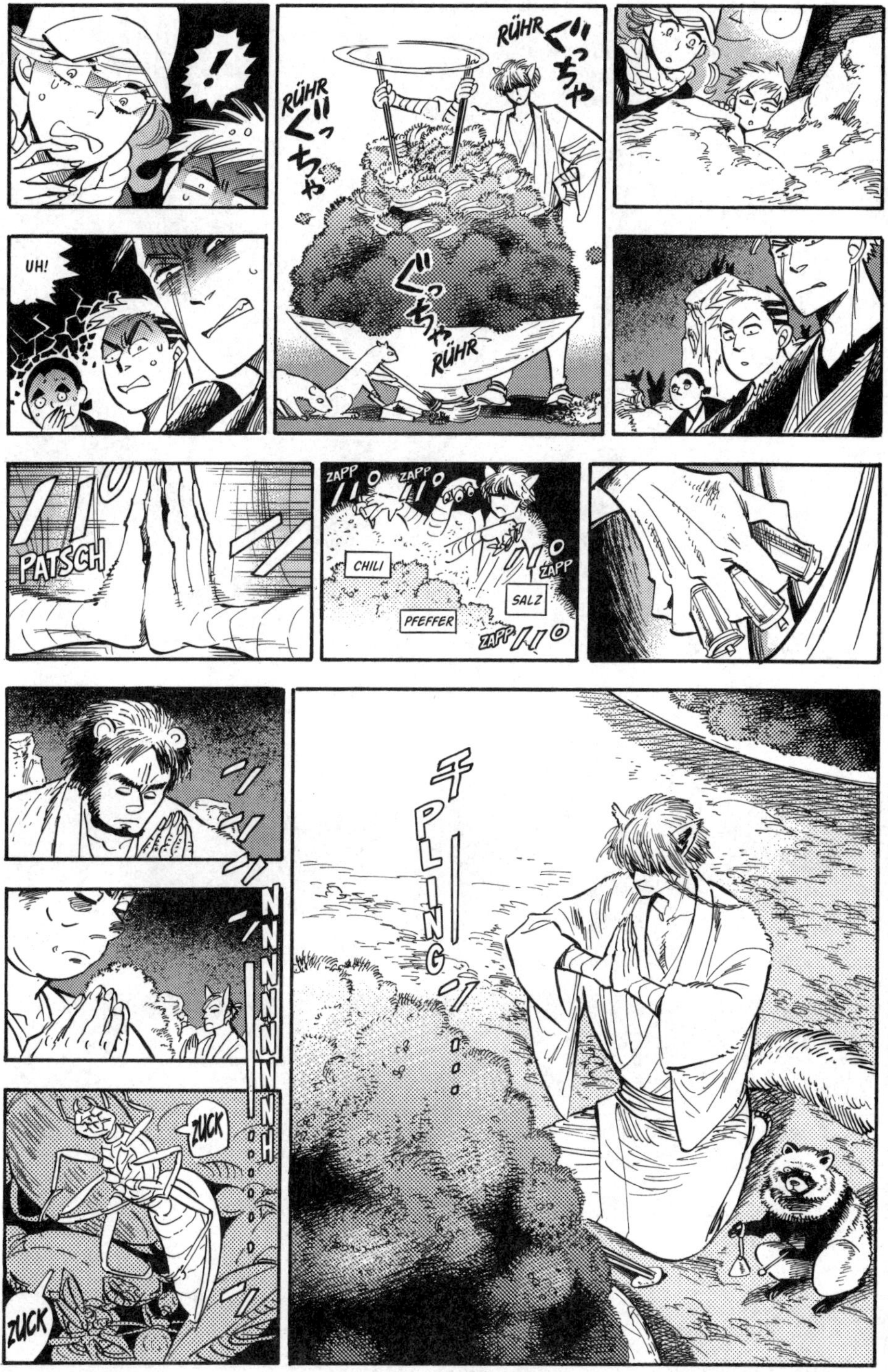
RÜHR
ぐっちゃ
RÜHR
ぐっちゃ
ぐっちゃ
RÜHR
!
UH!
ZAPP
ZAPP
CHILI
ZAPP
SALZ
PFEFFER
ZAPP
PATSCH
PLING
NNNNNNNNH
ZUCK
ZUCK

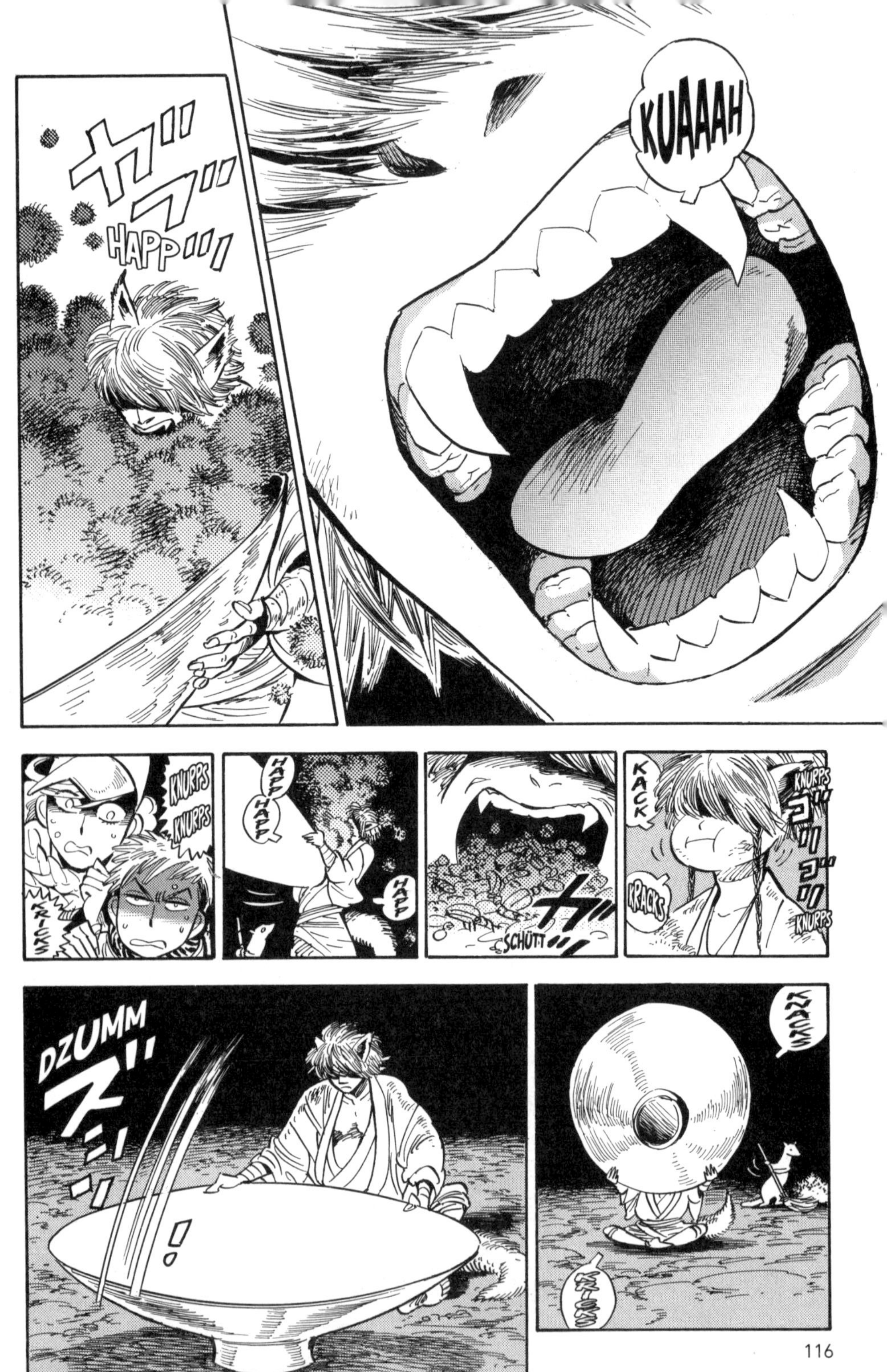
KUAAAH
HAPP
KNURPS
KNURPS
KRICKS
HAPP HAPP
HAPP
SCHÜTT
KACK
KNURPS
KRACKS
KNURPS
DZUMM
KNACKS
KRICKS

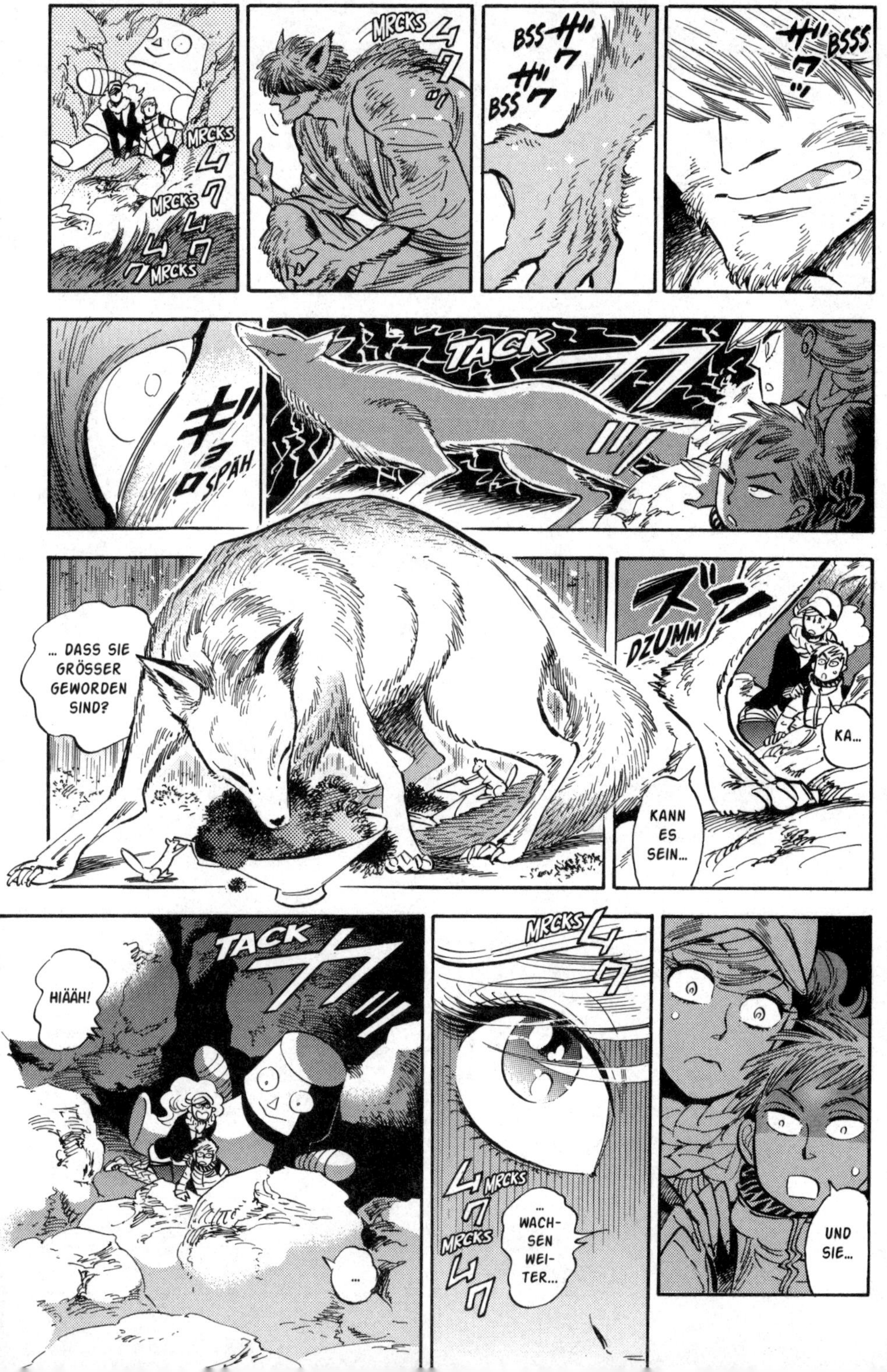
BSSS
BSS
BSS
MRCKS
MRCKS
MRCKS
MRCKS
TACK
SPÄH
DZUMM
KA...
KANN ES SEIN...
... DASS SIE GRÖSSER GEWORDEN SIND?
UND SIE...
MRCKS
MRCKS
MRCKS
... WACHSEN WEITER...
TACK
HIÄÄH!
...

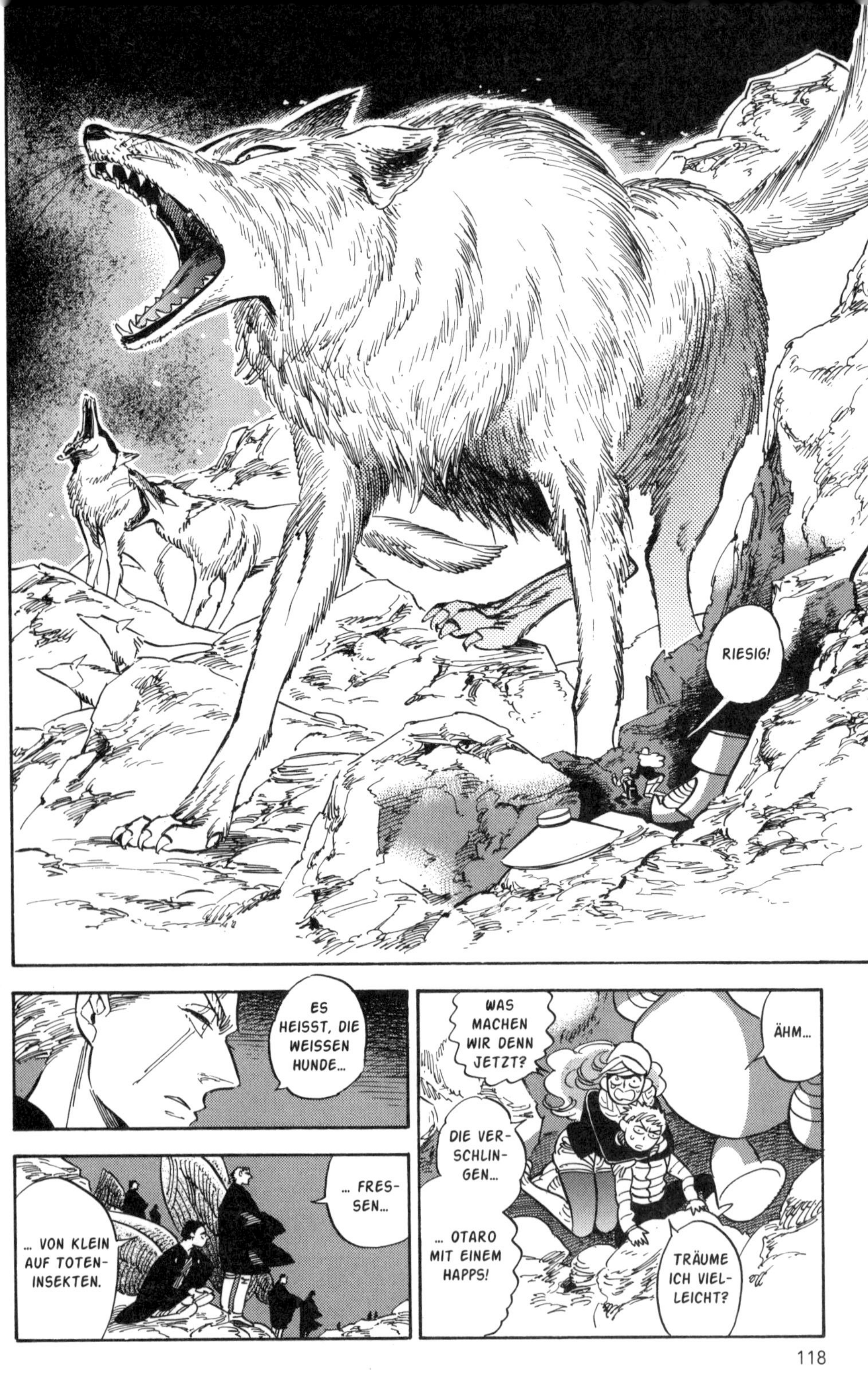
RIESIG!
ES HEISST, DIE WEISSEN HUNDE...
... FRES-SEN...
... VON KLEIN AUF TOTEN-INSEKTEN.
ÄHM...
WAS MACHEN WIR DENN JETZT?
DIE VER-SCHLIN-GEN...
... OTARO MIT EINEM HAPPS!
TRÄUME ICH VIEL-LEICHT?

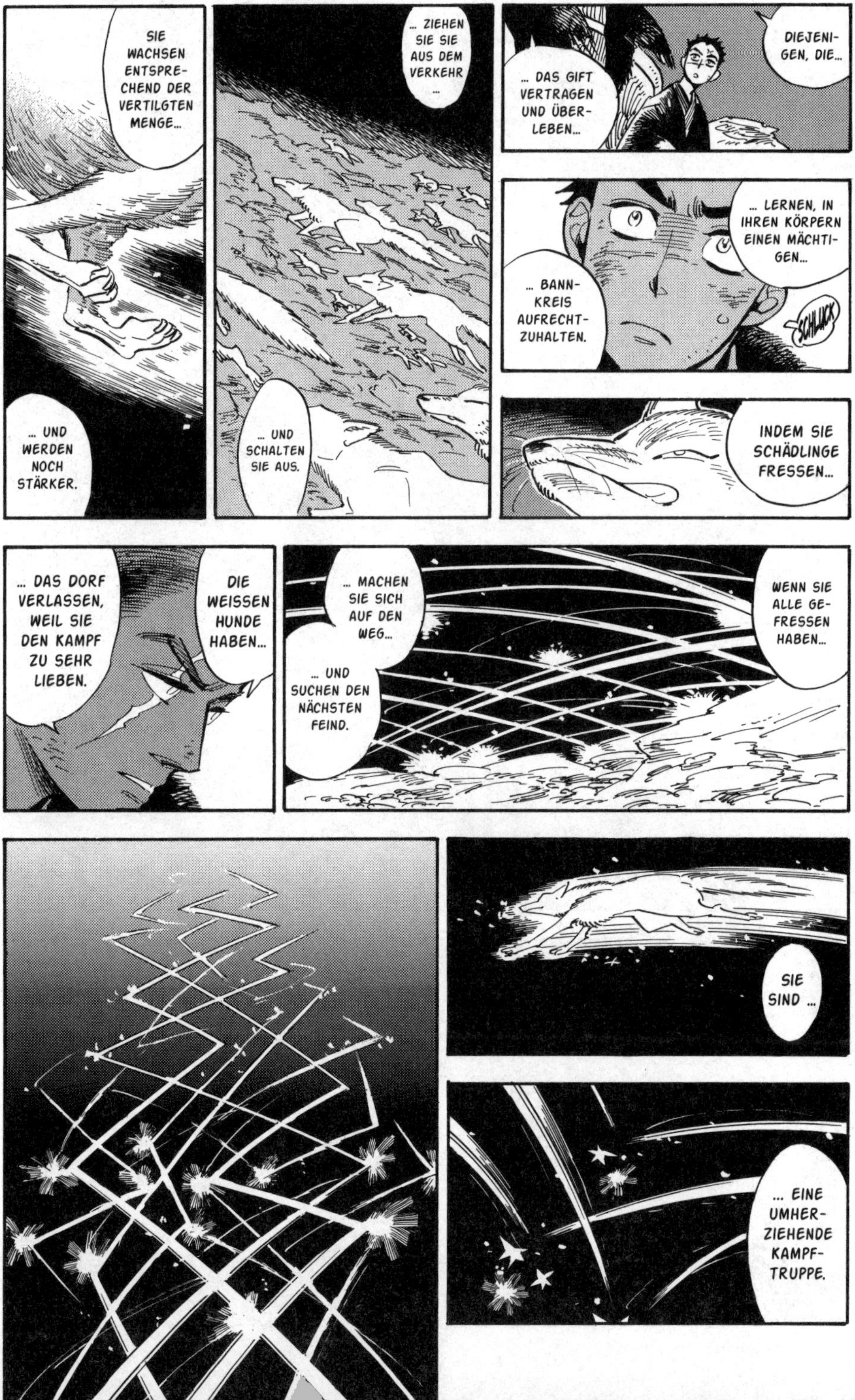
DIEJENIGEN, DIE...
... DAS GIFT VERTRAGEN UND ÜBERLEBEN...
... LERNEN, IN IHREN KÖRPERN EINEN MÄCHTIGEN...
SCHLUCK
... BANNKREIS AUFRECHTZUHALTEN.
INDEM SIE SCHÄDLINGE FRESSEN...
... ZIEHEN SIE SIE AUS DEM VERKEHR ...
... UND SCHALTEN SIE AUS.
SIE WACHSEN ENTSPRECHEND DER VERTILGTEN MENGE...
... UND WERDEN NOCH STÄRKER.
WENN SIE ALLE GEFRESSEN HABEN...
... MACHEN SIE SICH AUF DEN WEG...
... UND SUCHEN DEN NÄCHSTEN FEIND.
DIE WEISSEN HUNDE HABEN...
... DAS DORF VERLASSEN, WEIL SIE DEN KAMPF ZU SEHR LIEBEN.
SIE SIND ...
... EINE UMHERZIEHENDE KAMPFTRUPPE.

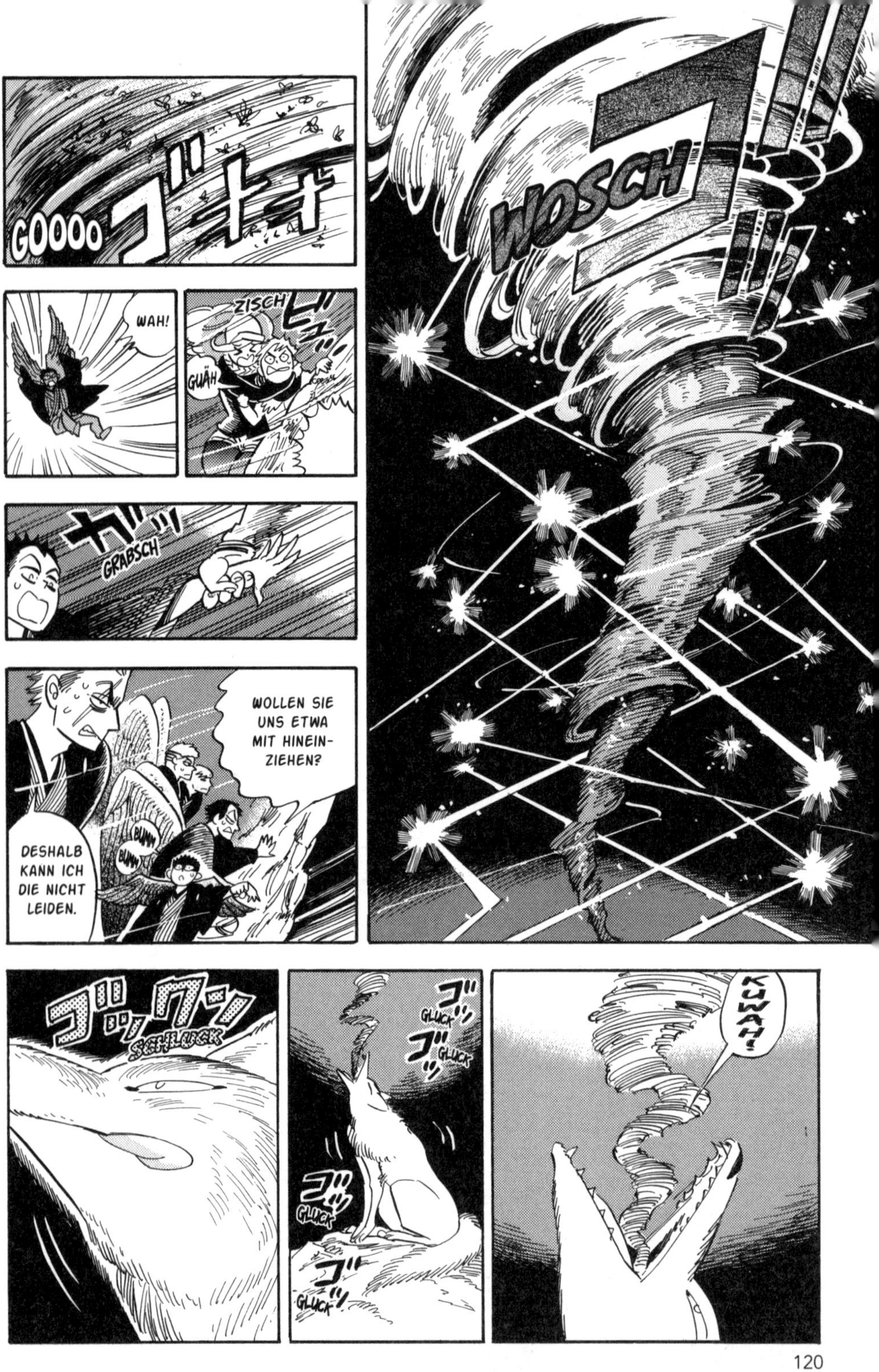
GOOOO
WOSCH
WAH!
ZISCH
GUÄH
GRABSCH
WOLLEN SIE UNS ETWA MIT HINEIN-ZIEHEN?
BUMM
BUMM
DESHALB KANN ICH DIE NICHT LEIDEN.
KUWAH!
GLUCK
GLUCK
GLUCK
GLUCK
SCHLUCK

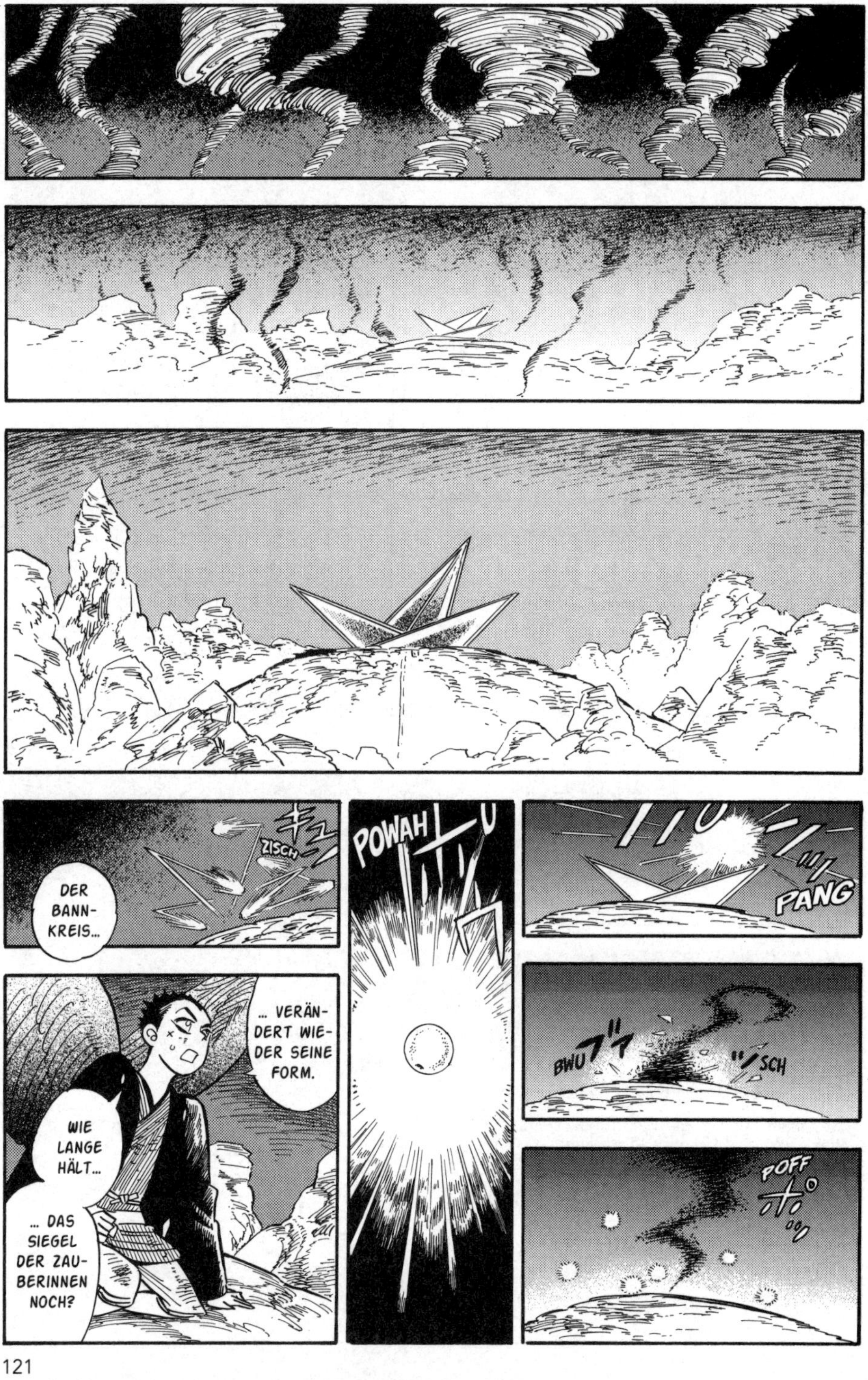
PANG
BWU
SCH
POFF
POWAH
ZISCH
DER BANNKREIS…
… VERÄNDERT WIEDER SEINE FORM.
WIE LANGE HÄLT…
… DAS SIEGEL DER ZAUBERINNEN NOCH?

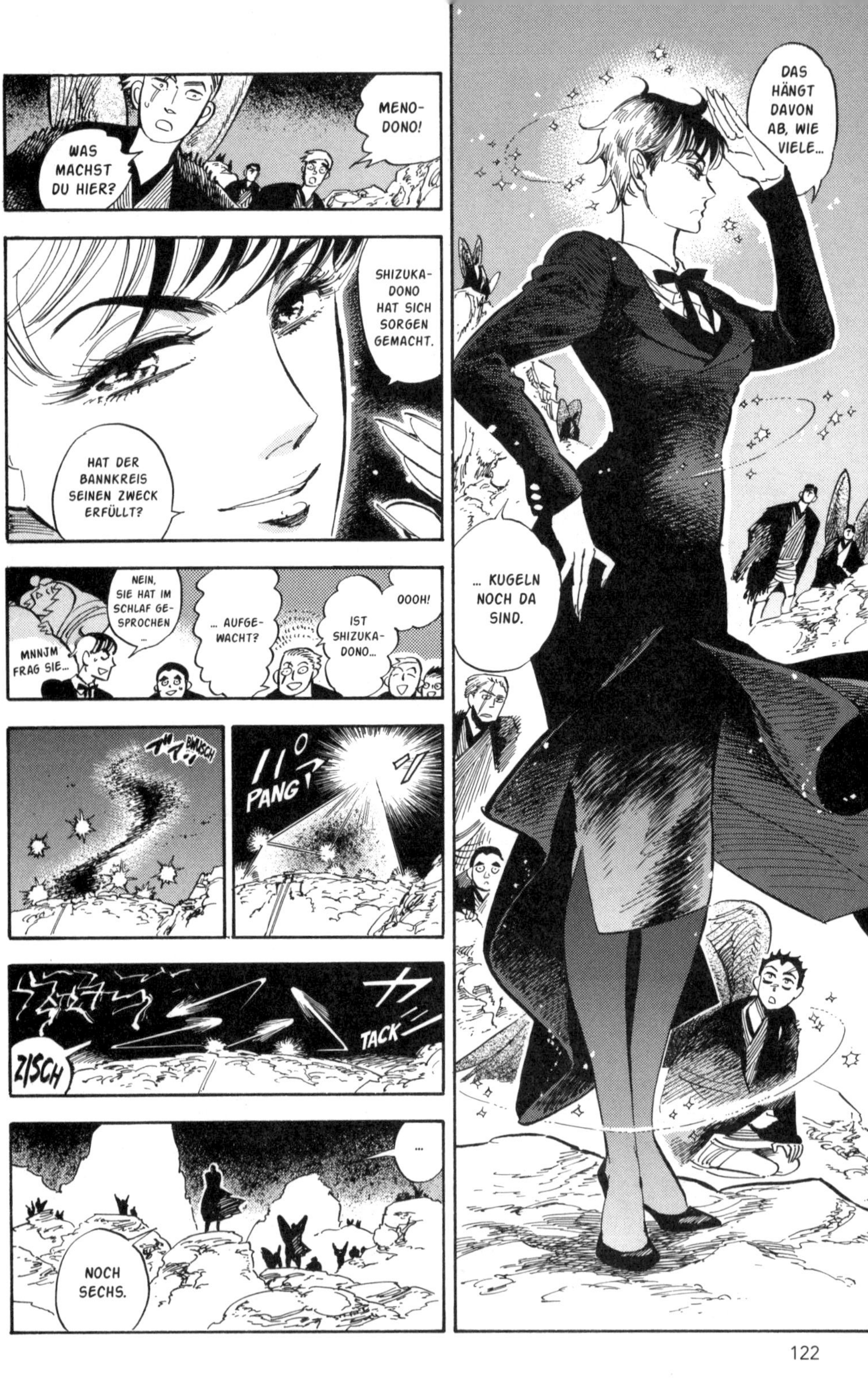
DAS HÄNGT DAVON AB, WIE VIELE...
... KUGELN NOCH DA SIND.
MENO-DONO!
WAS MACHST DU HIER?
SHIZUKA-DONO HAT SICH SORGEN GEMACHT.
HAT DER BANNKREIS SEINEN ZWECK ERFÜLLT?
OOOH!
IST SHIZUKA-DONO...
... AUFGE-WACHT?
NEIN, SIE HAT IM SCHLAF GE-SPROCHEN ...
MNNJM FRAG SIE...
PANG
BWUSCH
TACK
ZISCH
...
NOCH SECHS.

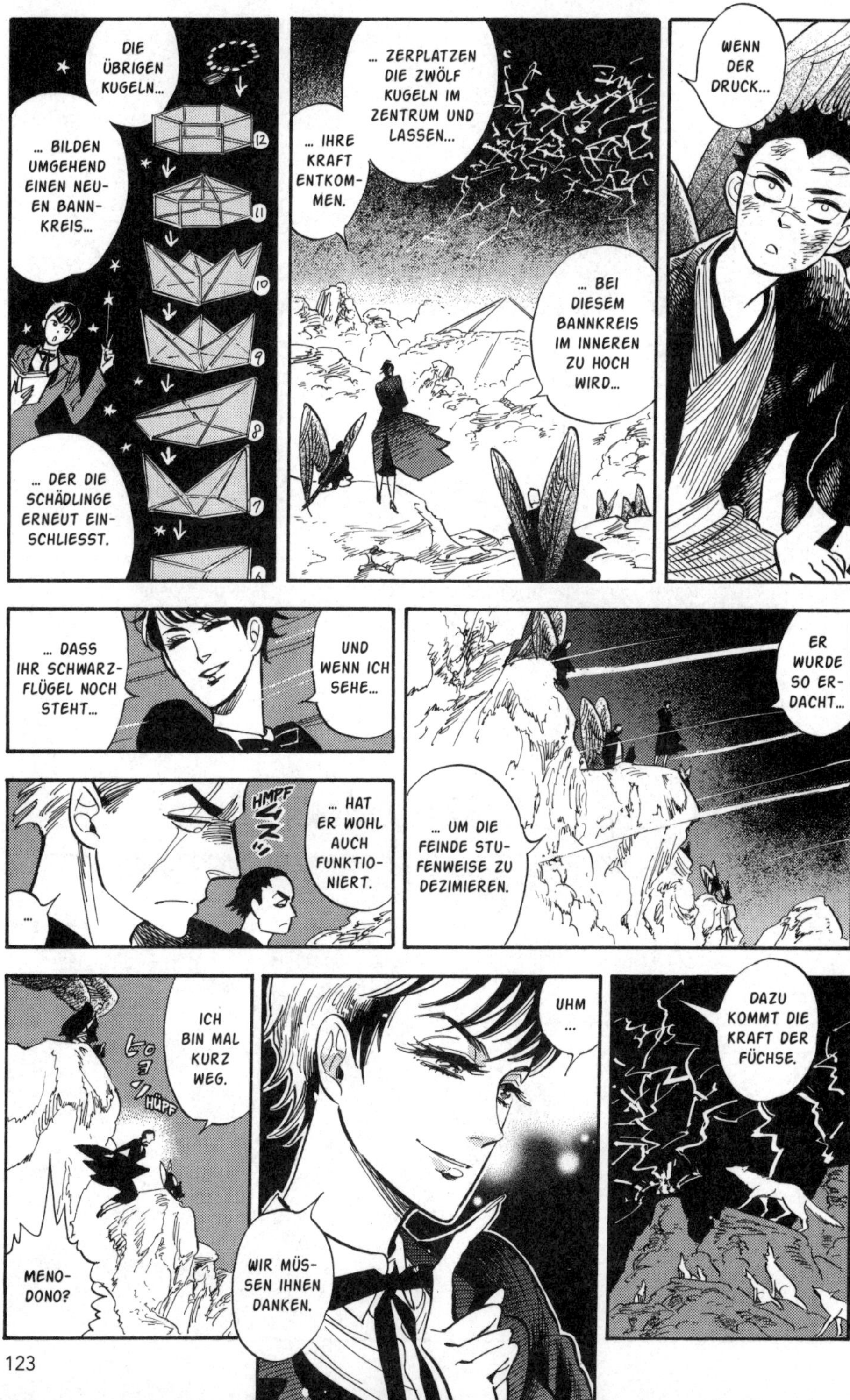
WENN DER DRUCK...
... BEI DIESEM BANNKREIS IM INNEREN ZU HOCH WIRD...
... ZERPLATZEN DIE ZWÖLF KUGELN IM ZENTRUM UND LASSEN...
... IHRE KRAFT ENTKOMMEN.
DIE ÜBRIGEN KUGELN...
... BILDEN UMGEHEND EINEN NEUEN BANNKREIS...
... DER DIE SCHÄDLINGE ERNEUT EINSCHLIESST.
ER WURDE SO ERDACHT...
... UM DIE FEINDE STUFENWEISE ZU DEZIMIEREN.
UND WENN ICH SEHE...
... DASS IHR SCHWARZFLÜGEL NOCH STEHT...
... HAT ER WOHL AUCH FUNKTIONIERT.
HMPF
...
DAZU KOMMT DIE KRAFT DER FÜCHSE.
UHM ...
WIR MÜSSEN IHNEN DANKEN.
ICH BIN MAL KURZ WEG.
HÜPF
MENO-DONO?

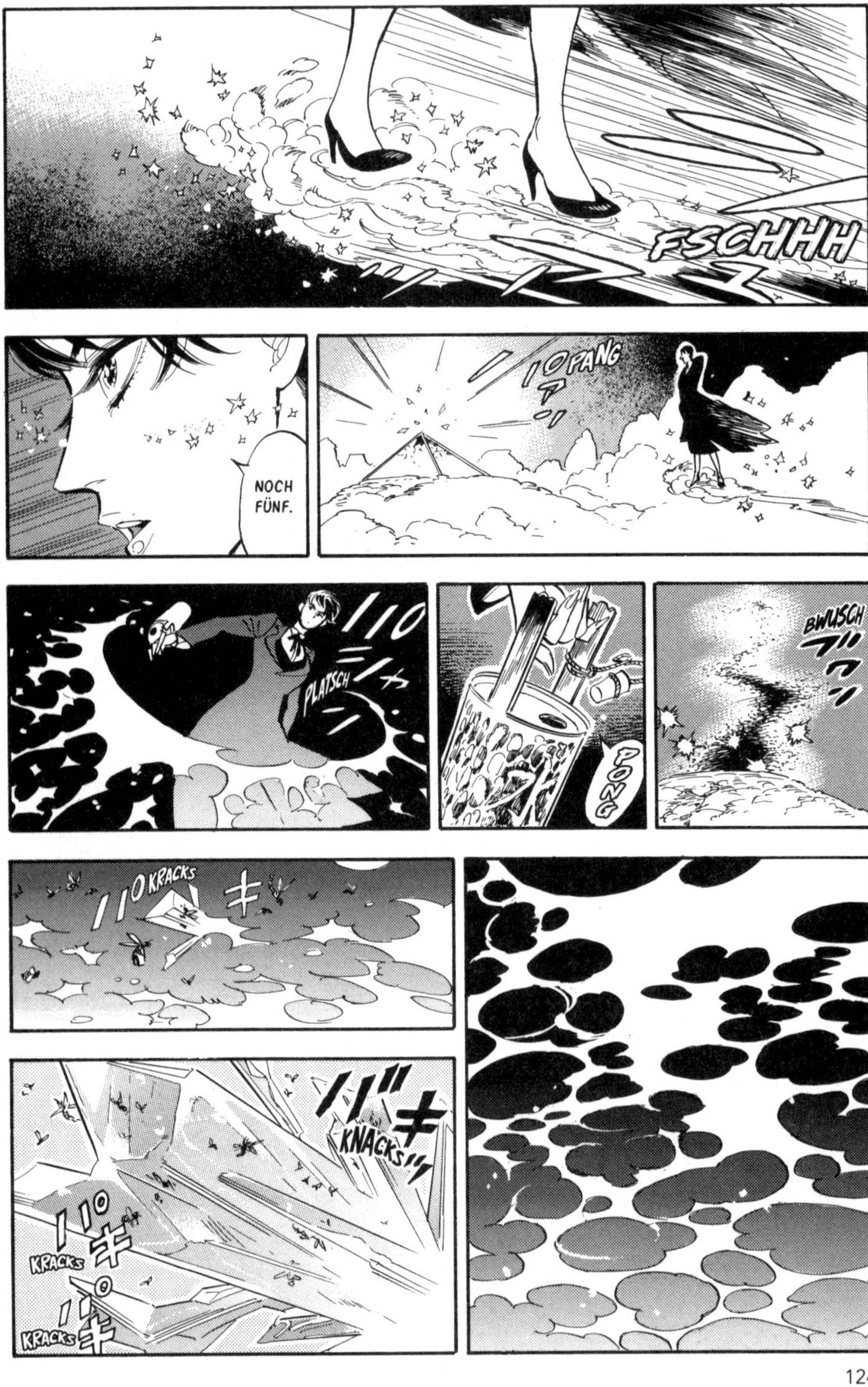
FSCHHH
NOCH FÜNF.
PANG
PLATSCH
PONG
BWUSCH
KRACKS
KNACKS!!
KRACKS
KRACKS

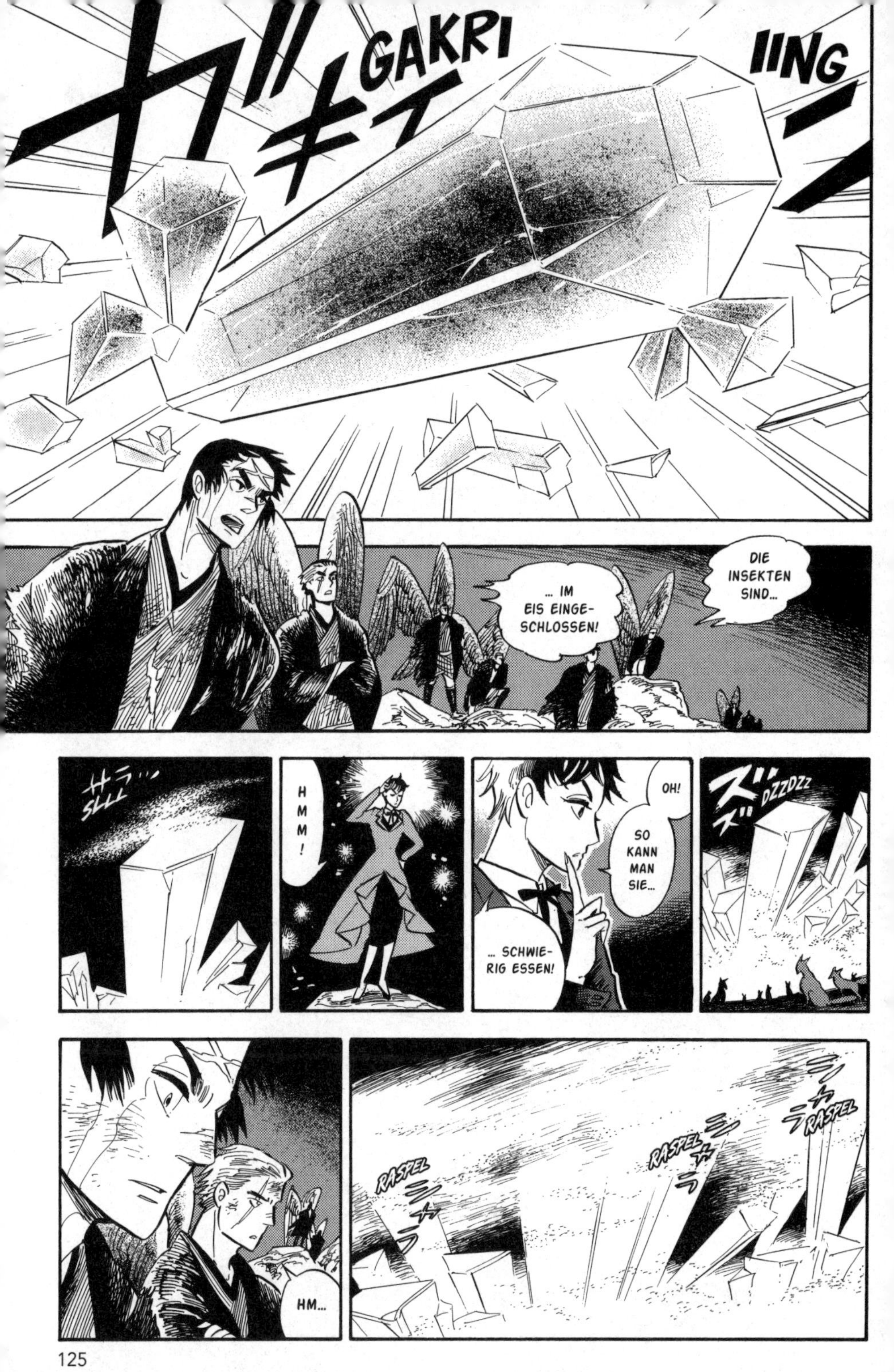
GAKRI
IING
DIE INSEKTEN SIND...
... IM EIS EINGE-SCHLOSSEN!
DZZDZZ
OH!
SO KANN MAN SIE...
... SCHWIE-RIG ESSEN!
HMM!
SLLL
RASPEL
RASPEL
RASPEL
HM...

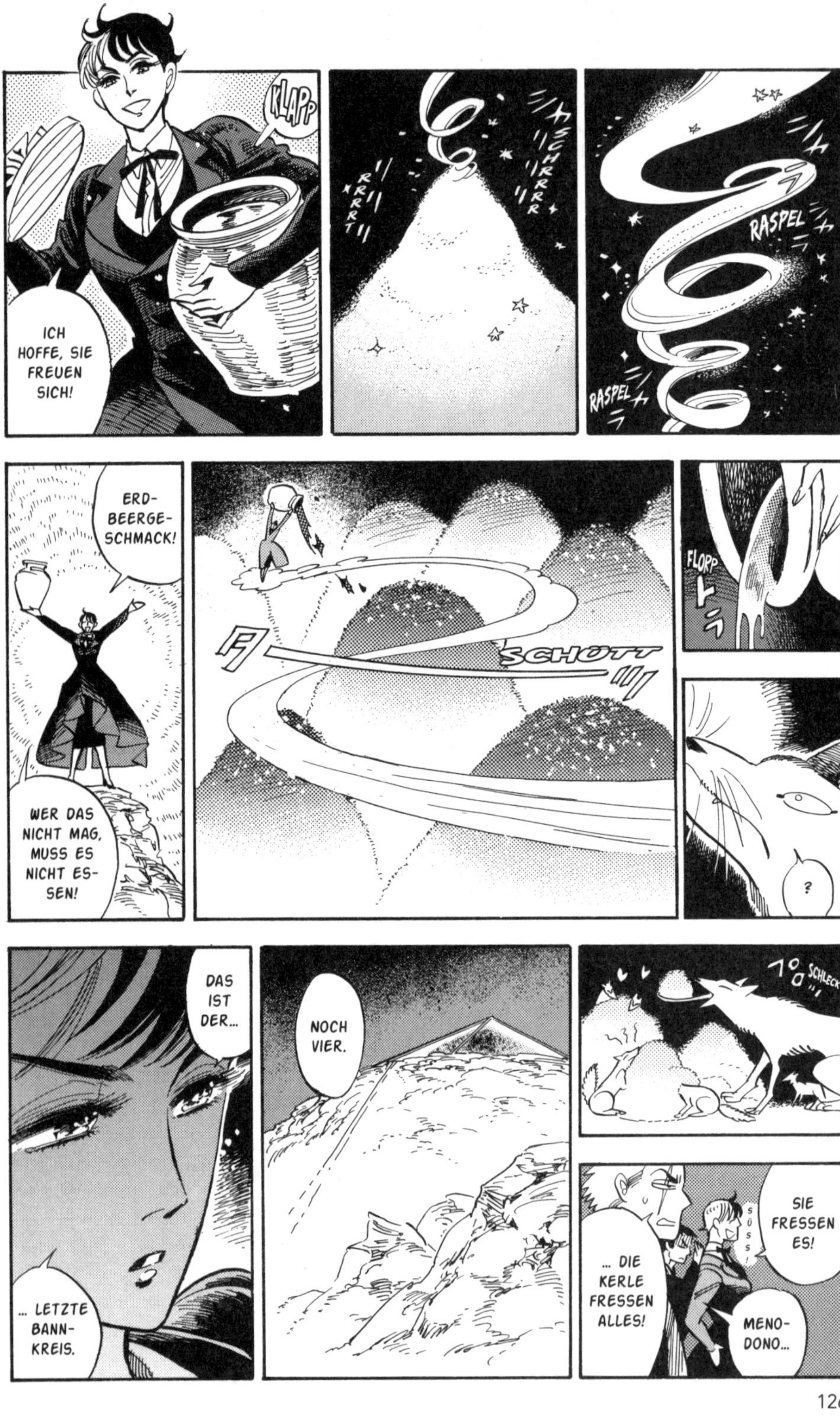
RASPEL
RASPEL
SCHRRRR
RRRRT
KLAPP
ICH HOFFE, SIE FREUEN SICH!
FLOPP
?
SCHÜTT
ERDBEERGESCHMACK!
WER DAS NICHT MAG, MUSS ES NICHT ESSEN!
SCHLECK
SIE FRESSEN ES!
MENO-DONO...
SÜSS!
... DIE KERLE FRESSEN ALLES!
NOCH VIER.
DAS IST DER...
... LETZTE BANNKREIS.

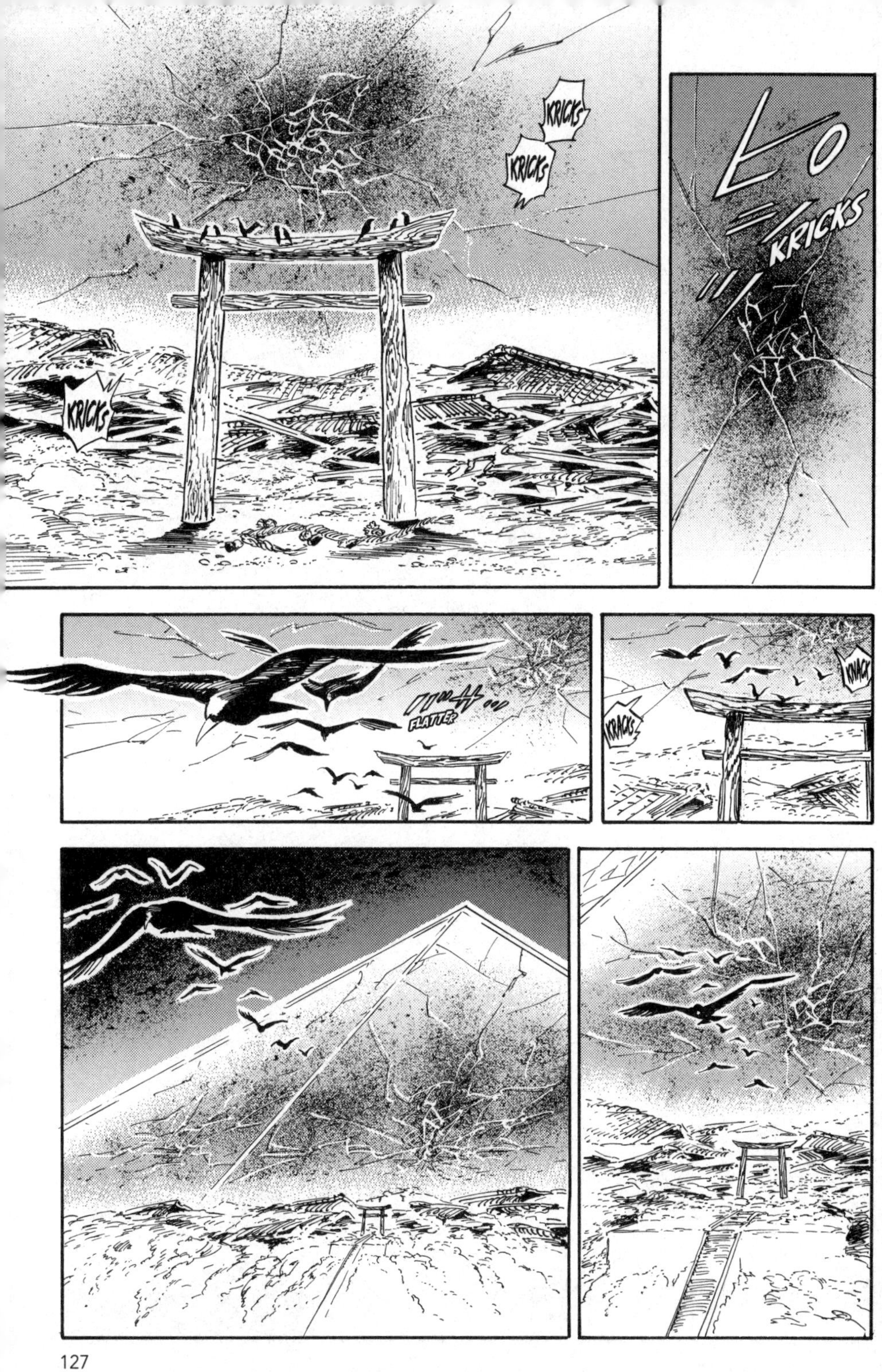
KRICKS
KRICKS
KRICKS
KRICKS
KNACK
KRACKS
FLATTER

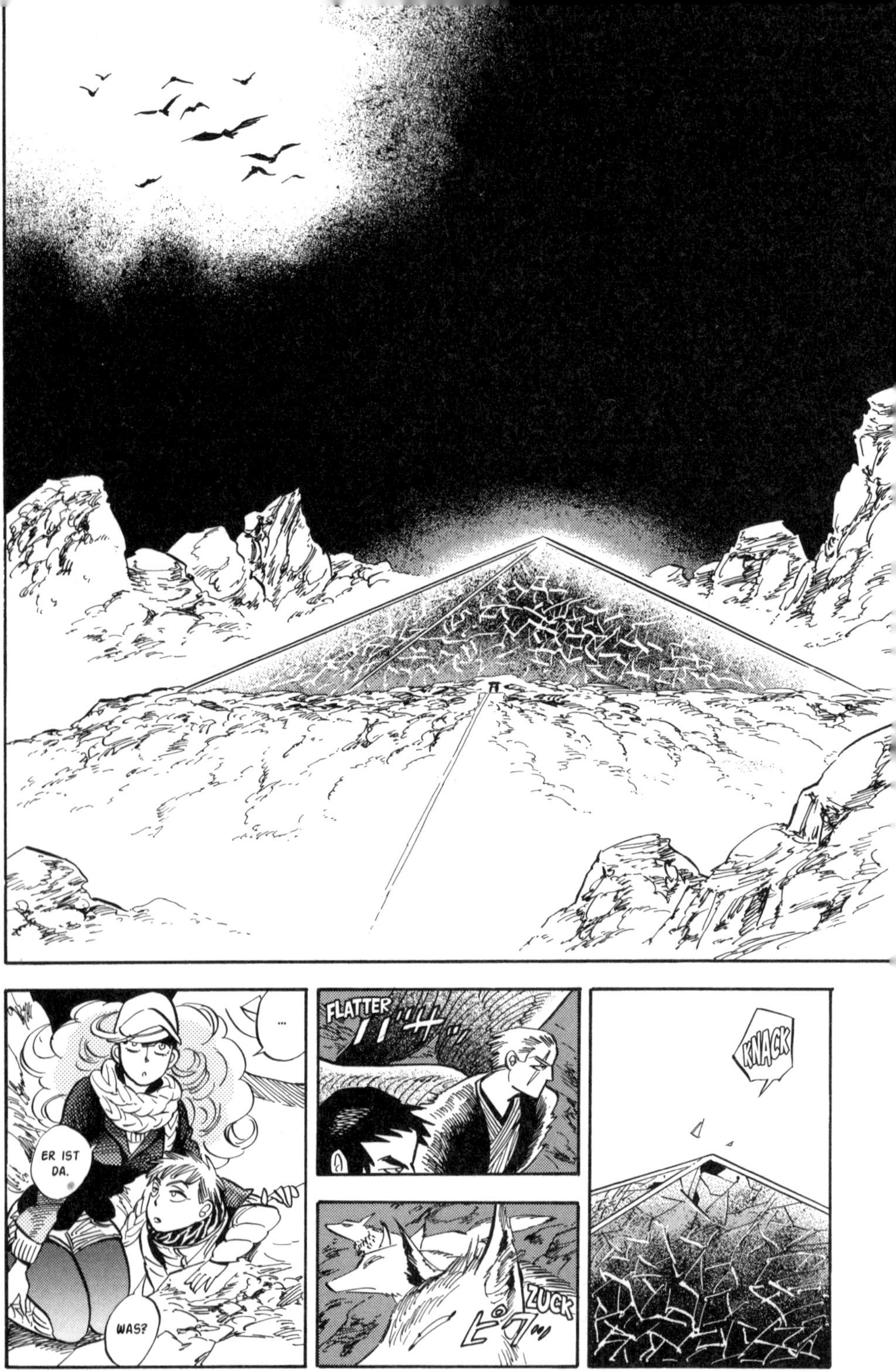
KNACK
FLATTER
ZUCK
...
ER IST DA.
WAS?

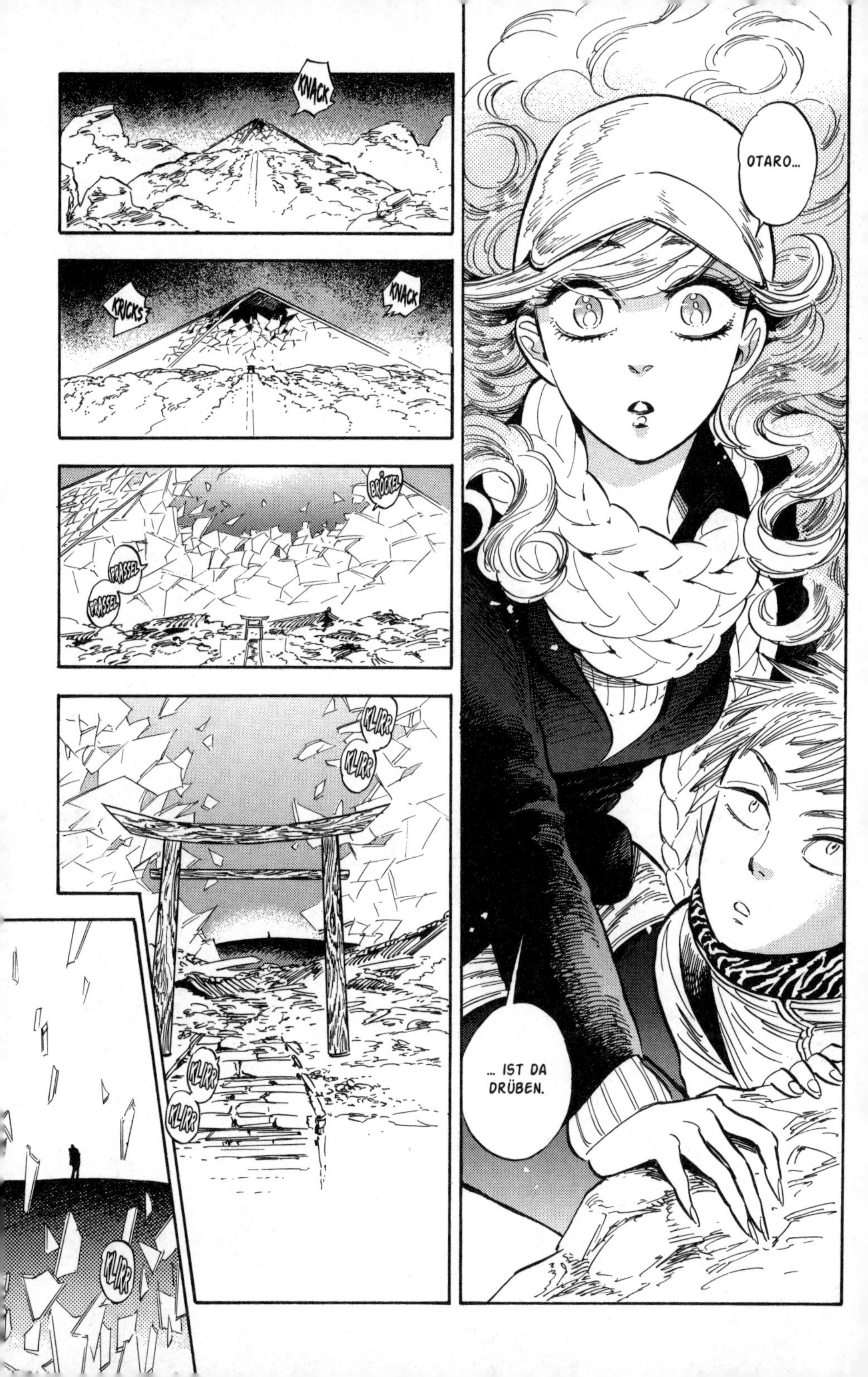
KNACK
KNACK
KRICKS
BRÖCKEL
PRASSEL
PRASSEL
KLIRR
KLIRR
KLIRR
KLIRR
KLIRR
OTARO…
… IST DA DRÜBEN.

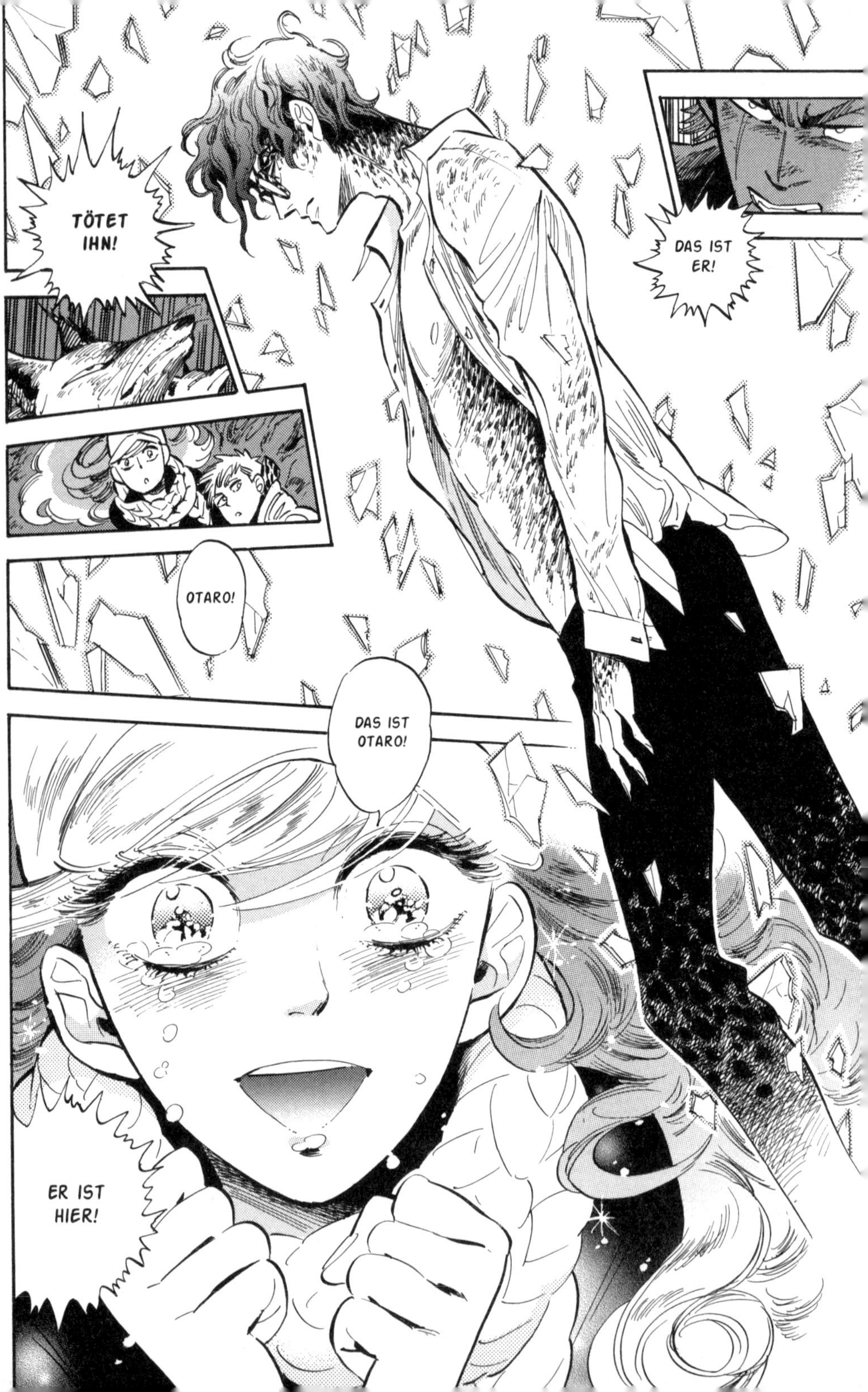
DAS IST ER!
TÖTET IHN!
OTARO!
DAS IST OTARO!
ER IST HIER!

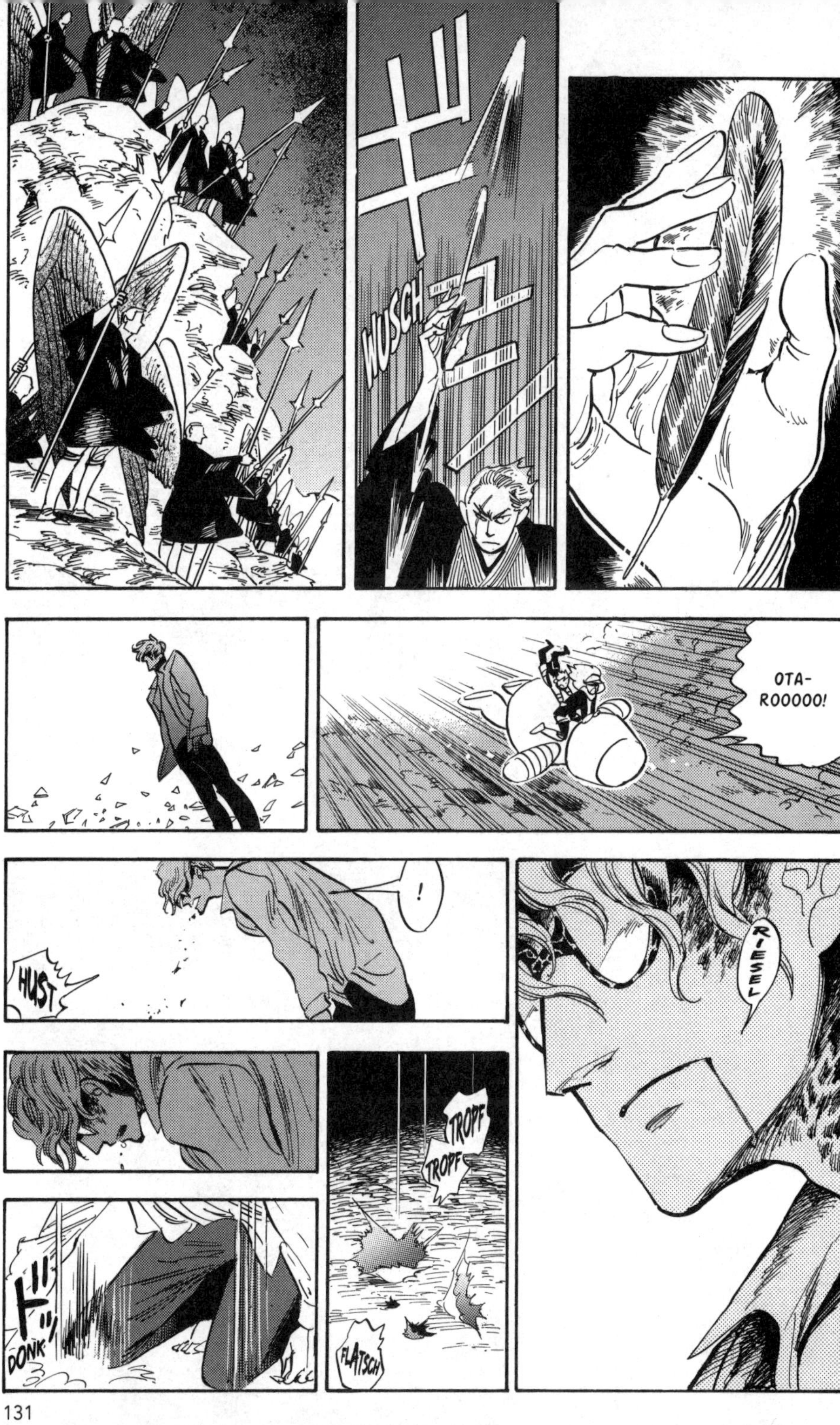
WUSCH
OTA-
ROOOOO!
RIESEL
!
HUST
TROPF
TROPF
FLATSCH
DONK

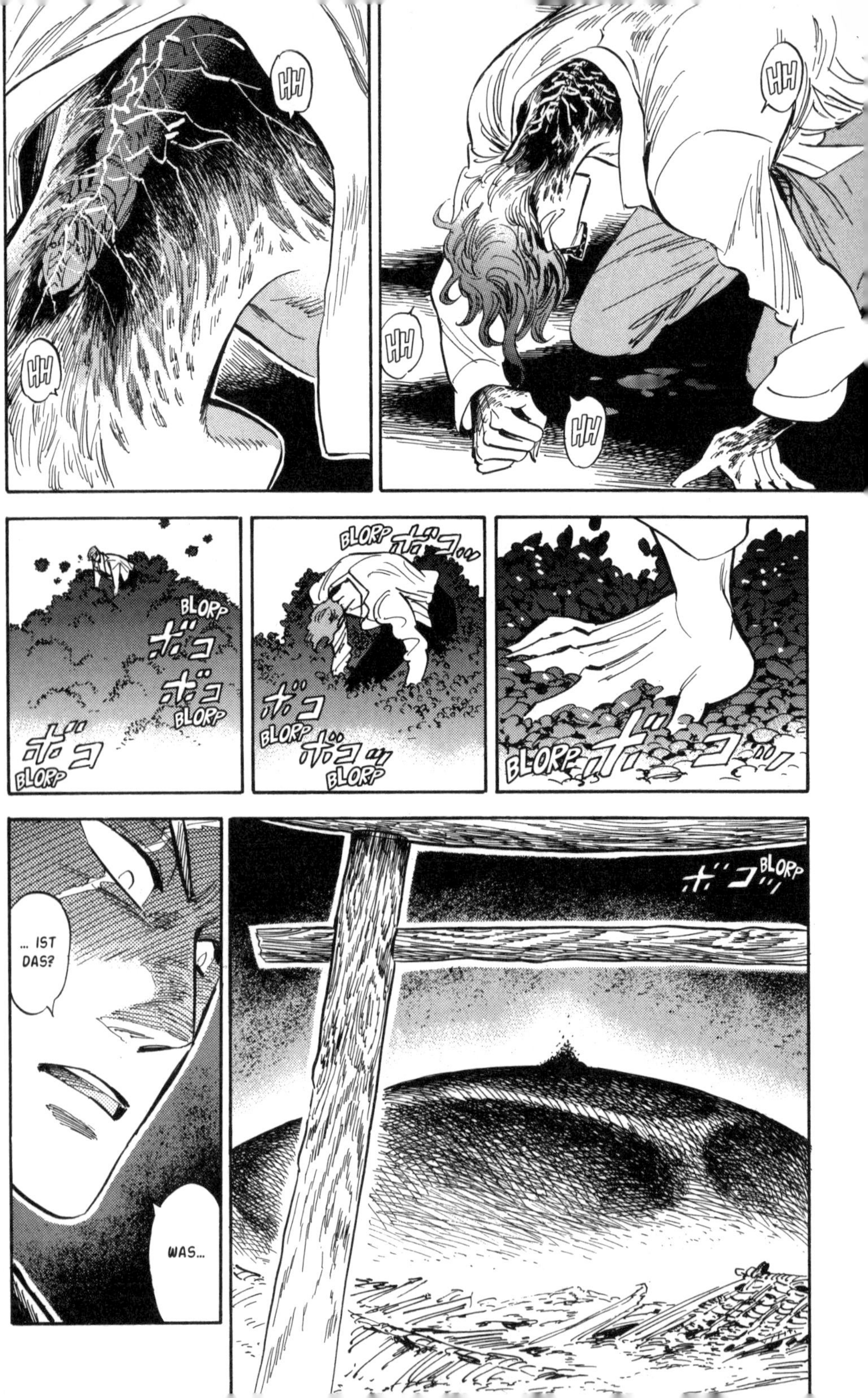

HH
HH
HH
HH
HH
BLORP ボコッ
BLORP ボコッ
BLORP ボコッ
ボコ BLORP
BLORP ボコ
BLORP
ボコ
ボコ
BLORP
ボコ
BLORP
ボコッ BLORP
WAS...
... IST DAS?

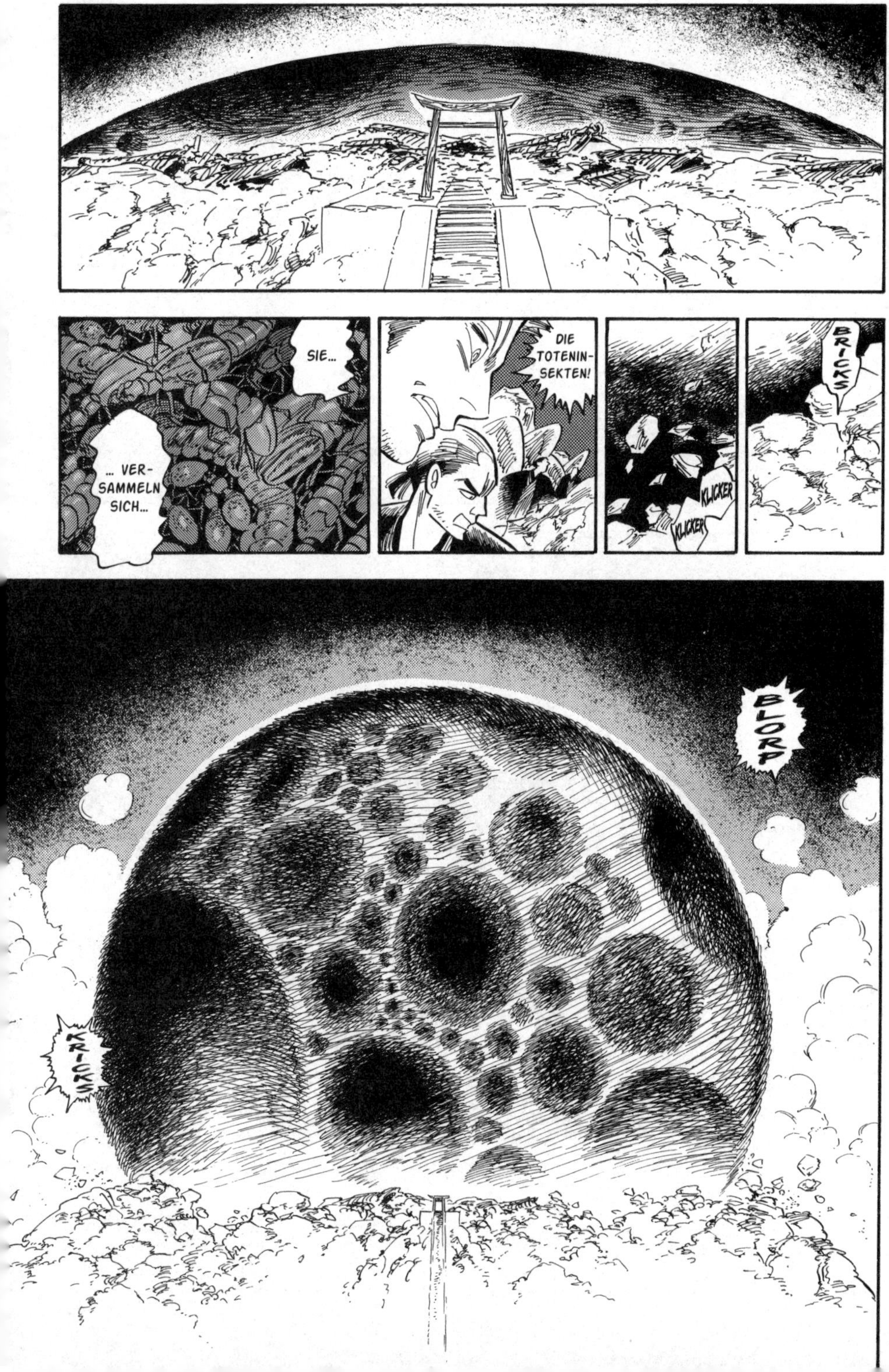
BRICKS
KLICKER
KLICKER
DIE TOTENIN-SEKTEN!
SIE...
... VER-SAMMELN SICH...
BLORP
KRICKS

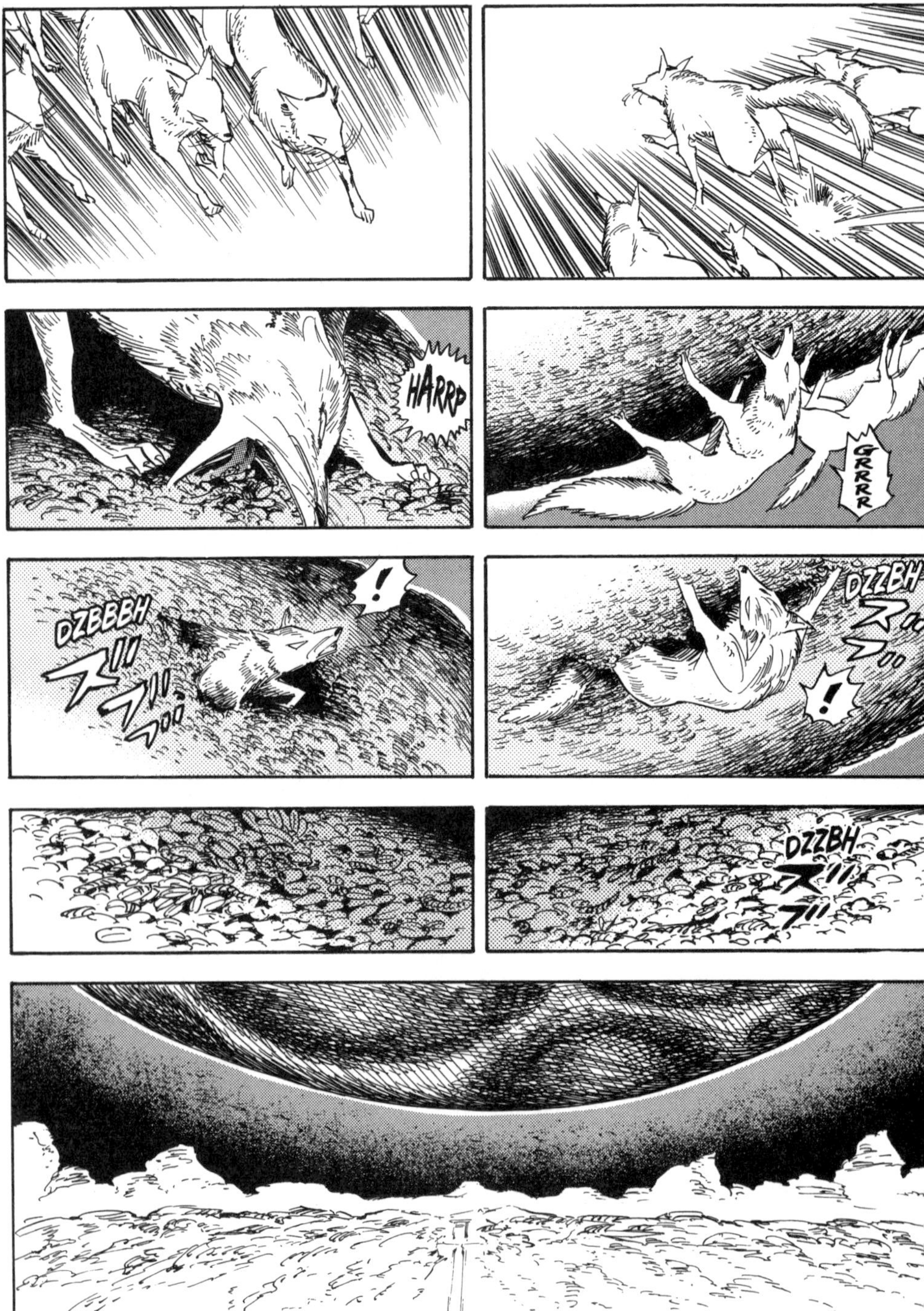
HARRP
GRRRR
DZBBBH
!
DZZBH
!
DZZBH

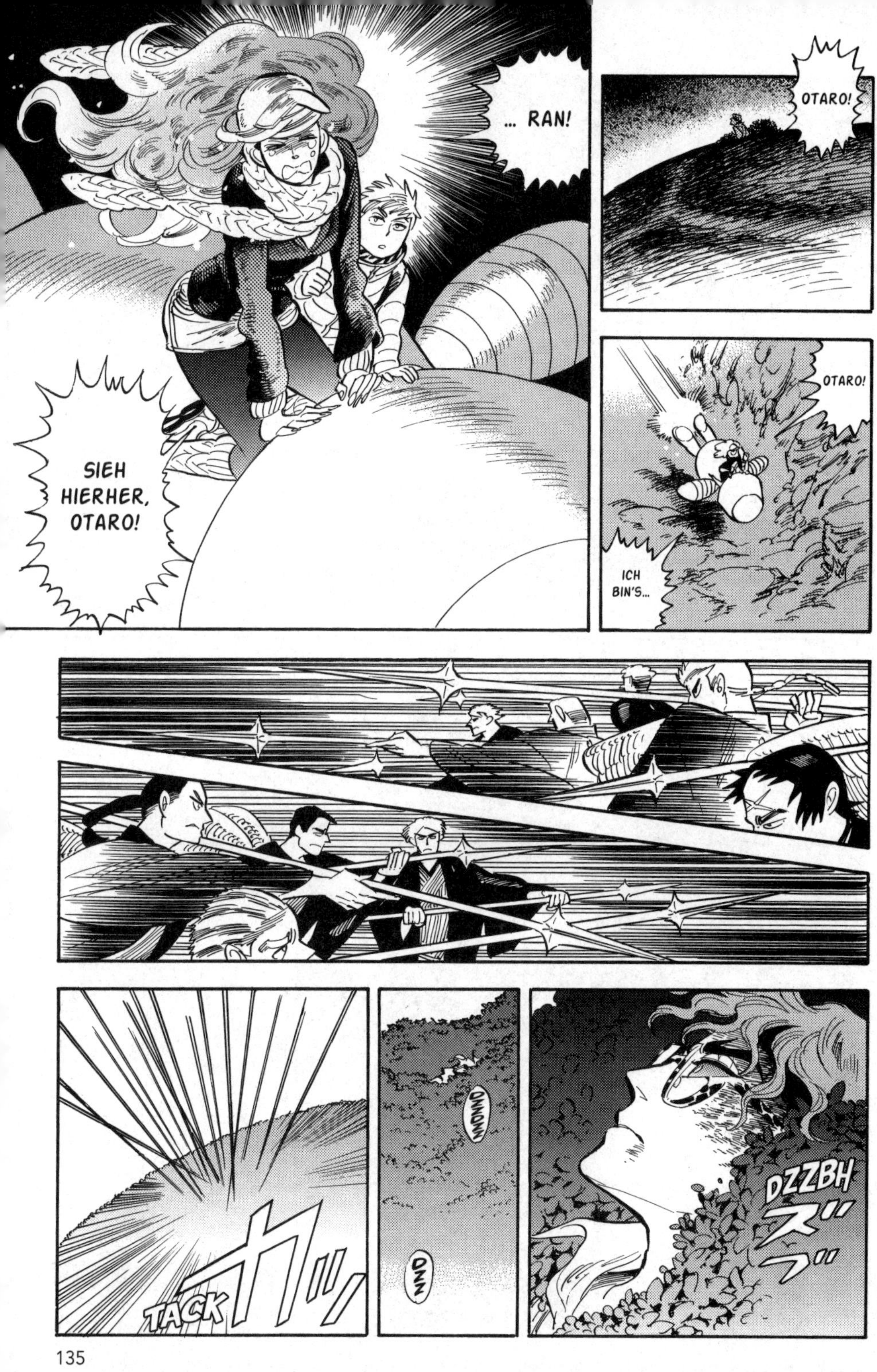

OTARO!
OTARO!
ICH BIN'S...
... RAN!
SIEH HIERHER, OTARO!
DZZBH
ズッ
DZZ
TACK
カッ

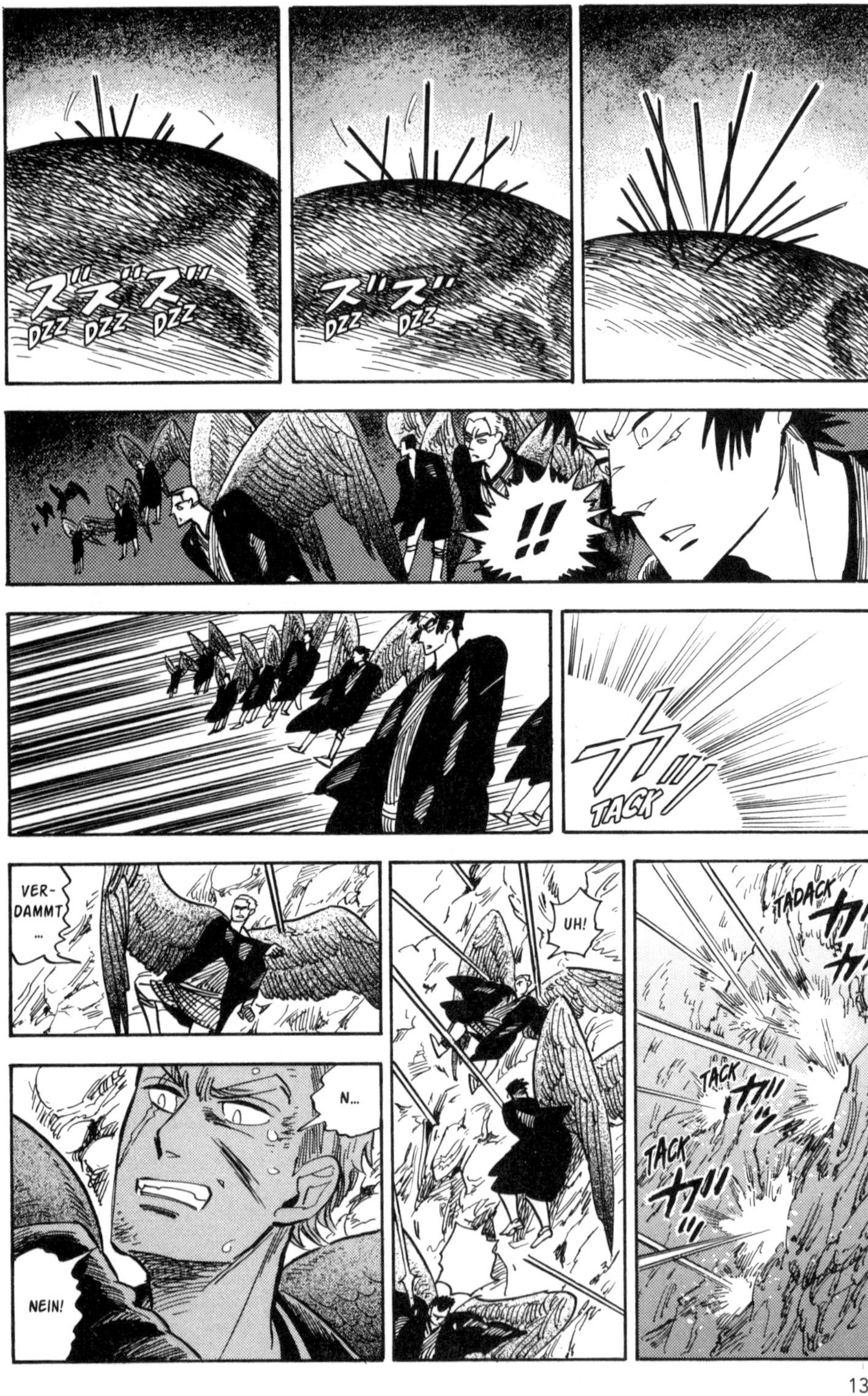
ズズ
DZZ DZZ
ズズズ
DZZ DZZ DZZ
!!
カッ
TACK
TADACK
ガガ
TACK
カッ
TACK
カッ
UH!
VERDAMMT ...
N...
NEIN!

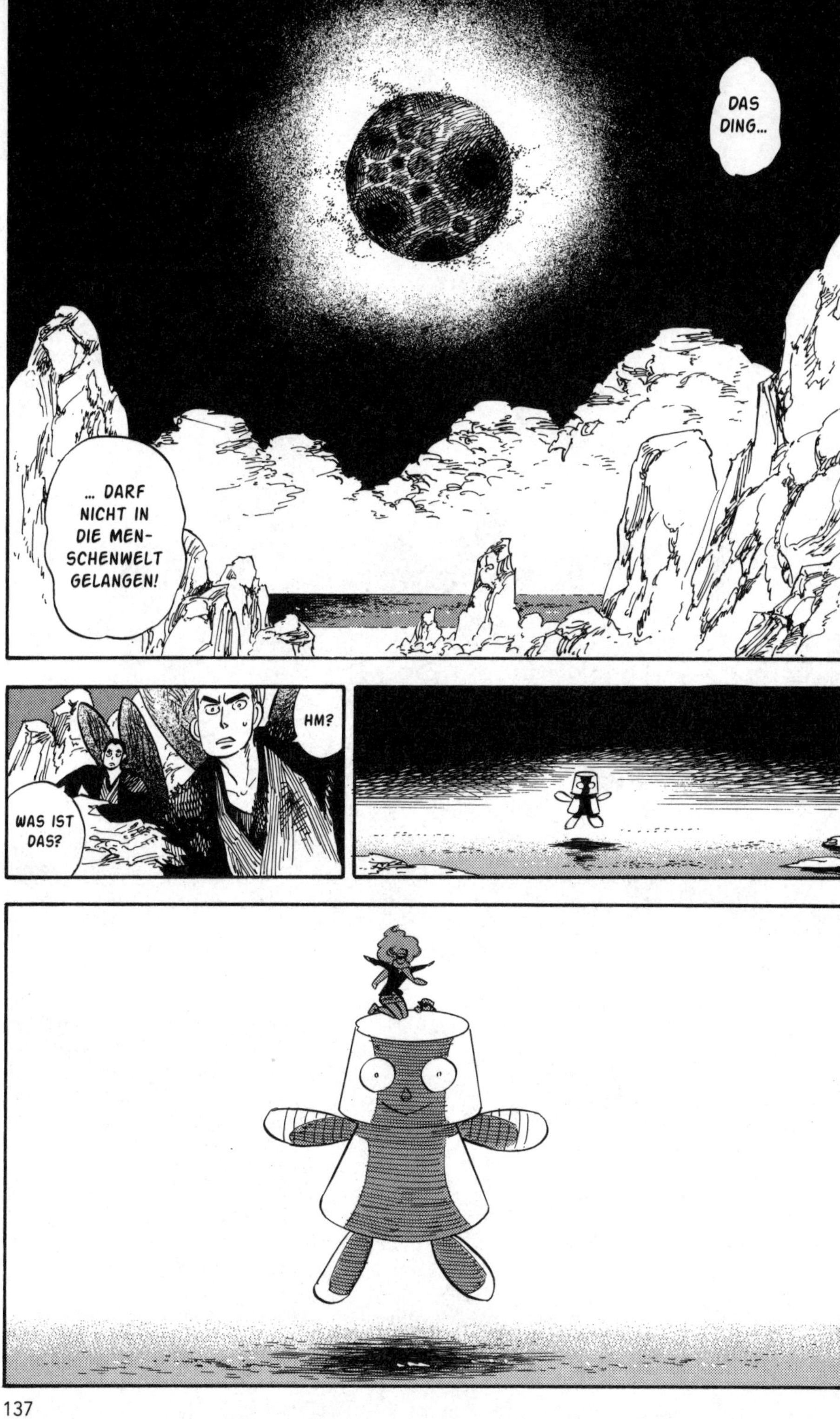
DAS DING...
... DARF NICHT IN DIE MEN-SCHENWELT GELANGEN!
HM?
WAS IST DAS?

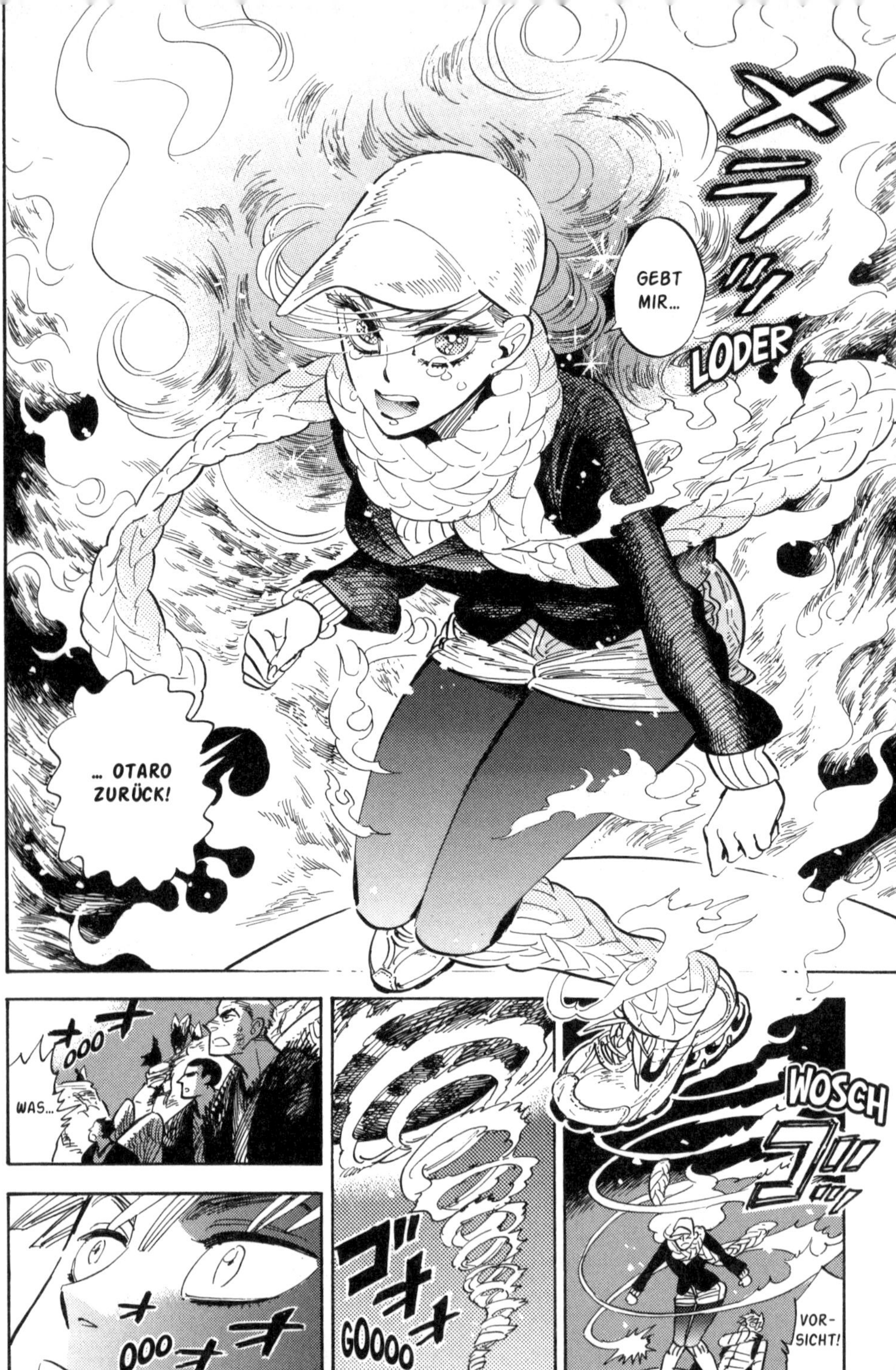

GEBT MIR…
LODER
… OTARO ZURÜCK!
WOSCH
VOR-SICHT!
GOOOO
WAS…
OOOO
OOO

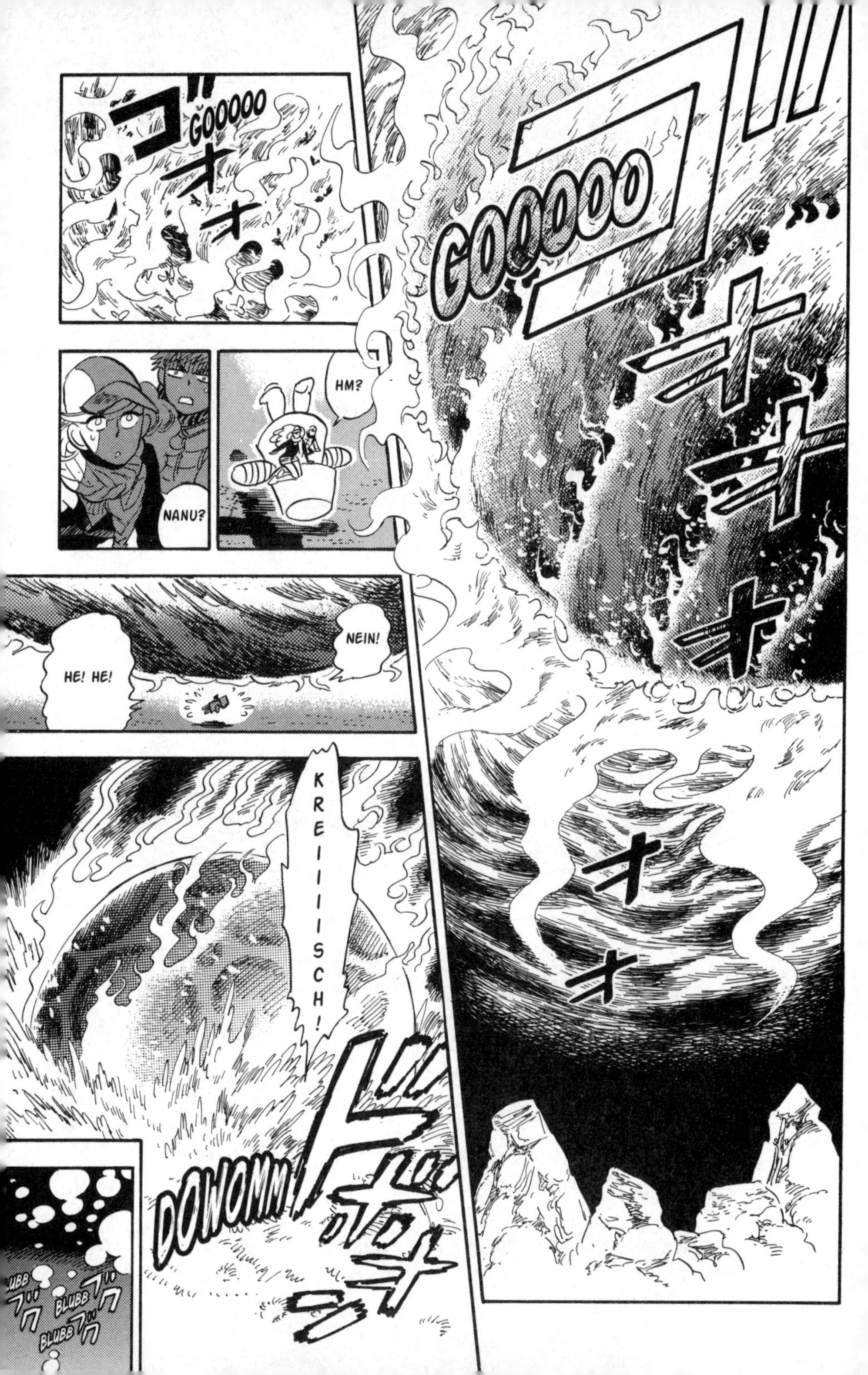
GOOOOO
GOOOOO
HM?
NANU?
NEIN!
HE! HE!
KREIIIISCH!
DOWOMM!
BLUBB
BLUBB
BLUBB

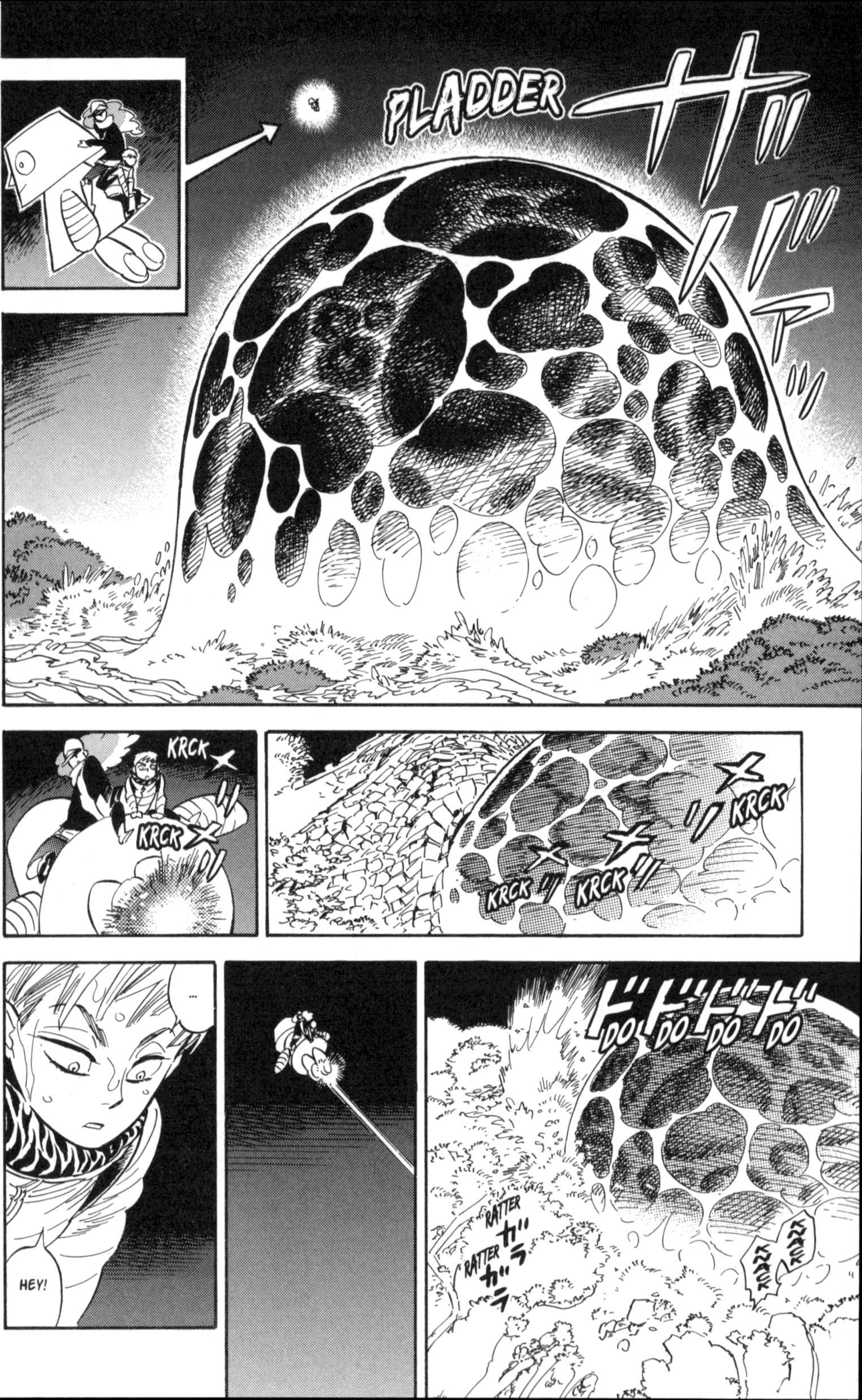

PLADDER
KRCK
KRCK
KRCK
KRCK
KRCK
KRCK
...
HEY!
DO DO DO DO
RATTER
RATTER
KNACK
KNACK

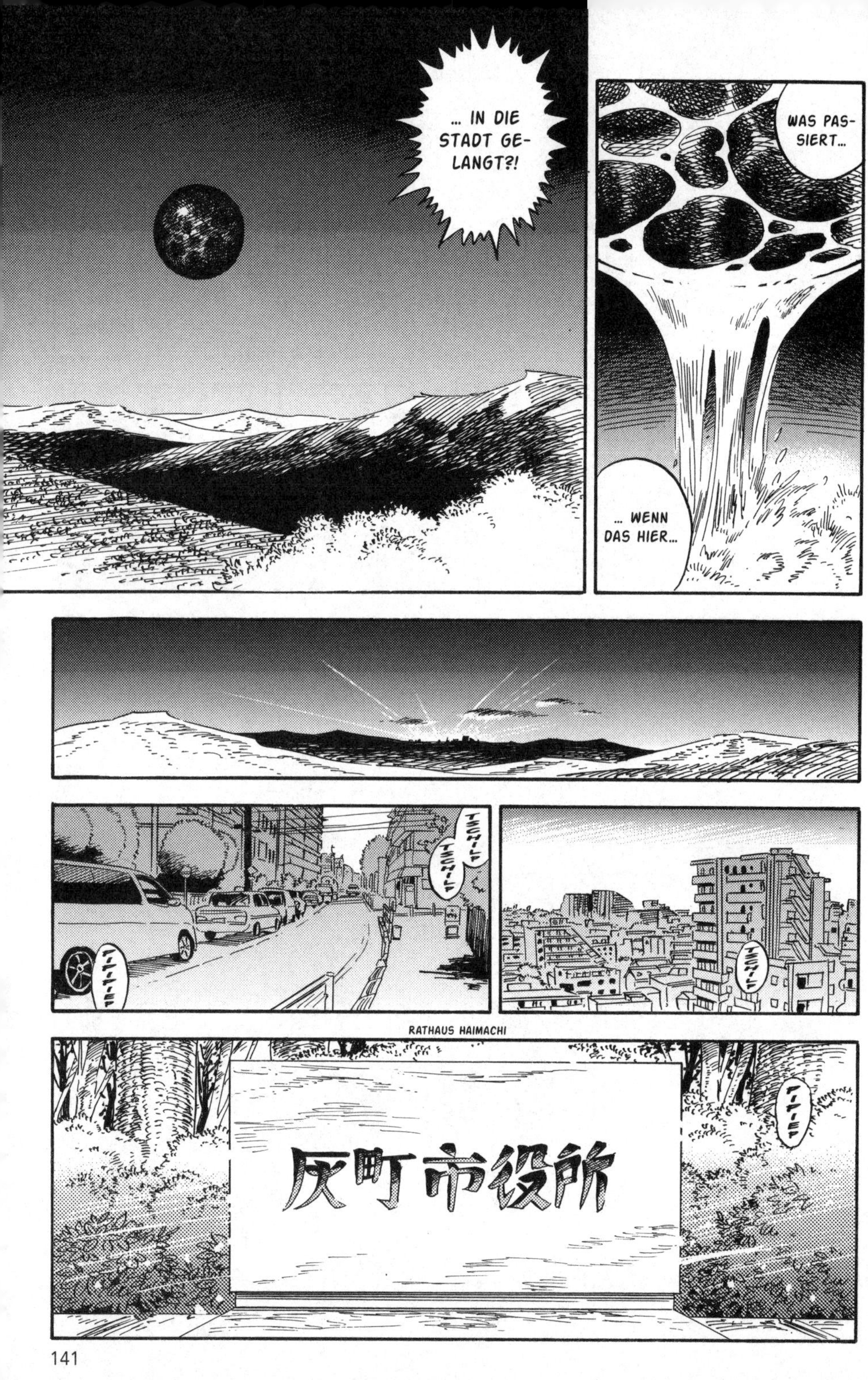
WAS PAS- SIERT…
… WENN DAS HIER…
… IN DIE STADT GE- LANGT?!
TSCHILP TSCHILP
PIPIEP
TSCHILP
RATHAUS HAIMACHI
灰町市役所
PIPIEP

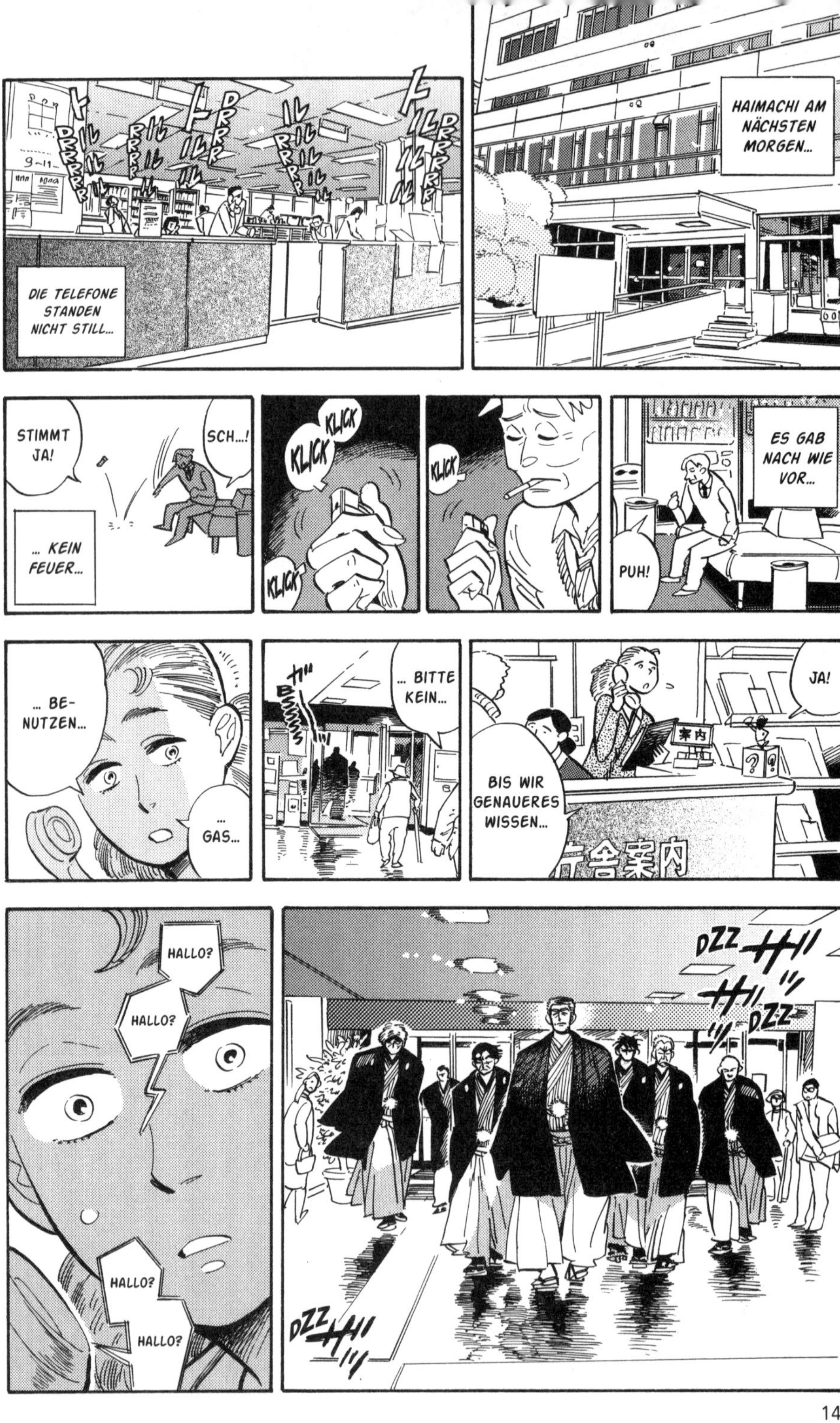
HAIMACHI AM NÄCHSTEN MORGEN...
DRRRRR
DIE TELEFONE STANDEN NICHT STILL...
ES GAB NACH WIE VOR...
PUH!
KLICK
KLICK
KLICK
KLICK
SCH...!
STIMMT JA!
... KEIN FEUER...
JA!
BIS WIR GENAUERES WISSEN...
... BITTE KEIN...
BSSSS
... BE-NUTZEN...
... GAS...
DZZ
DZZ
DZZ
HALLO?
HALLO?
HALLO?
HALLO?

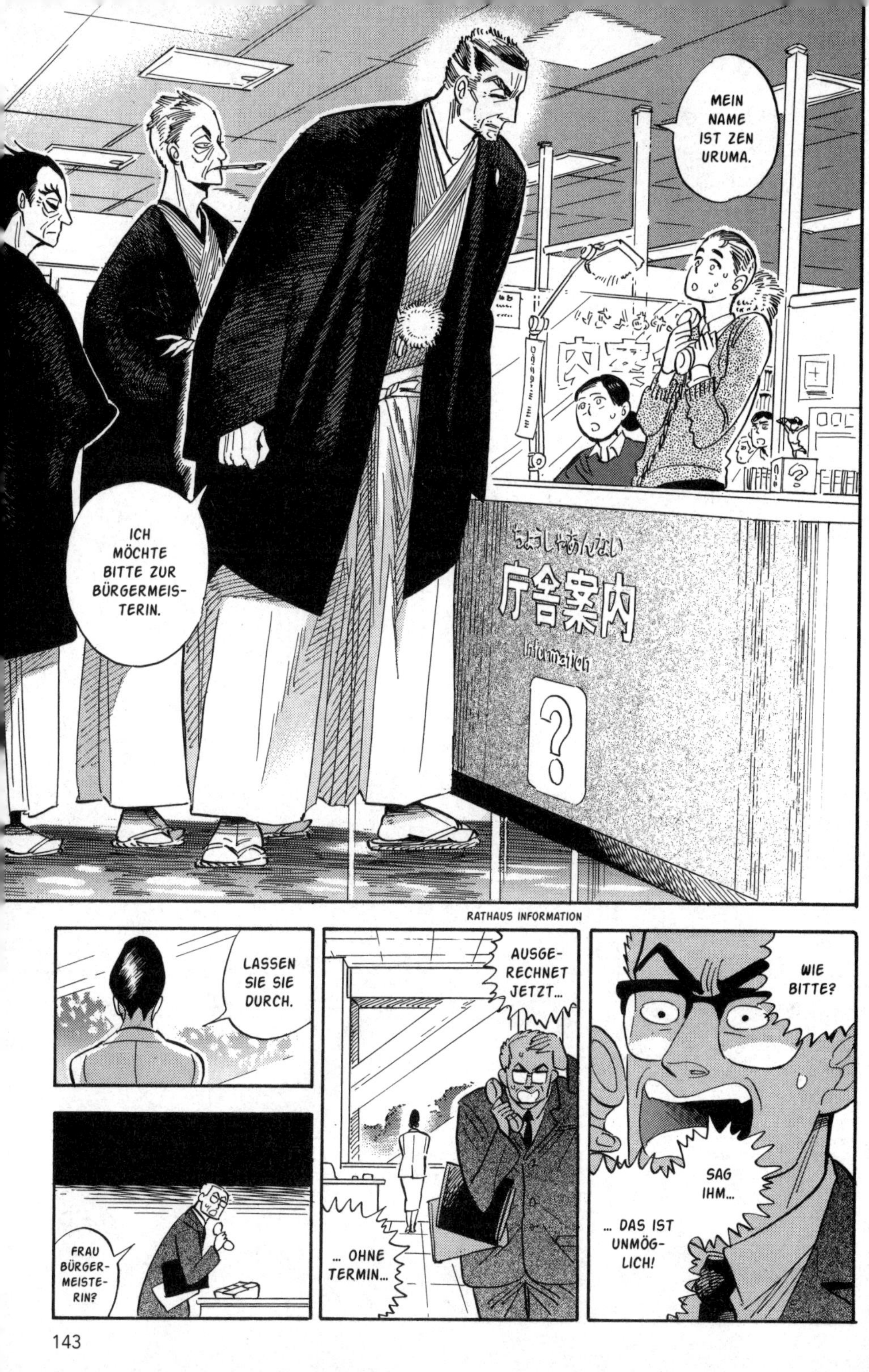
MEIN NAME IST ZEN URUMA.
ICH MÖCHTE BITTE ZUR BÜRGERMEIS-TERIN.
ちょうしゃあんない
庁舎案内
Information
RATHAUS INFORMATION
LASSEN SIE SIE DURCH.
FRAU BÜRGER-MEISTE-RIN?
AUSGE-RECHNET JETZT...
... OHNE TERMIN...
WIE BITTE?
SAG IHM...
... DAS IST UNMÖG-LICH!

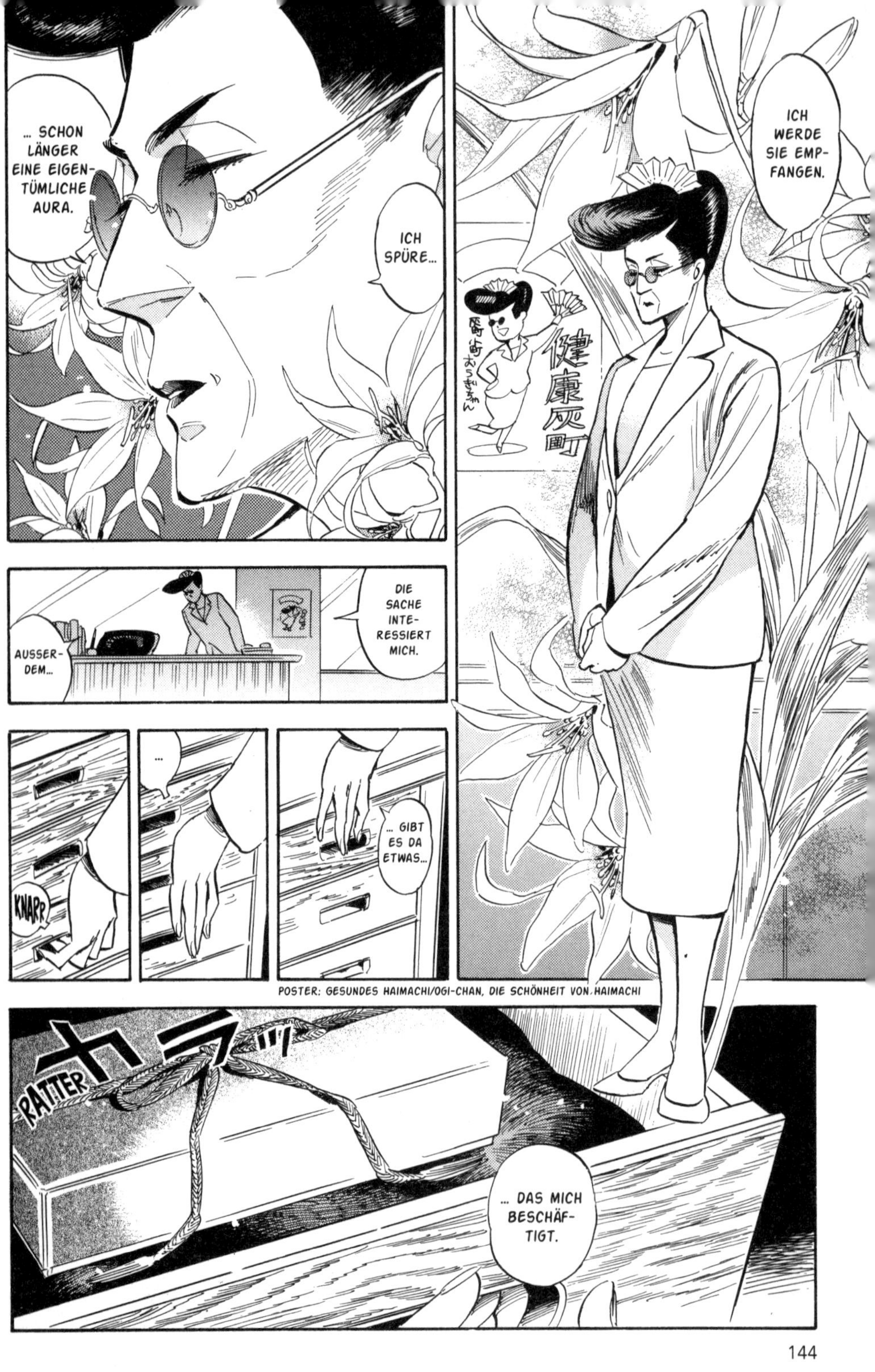
ICH WERDE SIE EMPFANGEN.
健康灰町
ICH SPÜRE...
... SCHON LÄNGER EINE EIGENTÜMLICHE AURA.
DIE SACHE INTERESSIERT MICH.
AUSSERDEM...
... GIBT ES DA ETWAS...
...
KNARR
POSTER: GESUNDES HAIMACHI/OGI-CHAN, DIE SCHÖNHEIT VON HAIMACHI
RATTER
... DAS MICH BESCHÄFTIGT.

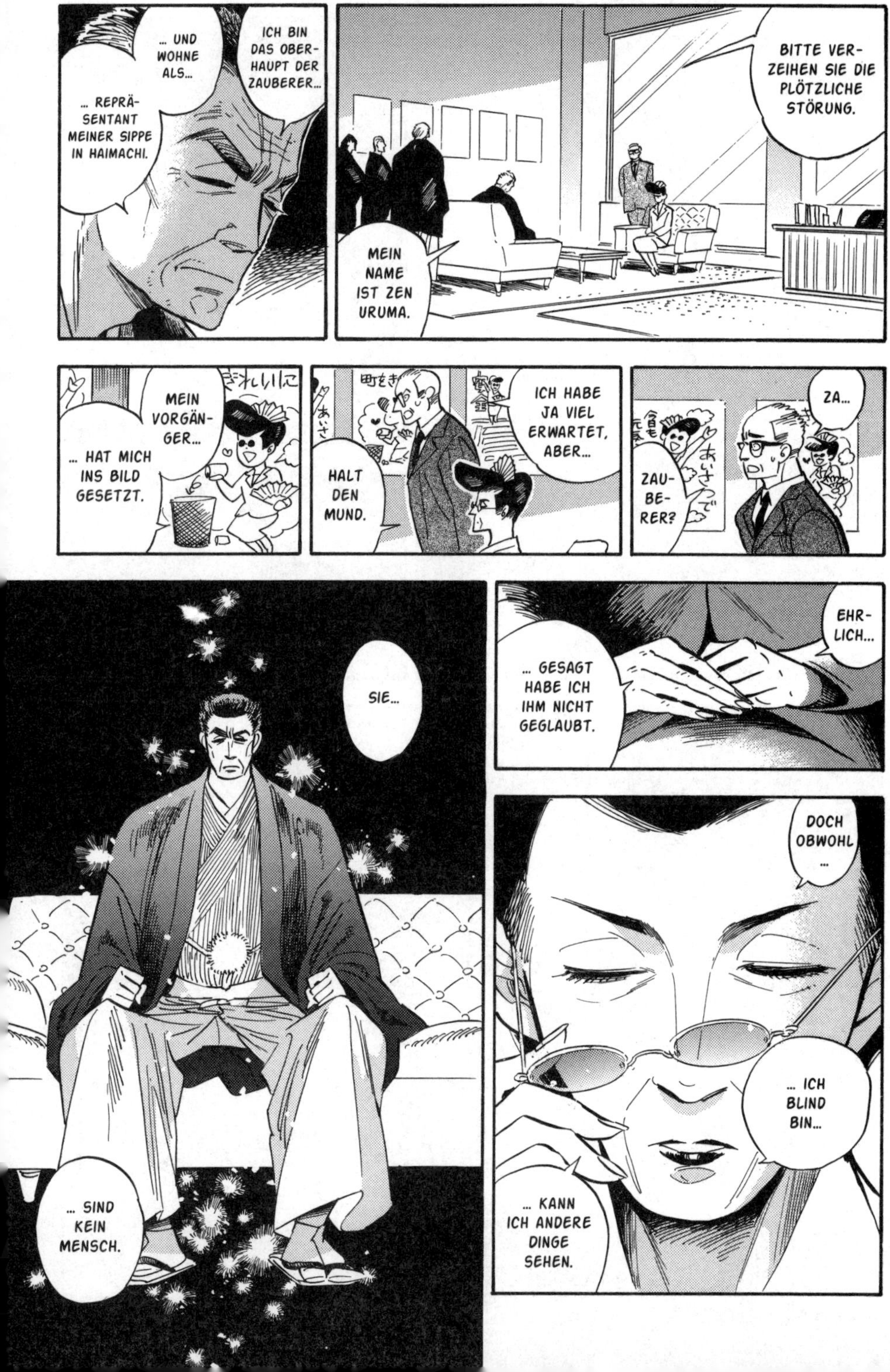
BITTE VERZEIHEN SIE DIE PLÖTZLICHE STÖRUNG.
MEIN NAME IST ZEN URUMA.
ICH BIN DAS OBERHAUPT DER ZAUBERER...
... UND WOHNE ALS...
... REPRÄSENTANT MEINER SIPPE IN HAIMACHI.
ZA...
ZAUBERER?
ICH HABE JA VIEL ERWARTET, ABER...
HALT DEN MUND.
MEIN VORGÄNGER...
... HAT MICH INS BILD GESETZT.
EHRLICH...
... GESAGT HABE ICH IHM NICHT GEGLAUBT.
DOCH OBWOHL ...
... ICH BLIND BIN...
... KANN ICH ANDERE DINGE SEHEN.
SIE...
... SIND KEIN MENSCH.

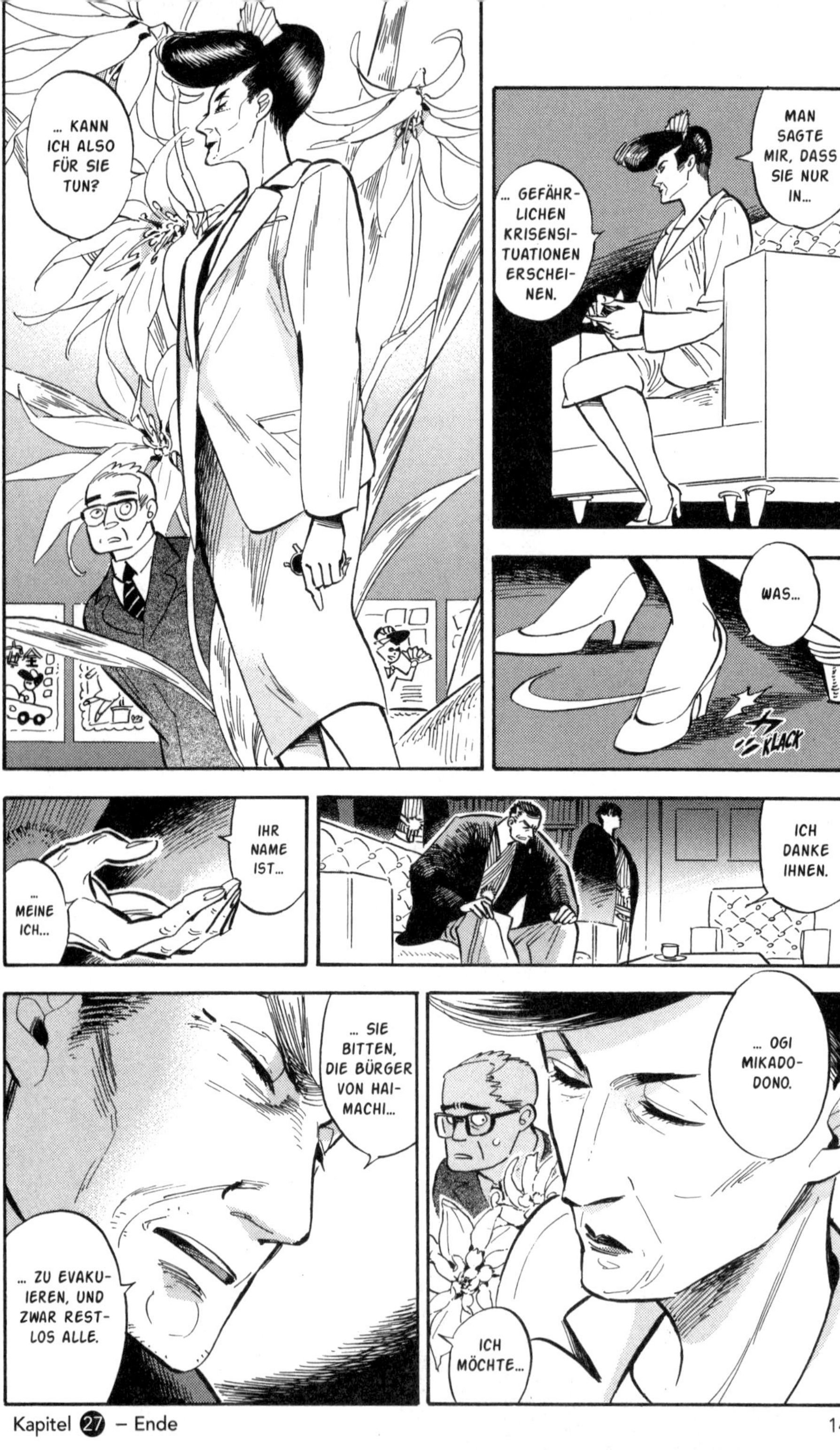

Kapitel 27 – Ende

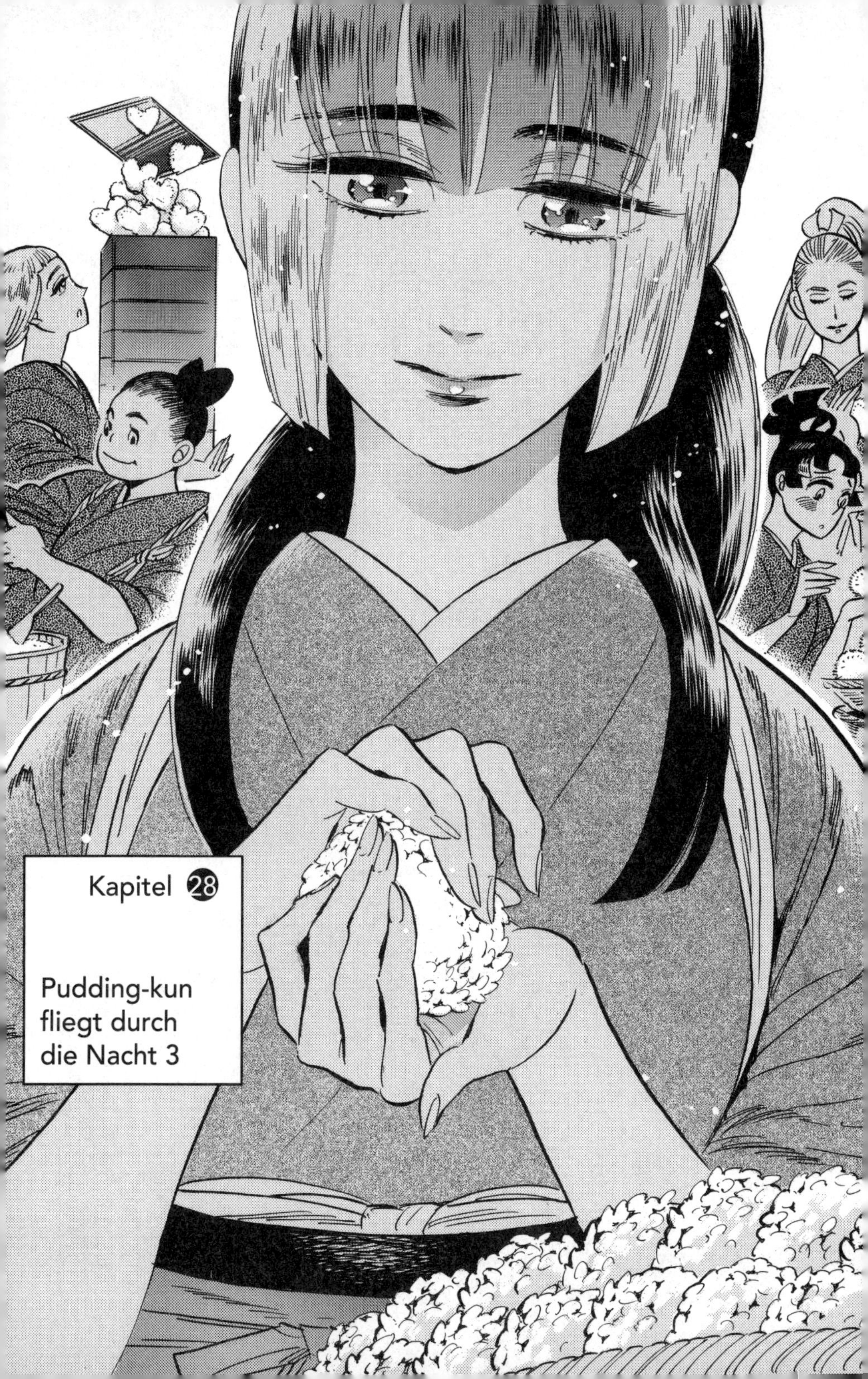
Kapitel 28
Pudding-kun fliegt durch die Nacht 3

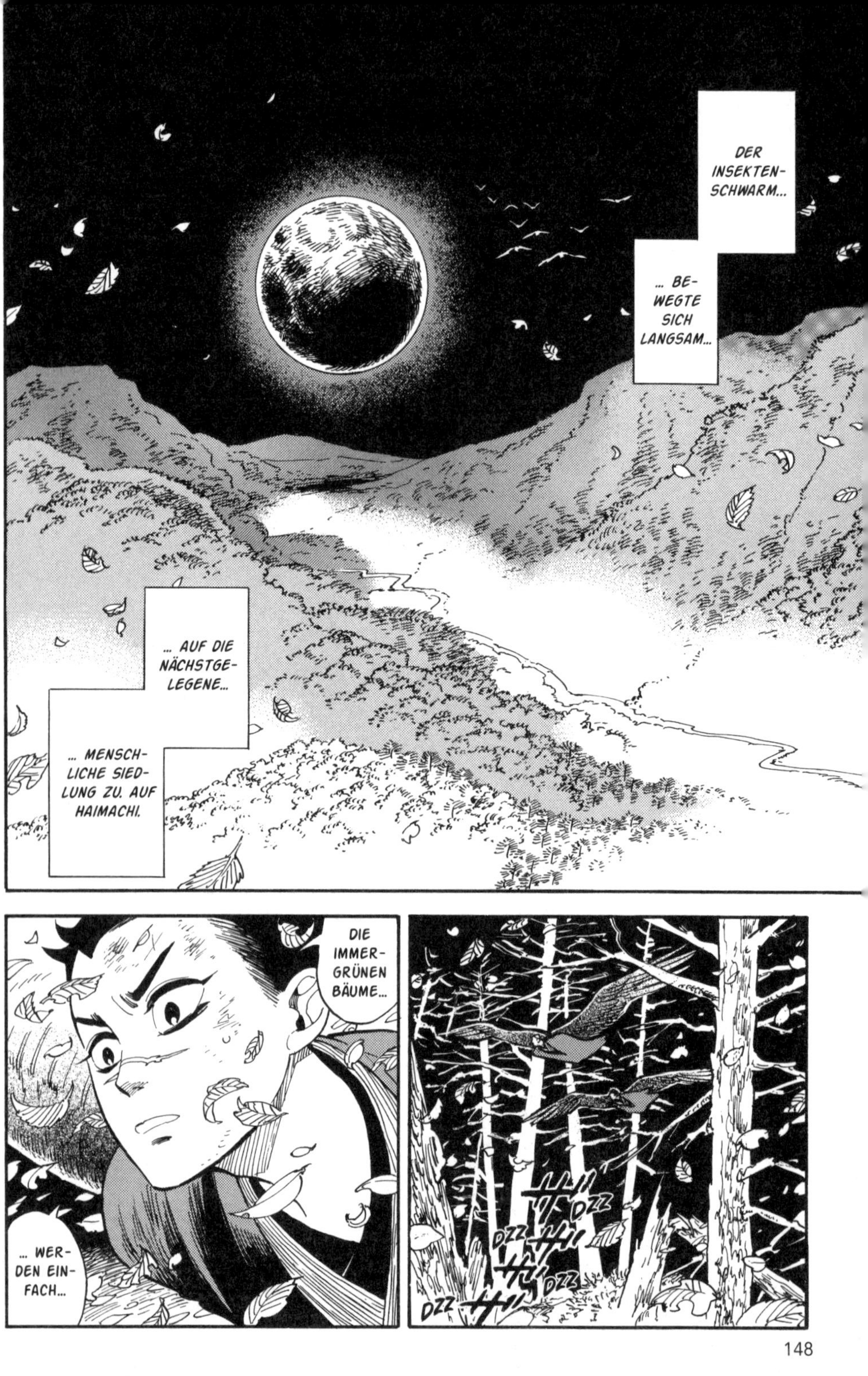
DER INSEKTEN-SCHWARM...
... BE-WEGTE SICH LANGSAM...
... AUF DIE NÄCHSTGE-LEGENE...
... MENSCH-LICHE SIED-LUNG ZU. AUF HAIMACHI.
DIE IMMER-GRÜNEN BÄUME...
... WER-DEN EIN-FACH...
DZZ
DZZ
DZZ
DZZ

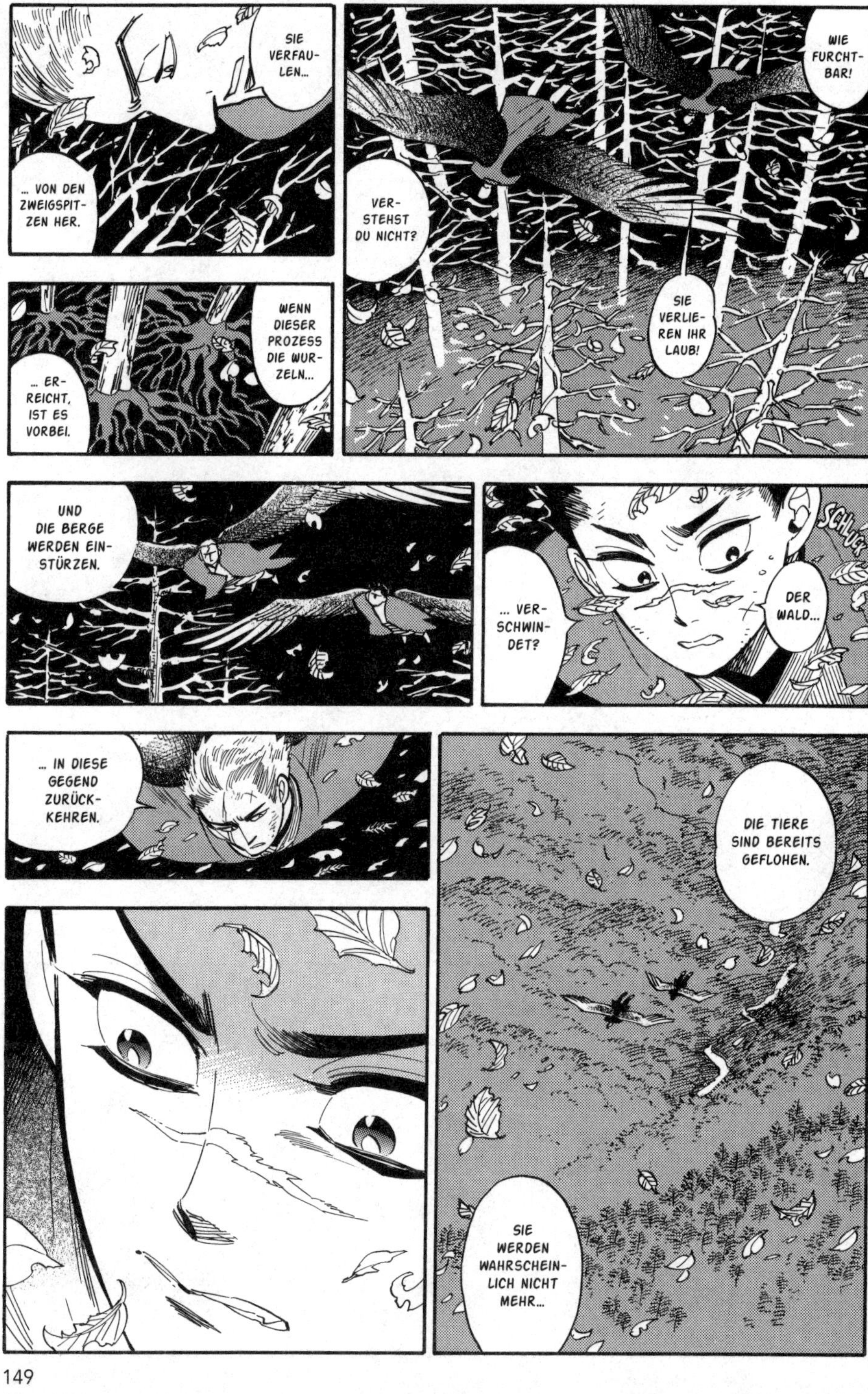
SIE VERFAULEN...
... VON DEN ZWEIGSPITZEN HER.
WIE FURCHTBAR!
VERSTEHST DU NICHT?
SIE VERLIEREN IHR LAUB!
WENN DIESER PROZESS DIE WURZELN...
... ERREICHT, IST ES VORBEI.
UND DIE BERGE WERDEN EINSTÜRZEN.
SCHLUCK
DER WALD...
... VERSCHWINDET?
DIE TIERE SIND BEREITS GEFLOHEN.
SIE WERDEN WAHRSCHEINLICH NICHT MEHR...
... IN DIESE GEGEND ZURÜCKKEHREN.

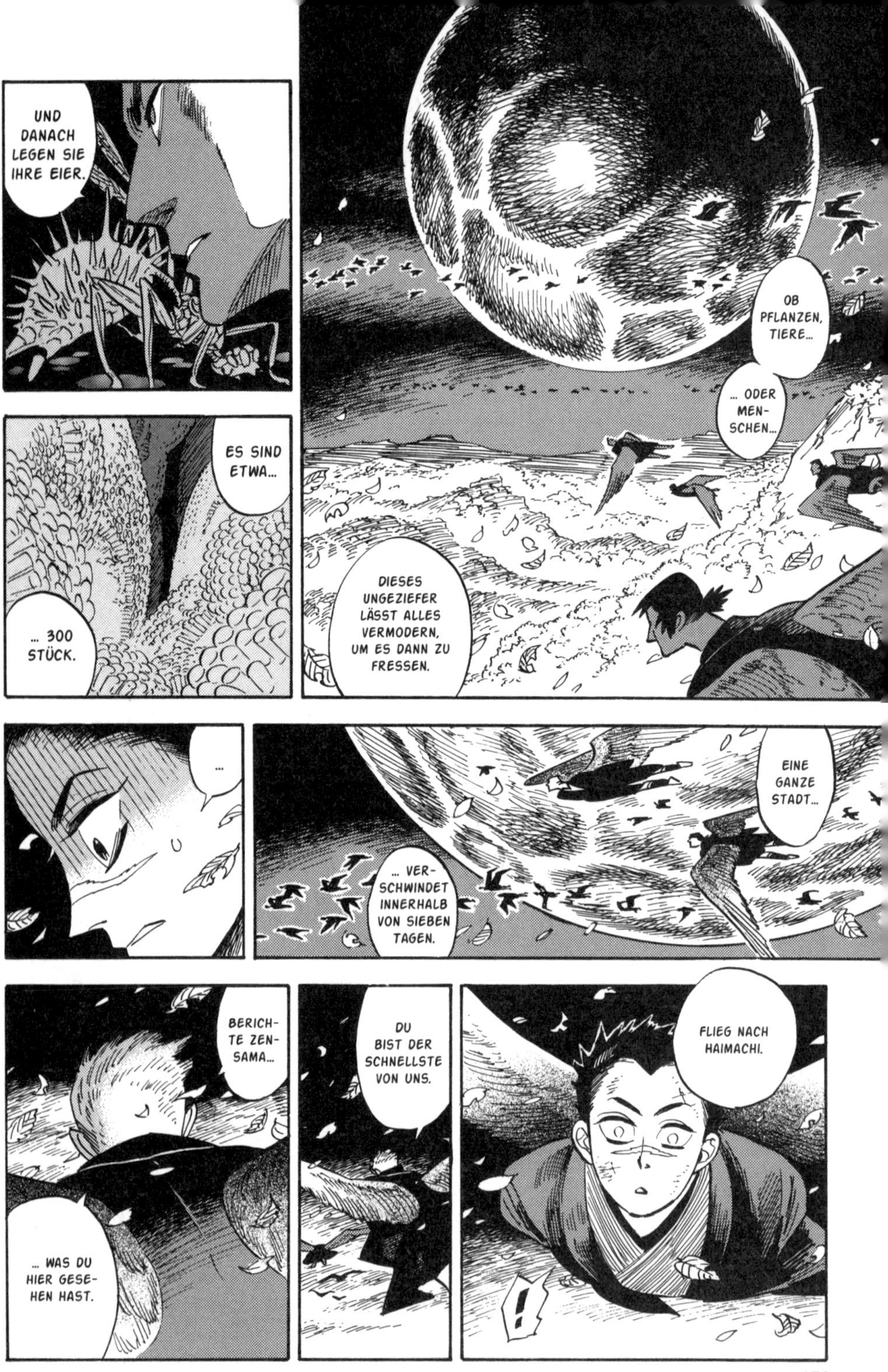
OB PFLANZEN, TIERE…
… ODER MENSCHEN…
DIESES UNGEZIEFER LÄSST ALLES VERMODERN, UM ES DANN ZU FRESSEN.
UND DANACH LEGEN SIE IHRE EIER.
ES SIND ETWA…
… 300 STÜCK.
EINE GANZE STADT…
… VERSCHWINDET INNERHALB VON SIEBEN TAGEN.
…
FLIEG NACH HAIMACHI.
DU BIST DER SCHNELLSTE VON UNS.
BERICHTE ZEN-SAMA…
… WAS DU HIER GESEHEN HAST.
!

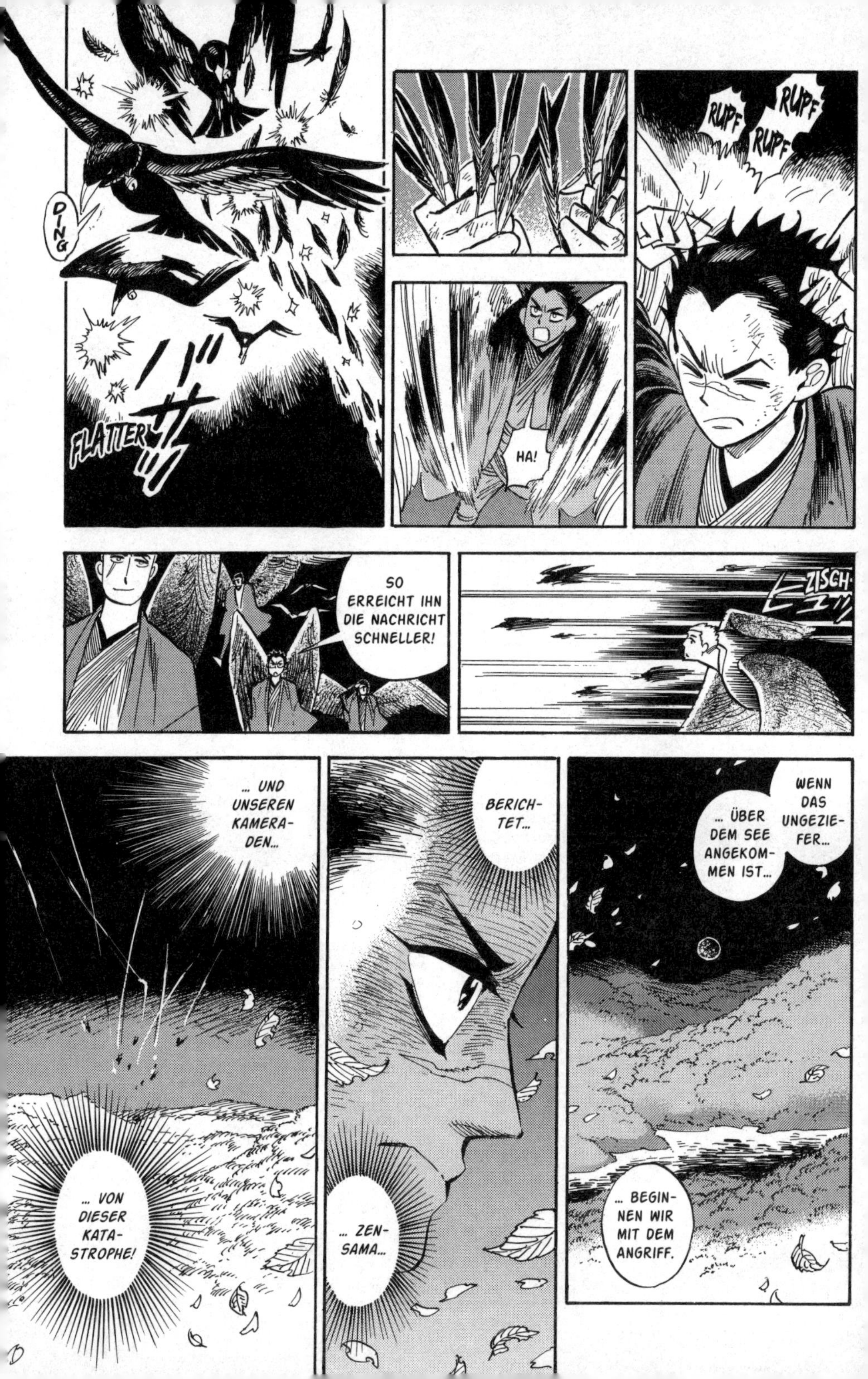

RUPF
RUPF
RUPF
HA!
DING
FLATTER
ZISCH
SO ERREICHT IHN DIE NACHRICHT SCHNELLER!
WENN DAS UNGEZIEFER…
… ÜBER DEM SEE ANGEKOMMEN IST…
… BEGINNEN WIR MIT DEM ANGRIFF.
BERICHTET…
… ZEN-SAMA…
… UND UNSEREN KAMERADEN…
… VON DIESER KATASTROPHE!

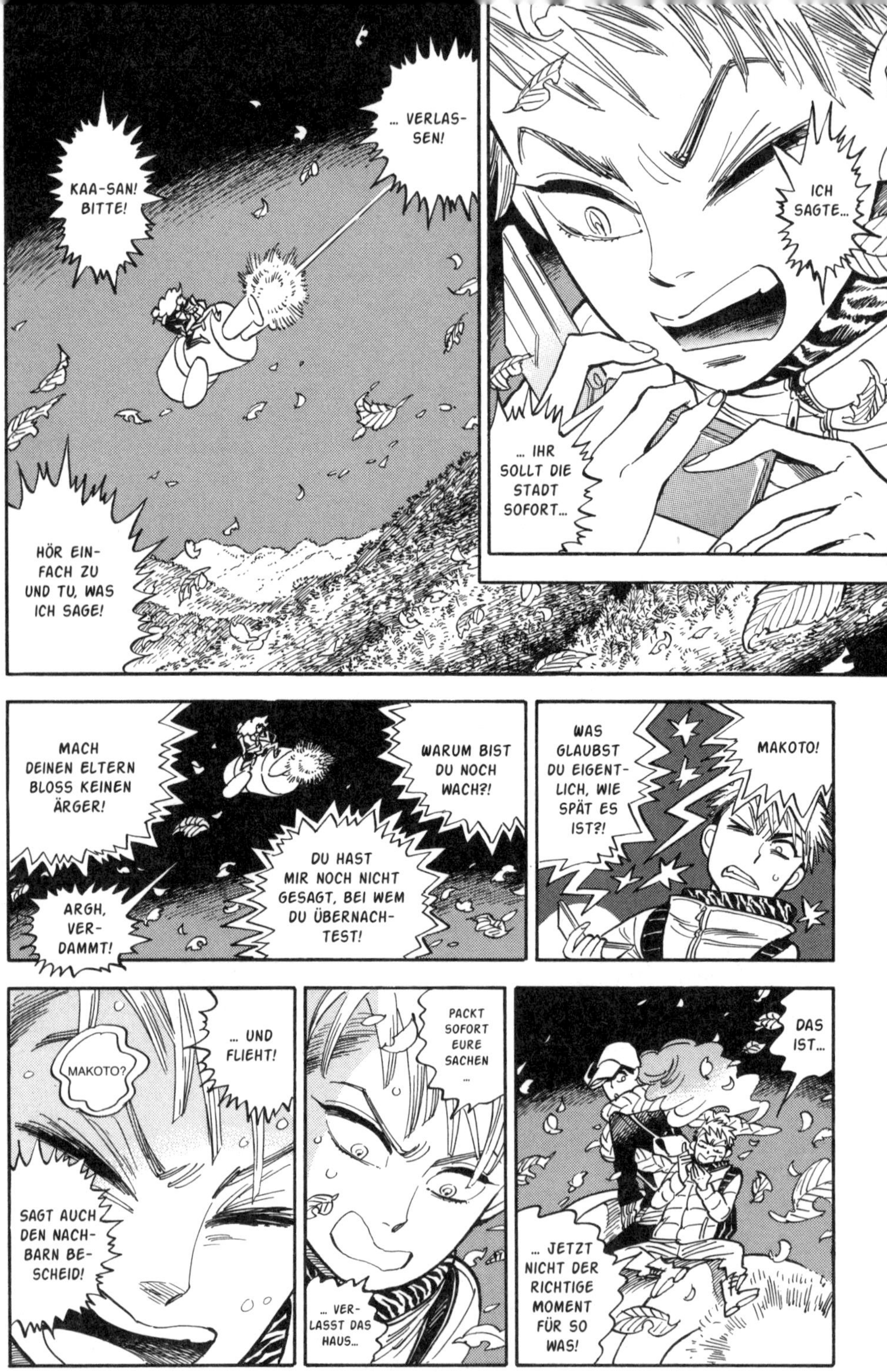
ICH SAGTE...
... IHR SOLLT DIE STADT SOFORT...
... VERLASSEN!
KAA-SAN! BITTE!
HÖR EINFACH ZU UND TU, WAS ICH SAGE!
MAKOTO!
WAS GLAUBST DU EIGENTLICH, WIE SPÄT ES IST?!
WARUM BIST DU NOCH WACH?!
DU HAST MIR NOCH NICHT GESAGT, BEI WEM DU ÜBERNACHTEST!
MACH DEINEN ELTERN BLOSS KEINEN ÄRGER!
ARGH, VERDAMMT!
DAS IST...
... JETZT NICHT DER RICHTIGE MOMENT FÜR SO WAS!
PACKT SOFORT EURE SACHEN ...
... VERLASST DAS HAUS...
... UND FLIEHT!
MAKOTO?
SAGT AUCH DEN NACHBARN BESCHEID!

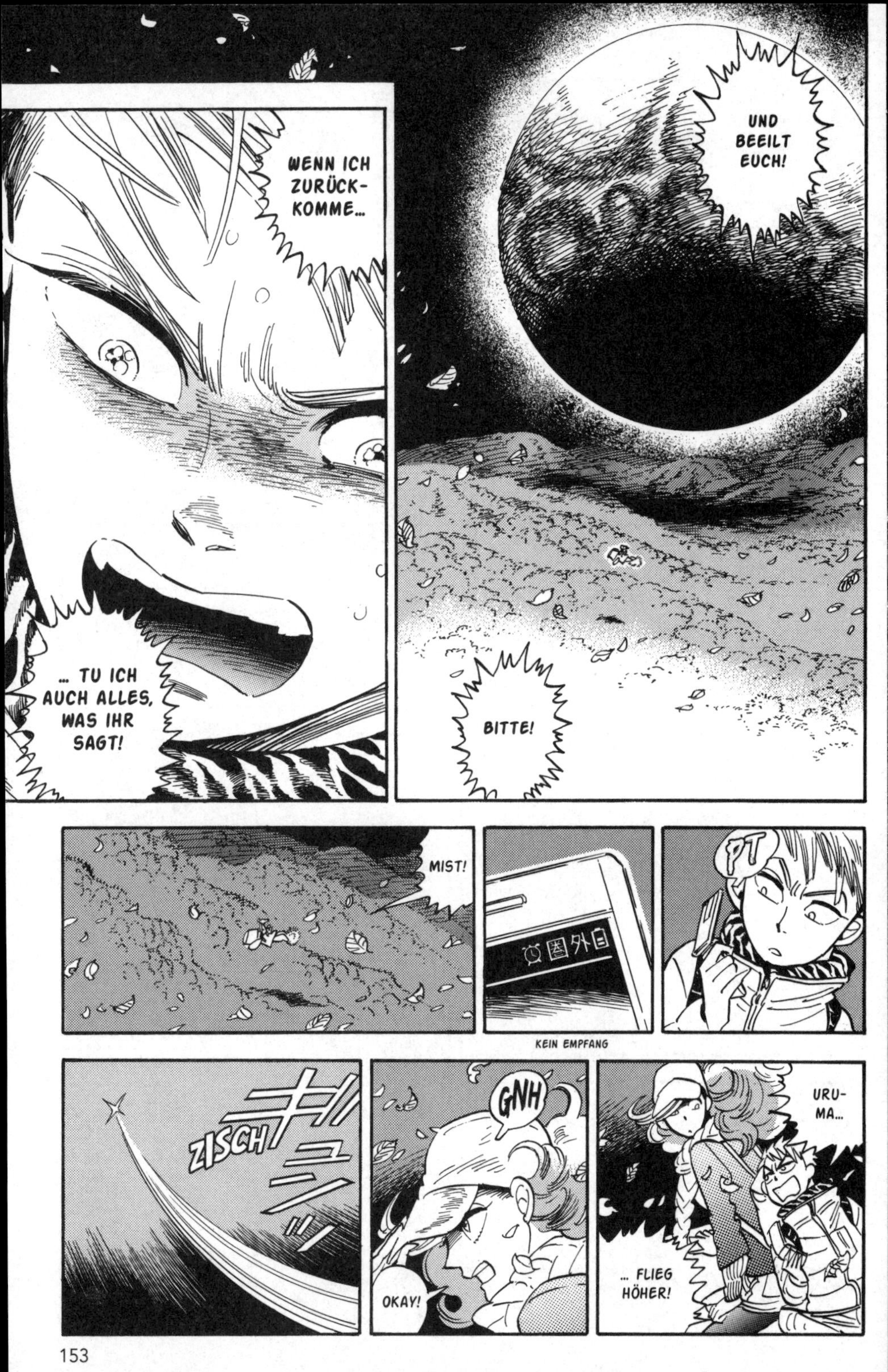

UND BEEILT EUCH!
WENN ICH ZURÜCK-KOMME...
BITTE!
... TU ICH AUCH ALLES, WAS IHR SAGT!
PT
圏外
KEIN EMPFANG
MIST!
URU-MA...
... FLIEG HÖHER!
GNH
OKAY!
ZISCH

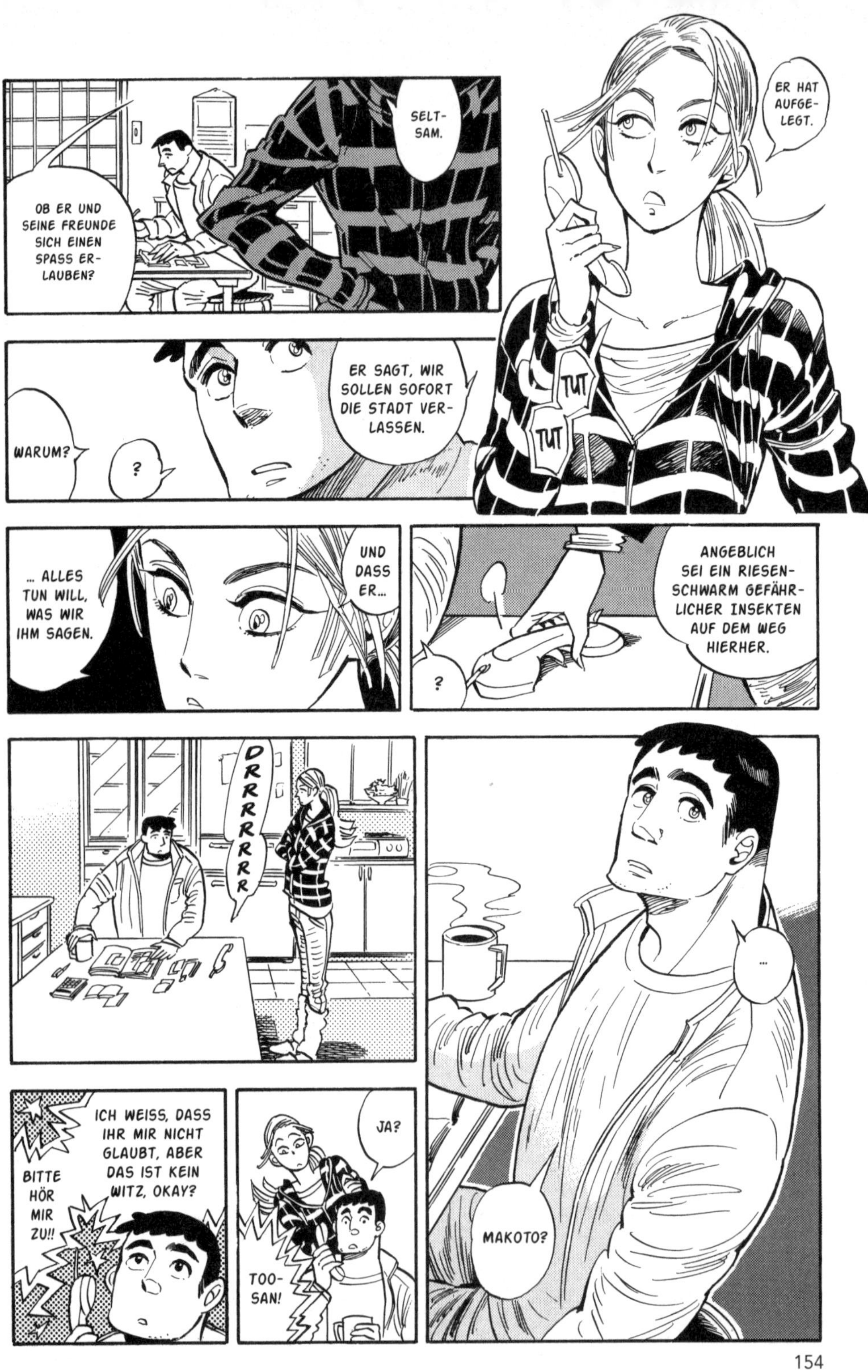
ER HAT AUFGELEGT.
TUT
TUT
SELTSAM.
OB ER UND SEINE FREUNDE SICH EINEN SPASS ERLAUBEN?
ER SAGT, WIR SOLLEN SOFORT DIE STADT VERLASSEN.
?
WARUM?
ANGEBLICH SEI EIN RIESENSCHWARM GEFÄHRLICHER INSEKTEN AUF DEM WEG HIERHER.
?
UND DASS ER…
… ALLES TUN WILL, WAS WIR IHM SAGEN.
…
MAKOTO?
DRRRRRRR
JA?
TOO-SAN!
ICH WEISS, DASS IHR MIR NICHT GLAUBT, ABER DAS IST KEIN WITZ, OKAY?
BITTE HÖR MIR ZU!!

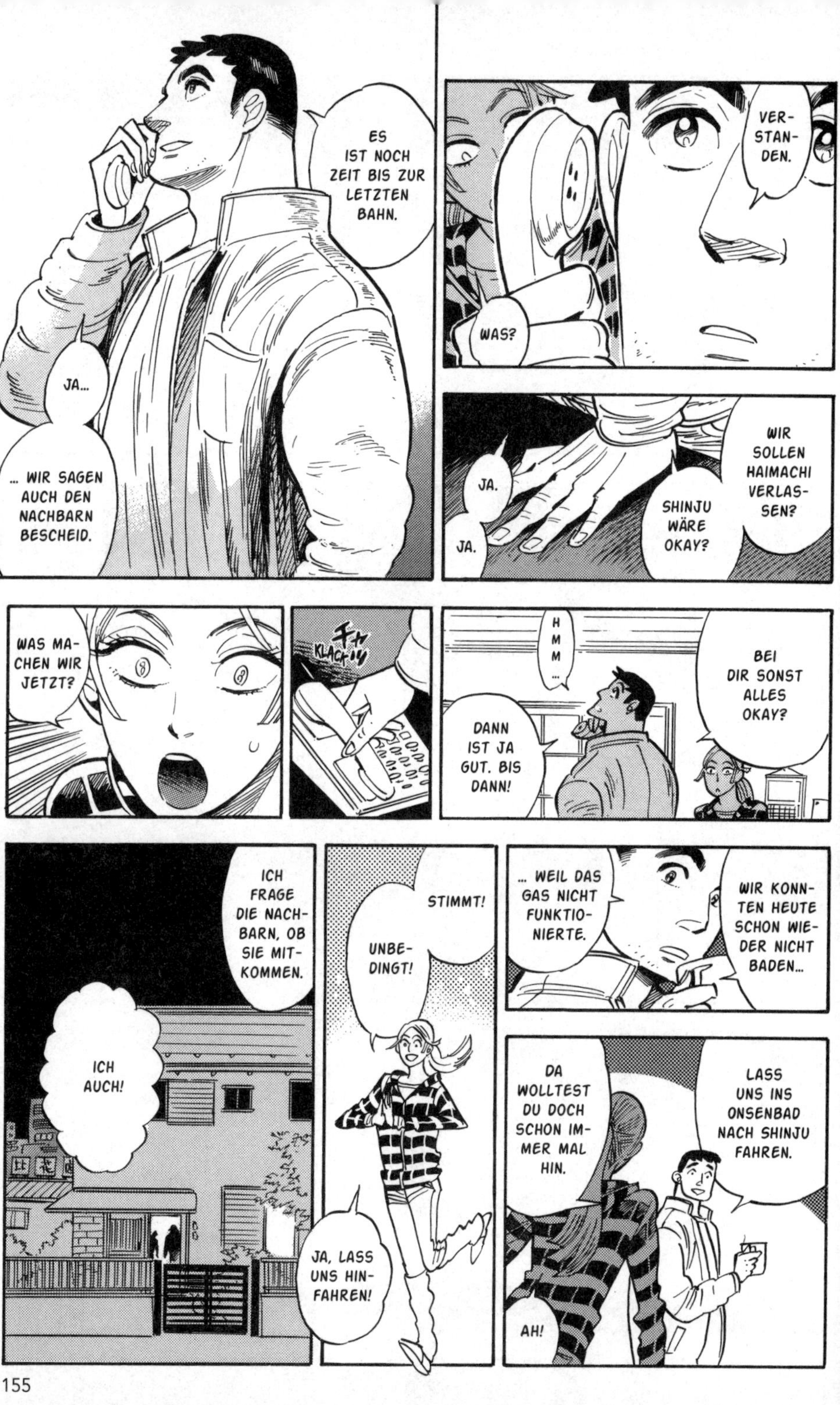
VERSTANDEN.
WAS?
WIR SOLLEN HAIMACHI VERLASSEN?
SHINJU WÄRE OKAY?
JA.
JA.
ES IST NOCH ZEIT BIS ZUR LETZTEN BAHN.
JA...
... WIR SAGEN AUCH DEN NACHBARN BESCHEID.
BEI DIR SONST ALLES OKAY?
HMM...
DANN IST JA GUT. BIS DANN!
KLACK
WAS MACHEN WIR JETZT?
WIR KONNTEN HEUTE SCHON WIEDER NICHT BADEN...
... WEIL DAS GAS NICHT FUNKTIONIERTE.
LASS UNS INS ONSENBAD NACH SHINJU FAHREN.
DA WOLLTEST DU DOCH SCHON IMMER MAL HIN.
AH!
STIMMT!
UNBEDINGT!
JA, LASS UNS HINFAHREN!
ICH FRAGE DIE NACHBARN, OB SIE MITKOMMEN.
ICH AUCH!

PAPA - WIR SIND IM ONSENBAD IN SHINJU! - GEH BALD SCHLAFEN!

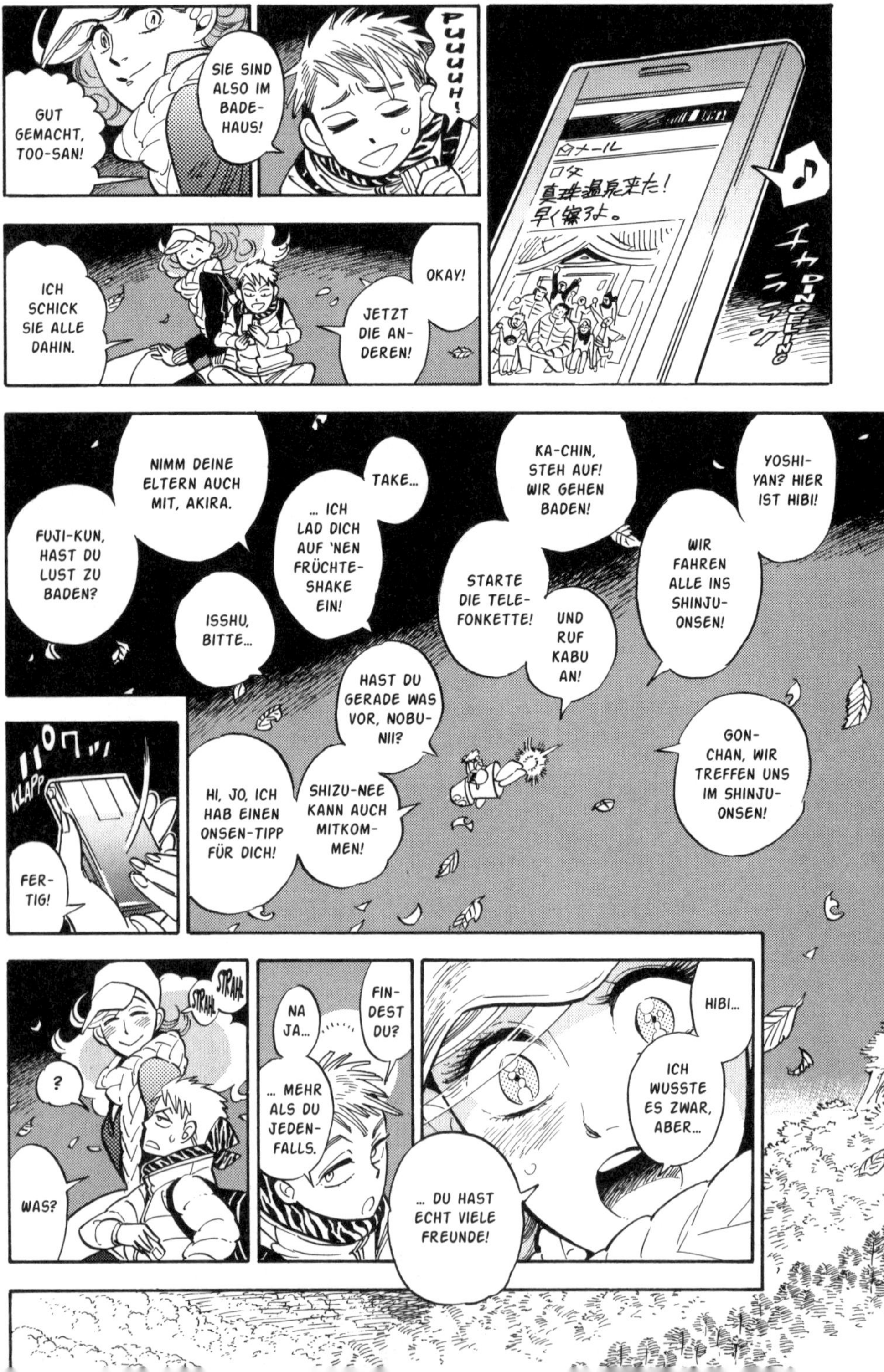

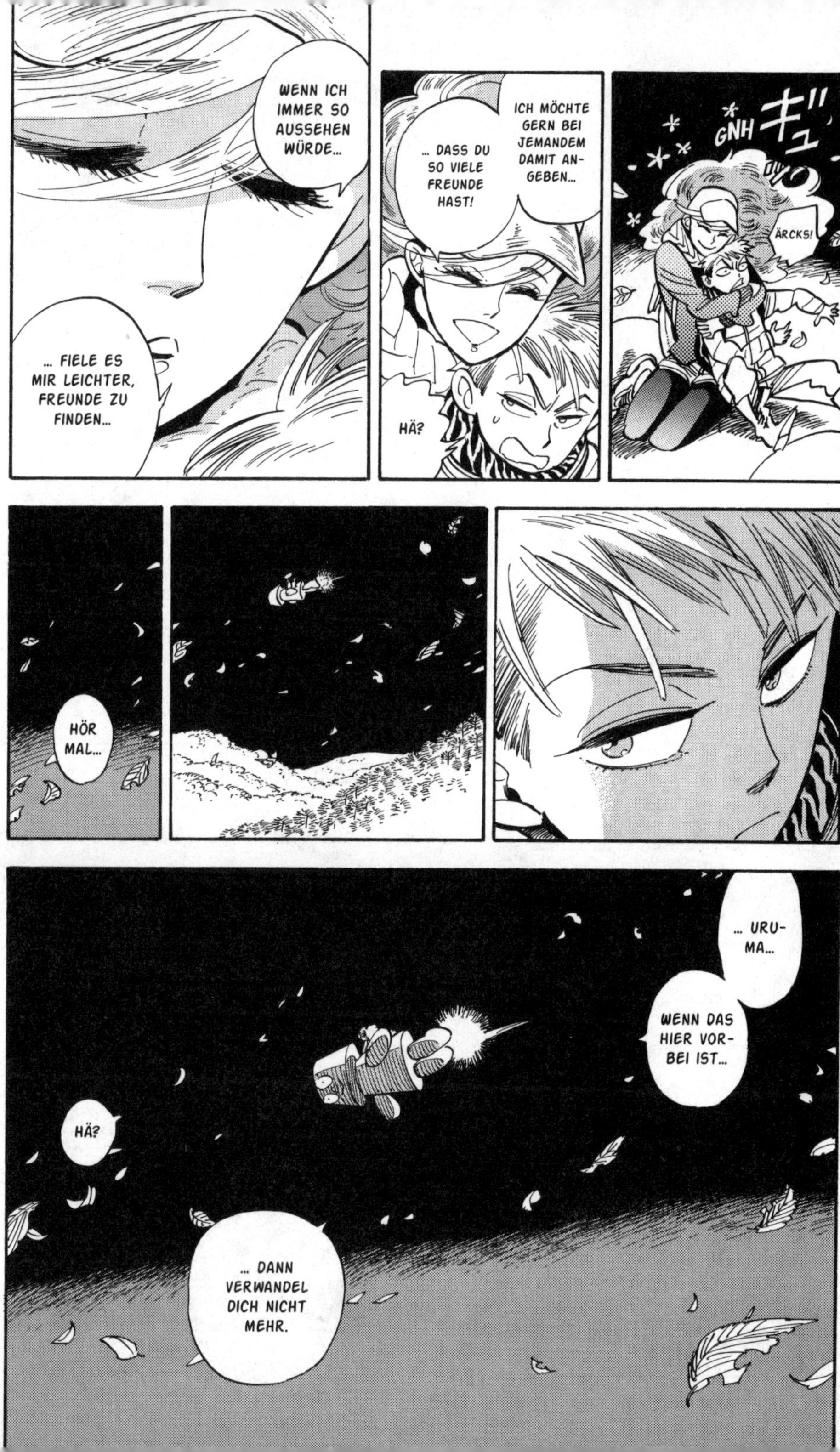
WENN ICH IMMER SO AUSSEHEN WÜRDE...
... FIELE ES MIR LEICHTER, FREUNDE ZU FINDEN...
ICH MÖCHTE GERN BEI JEMANDEM DAMIT ANGEBEN...
... DASS DU SO VIELE FREUNDE HAST!
HÄ?
GNH
ÄRCKS!
HÖR MAL...
... URUMA...
WENN DAS HIER VORBEI IST...
HÄ?
... DANN VERWANDEL DICH NICHT MEHR.

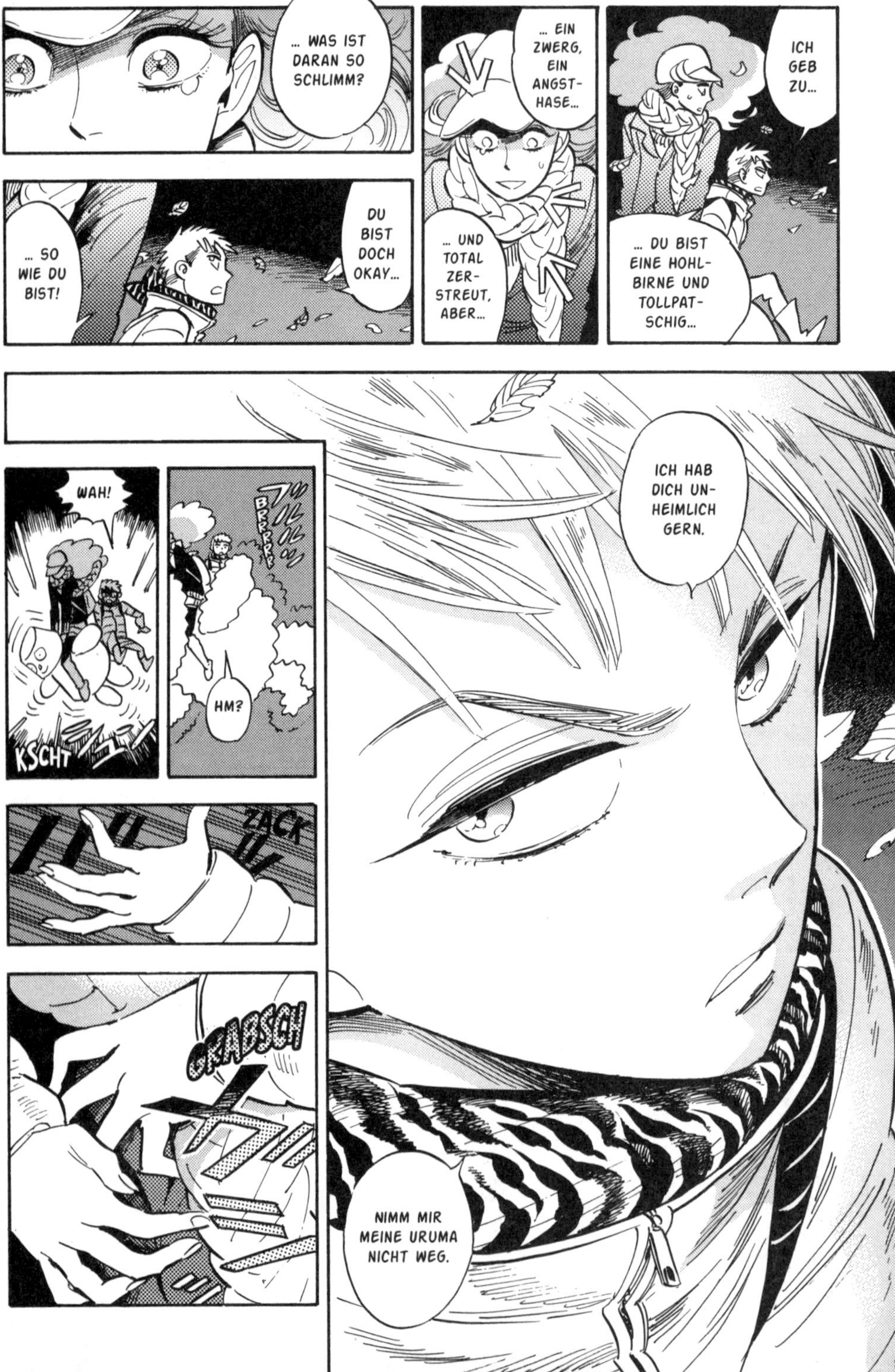
ICH GEB ZU...
... DU BIST EINE HOHLBIRNE UND TOLLPATSCHIG...
... EIN ZWERG, EIN ANGSTHASE...
... UND TOTAL ZERSTREUT, ABER...
... WAS IST DARAN SO SCHLIMM?
DU BIST DOCH OKAY...
... SO WIE DU BIST!
ICH HAB DICH UNHEIMLICH GERN.
BRRRRR
HM?
WAH!
KSCHT
ZACK
GRABSCH
NIMM MIR MEINE URUMA NICHT WEG.

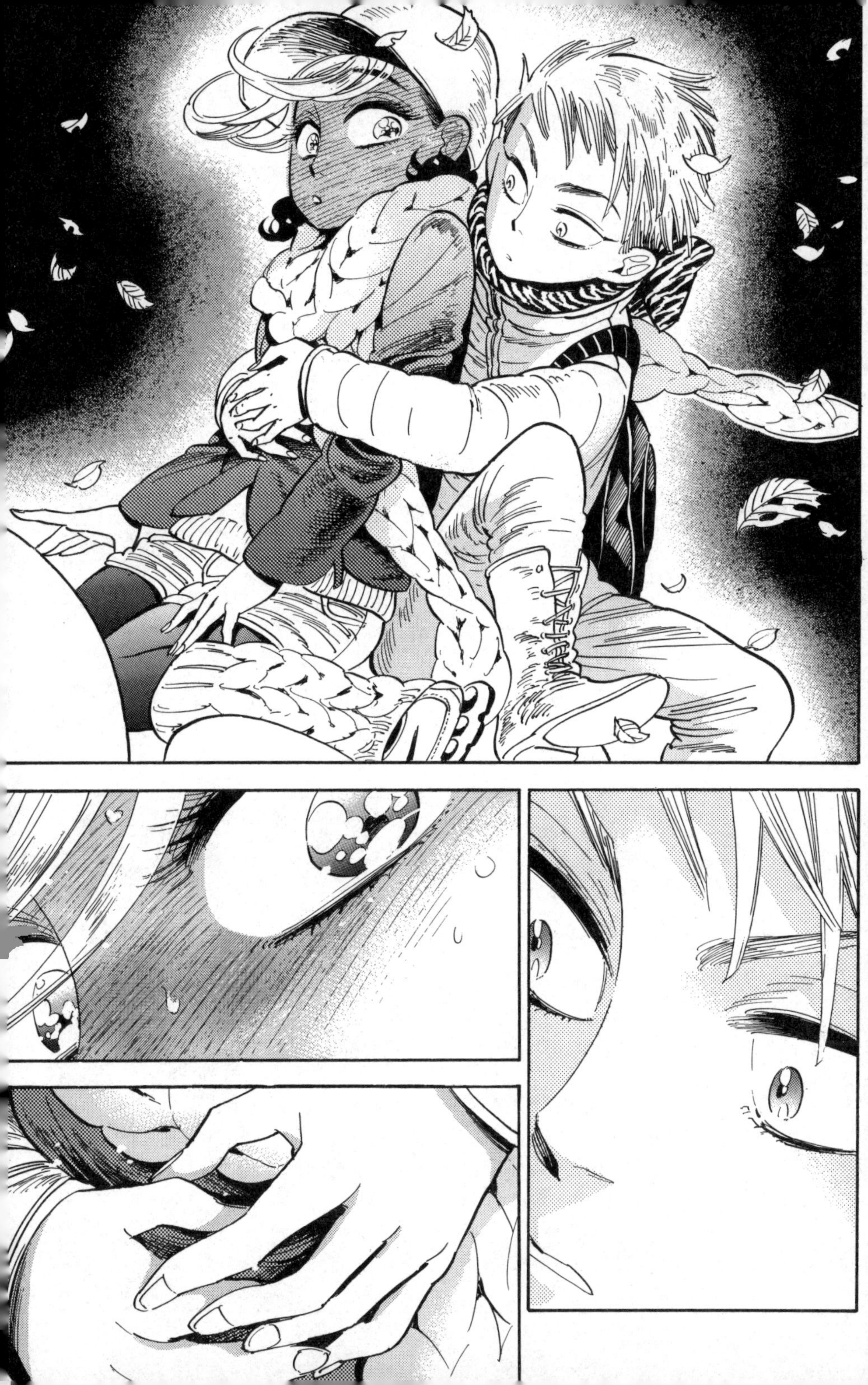

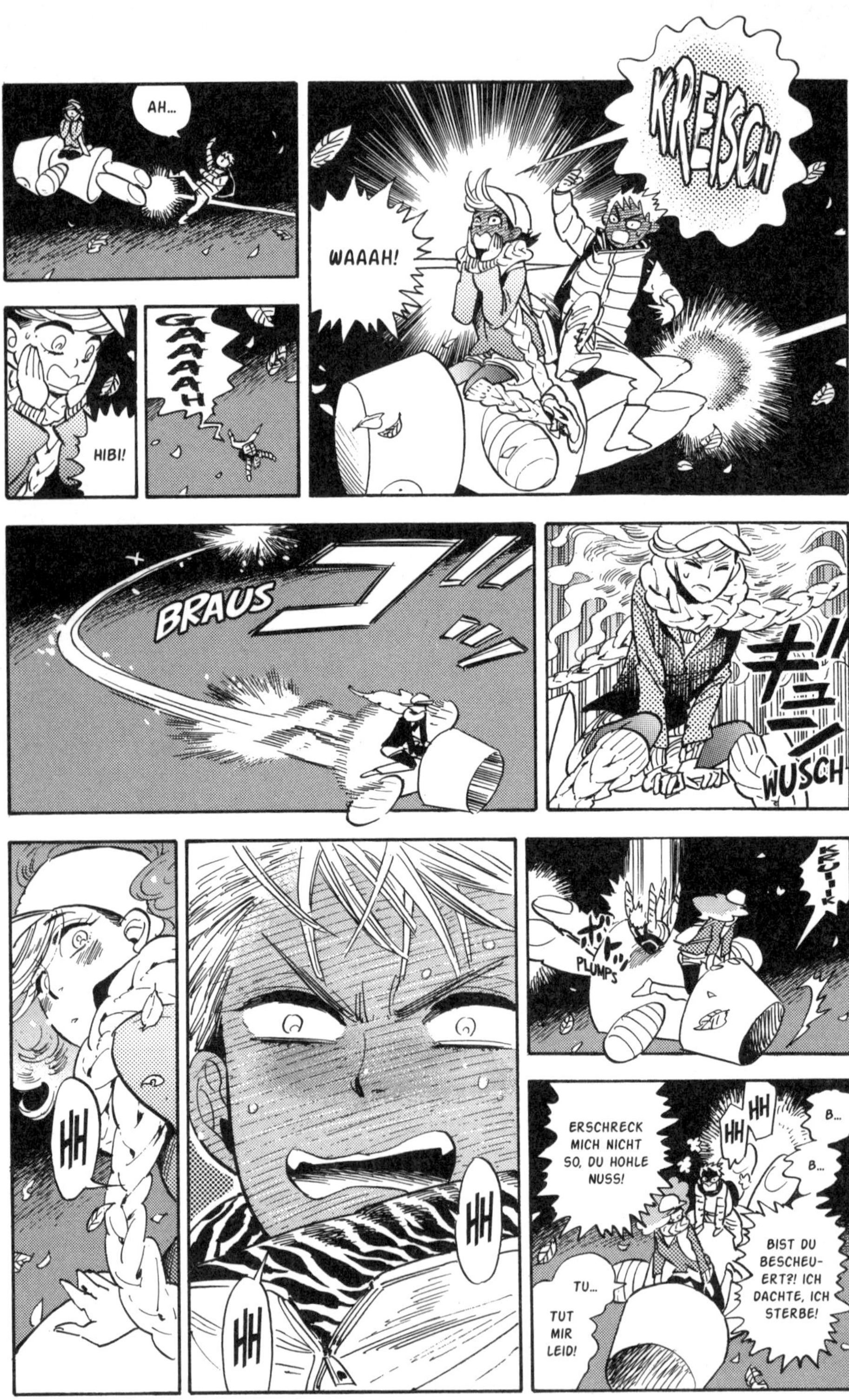
KREISCH
WAAAH!
AH...
GAAAAAH
HIBI!
WUSCH
BRAUS
KRUIIIK
PLUMPS
HH
HH
HH
B...
B...
BIST DU BESCHEUERT?! ICH DACHTE, ICH STERBE!
HH
HH
ERSCHRECK MICH NICHT SO, DU HOHLE NUSS!
TU...
TUT MIR LEID!

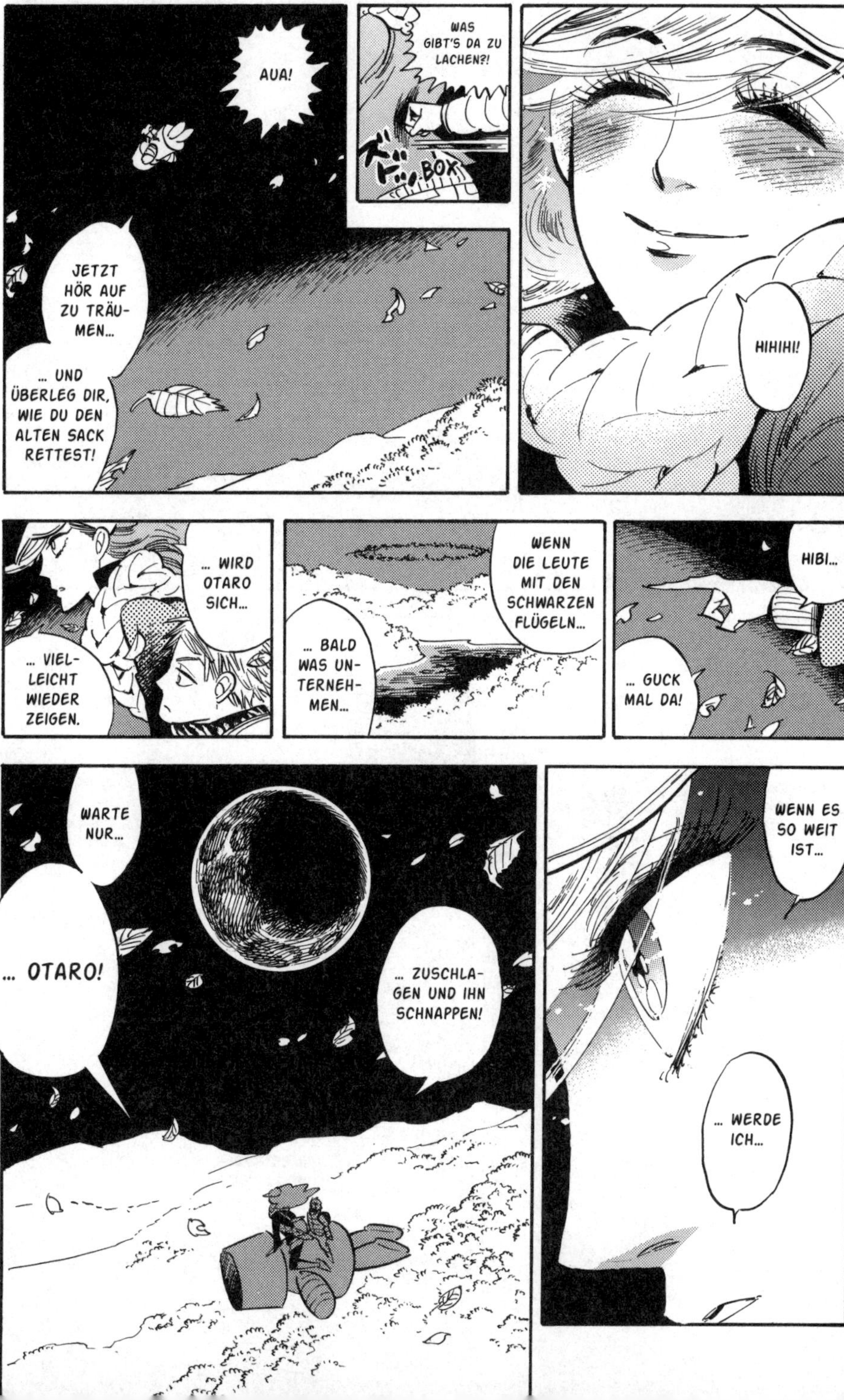
HIHIHI!
WAS GIBT'S DA ZU LACHEN?!
BOX
AUA!
JETZT HÖR AUF ZU TRÄUMEN…
… UND ÜBERLEG DIR, WIE DU DEN ALTEN SACK RETTEST!
HIBI…
… GUCK MAL DA!
WENN DIE LEUTE MIT DEN SCHWARZEN FLÜGELN…
… BALD WAS UNTERNEHMEN…
… WIRD OTARO SICH…
… VIELLEICHT WIEDER ZEIGEN.
WENN ES SO WEIT IST…
… WERDE ICH…
WARTE NUR…
… ZUSCHLAGEN UND IHN SCHNAPPEN!
… OTARO!

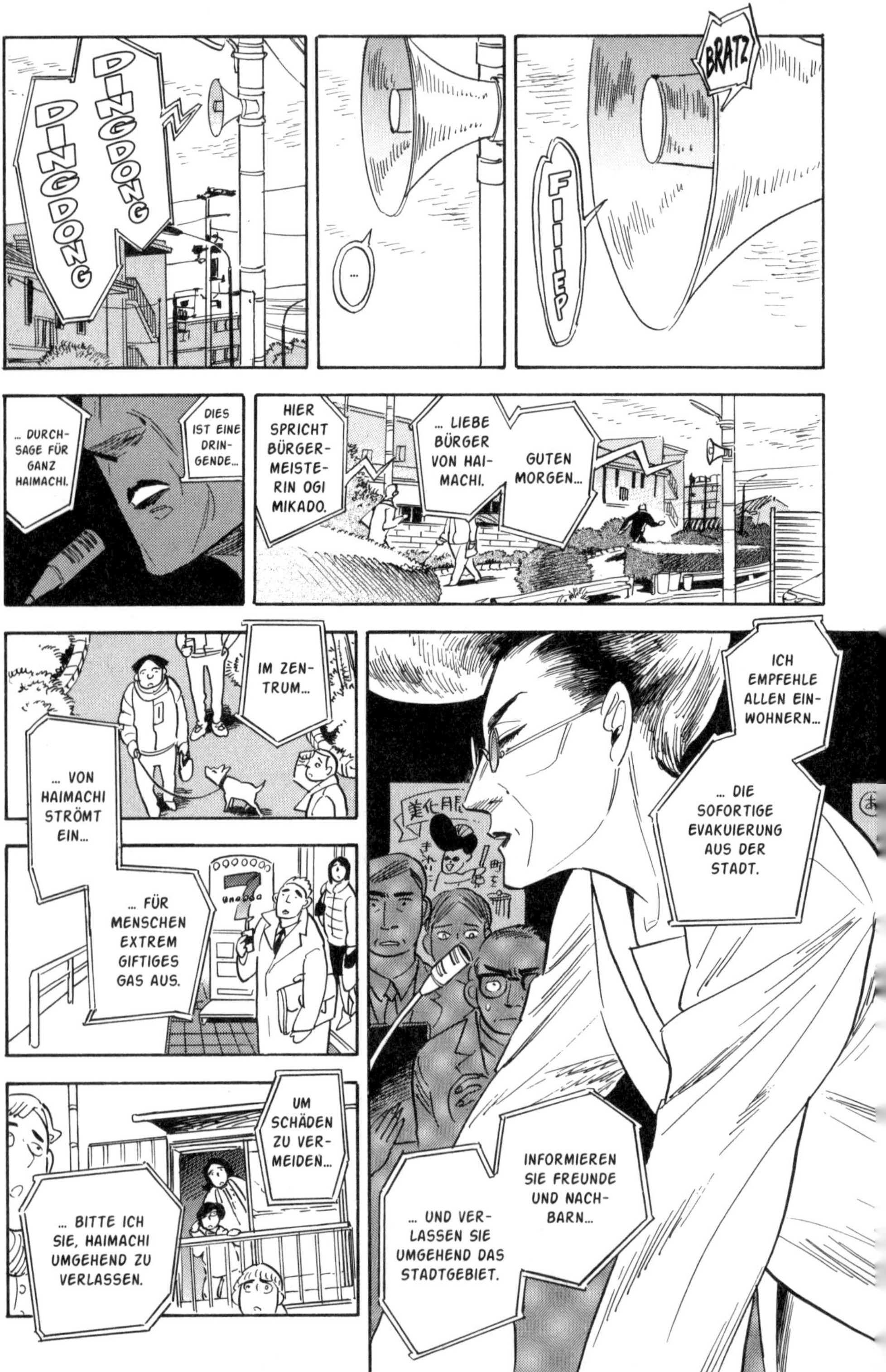
DINGDONG DINGDONG
...
FIIIEP
BRATZ
DIES IST EINE DRINGENDE...
... DURCHSAGE FÜR GANZ HAIMACHI.
GUTEN MORGEN...
... LIEBE BÜRGER VON HAIMACHI.
HIER SPRICHT BÜRGERMEISTERIN OGI MIKADO.
IM ZENTRUM...
... VON HAIMACHI STRÖMT EIN...
... FÜR MENSCHEN EXTREM GIFTIGES GAS AUS.
UM SCHÄDEN ZU VERMEIDEN...
... BITTE ICH SIE, HAIMACHI UMGEHEND ZU VERLASSEN.
ICH EMPFEHLE ALLEN EINWOHNERN...
... DIE SOFORTIGE EVAKUIERUNG AUS DER STADT.
INFORMIEREN SIE FREUNDE UND NACHBARN...
... UND VERLASSEN SIE UMGEHEND DAS STADTGEBIET.

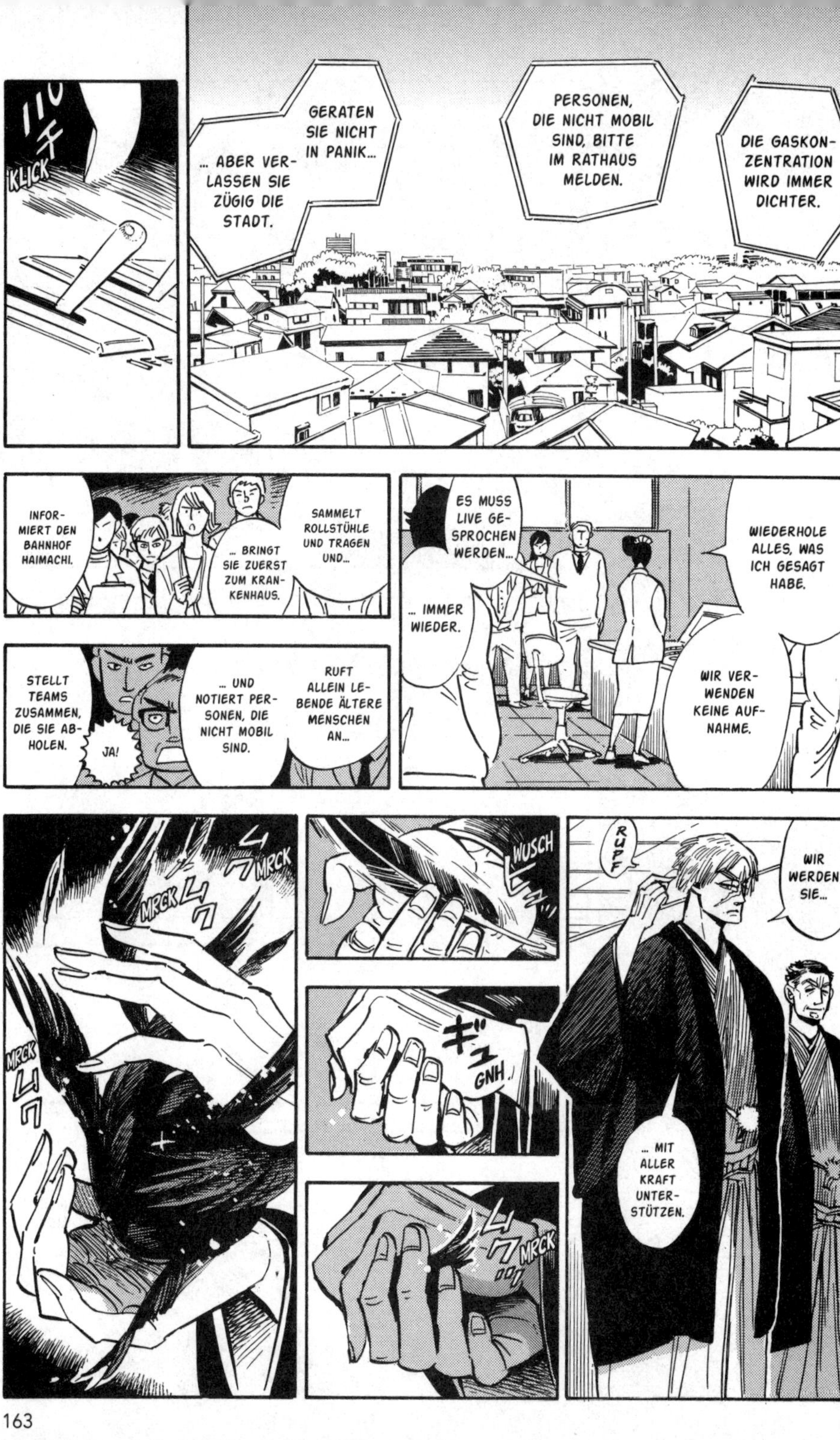
DIE GASKONZENTRATION WIRD IMMER DICHTER.
PERSONEN, DIE NICHT MOBIL SIND, BITTE IM RATHAUS MELDEN.
GERATEN SIE NICHT IN PANIK...
... ABER VERLASSEN SIE ZÜGIG DIE STADT.
KLICK
WIEDERHOLE ALLES, WAS ICH GESAGT HABE.
WIR VERWENDEN KEINE AUFNAHME.
ES MUSS LIVE GESPROCHEN WERDEN...
... IMMER WIEDER.
SAMMELT ROLLSTÜHLE UND TRAGEN UND...
... BRINGT SIE ZUERST ZUM KRANKENHAUS.
INFORMIERT DEN BAHNHOF HAIMACHI.
RUFT ALLEIN LEBENDE ÄLTERE MENSCHEN AN...
... UND NOTIERT PERSONEN, DIE NICHT MOBIL SIND.
STELLT TEAMS ZUSAMMEN, DIE SIE ABHOLEN.
JA!
WIR WERDEN SIE...
RUPF
... MIT ALLER KRAFT UNTERSTÜTZEN.
WUSCH
GNH
MRCK
MRCK
MRCK
MRCK
MRCK

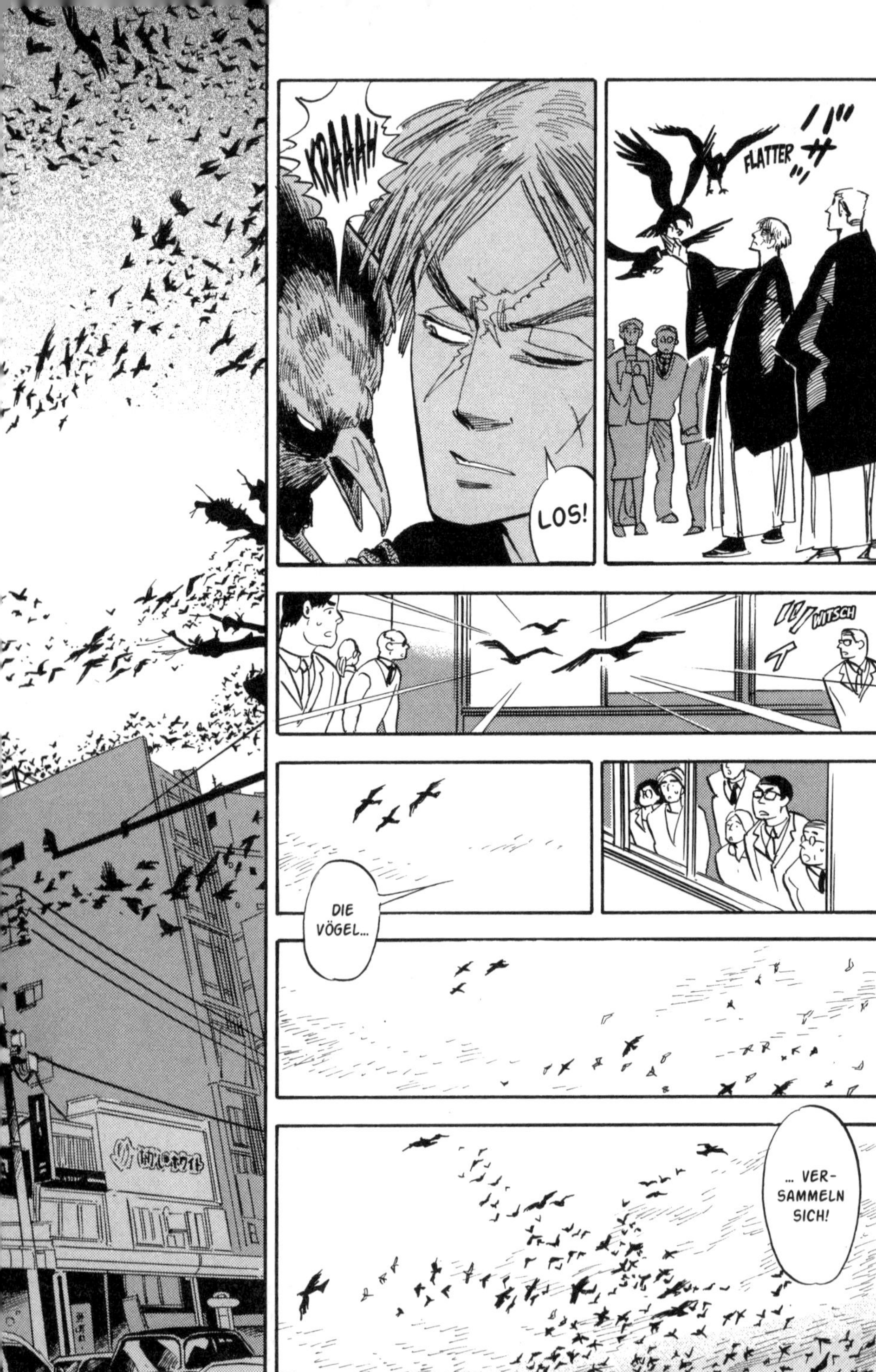
FLATTER
KRAAAH
LOS!
WITSCH
DIE VÖGEL...
... VER-
SAMMELN
SICH!

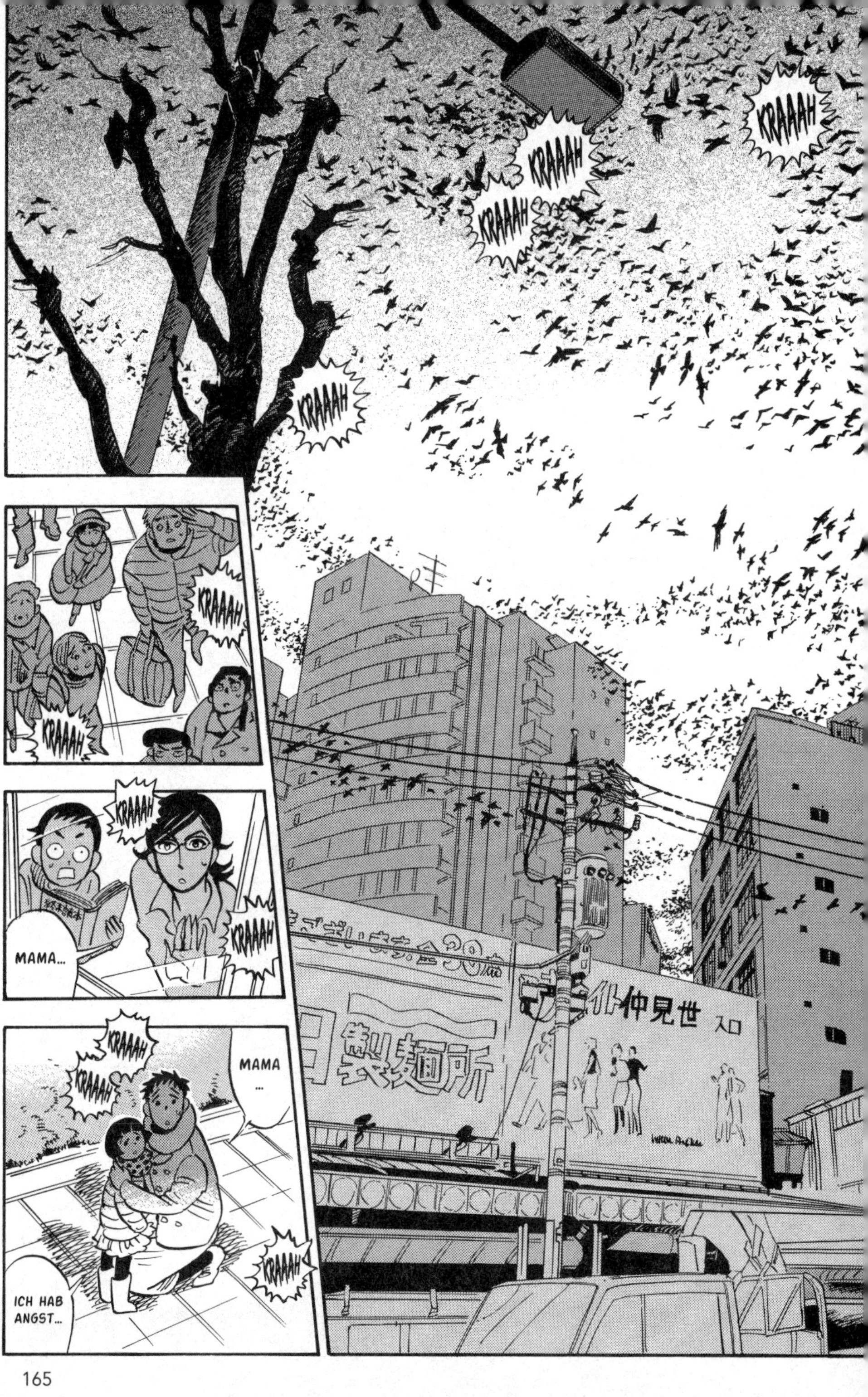
KRAAAH
KRAAAH
KRAAAH
KRAAAH
仲見世 入口
製麺所
KRAAAH
KRAAAH
KRAAAH
KRAAAH
MAMA…
KRAAAH
KRAAAH
MAMA …
KRAAAH
ICH HAB ANGST…

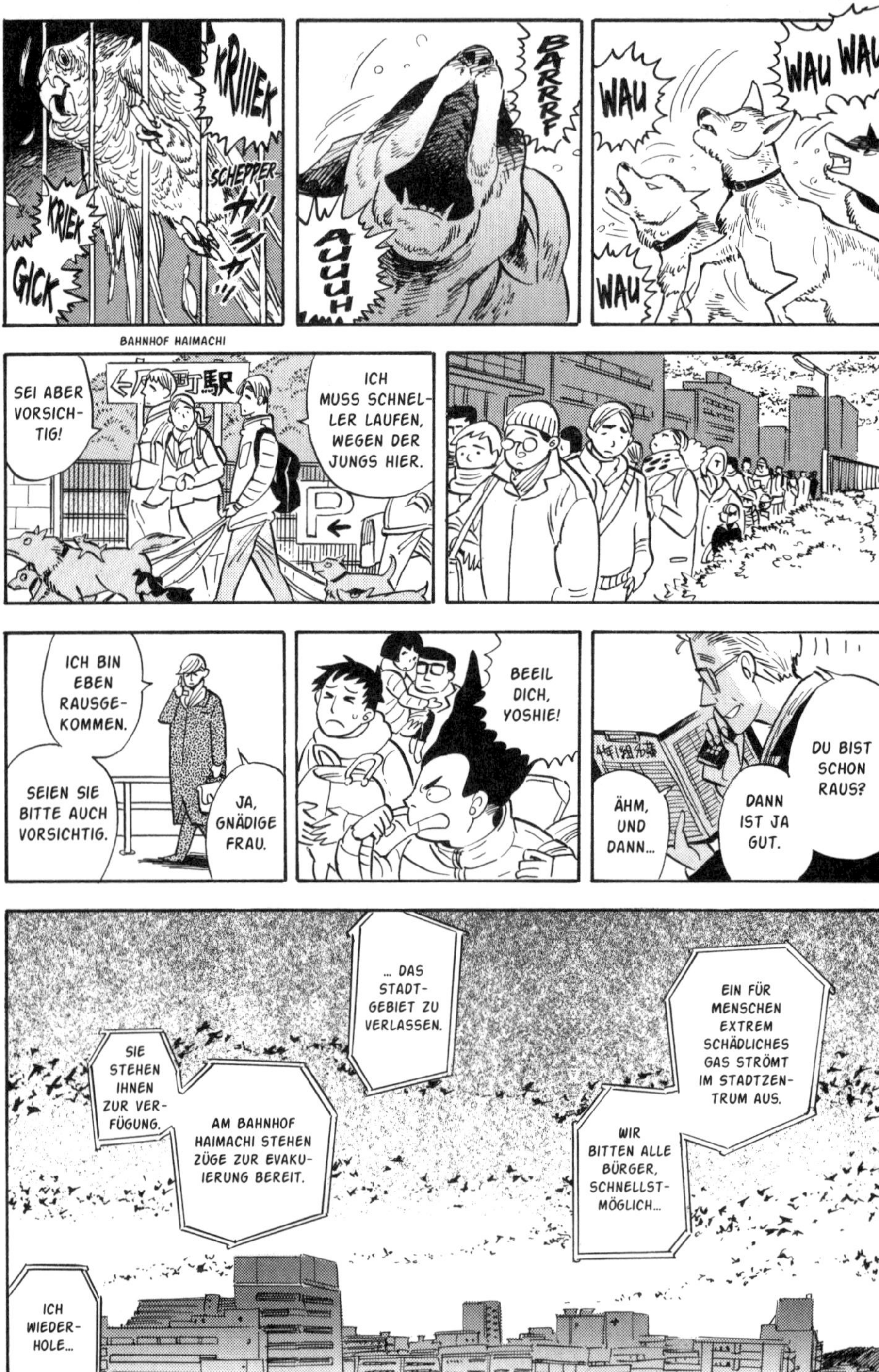
KRIIIEK
KRIEK
GICK
SCHEPPER
BARRRF
AUUUUH
WAU
WAU WAU
WAU
BAHNHOF HAIMACHI
SEI ABER VORSICHTIG!
ICH MUSS SCHNELLER LAUFEN, WEGEN DER JUNGS HIER.
ICH BIN EBEN RAUSGEKOMMEN.
SEIEN SIE BITTE AUCH VORSICHTIG.
JA, GNÄDIGE FRAU.
BEEIL DICH, YOSHIE!
DU BIST SCHON RAUS?
DANN IST JA GUT.
ÄHM, UND DANN...
EIN FÜR MENSCHEN EXTREM SCHÄDLICHES GAS STRÖMT IM STADTZENTRUM AUS.
WIR BITTEN ALLE BÜRGER, SCHNELLSTMÖGLICH...
... DAS STADTGEBIET ZU VERLASSEN.
AM BAHNHOF HAIMACHI STEHEN ZÜGE ZUR EVAKUIERUNG BEREIT.
SIE STEHEN IHNEN ZUR VERFÜGUNG.
ICH WIEDERHOLE...

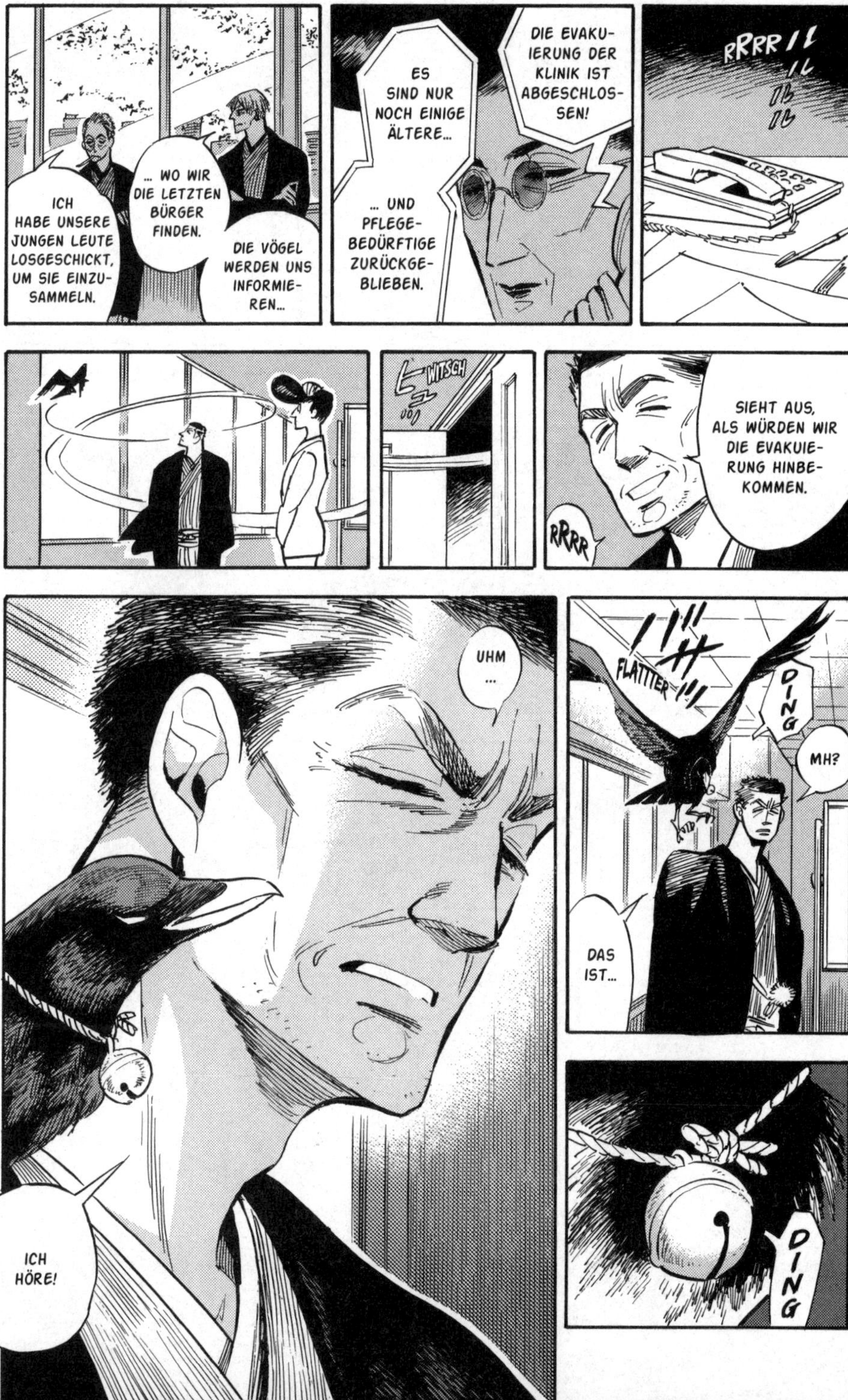
RRRR
DIE EVAKUIERUNG DER KLINIK IST ABGESCHLOSSEN!
ES SIND NUR NOCH EINIGE ÄLTERE...
... UND PFLEGEBEDÜRFTIGE ZURÜCKGEBLIEBEN.
ICH HABE UNSERE JUNGEN LEUTE LOSGESCHICKT, UM SIE EINZUSAMMELN.
... WO WIR DIE LETZTEN BÜRGER FINDEN.
DIE VÖGEL WERDEN UNS INFORMIEREN...
SIEHT AUS, ALS WÜRDEN WIR DIE EVAKUIERUNG HINBEKOMMEN.
RRRR
WITSCH
FLATTER
DING
MH?
DAS IST...
UHM ...
ICH HÖRE!
DING

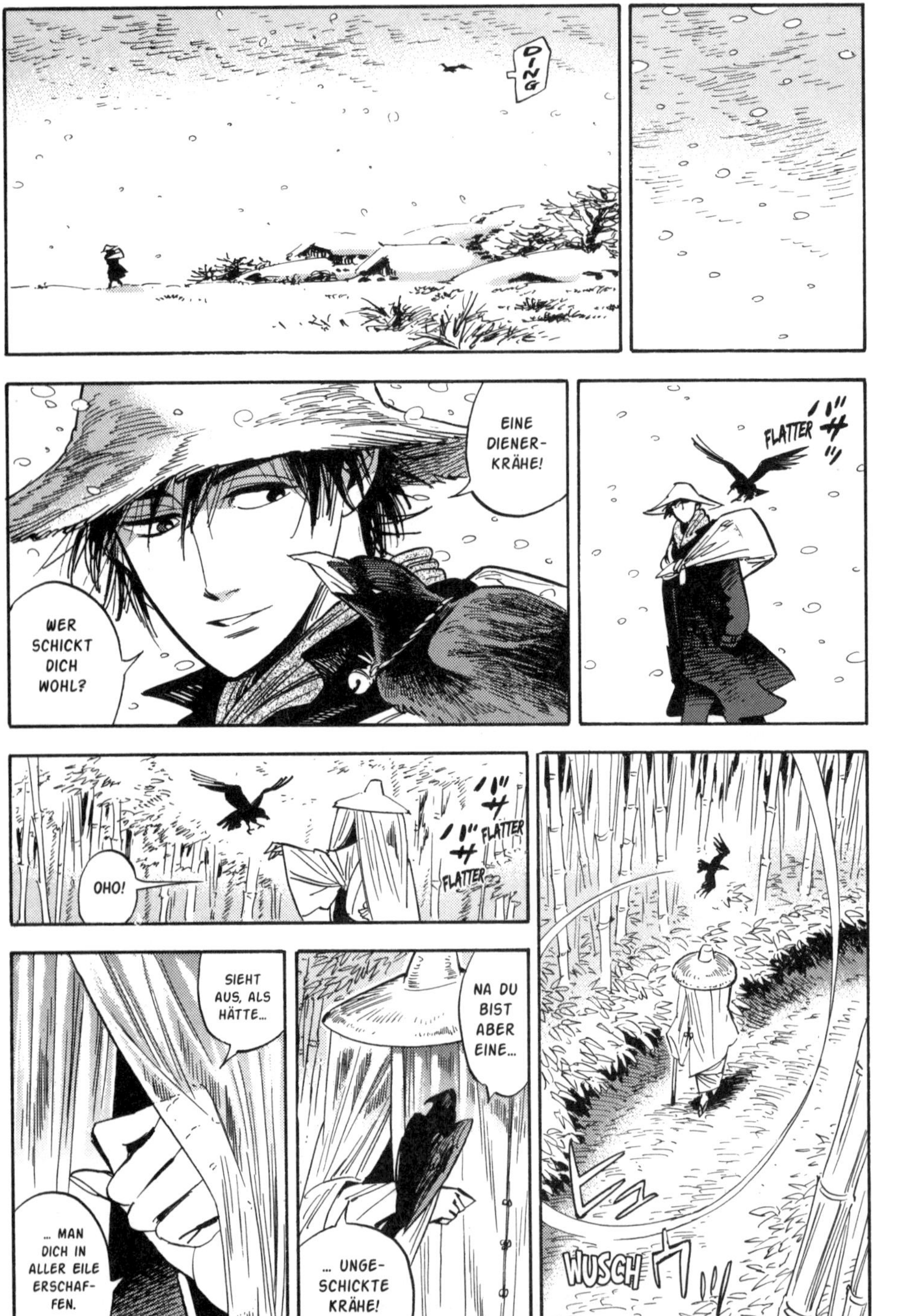
DING
EINE DIENER-KRÄHE!
WER SCHICKT DICH WOHL?
FLATTER
OHO!
FLATTER
FLATTER
WUSCH
SIEHT AUS, ALS HÄTTE...
... MAN DICH IN ALLER EILE ERSCHAFFEN.
NA DU BIST ABER EINE...
... UNGESCHICKTE KRÄHE!

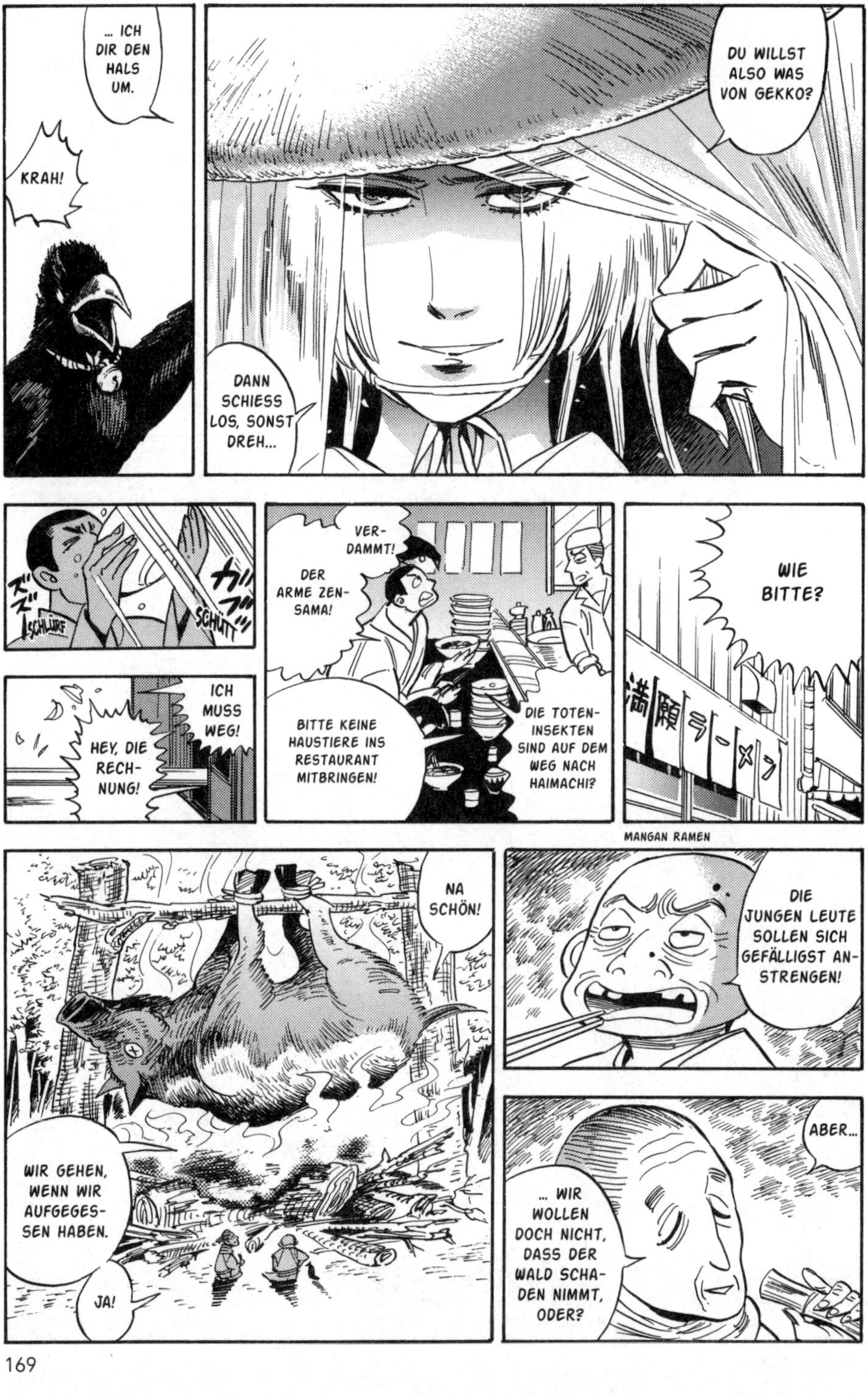
DU WILLST ALSO WAS VON GEKKO?
DANN SCHIESS LOS, SONST DREH...
... ICH DIR DEN HALS UM.
KRAH!
WIE BITTE?
MANGAN RAMEN
VERDAMMT!
DER ARME ZEN-SAMA!
DIE TOTEN-INSEKTEN SIND AUF DEM WEG NACH HAIMACHI?
BITTE KEINE HAUSTIERE INS RESTAURANT MITBRINGEN!
SCHLÜRF
SCHÜTT
ICH MUSS WEG!
HEY, DIE RECHNUNG!
DIE JUNGEN LEUTE SOLLEN SICH GEFÄLLIGST AN-STRENGEN!
ABER...
... WIR WOLLEN DOCH NICHT, DASS DER WALD SCHA-DEN NIMMT, ODER?
NA SCHÖN!
WIR GEHEN, WENN WIR AUFGEGES-SEN HABEN.
JA!

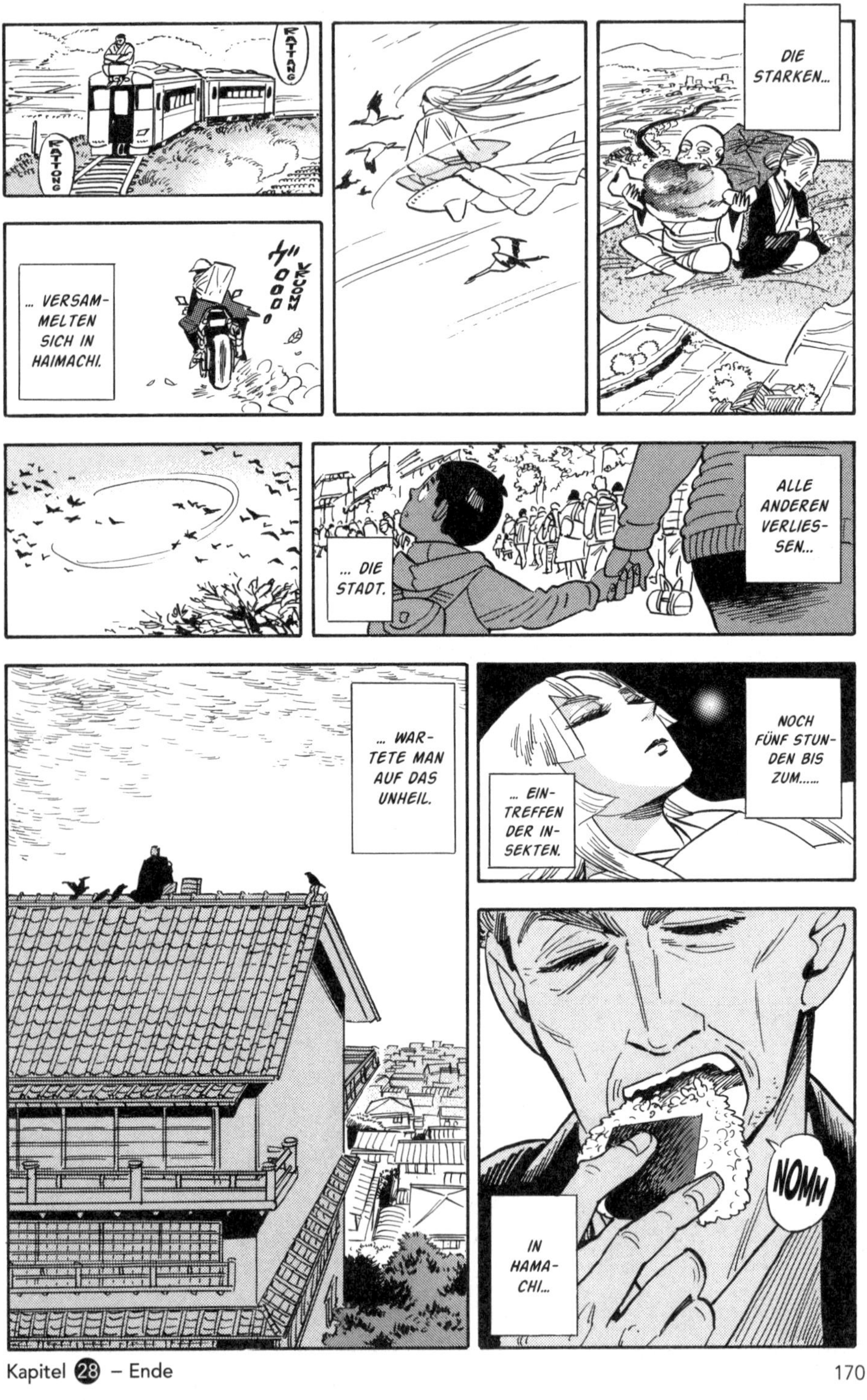
DIE STARKEN...
RATTANG
RATTONG
VRUOMM
... VERSAMMELTEN SICH IN HAIMACHI.
ALLE ANDEREN VERLIESSEN...
... DIE STADT.
NOCH FÜNF STUNDEN BIS ZUM......
... EINTREFFEN DER INSEKTEN.
NOMM
IN HAMACHI...
... WARTETE MAN AUF DAS UNHEIL.

Kapitel 29

Angriff

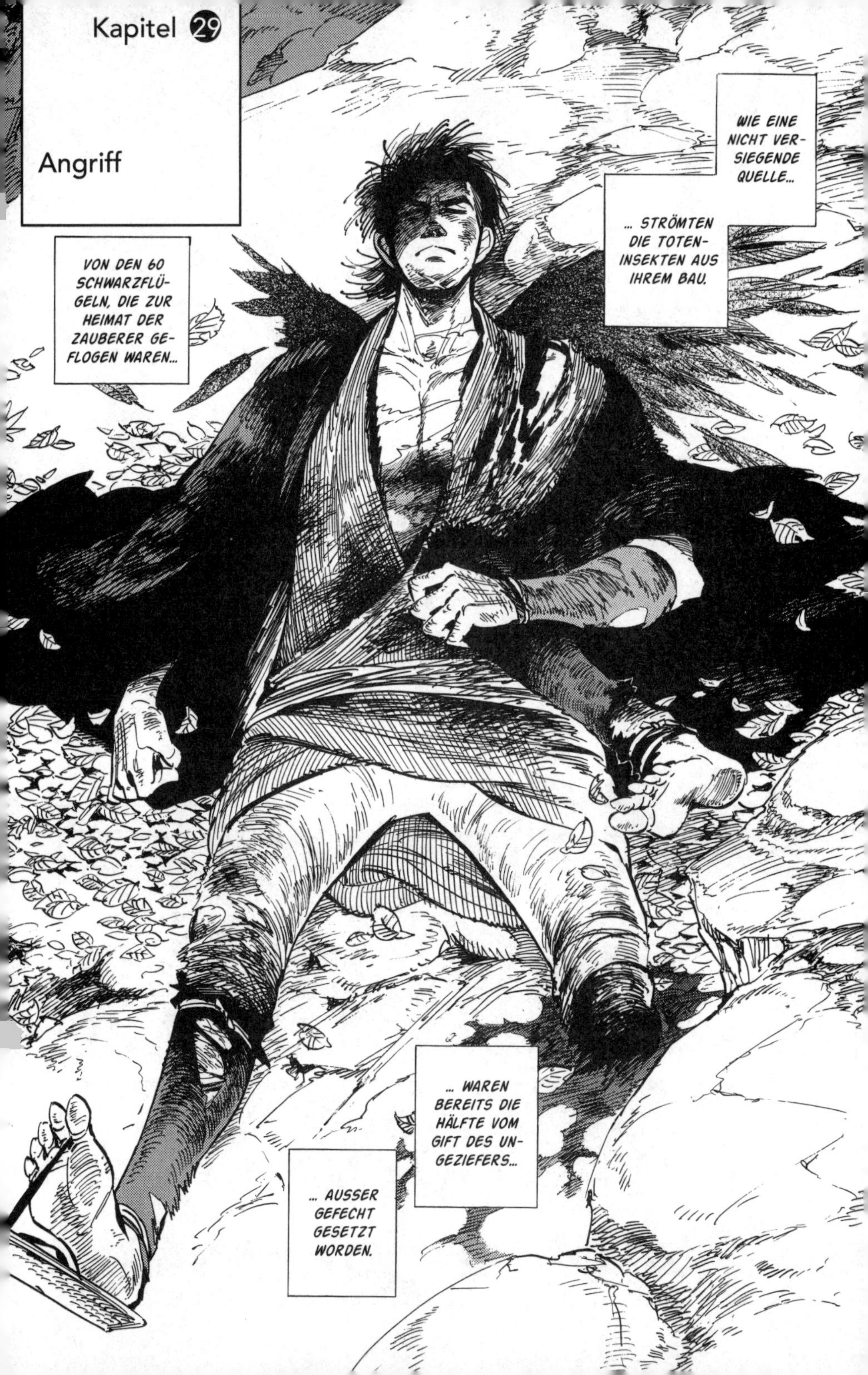

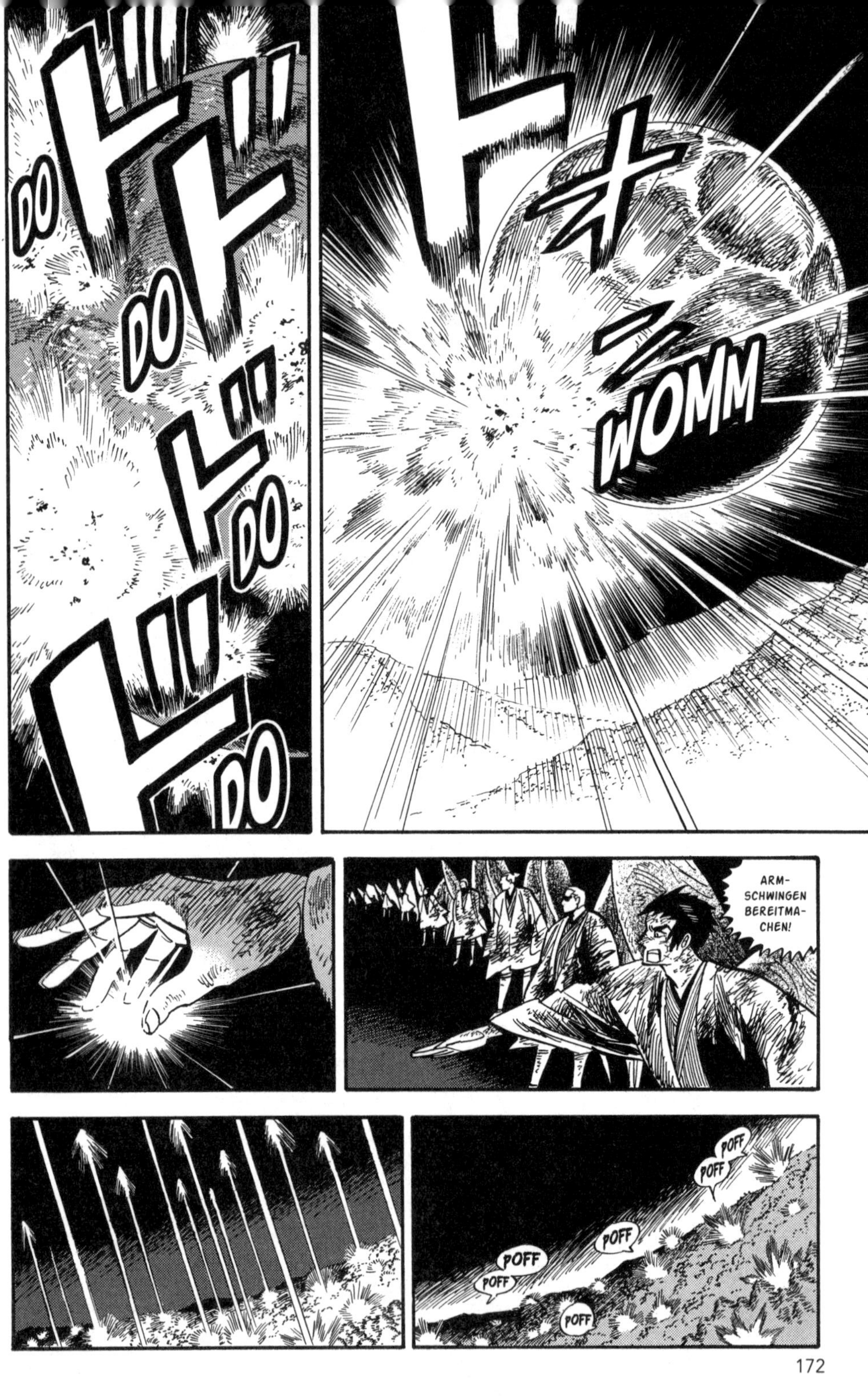
WOMM
DO
DO
DO
DO
DO
ARM-SCHWINGEN BEREITMA-CHEN!
POFF
POFF
POFF
POFF
POFF
POFF

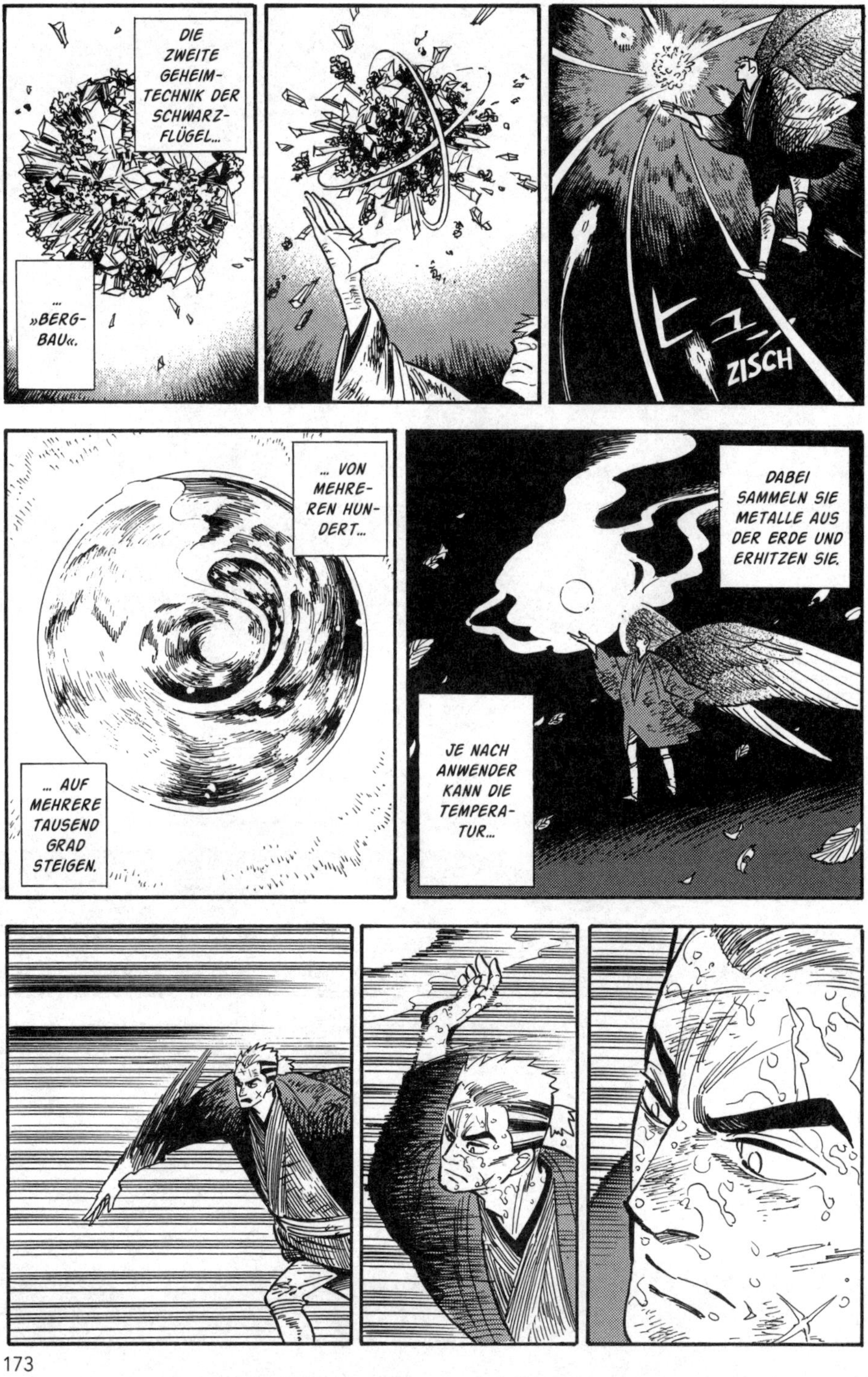
ZISCH
DIE ZWEITE GEHEIM-TECHNIK DER SCHWARZ-FLÜGEL...
... »BERG-BAU«.
DABEI SAMMELN SIE METALLE AUS DER ERDE UND ERHITZEN SIE.
JE NACH ANWENDER KANN DIE TEMPERA-TUR...
... VON MEHRE-REN HUN-DERT...
... AUF MEHRERE TAUSEND GRAD STEIGEN.

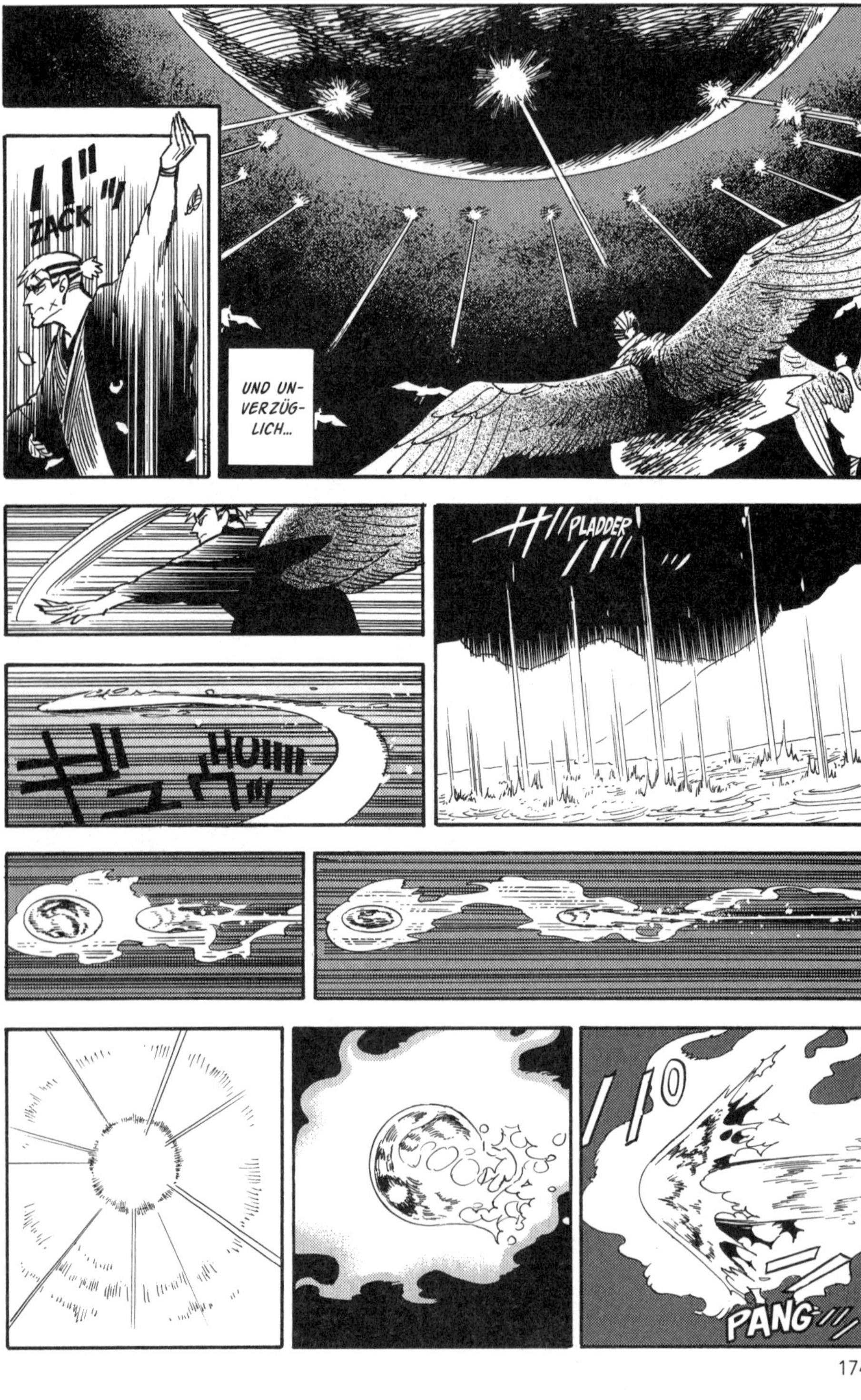

ZACK
UND UN-
VERZÜG-
LICH...
PLADDER
HUI
PANG

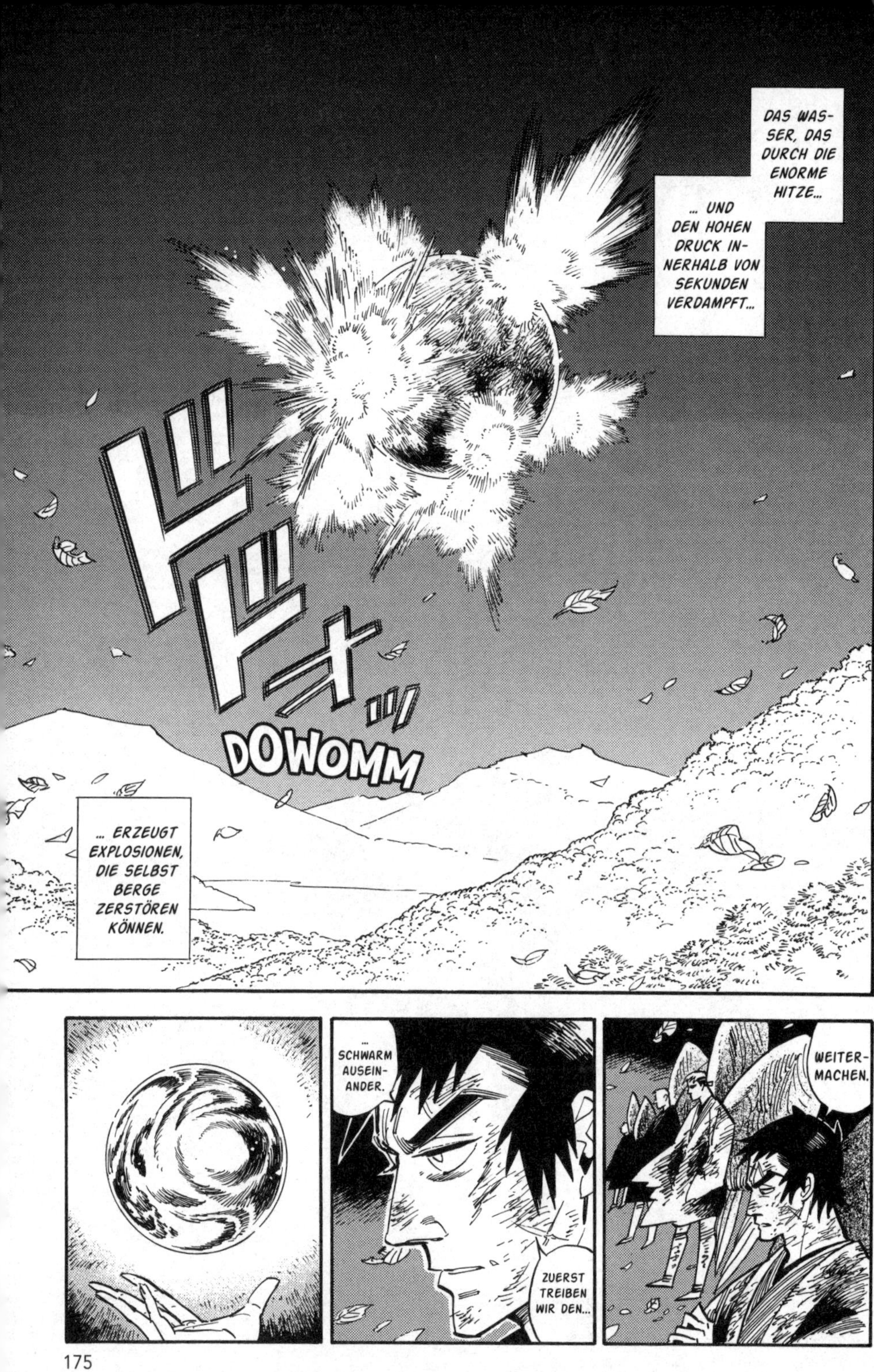
DAS WASSER, DAS DURCH DIE ENORME HITZE…
… UND DEN HOHEN DRUCK INNERHALB VON SEKUNDEN VERDAMPFT…
DOWOMM
… ERZEUGT EXPLOSIONEN, DIE SELBST BERGE ZERSTÖREN KÖNNEN.
WEITERMACHEN.
ZUERST TREIBEN WIR DEN…
… SCHWARM AUSEINANDER.

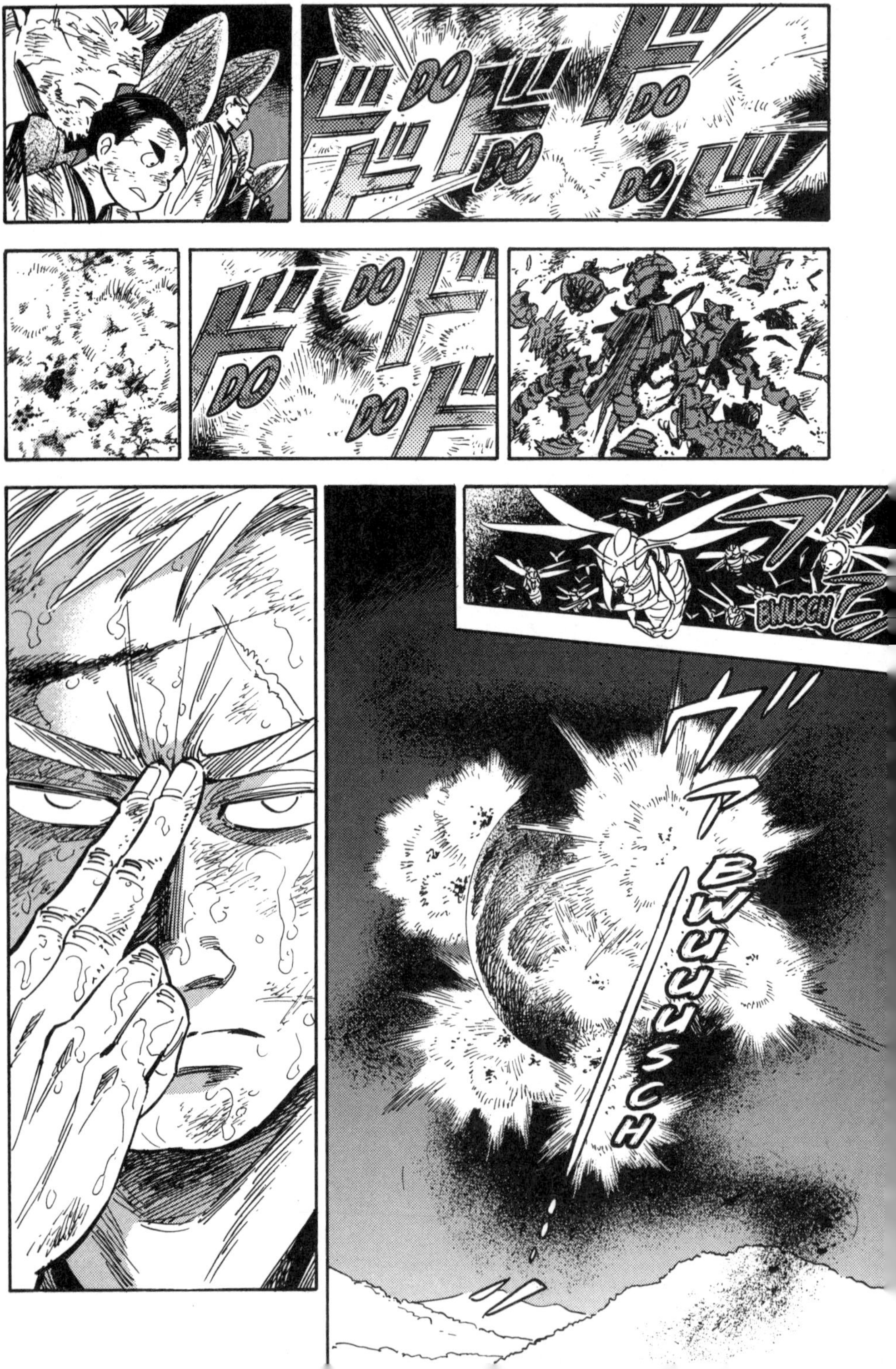

DO
DO
DO
DO
DO
DO
DO
DO
BWUSCH
BWUUUSCH

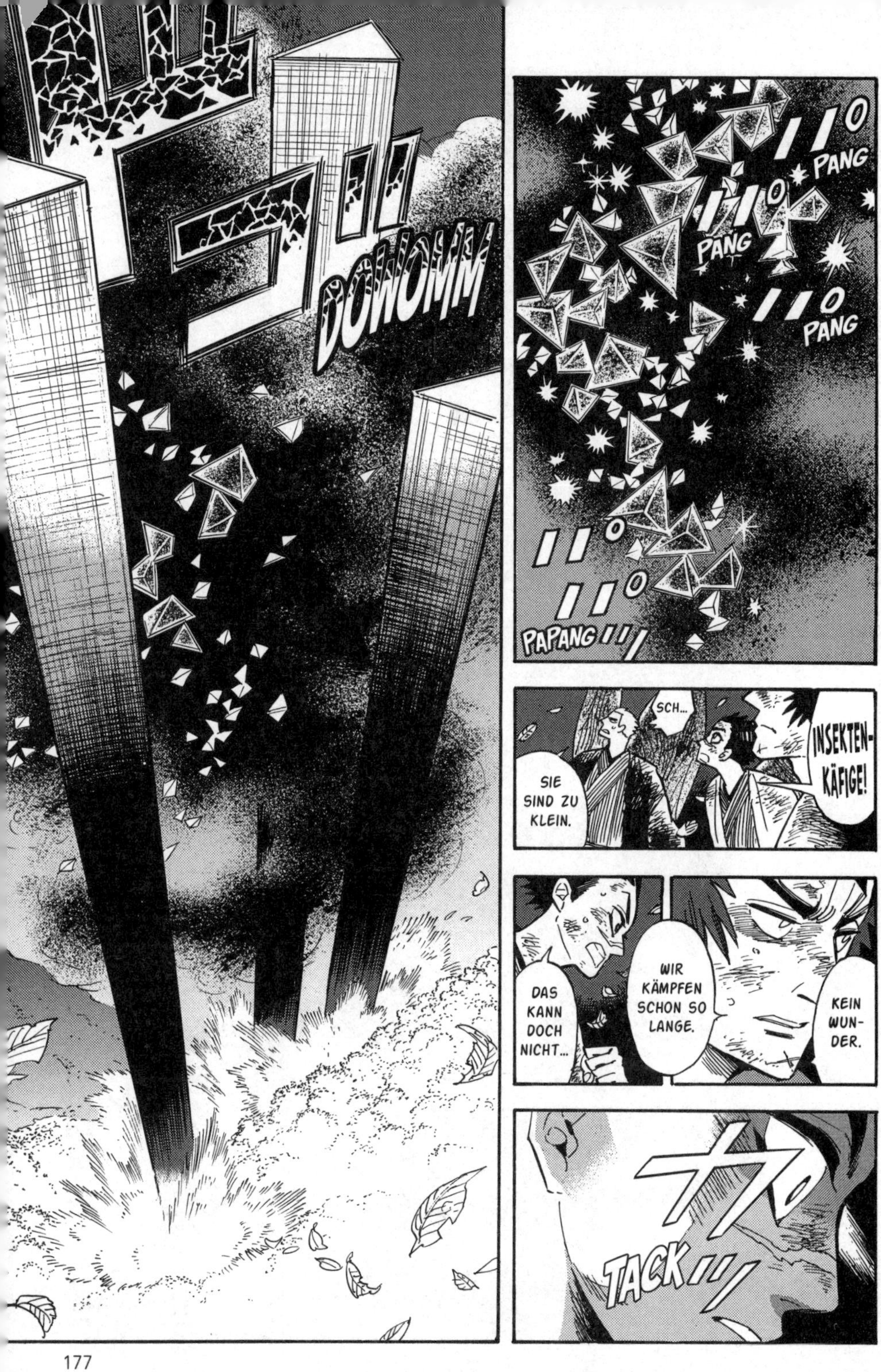
PANG
PANG
PANG
PAPANG
INSEKTEN-KÄFIGE!
SCH...
SIE SIND ZU KLEIN.
KEIN WUN-DER.
WIR KÄMPFEN SCHON SO LANGE.
DAS KANN DOCH NICHT...
TACK
DOWOMM

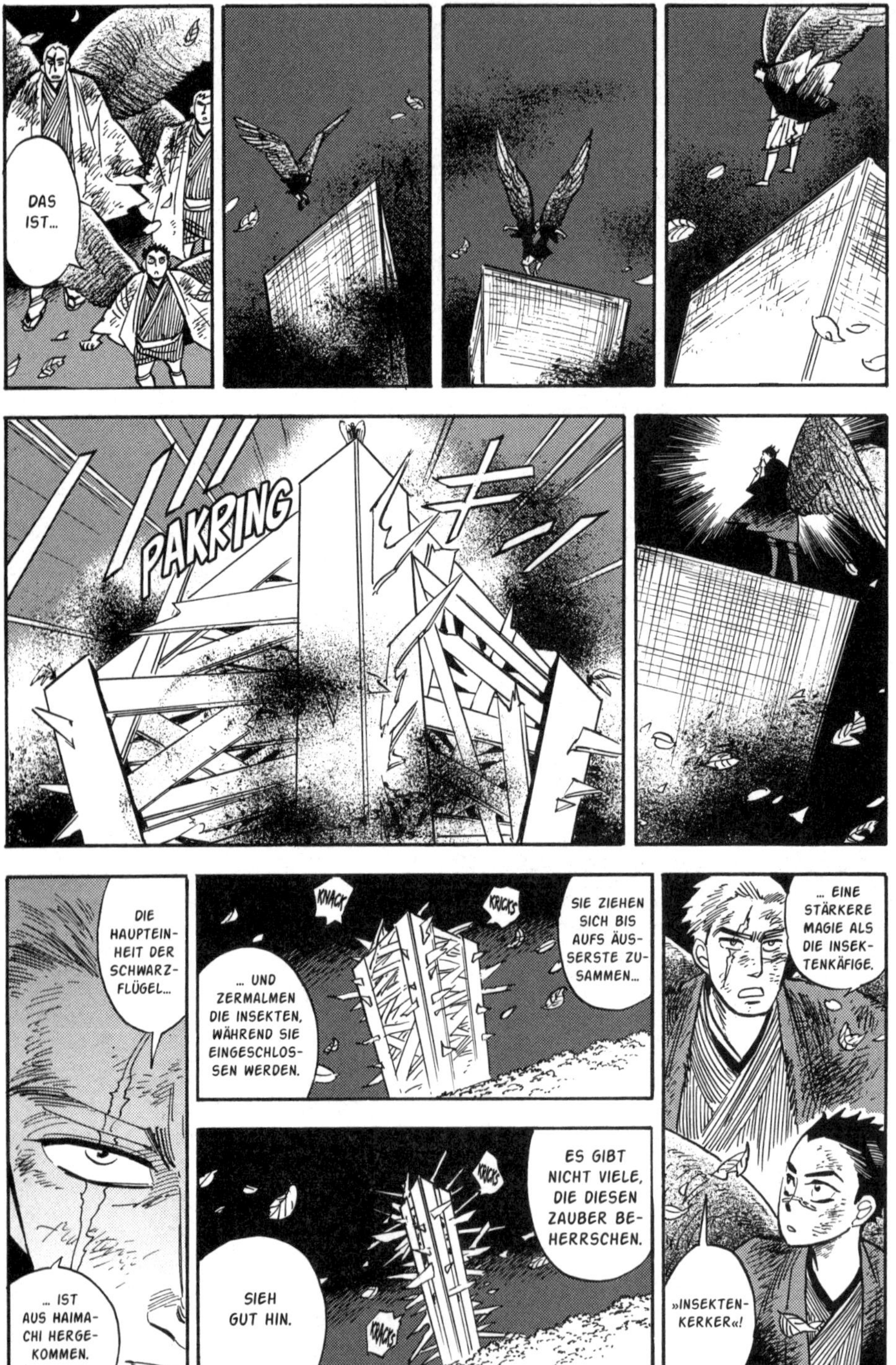
DAS IST...
PAKRING
... EINE STÄRKERE MAGIE ALS DIE INSEKTENKÄFIGE.
»INSEKTENKERKER«!
SIE ZIEHEN SICH BIS AUFS ÄUSSERSTE ZUSAMMEN...
KRICKS
KNACK
... UND ZERMALMEN DIE INSEKTEN, WÄHREND SIE EINGESCHLOSSEN WERDEN.
ES GIBT NICHT VIELE, DIE DIESEN ZAUBER BEHERRSCHEN.
KRICKS
SIEH GUT HIN.
KRACKS
DIE HAUPTEINHEIT DER SCHWARZFLÜGEL...
... IST AUS HAIMACHI HERGEKOMMEN.

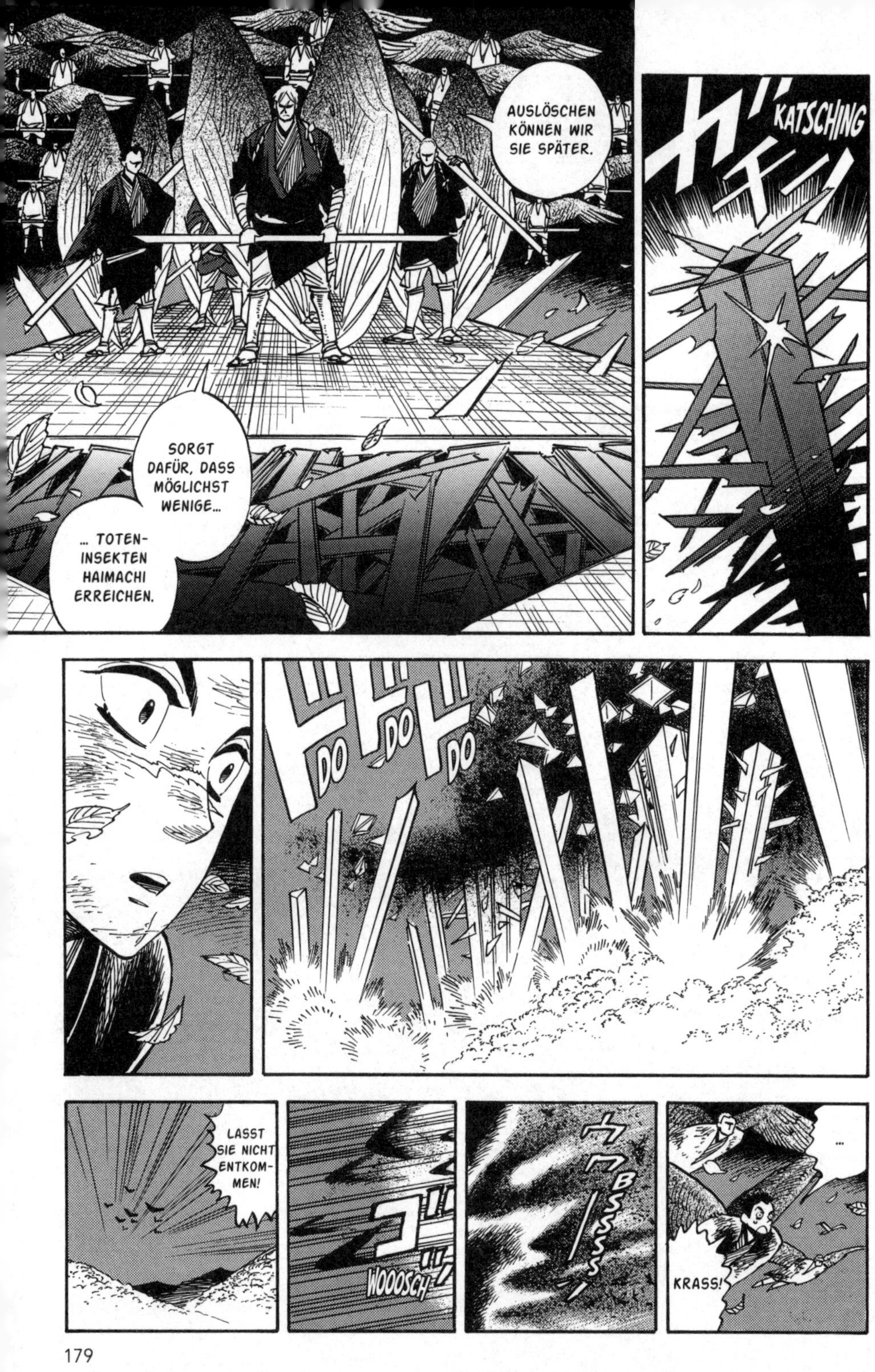
KATSCHING
AUSLÖSCHEN KÖNNEN WIR SIE SPÄTER.
SORGT DAFÜR, DASS MÖGLICHST WENIGE...
... TOTEN-INSEKTEN HAIMACHI ERREICHEN.
DO DO DO
...
KRASS!
BSSSS
WOOOSCH
LASST SIE NICHT ENTKOM-MEN!

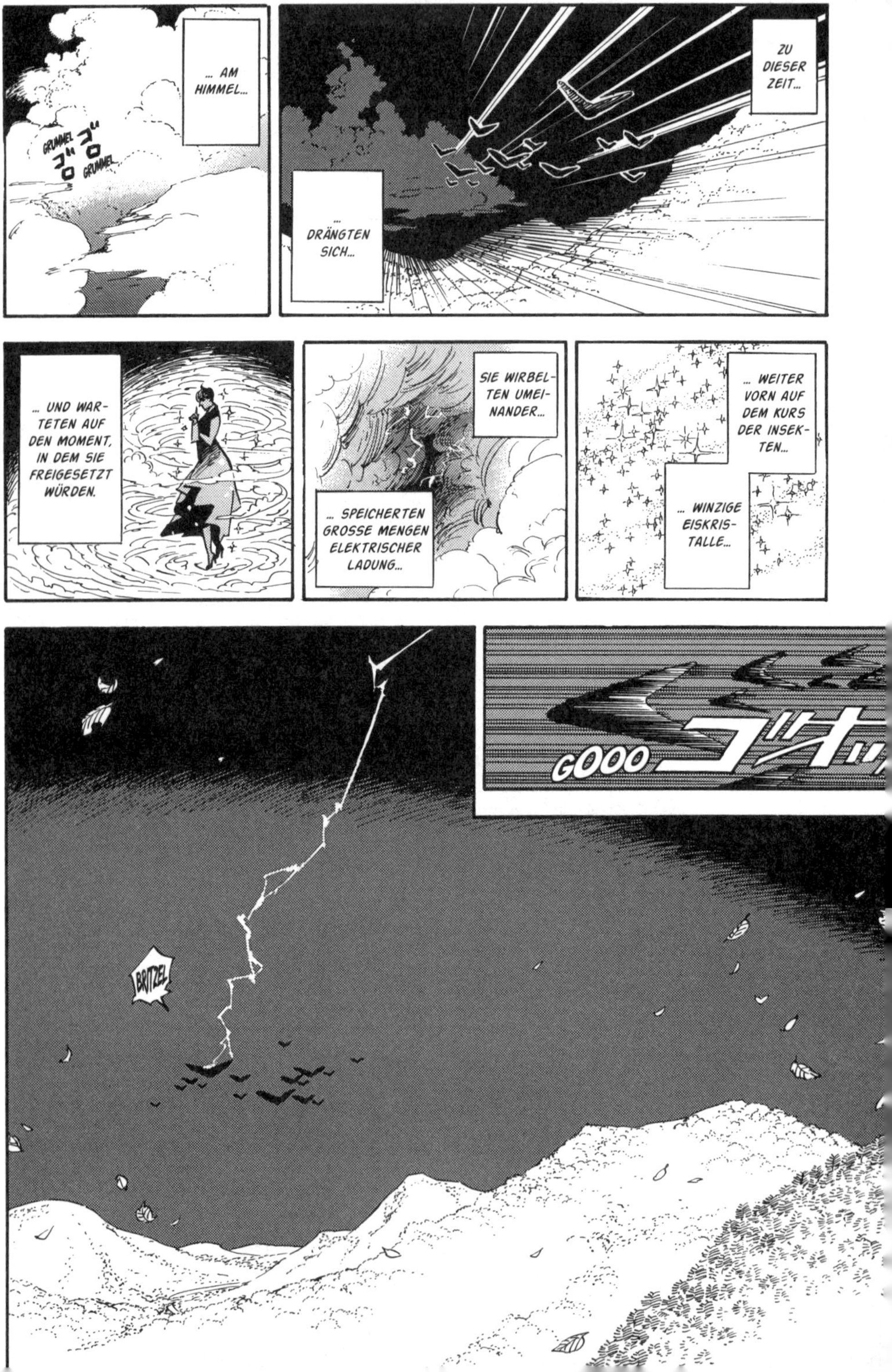

... AM HIMMEL...
GRUMMEL ゴロ
ゴロ GRUMMEL
ZU DIESER ZEIT...
... DRÄNGTEN SICH...
... UND WARTETEN AUF DEN MOMENT, IN DEM SIE FREIGESETZT WÜRDEN.
SIE WIRBELTEN UMEINANDER...
... SPEICHERTEN GROSSE MENGEN ELEKTRISCHER LADUNG...
... WEITER VORN AUF DEM KURS DER INSEKTEN...
... WINZIGE EISKRISTALLE...
GOOO
BRITZEL

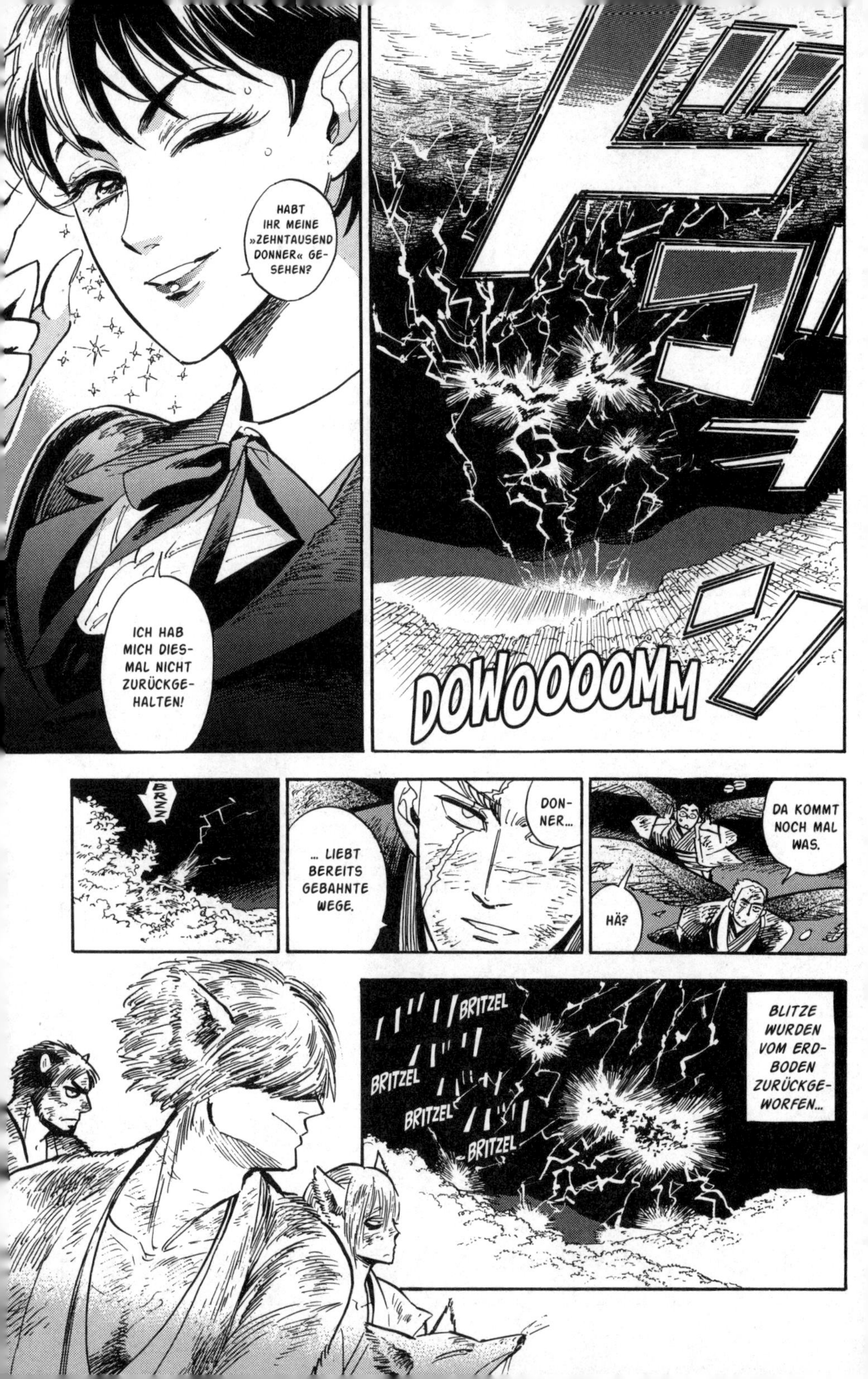
DOWOOOOMM
HABT IHR MEINE »ZEHNTAUSEND DONNER« GESEHEN?
ICH HAB MICH DIESMAL NICHT ZURÜCKGEHALTEN!
DA KOMMT NOCH MAL WAS.
HÄ?
DONNER...
... LIEBT BEREITS GEBAHNTE WEGE.
BRZZ
BLITZE WURDEN VOM ERDBODEN ZURÜCKGEWORFEN...
BRITZEL
BRITZEL
BRITZEL
BRITZEL

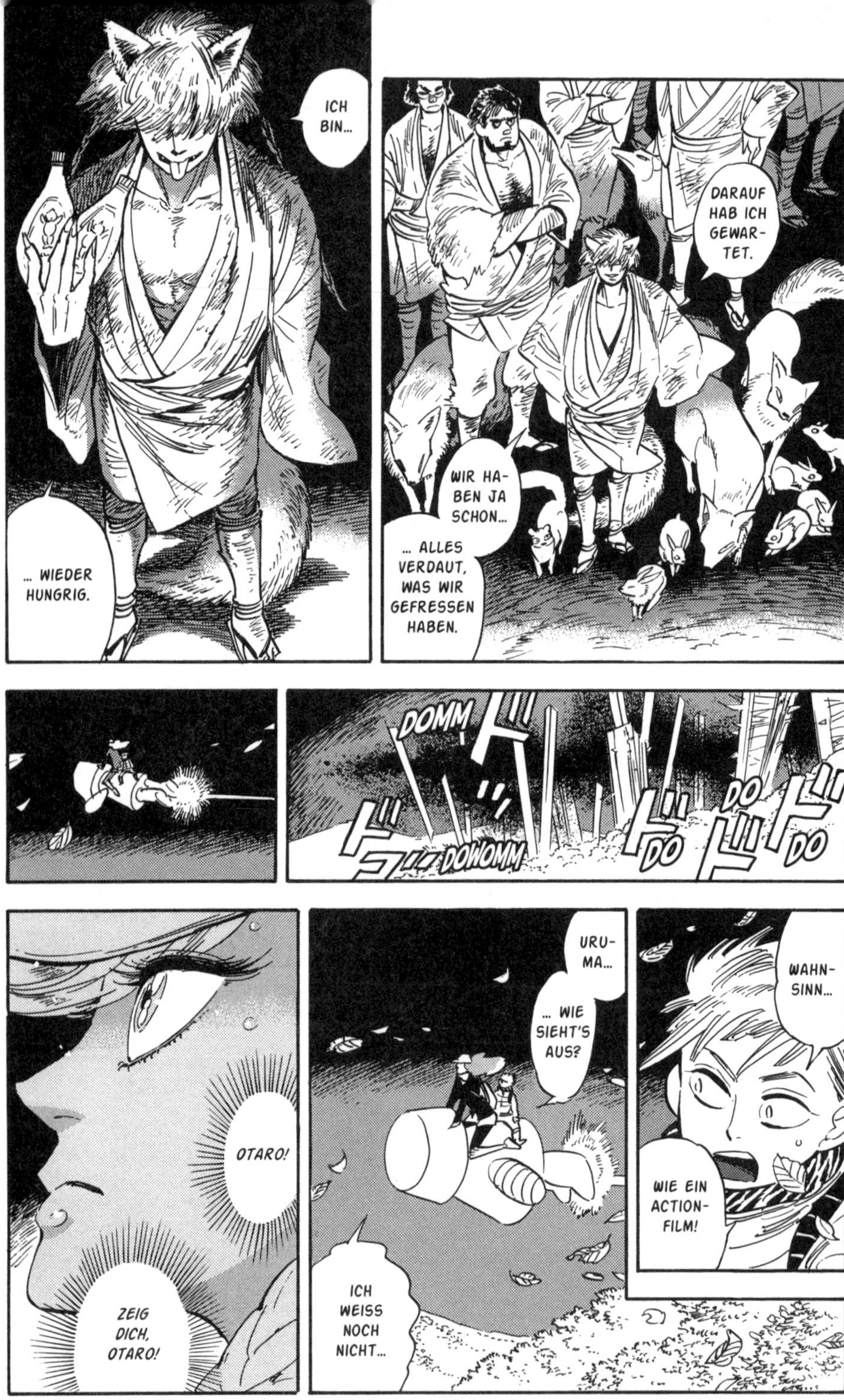
DARAUF HAB ICH GEWARTET.
WIR HABEN JA SCHON...
... ALLES VERDAUT, WAS WIR GEFRESSEN HABEN.
ICH BIN...
... WIEDER HUNGRIG.
DOMM
DOWOMM
DO
DO
DO
WAHNSINN...
WIE EIN ACTION-FILM!
URUMA...
... WIE SIEHT'S AUS?
ICH WEISS NOCH NICHT...
OTARO!
ZEIG DICH, OTARO!

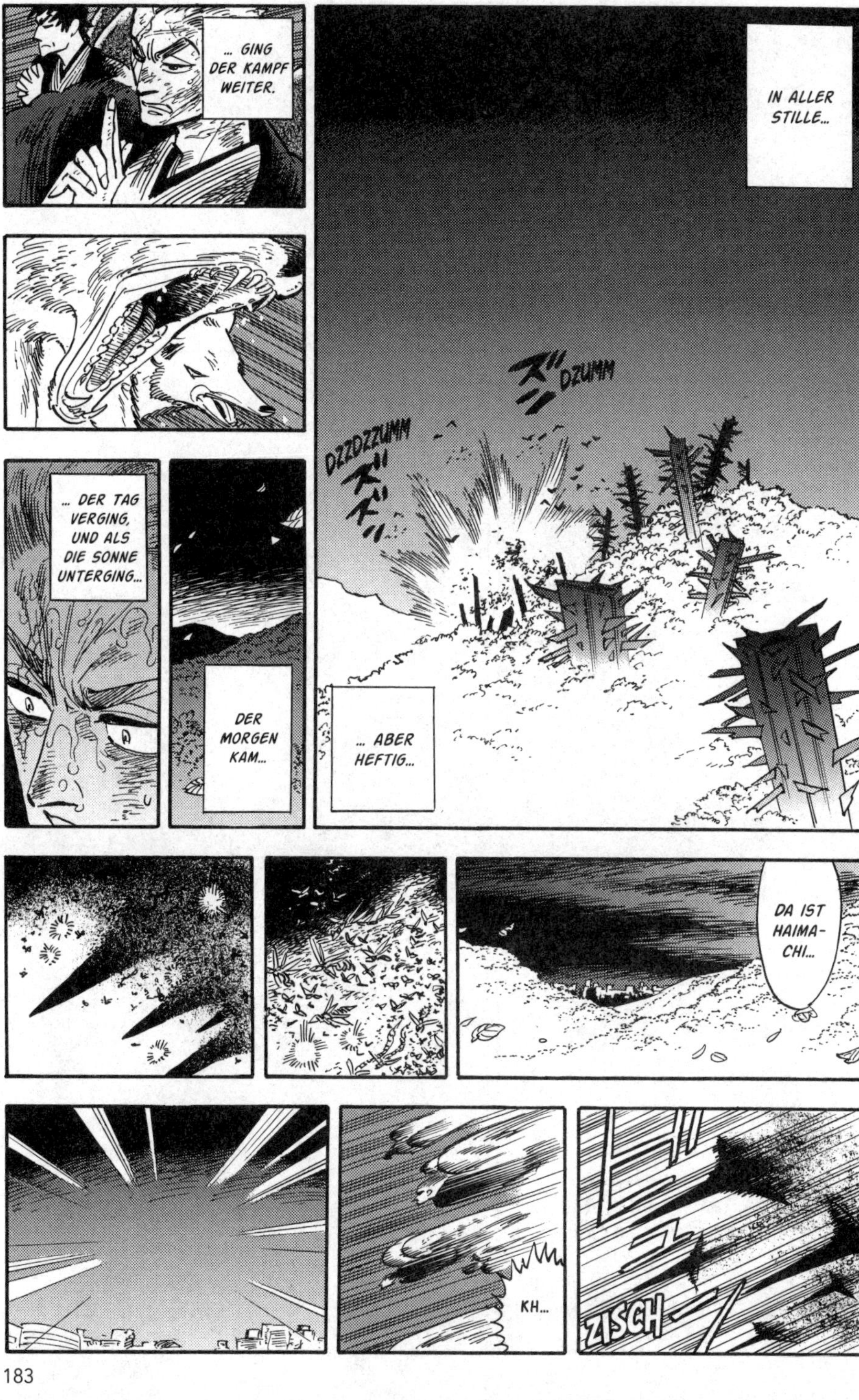
IN ALLER STILLE...
DZUMM
DZZDZZUMM
... ABER HEFTIG...
... GING DER KAMPF WEITER.
DER MORGEN KAM...
... DER TAG VERGING, UND ALS DIE SONNE UNTERGING...
DA IST HAIMACHI...
ZISCH
KH...

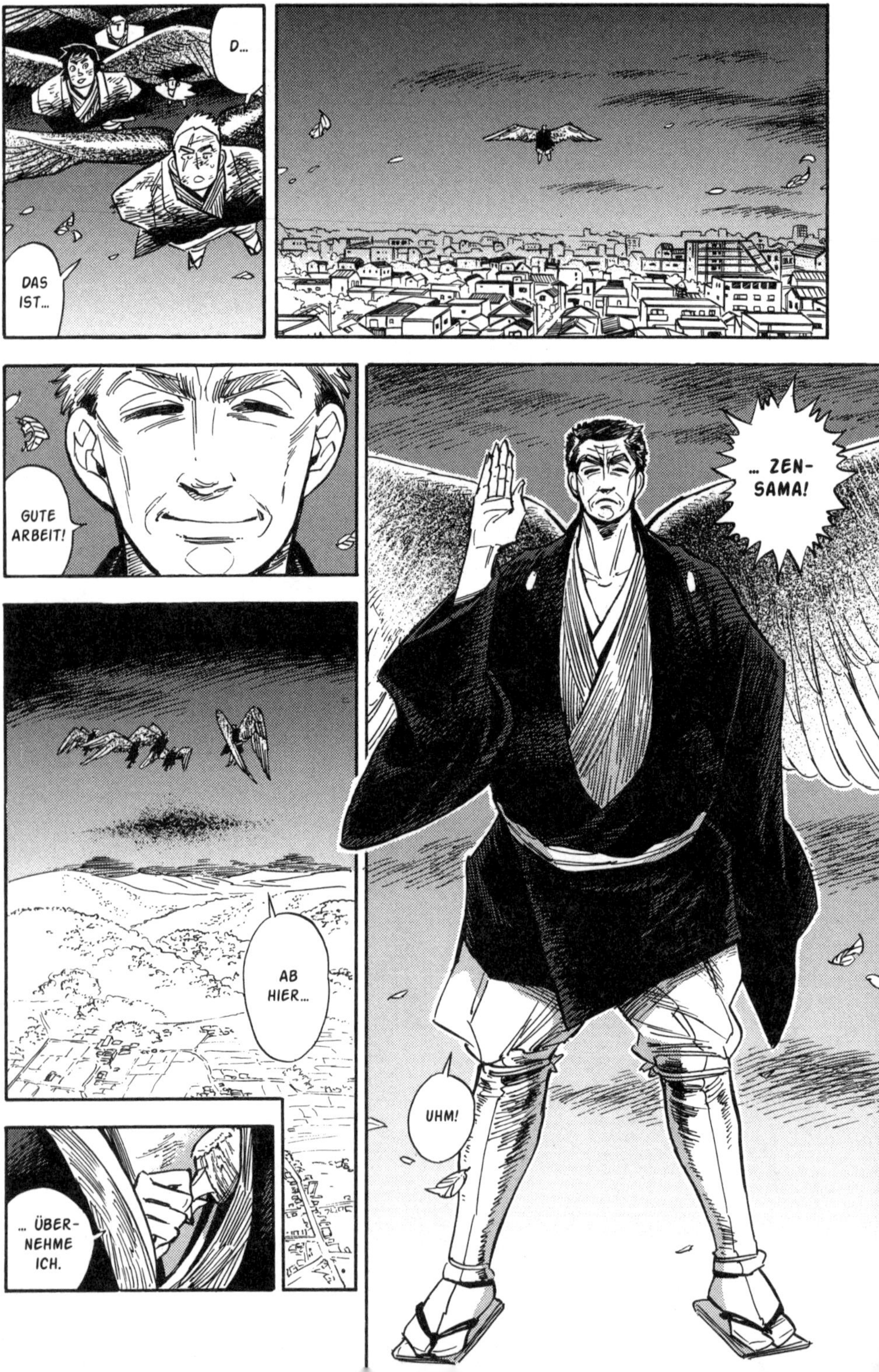
D…
DAS IST…
… ZEN-SAMA!
GUTE ARBEIT!
UHM!
AB HIER…
… ÜBERNEHME ICH.

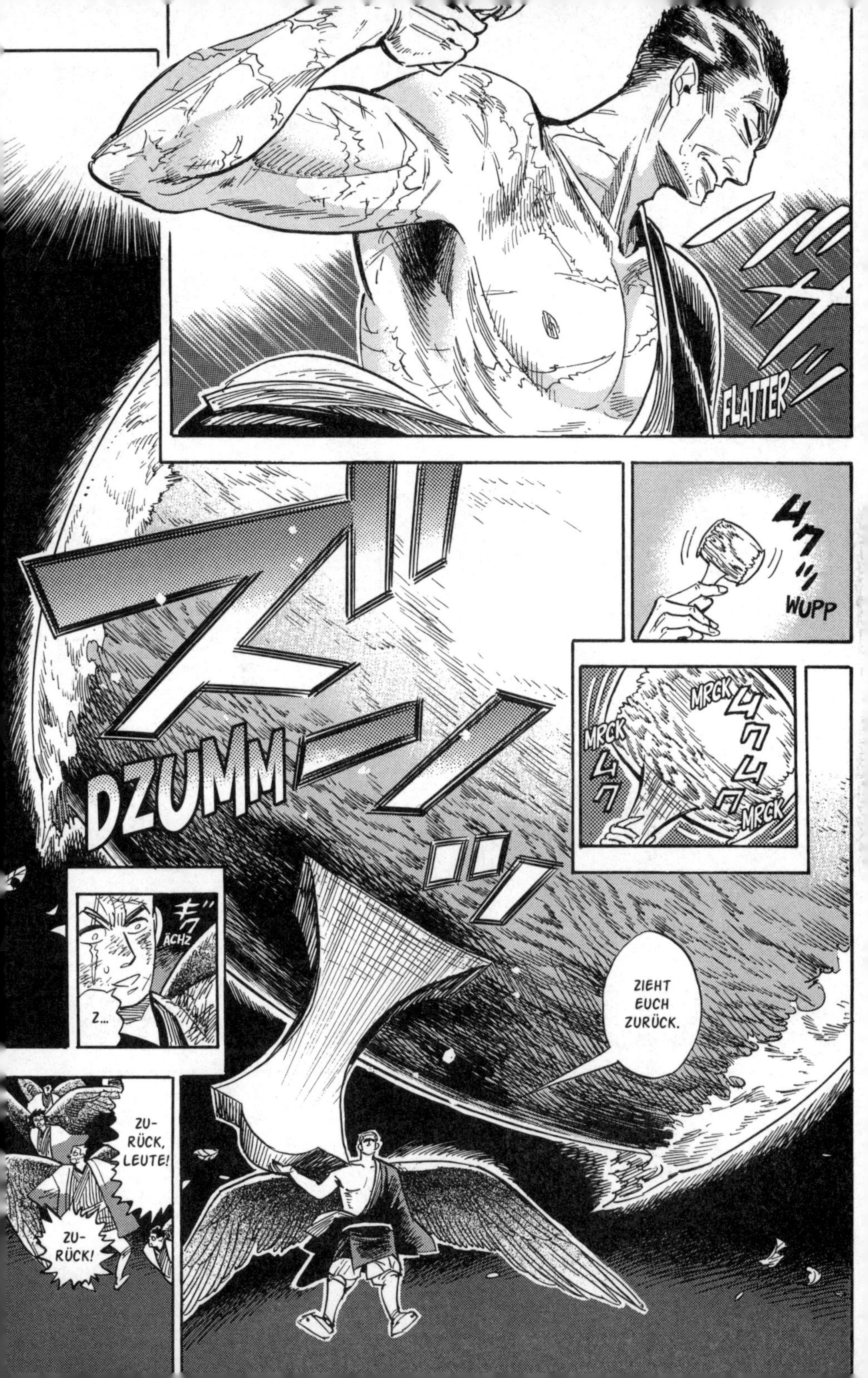
FLATTER
WUPP
MRCK
MRCK
MRCK
DZUMM
ÄCHZ
Z...
ZIEHT EUCH ZURÜCK.
ZU-RÜCK, LEUTE!
ZU-RÜCK!

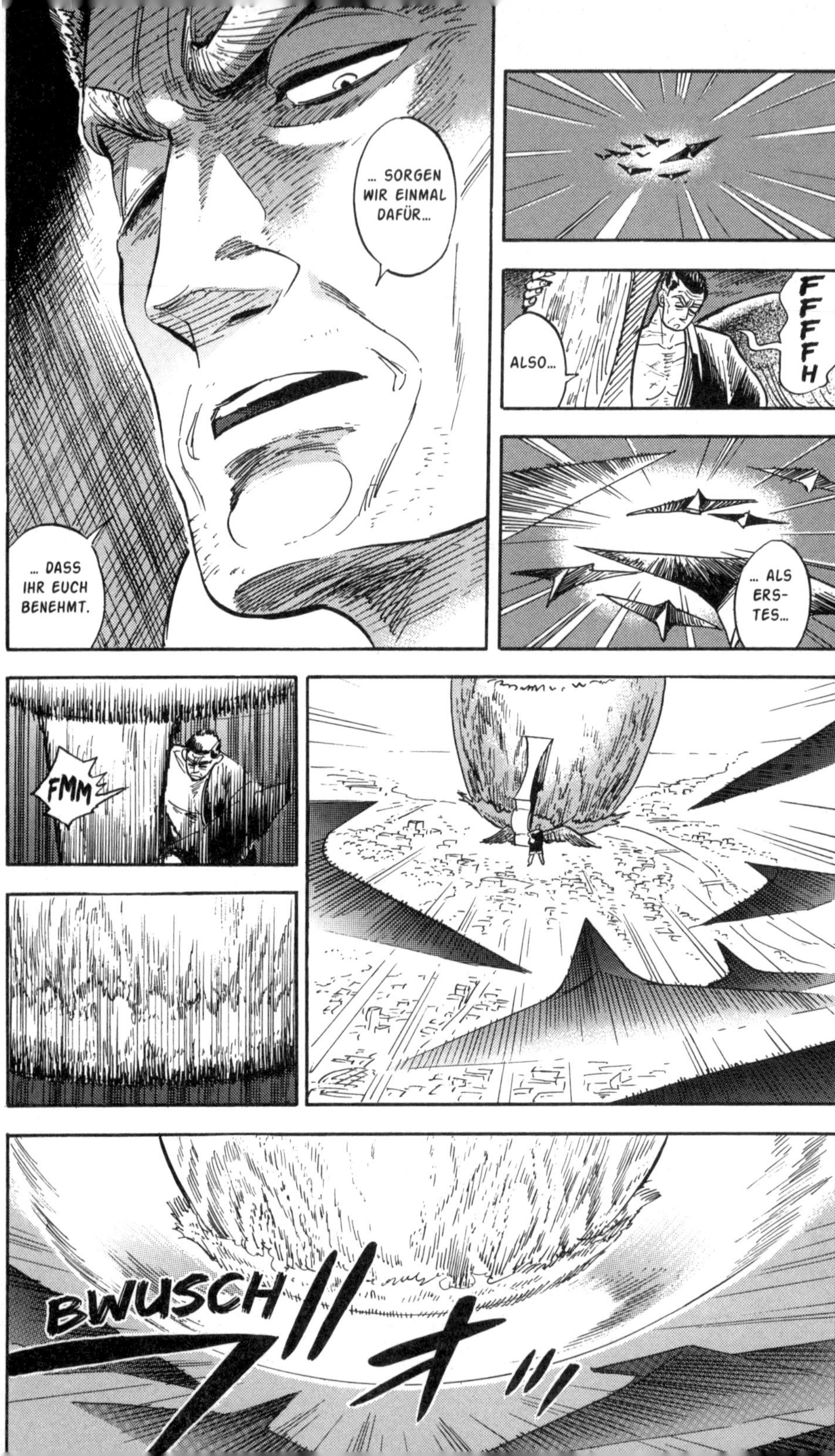

FFFFH
ALSO...
... ALS ERSTES...
... SORGEN WIR EINMAL DAFÜR...
... DASS IHR EUCH BENEHMT.
FMM
BWUSCH

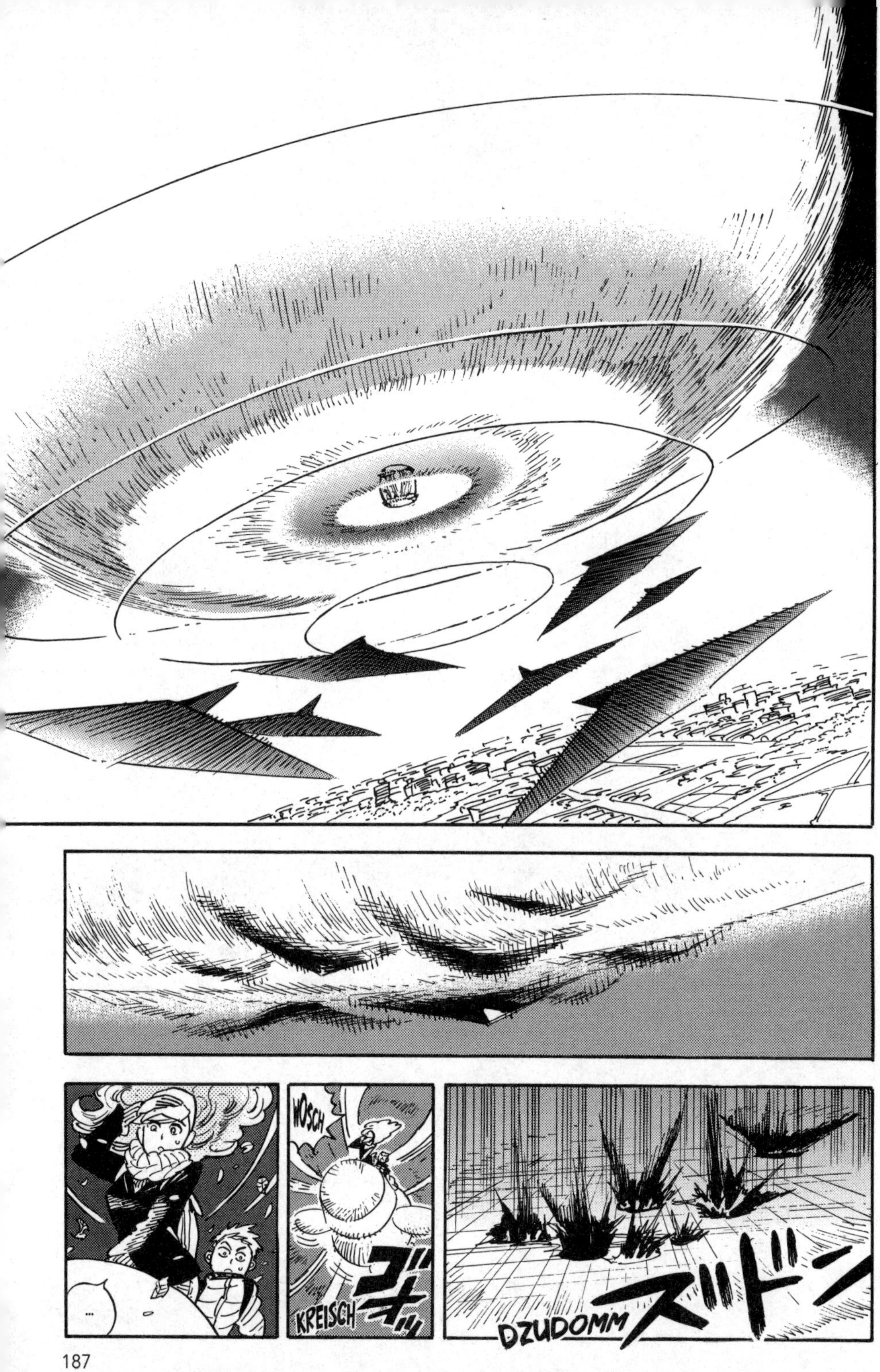
...
WOSCH
KREISCH
ゴォッ
DZUDOMM
ズドン

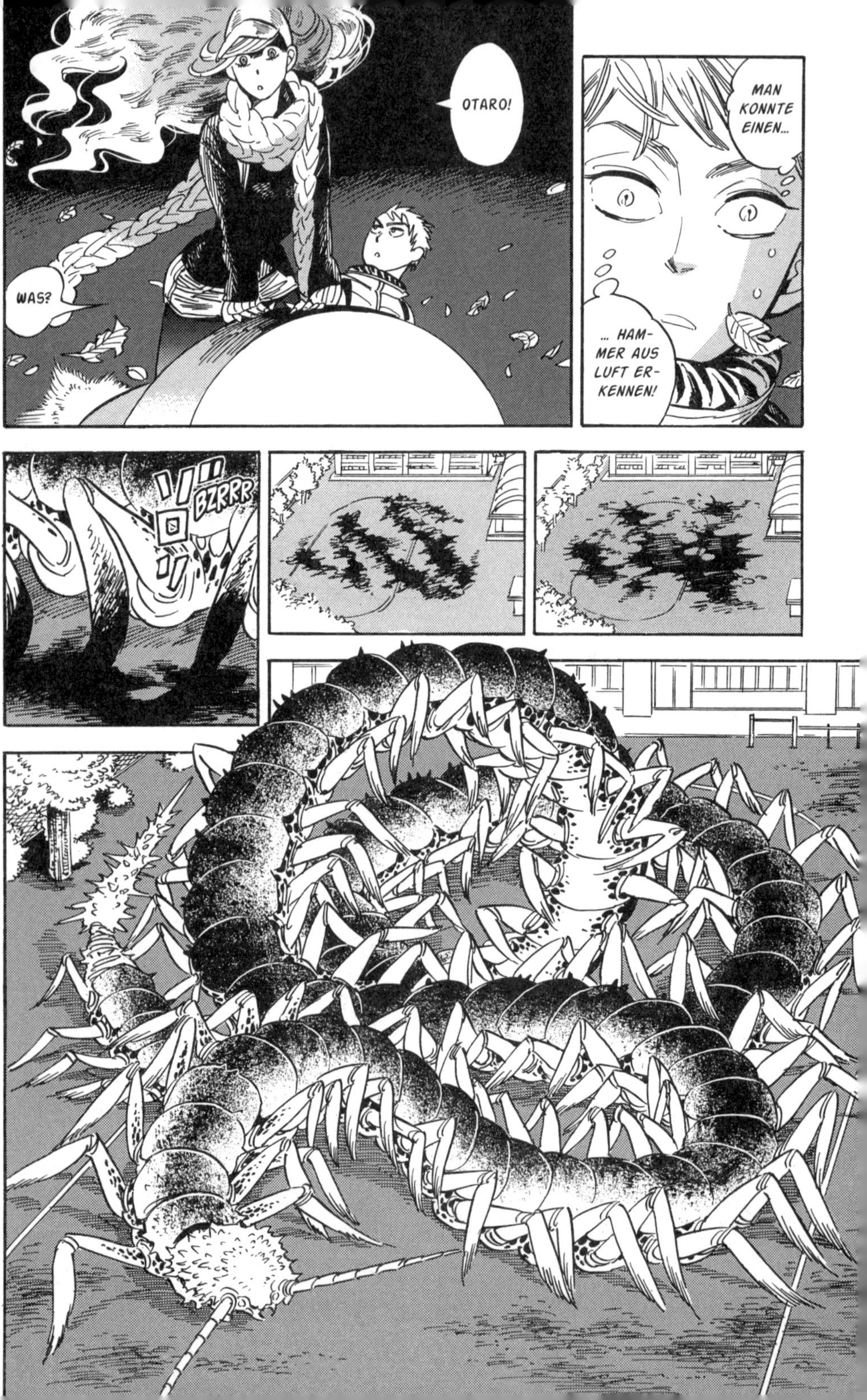

MAN KONNTE EINEN...
... HAMMER AUS LUFT ERKENNEN!
OTARO!
WAS?
BZRRR

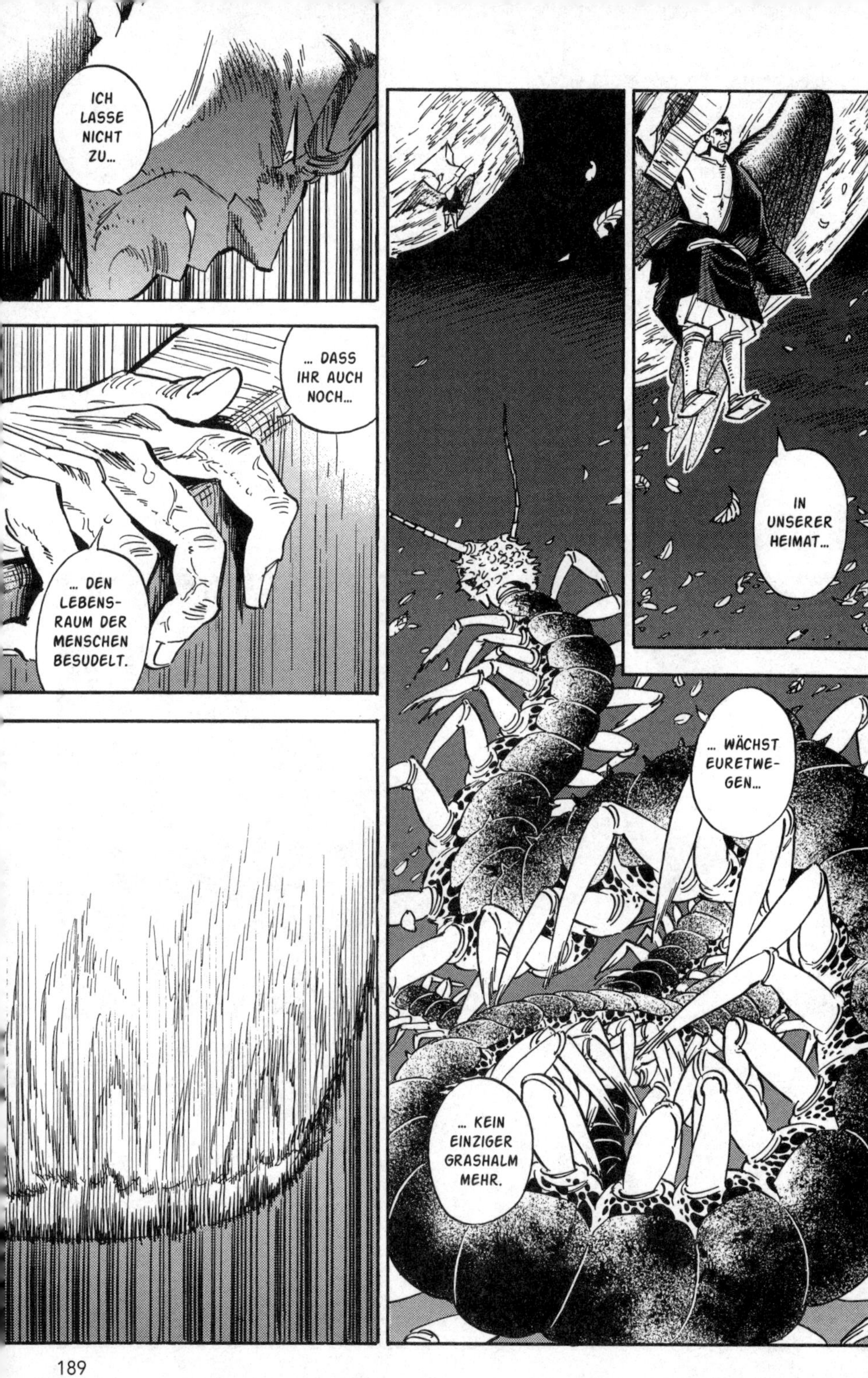
ICH LASSE NICHT ZU...
... DASS IHR AUCH NOCH...
... DEN LEBENSRAUM DER MENSCHEN BESUDELT.
IN UNSERER HEIMAT...
... WÄCHST EURETWEGEN...
... KEIN EINZIGER GRASHALM MEHR.

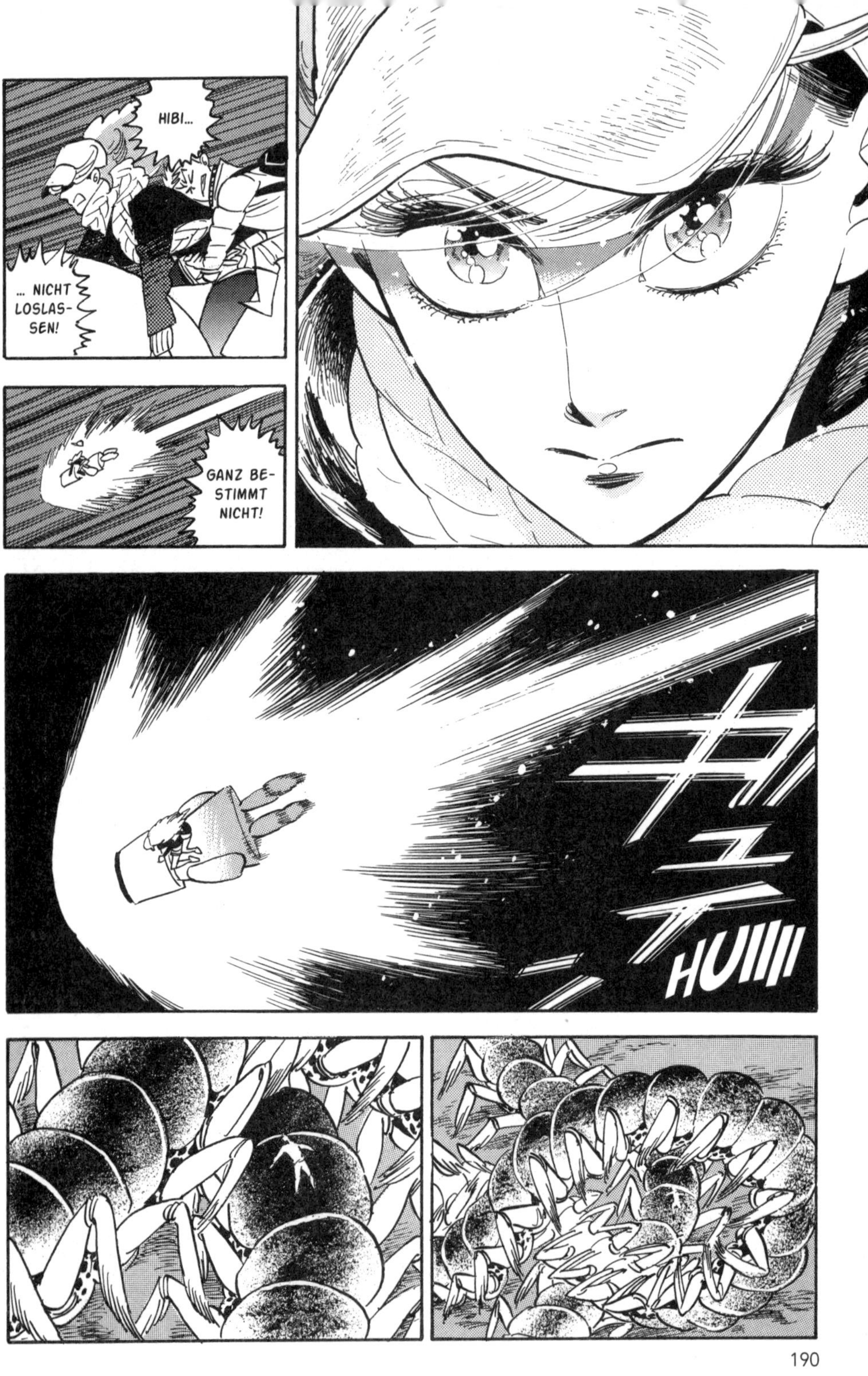

HIBI...
... NICHT LOSLASSEN!
GANZ BESTIMMT NICHT!
HUIIII

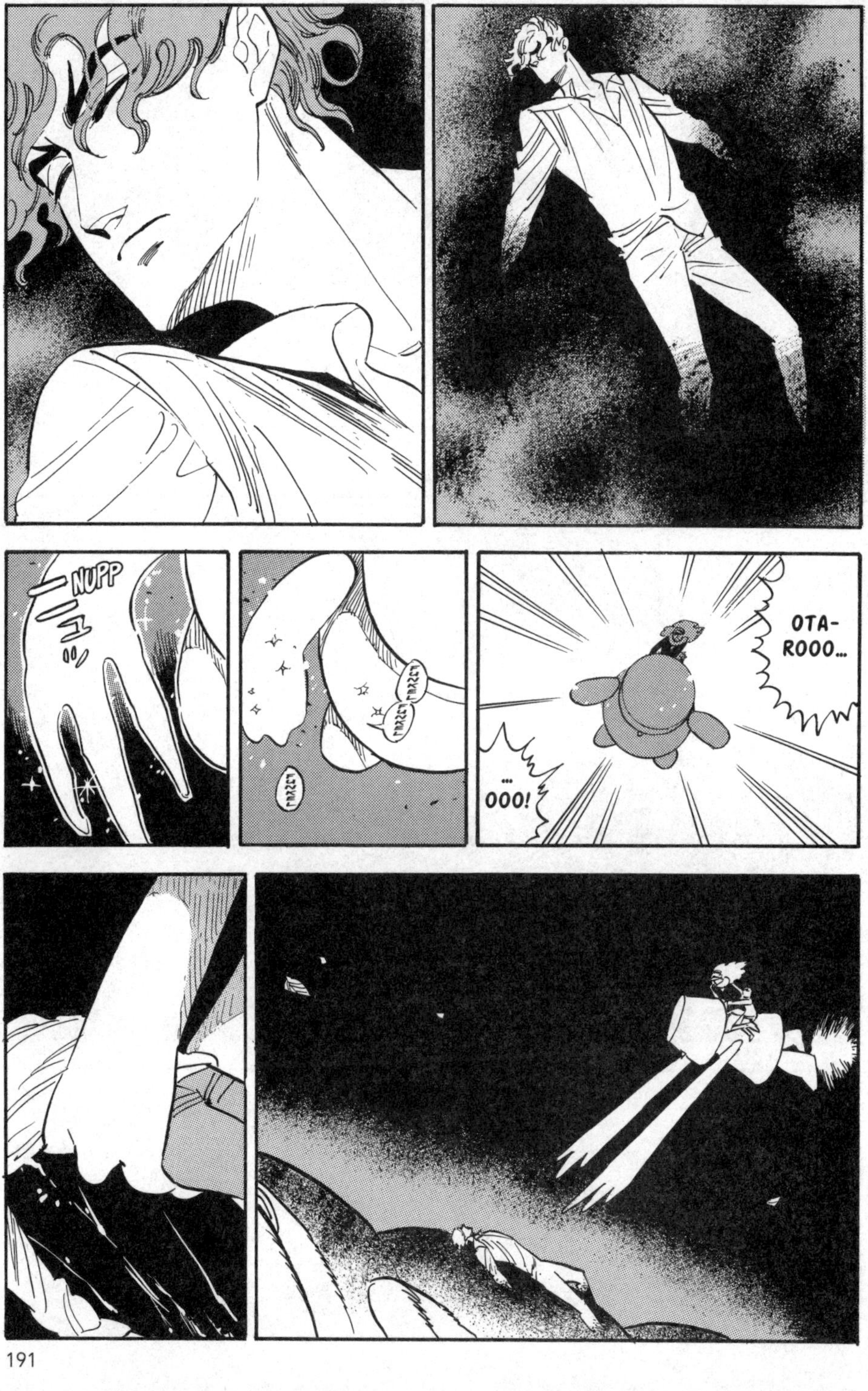
NUPP
OTA-
ROOO...
...
OOO!

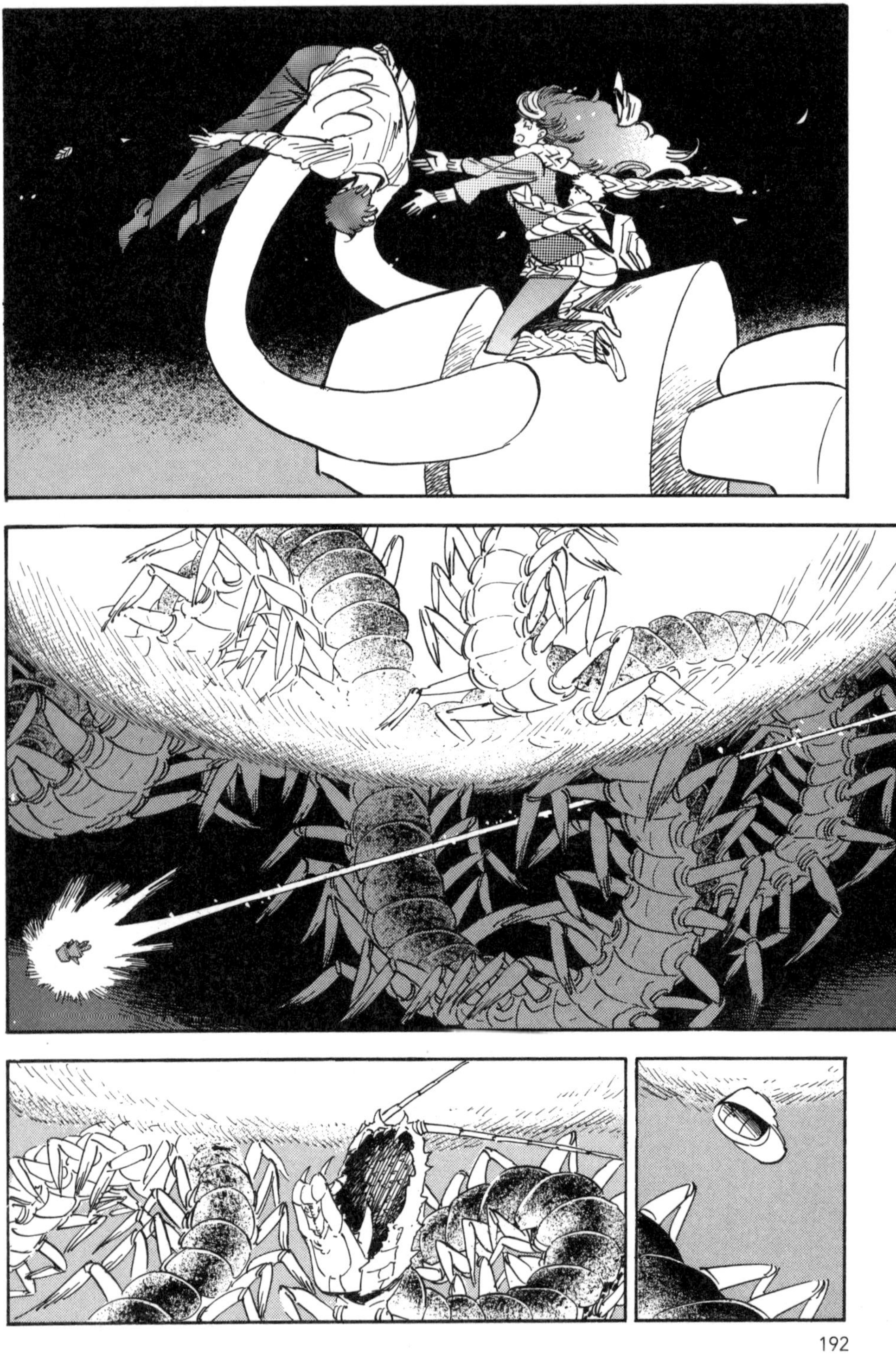

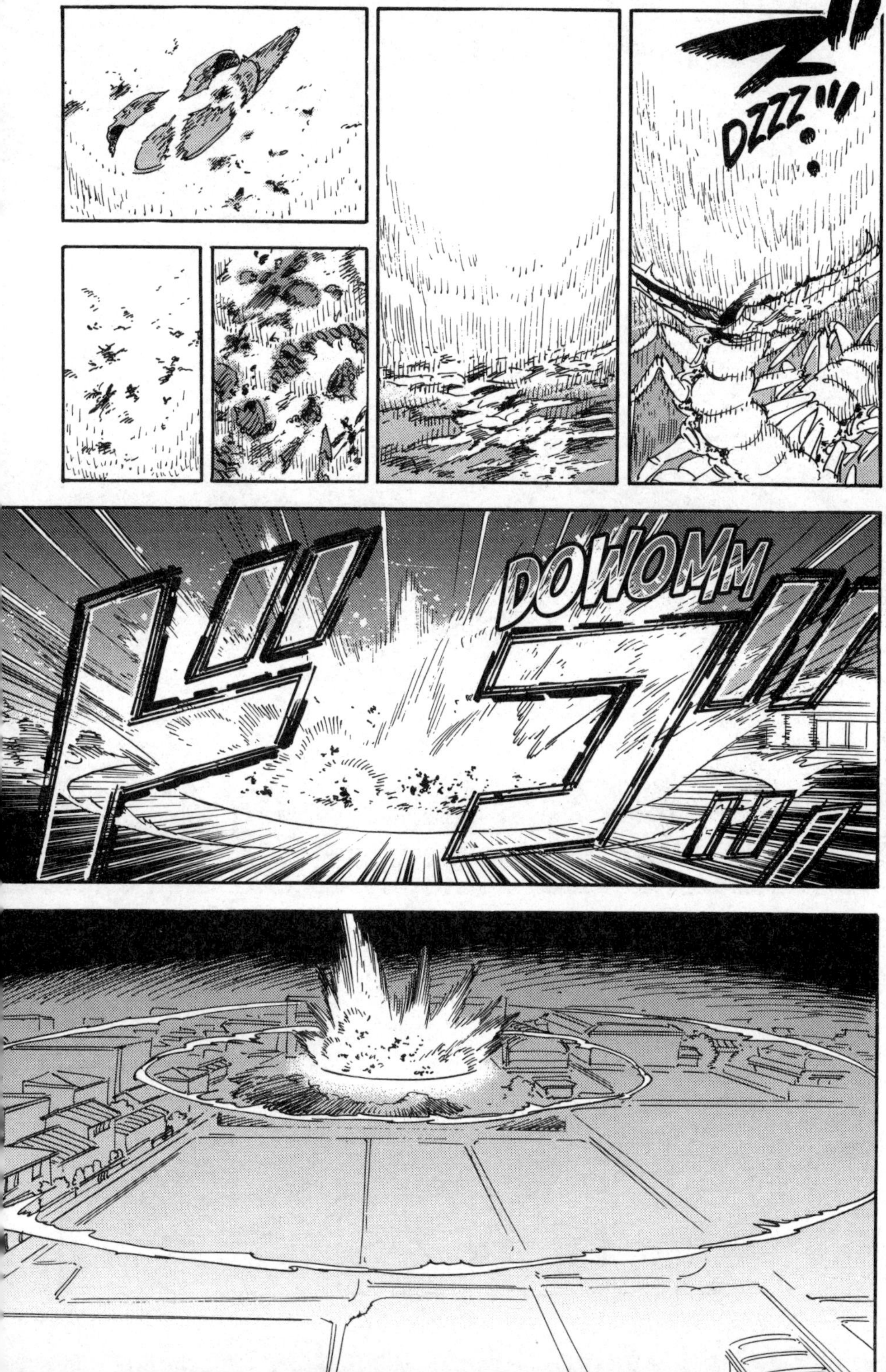
DZZZ!!
DOWOMM

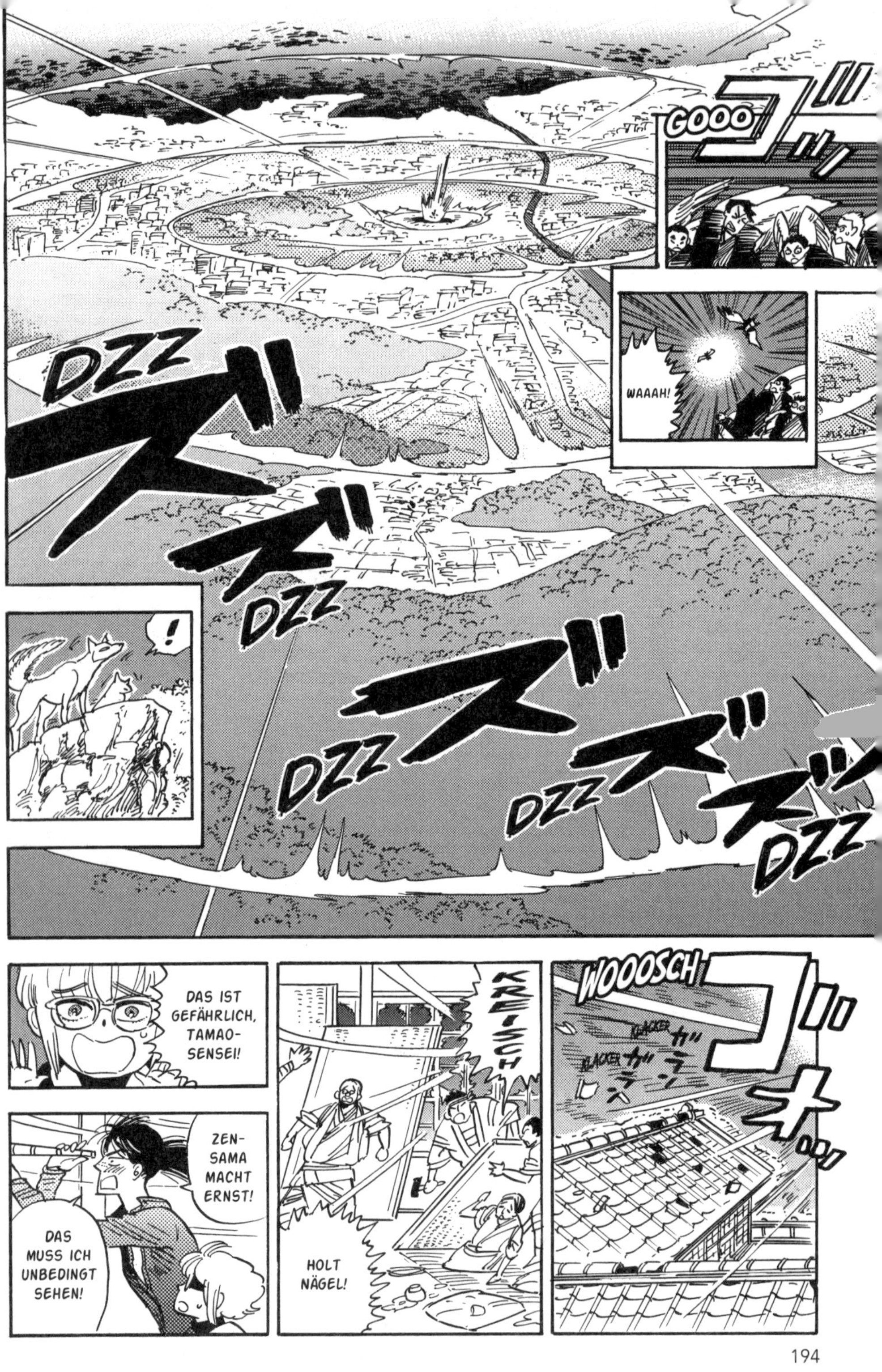
GOOO
WAAAH!
DZZ
DZZ
DZZ
DZZ
DZZ
!
WOOOSCH
KLACKER
KLACKER
KREISCH
HOLT NÄGEL!
DAS IST GEFÄHRLICH, TAMAO-SENSEI!
ZEN-SAMA MACHT ERNST!
DAS MUSS ICH UNBEDINGT SEHEN!

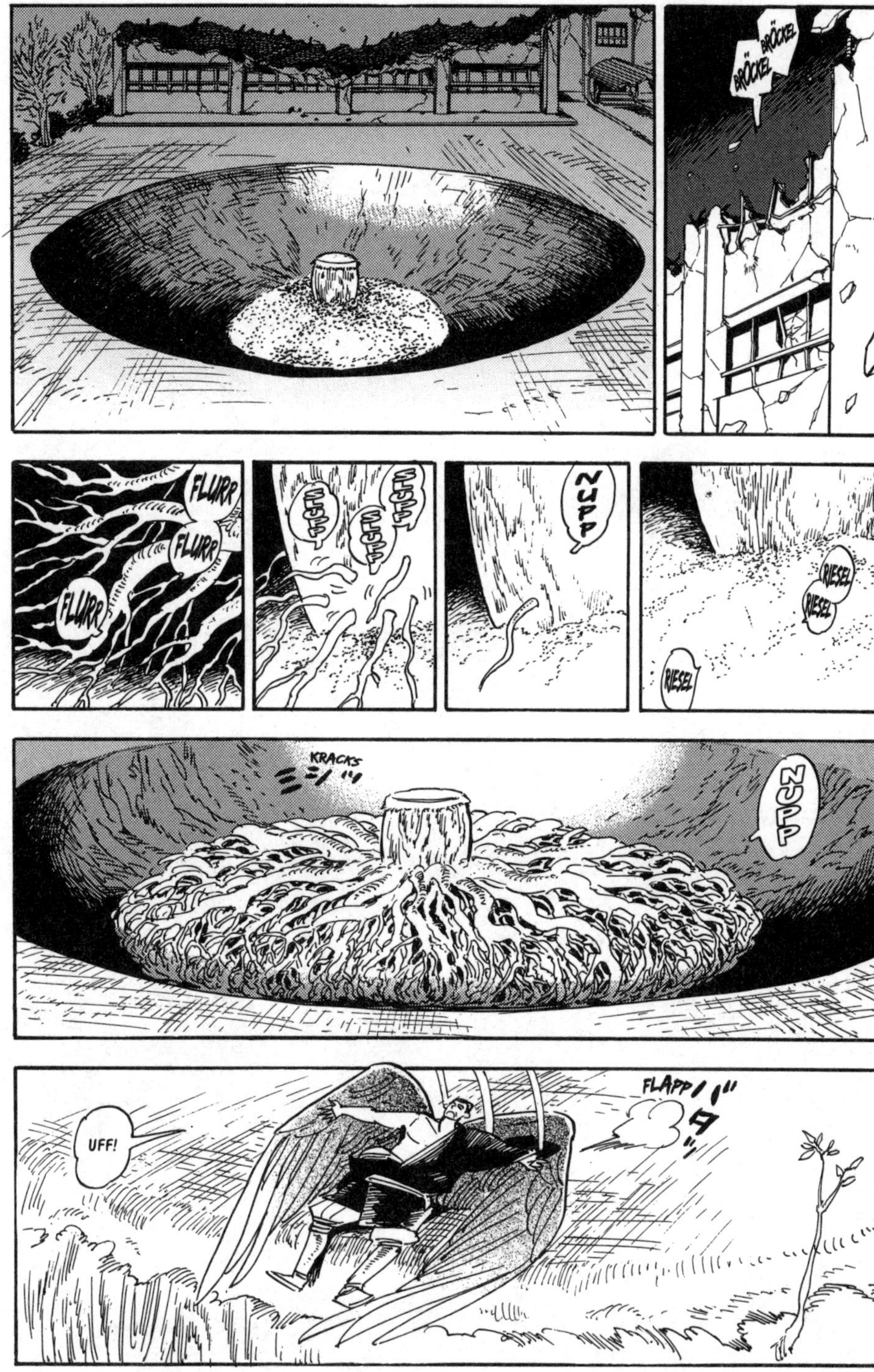
BRÖCKEL
BRÖCKEL
FLURR
FLURR
FLURR
SLUFF
SLUFF
SLUFF
NUPP
RIESEL
RIESEL
RIESEL
KRACKS
NUPP
FLAPP
UFF!

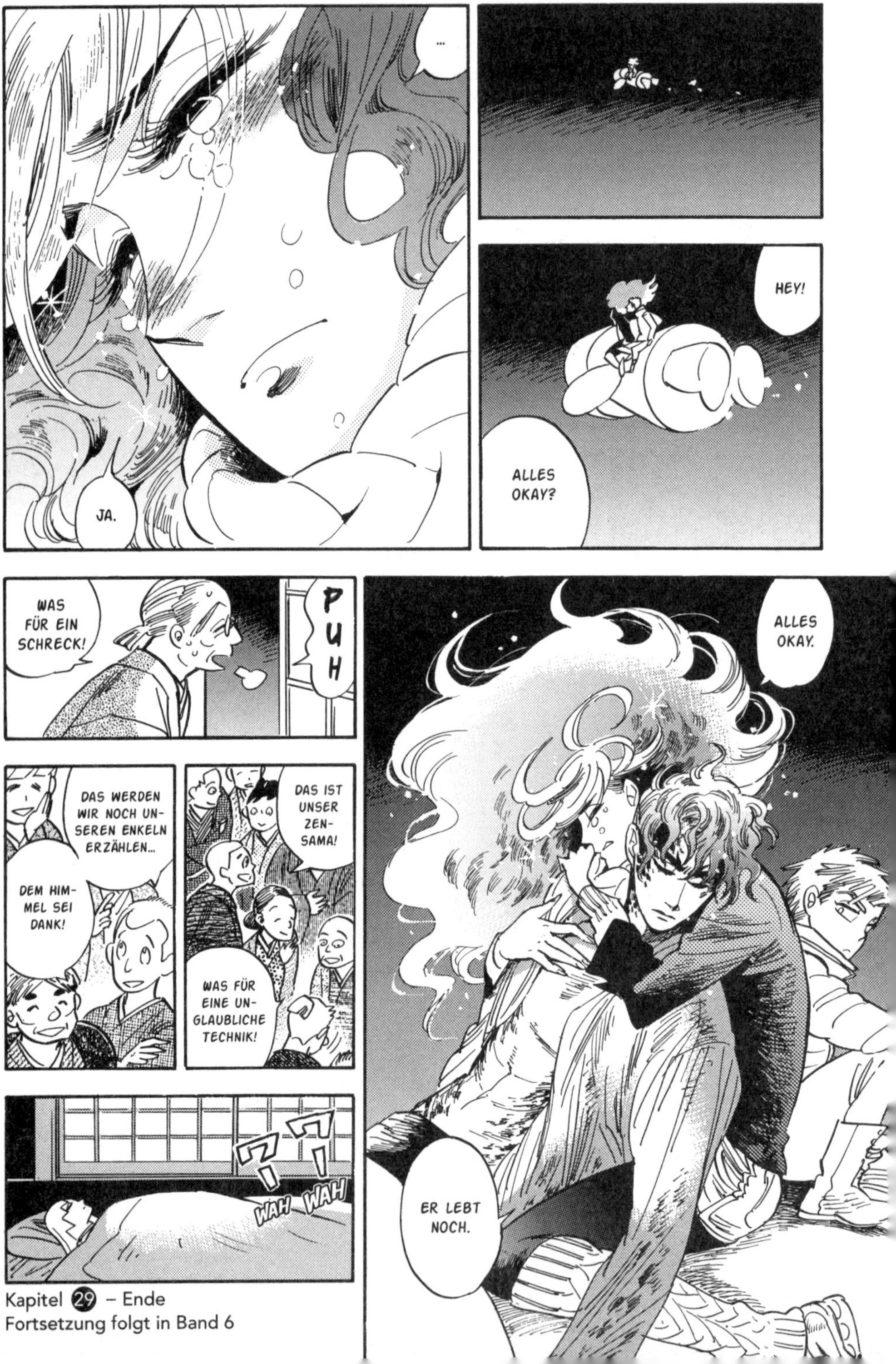

Kapitel 29 – Ende
Fortsetzung folgt in Band 6

CARLSEN MANGA

Aus dem Japanischen von Antje Bockel
RAN TO HAIIRO NO SEKAI Vol. 5

First published in Japan in 2013 by KADOKAWA CORPORATION, Tokyo.
German translation rights arranged with KADOKAWA CORPORATION, Tokyo through TOHAN CORPORATION, Tokyo.

Redaktion: Petra Lohmann
Textbearbeitung: Aranka Schindler
Herstellung: Tobias Hametner

ISBN: 978-3-551-02368-1

CARLSEN MANGA! CHECKLIST

BARFUSS DURCH HIROSHIMA

von Keiji Nakazawa
€ 12,00 (D) / € 12,40 (A)
O **Band 2**
€ 14,00 (D) / € 14,40 (A)
O **Band 1, 3 bis 4**

BARRAGE

von Kohei Horikoshi
€ 6,99 (D) / € 7,20 (A)
O **Band 1 bis 2**
In 2 Bänden abgeschlossen

BATTLE ANGEL ALITA – PERFECT EDITION

von Yukito Kishiro
€ 19,99 (D) / € 20,60 (A)
O **Band 1 bis 3**
€ 24,99 (D) / € 25,70 (A)
O **Band 4**
In 4 Bänden abgeschlossen
€ 29,99 (D) / € 30,90 (A)
O **Band 4 im Schuber**
€ 89,99 (D) / € 92,60 (A)
O **Band 1-4 im Schuber**

BATTLE ANGEL ALITA – LAST ORDER PERFECT EDITION

von Yukito Kishiro
€ 14,99 (D) / € 15,50 (A)
O **1 bis 3, 5 bis 9**
€ 19,99 (D) / € 20,60 (A)
O **Band 10**
O **Band 11** 06/21
O **Band 12** 09/21
€ 16,99 (D) / € 17,50 (A)
O **Band 4**
In 12 Bänden abgeschlossen
€ 25,00 (D) / € 25,70 (A)
O **Band 12 im Schuber mit Extra** 09/21
€ 90,00 (D) / € 92,60 (A)
O **Bände 1 bis 6 im Schuber mit Extra**
€ 99,00 (D) / € 103,20 (A)
O **Bände 7 bis 12 im Schuber mit Extra** 09/21

BATTLE ANGEL ALITA – MARS CHRONICLE

von Yukito Kishiro
€ 6,95 (D) / € 7,20 (A)
O **Band 1 bis 3, 5-6**
O **Band 7** 07/21
€ 10,00 (D) / € 10,30 (A)
O **Band 4**
Bislang 6 Bände in Japan

ATTACK ON TITAN – DELUXE

von Hajime Isayama
€ 25,00 (D) / € 25,70 (A)
O **Band 1 bis 8**

ATTACK ON TITAN – INSIDE

von Hajime Isayama
€ 12,90 (D) / € 13,30 (A)
O **Einzelband**

ATTACK ON TITAN – LOST GIRLS

von Isayama, Seko & Fuji
€ 6,99 (D) / € 7,20 (A)
O **Band 1 & 2**
In 2 Bänden abgeschlossen

ATTACK ON TITAN – LOST GIRLS (Nippon Novel)

von Hiroshi Seko
€ 9,95 (D) / € 10,30 (A)
O **Einzelband**

ATTACK ON TITAN – NO REGRETS

von Hajime Isayama
€ 6,95 (D) / € 7,20 (A)
O **Band 1 & 2**
In 2 Bänden abgeschlossen

ATTACK ON TITAN – NO REGRETS FULL COLOR EDITION

von Hajime Isayama
€ 14,99 (D) / € 15,50 (A)
O **Band 1 & 2**
In 2 Bänden abgeschlossen

ATTACK ON TITAN – OUTSIDE

von Hajime Isayama
€ 12,90 (D) / € 13,30 (A)
O **Einzelband**

ATTACK ON TITAN – SHORT PLAY

von Isayama & hounori
€ 8,99 (D) / € 9,30 (A)
O **Einzelband**

ANONYMOUS NOISE

von Ryoko Fukuyama
€ 5,00 (D) / € 6,20 (A)
O **Band 1**
€ 6,99 (D) / € 7,20 (A)
O **Band 2 bis 17**
O **Band 18** 06/21
In 18 Bänden abgeschlossen

ARTE

von Kei Ohkubo
€ 10,00 (D) / € 10,30 (A)
O **Band 1 bis 6**
O **Band 7** 07/21
O **Band 8** 09/21
Bislang 13 Bände in Japan

ASSASSINATION CLASSROOM

von Yusei Matsui
€ 6,50 (D) / € 6,70 (A)
O **Band 1 bis 21**
In 21 Bänden abgeschlossen

ATTACK ON TITAN

von Hajime Isayama
€ 6,95 (D) / € 7,20 (A)
O **Band 1 bis 32**
O **Band 33** 09/21
In 34 Bänden abgeschlossen
€ 36,00 (D) / € 37,10 (A)
O **Bände 1-5 im Schuber**
O **Bände 6-10 im Schuber**
O **Bände 11-15 im Schuber**
O **Bände 16-20 im Schuber**
O **Bände 21-25 im Schuber**
O **Bände 26-30 im Schuber**

ATTACK ON TITAN – ANSWERS

von Hajime Isayama
€ 12,90 (D) / € 13,30 (A)
O **Einzelband**

ATTACK ON TITAN – BEFORE THE FALL

von Hajime Isayama
€ 6,95 (D) / € 7,20 (A)
O **Band 1 bis 17**
In 17 Bänden abgeschlossen

ATTACK ON TITAN CHARACTER GUIDE

von Hajime Isayama
€ 12,90 (D) / € 13,30 (A)
O **Einzelband**

12 JAHRE

von Nao Maita
€ 5,99 (D) / € 6,20 (A)
O **Band 1 bis 14**
€ 6,99 (D) / € 7,20 (A)
O **Band 15** 08/21
In 20 Bänden abgeschlossen

ABE SADA

von Kazuo Kamimura
€ 14,99 (D) / € 15,50 (A)
O **Band 1 & 2**
In 2 Bänden abgeschlossen

ACID TOWN

von Kyugo
€ 7,95 (D) / € 8,20 (A))
O **Band 6**
Bislang 6 Bände in Japan

AKIRA – ORIGINAL EDITION

von Katsuhiro Otomo
€ 19,90 (D) / € 20,50 (A)
O **Band 1 bis 3**
€ 22,90 (D) / € 23,60 (A)
O **Band 4 bis 6**
In 6 Bänden abgeschlossen

ALICE IN MURDERLAND

von Kaori Yuki
€ 7,95 (D) / € 8,20 (A)
O **Band 1 bis 11**
In 11 Bänden abgeschlossen

ALISIK

von Helge Vogt & Hubertus Rufledt
€ 8,99 (D) / € 9,30 (A)
O **Band 1**
€ 7,99 (D) / € 8,30 (A)
O **Band 2 bis 4**
In 4 Bänden abgeschlossen

ALPHA² – NEUEDITION

von Kamineo & Kamoi
€ 14,00 (D) / € 14,40 (A)
O **Einzelband**

ALPI - THE SOUL SENDER

von Rona
€ 7,00 (D) / € 7,20 (A)
O **Band 1** 07/21
Bislang 4 Bände in Japan

CARLSEN MANGA! CHECKLIST

DOUBT GESAMTAUSGABE

von Yoshiki Tonogai
€ 30,00 (D) / € 30,90 (A)
O **Sammelschuber** 07/21

DRAGON BALL

von Akira Toriyama
€ 6,50 (D) / € 6,70 (A)
O **Band 1 bis 42**
In 42 Bänden abgeschlossen

DRAGON BALL MASSIV

von Akira Toriyama
€ 5,00 (D) / € 5,20 (A)
O **Band 1**
€ 10,00 (D) / € 10,30 (A)
O **Band 2 bis 11**
O **Band 12** 07/21
O **Band 13** 09/21

DRAGON BALL SD

von Akira Toriyama (Original Story) & Naho Ohishi
€ 7,95 (D) / € 8,20 (A)
O **Band 1 bis 6**
Bislang 7 Bände in Japan

DRAGON BALL SIDE STORIES

von Akira Toriyama & dragongarow LEE
€ 5,00 (D) / € 5,20 (A)
O **Yamchu**

DRAGON BALL SUPER

von Toriyama & Toyotarou
€ 6,50 (D) / € 6,70 (A)
O **Band 1 bis 11**
O **Band 12** 06/21
€ 9,99 (D) / € 10,30 (A)
O **Band 5 im Schuber**
O **Band 10 im Schuber**
€ 29,99 (D) / € 30,90 (A)
O **Bände 1-5 im Schuber**
O **Bände 6-10 im Schuber**
Bislang 14 Bände in Japan

DREAMIN' SUN

von Ichigo Takano
€ 6,99 (D) / € 7,20 (A)
O **Band 1 bis 9**
€ 8,99 (D) / € 9,20 (A)
O **Band 10**
In 10 Bänden abgeschlossen

COYOTE

von Ranmaru Zariya
€ 7,99 (D) / € 8,30 (A)
O **Band 1 bis 3**
Bislang 3 Bände in Japan

CROSS ACCOUNT

von Tsunehiro Date
€ 6,99 (D) / € 7,20 (A)
O **Band 1 bis 4**
In 4 Bänden abgeschlossen

DEAD COMPANY

von Yoshiki Tonogai
€ 7,00 (D) / € 7,20 (A)
O **Band 1** 07/21
In 3 Bänden abgeschlossen

DEFENSE DEVIL

von Youn In-Wan & Yang Kyung-Il
€ 5,95 (D) / € 6,20 (A)
O **Band 1 bis 10**
In 10 Bänden abgeschlossen

DEPTH OF FIELD

von Enjo
€ 8,00 (D) / € 8,30 (A)
O **Band 1 & 2**
In 2 Bänden abgeschlossen

DEVILS & REALIST

von Utako Yukihiro & Madoka Takadono
€ 6,95 (D) / € 7,20 (A)
O **Band 11 bis 13**
€ 7,95 (D) / € 8,20 (A)
O **Band 14**
€ 8,95 (D) / € 9,20 (A)
O **Band 15**
In 15 Bänden abgeschlossen

DIALOGE MIT MIR SELBST

von Kabi Nagata
€ 18,00 (D) / € 18,50 (A)
O **Band 1 b& 2**
In 2 Bänden abgeschlossen

DIE STADT DER BESONDEREN KINDER

von Ransom Riggs & Cassandra Jean
€ 14,90 (D) / € 15,40 (A)
O **Einzelband**

BLACK LAGOON

von Rei Hiroe
€ 6,95 (D) / € 7,20 (A)
O **Band 4**
€ 7,95 (D) / € 8,20 (A)
O **Band 1-3, 5-8, 10-11**
€ 8,95 (D) / € 9,20 (A)
O **Band 9**
Bislang 11 Bände in Japan

BLOOM INTO YOU

von Nio Naketani
€ 6,99 (D) / € 7,20 (A)
O **Band 1 bis 7**
€ 7,99 (D) / € 8,30 (A)
O **Band 8**
In 8 Bänden abgeschlossen

BLUE FLAG

von Kaito
€ 7,99 (D) / € 8,30 (A)
O **Band 1 bis 7**
In 7 Bänden abgeschlossen

BLUE GIANT

von Shinichi Ishizuka
€ 8,00 (D) / € 8,30 (A)
O **Band 1** 09/21
In 10 Bänden abgeschlossen

BLUE GIANT SUPREME

von Shinichi Ishizuka
€ 8,00 (D) / € 8,30 (A)
O **Band 1 bis 5**
O **Band 6** 08/21
In 11 Bänden abgeschlossen

BORUTO – NARUTO THE NEXT GENERATION

von Kishimoto & Kodachi
€ 6,50 (D) / € 6,70 (A)
O **Band 1 bis 10**
O **Band 11** 07/21
Bislang 13 Bände in Japan

BUDDHA

von Osamu Tezuka
€ 22,90 (D) / € 23,60 (A)
O **Band 1 bis 10**
In 10 Bänden abgeschlossen

CHIISAKOBEE

von Minetaro Mochizuki
€ 14,90 (D) / € 15,40 (A)
O **Band 1 bis 4**
In 4 Bänden abgeschlossen

BECOMING A GIRL ONE DAY

von Akane Ogura
€ 5,99 (D) / € 6,20 (A)
O **Band 1 bis 4**
In 4 Bänden abgeschlossen

BECOMING A GIRL ONE DAY – ANOTHER

von Akane Ogura
€ 5,99 (D) / € 6,20 (A)
O **Band 1 bis 4**
In 4 Bänden abgeschlossen

BILLY BAT

von Naoki Urasawa & Takashi Nagasaki
€ 8,95 (D) / € 9,20 (A)
O **Band 4-7, 12-16**
€ 12,00 (D) / € 12,40 (A)
O **Band 1-3, 8-11, 17-20**
In 20 Bänden abgeschlossen

BL IS MAGIC!

von Oroken
€ 9,99 (D) / € 10,30 (A)
O **Band 1 bis 3**
In 4 Bänden abgeschlossen
O **BL is magic! Special: Extra Spells** 08/21

BL METAMORPHOSEN – GEHEIMNIS EINER FREUNDSCHAFT

von Kaori Tsurutani
€ 8,00 (D)/ € 8,30 (A)
O **Band 1 bis 3**
O **Band 4** 09/21
In 5 Bänden abgeschlossen

BLACK BUTLER

von Yana Toboso
€ 6,95 (D) / € 7,20 (A)
O **Band 1 bis 29**
O **Band 30** 07/21
€ 10,00 (D)/ € 10,30 (A)
O **Band 30 Limitierte Ausgabe mit Extra** 07/21
€ 14,90 (D) / € 15,40 (A)
O **Character Guide**
Bislang 29 Bände in Japan

CARLSEN MANGA! CHECKLIST

GELIEBTER AFFE
von Yoshihiro Tatsumi
€ 19,90 (D) / € 20,50 (A)
O **Einzelband**

GHOSTLY THINGS
von Ushio Shirotori
€ 7,00 (D) / € 7,20 (A)
O **Band 1**
O **Band 2** 07/21
In 4 Bänden abgeschlossen

HARU x KIYO
von Akira Ozaki
€ 5,00 (D) / € 5,20 (A)
O **Band 1**
€ 7,00 (D)/ €7,20 (A)
O **Band 2 bis 9**
In 9 Bänden abgeschlossen

HE'S MY VAMPIRE
von Aya Shouoto
€ 6,95 (D) / € 7,20 (A)
O **Band 1 bis 10**
In 10 Bänden abgeschlossen

HITOTSUBANA
von Minami
€ 8,00 (D) / € 8,30 (A)
O **Band 1 bis 7**
In 7 Bänden abgeschlossen

HOW TO DRAW MANGA
von Hikaru Hayashi u. a.
€ 9,95 (D) / € 10,30 (A)
O **Manga-Charaktere in Bewegung**
€ 16,90 (D) / € 17,40 (A)
O **Ninja und Samurai**
€ 17,90 (D) / € 18,40 (A)
O **Manga-Figuren entwickeln**
€ 19,90 (D) / € 20,50 (A)
O **Manga-Skizzen zeichnen**
O **Character Design – Tipps und Tricks**
O **Manga aus der richtigen Perspektive**
O **Oberflächen und Strukturen**
O **Manga-Figuren in ihrer Umwelt**
O **Perfekte Proportionen im Manga**
O **Grundlagen der Manga-Kunst**
€ 24,90 (D) / € 25,60 (A)
O **Kolorieren mit Copic-Stiften**
O **Kolorieren mit Aquarellbuntstiften**

FOLGE DEN WOLKEN NACH NORD-NORDWEST
von Aki Irie
€ 12,00 (D) / € 12,40 (A)
O **Band 1 bis 4**
Bislang 5 Bände in Japan

FOOD WARS – SHOKUGEKI NO SOMA
von Tsukuda & Saeki
€ 6,99 (D) / € 7,20 (A)
O **Band 1 bis 31**
O **Band 32** 06/21
O **Band 33** 08/21
In 36 Bänden abgeschlossen
€ 69,90 (D) / € 71,80 (A)
O **Bände 1-10 im Schuber**
O **Bände 11-20 im Schuber**
O **Bände 21-30 im Schuber**

FRUIT BASKET PEARLS
von Natuski Takaya
€ 11,00 (D) / € 11,40 (A)
O **Band 1**
O **Band 2** 06/21
O **Band 3** 08/21
In 12 Bänden abgeschlossen

GAMMA DRACONIS
von Eldo Yoshimizu & Benoist Simmat
€ 16,00 (D) / € 16,50 (A)
O **Einzelband** 07/21

GANGSTA.
von Kohske
€ 7,95 (D) / € 8,20 (A)
O **Band 1 bis 8**
Bislang 8 Bände in Japan

GANGSTA: CURSED.
von Kohske & Kamo
€ 7,99 (D) / € 8,30 (A)
O **Band 1 bis 5**
Bislang 5 Bände in Japan

GEGEN DEN STROM
von Yoshihiro Tatsumi
€ 44,00 (D) / € 44,60 (A)
O **Einzelband**

FAIRY TAIL+
von Hiro Mashima
€ 8,95 (D) / € 9,20 (A)
O **Einzelband**

FAIRY TAIL – HAPPY'S ADVENTURE
von Hiro Mashima & Kenshiro Sakamoto
€ 7,00 (D) / € 7,20 (A)
O **Band 1 bis 4**
O **Band 5** 08/21
In 8 Bänden abgeschlossen

FAIRY TAIL S
von Hiro Mashima
€ 6,99 (D) / € 7,20 (A)
O **Band 1 & 2**
In 2 Bänden abgeschlossen

FAIRY TAIL SIDE STORIES
von Hiro Mashima & Kyota Shibano
€ 6,99 (D) / € 7,20 (A)
O **Band 1 bis 3**
In 3 Bänden abgeschlossen

FAIRY TALE BATTLE ROYALE
von Soraho Ina
€ 7,00 (D) / € 7,20 (A)
O **Band 1 bis 4**
Bislang 4 Bände in Japan

FINAL FANTASY – LOST STRANGER
von Hazuki Minase & Itsuki Kameya
€ 12,99 (D) / € 13,40 (A)
O **Band 1 bis 5**
Bislang 6 Bände in Japan

FINAL FANTASY – OFFICIAL MEMORIAL ULTIMANIA BOOK
von Takatoshi Shiozawa
€ 39,99 (D) / € 41,20 (A)
O **VII - IX**
In 3 Bänden abgeschlossen

FOCUS 10
von Martina Peters
€ 6,99 (D) / € 7,20 (A)
O **Band 1 bis 9**
O **Band 10** 09/21
In 10 Bänden abgeschlossen

DR. STONE
von Inagaki & BOICHI
€ 7,00 (D) / € 7,20 (A)
O **Band 1 bis 11**
O **Band 12** 06/21
O **Band 13** 08/21
Bislang 19 Bände in Japan

DR. STONE REBOOT: BYAKUYA
von Inagaki & BOICHI
€ 7,00 (D) / € 7,20 (A)
O **Einzelband** 07/21

EDENS ZERO
von Hiro Mashima
€ 7,00 (D)/ €7,20 (A)
O **Band 1 bis 9**
O **Band 10** 07/21
€ 10,00 (D) / € 10,30 (A)
O **Band 7 - limitierte Ausgabe**
Bislang 13 Bände in Japan

EXISTENZEN UND ANDERE ABGRÜNDE
von Yoshihiro Tatsumi
€ 19,90 (D) / € 20,50 (A)
O **Einzelband**

FAIRY GIRLS
von Hiro Mashima
€ 6,99 (D) / € 7,20 (A)
O **Band 1 bis 4**
In 4 Bänden abgeschlossen

FAIRY TAIL
von Hiro Mashima
€ 6,50 (D) / € 6,70 (A)
O **Band 1 bis 63**
€ 9,99 (D) / € 10,30 (A)
O **Band 60 limitiert**
In 63 Bänden abgeschlossen

FAIRY TAIL ARTBOOKS
von Hiro Mashima
€ 19,95 (D) / € 20,60 (A)
O **Fantasia**
O **Harvest**

FAIRY TAIL – 100 YEARS QUEST
von Hiro Mashima & Atsuo Ueda
€ 7,00 (D) / € 7,20 (A)
O **Band 1 bis 5**
O **Band 6** 06/21
O **Band 7** 09/21
Bislang 10 Bände in Japan

CARLSEN MANGA! CHECKLIST

LIBERI-PROJEKT, DAS

von Tamasaburo
€ 6,95 (D) / € 7,20 (A)
O Band 1 bis 3
In 3 Bänden abgeschlossen

LIEBHABER, DER

von Kan Takahama
€ 22,00 (D) / € 22,70 (A)
O Einzelband

LITTLE WITCH ACADEMIA

von Sato & Yoshinari
€ 6,99 (D) / € 7,20 (A)
O Band 1 bis 3
In 3 Bänden abgeschlossen

LIQUOR & CIGARETTE

von Ranmaru Zariya
€ 8,00 (D) / € 8,30 (A)
O Einzelband

LUDWIG REVOLUTION GESAMTAUSGABE

von Kaori Yuki
€ 30,00 (D) / € 30,90 (A)
O Sammelschuber 09/21

LUPUS IN FABULA

von Kamineo
€ 7,95 (D) / € 8,20 (A)
O Band 1 bis 3
In 3 Bänden abgeschlossen

MACHIMAHO – MAGICAL GIRL BY ACCIDENT

von Souryu
€ 7,99 (D) / € 8,30 (A)
O Band 1 bis 7
O Band 8 07/21
Bislang 9 Bände in Japan

MAGUS OF THE LIBRARY

von Mitsu Izumi
€ 12,00 (D) / € 12,40 (A)
O Band 1 & 4
€ 14,00 (D) / € 14,40 (A)
O Band 2
€ 16,00 (D) / € 16,50 (A)
O Band 3
Bislang 5 Bände in Japan

KAMISAMA DARLING

von Kyoko Aiba
€ 6,99 (D) / € 7,20 (A)
O Band 1 bis 8
In 8 Bänden abgeschlossen

KATSURA & TORIYAMA SHORT STORIES

von Akira Toriyama
& Masakazu Katsura
€ 6,95 (D) / € 7,20 (A)
O Einzelband

KILLING BITES

von Shinya Murata
& Kazasa Sumita
€ 7,95 (D) / € 8,20 (A)
O Band 1-3, 5-14
€ 10,00 (D) / € 10,30 (A)
O Band 4
Bislang 17 Bände in Japan

KIMI NI NARE – FINDE DICH SELBST

von Ichigo Takano
€ 7,00 (D) / € 7,20 (A)
O Einzelband 07/21

KLEINE KATZE CHI

von Konami Kanata
€ 9,95 (D) / € 10,30 (A)
O Band 1 bis 11
€ 12,00 (D) / € 12,40 (A)
O Band 12
In 12 Bänden abgeschlossen

KOROSENSEI QUEST!

von Yusei Matsui &
Kizuku Watanabe
€ 6,50 (D) / € 6,70 (A)
O Band 1 bis 5
In 5 Bänden abgeschlossen

LADY SNOWBLOOD (NEUEDITION)

von Kazuo Koike
& Kazuo Kamimura
€ 19,99 (D) / € 20,60 (A)
O Band 1 & 2
€ 16,99 (D) / € 17,50 (A)
O Band 3
In 3 Bänden abgeschlossen

LETZTE REISE DER SCHMETTERLINGE, DIE

von Kan Takahama
€ 14,90 (D) / € 15,40 (A)
O Einzelband

IM – GREAT PRIEST IMHOTEP

von Makoto Morishita
€ 6,99 (D) / € 7,20 (A)
O Band 1 bis 10
€ 7,99 (D) / € 8,30 (A)
O Band 11
In 11 Bänden abgeschlossen

IN THIS CORNER OF THE WORLD

von Fumiyo Kouno
€ 12,99 (D) / € 13,40 (A)
O Band 1 bis 3
In 3 Bänden abgeschlossen

ITO, JUNJI

von Shinya Murata
& Kazasa Sumita
€ 24,00 (D) / € 24,70 (A)
O Gyo Deluxe
O Shiver 07/21
€ 28,00 (D) / € 28,80 (A)
O Uzumaki Deluxe

JAPANISCH FÜR MANGA-FANS

von Thora Kerner
& Jin Baron
€ 16,00 (D) / € 16,50 (A)
O Sammelband

JUDGE

von Yoshiki Tonogai
€ 7,95 (D) / € 8,20 (A)
O Band 1 bis 5
€ 8,95 (D) / € 9,20 (A)
O Band 6
In 6 Bänden abgeschlossen

JUMPING

von Asahi Tsutsui
€ 7,00 (D) / € 7,20 (A)
O Band 1 bis 4
In 4 Bänden abgeschlossen

JUNJO ROMANTICA

von Shungiku Nakamura
€ 6,95 (D) / € 7,20 (A)
O Band 9, 11-12, 19-22
O Band 23 06/21
€ 10,00 (D) / € 10,30 (A)
O Band 1-8, 10,13-18
Bislang 25 Bände in Japan

H.P. LOVECRAFT

von Gou Tanabe
€ 12,00 (D) / € 12,40 (A)
O H.P. Lovecrafts Die Farbe aus dem All
O H.P. Lovecrafts Der Hund und andere Geschichten
O H.P. Lovecrafts Der leuchtende Trapezoeder
€ 18,00 (D) / € 18,50 (A)
O H.P. Lovecrafts Berge des Wahnsinns Band 1 bis 2
O H.P. Lovecrafts Cthulhus Ruf 08/21
€ 22,00 (D) / € 22,70 (A)
O H.P. Lovecrafts Der Schatten aus der Zeit

HUNTER X HUNTER

von Yoshihiro Togashi
€ 6,95 (D) / € 7,20 (A)
O Band 1 bis 36
Bislang 36 Bände in Japan

I AM SHERLOCK

von TAKATA & Io
€ 7,00 (D)/ € 7,20 (A)
O Band 1 bis 4
In 4 Bänden abgeschlossen

I HAD THAT SAME DREAM AGAIN

von Yoru Sumino &
Izumi Kirihara
€ 7,00 (D) / € 7,20 (A)
O Band 1 bis 3
In 3 Bänden abgeschlossen

I HEAR THE SUNSPOT

von Yuki Fumino
€ 7,99 (D) / € 8,30 (A)
O Band 1
€ 9,99 (D) / € 10,30 (A)
O Band 2
Bisher 2 Bände in Japan

I HEAR THE SUNSPOT – LIMIT

von Yuki Fumino
€ 7,99 (D) / € 8,30 (A)
O Band 1
€ 8,99 (D) / € 9,30 (A)
O Band 2
€ 9,99 (D) / € 10,30 (A)
O Band 3 07/21
In 3 Bänden abgeschlossen

CARLSEN MANGA! CHECKLIST

NARUTO MASSIV

von Masashi Kishimoto
€ 5,00 (D) / € 5,20 (A)
O **Band 1**
€ 9,99 (D) / € 10,30 (A)
O **Band 2 bis 24**
In 24 Bänden abgeschlossen

NARUTO – THE MOVIE

von Masashi Kishimoto
€ 7,95 (D) / € 8,20 (A)
O **Geheimmission im Land des ewigen Schnees Band 1 & 2**
O **Die Legende des Steins Gelel Band 1 & 2**
O **Sondermission im Land des Mondes 1 & 2**

NARUTO – THE MOVIE: SHIPPUDEN

von Masashi Kishimoto
€ 12,95 (D) / € 13,40 (A)
O **Naruto - The Movie: Shippuden**
O **Naruto - The Movie: Shippuden-Fesseln**
O **Naruto - The Movie: Shippuden - Die Erben des Willens des Feuers**
O **Naruto - The Movie: Shippuden - Lost Tower**

NEON GENESIS EVANGELION

von Gainax & Yoshiyuki Sadamoto
€ 6,95 (D) / € 7,20 (A)
O **Band 1 bis 14**
In 14 Bänden abgeschlossen

NO EXIT

von Haruhi Seta
€ 6,99 (D) / € 7,20 (A)
O **Band 1 bis 13**
In 14 Bänden abgeschlossen

OKITENEMURU

von Hitori Renda
€ 7,99 (D) / € 8,20 (A)
O **Band 9**
In 9 Bänden abgeschlossen

OLD BOY

von Tsuchiya Garon & Minegishi Nobuaki
€ 12,00 (D) / € 12,40 (A)
O **Band 1 bis 4**
In 4 Bänden abgeschlossen

MURCIÉLAGO

von Yoshimura Kana
€ 7,99 (D) / € 8,30 (A)
O **Band 1 bis 14**
O **Band 15** 06/21
Bislang 17 Bände in Japan

MY HERO ACADEMIA

von Kohei Horikoshi
€ 6,99 (D) / € 7,20 (A)
O **Band 1 bis 27**
O **Band 28** 08/21
Bislang 30 Bände in Japan
€ 10,00 (D) / € 10,30 (A)
O **My Hero Academia - Ultra Archive**
€ 12,99 (D) / € 13,40 (A)
O **My Hero Academia - Ultra Analysis**

MY HERO ACADEMIA SMASH

von Kohei Horikoshi & Hirofumi Neda
€ 5,00 (D) / € 5,20 (A)
O **Band 1 bis 5**
Bislang 5 Bände in Japan

MY HERO ACADEMIA TEAM UP MISSION

von Kohei Horikoshi & Yoko Akiyama
€ 7,00 (D) / € 7,20 (A)
O **Band 1**
Bisher 2 Bände in Japan

MY ROOMMATE IS A CAT

von Tsunami Minatsuki & Asu Futatsuya
€ 7,00 (D) / € 7,20 (A)
O **Band 1 bis 4**
O **Band 5** 06/21
O **Band 6** 09/21
Bislang 7 Bände in Japan

MY SECRET WHICH I CANNOT TELL YOU

von Kyoko Aiba
€ 6,99 (D) / € 7,20 (A)
O **Einzelband**

NARUTO

von Masashi Kishimoto
€ 6,50 (D) / € 6,70 (A)
O **Band 1 bis 72**
In 72 Bänden abgeschlossen
O **Der siebte Hokage und der scharlachrote Frühling**

MERMAID PRINCE

von Kaori Ozaki
€ 8,00 (D) / € 8,30 (A)
O **Einzelband**

MOB PSYCHO 100

von ONE
€ 6,66 (D) / € 6,90 (A)
O **Band 1 bis 15**
€ 7,77 (D) / € 8,00 (A)
O **Band 16**
In 16 Bänden abgeschlossen

MONSTER – PERFECT EDITION

von Naoki Urasawa
€ 20,00 (D) / € 20,60 (A)
O **Band 1 bis 8**
€ 24,00 (D) / € 24,70 (A)
O **Band 9** 08/21
In 9 Bänden abgeschlossen

MORIARTY THE PATRIOT

von Takeuchi & Miyoshi
€ 9,99 (D) / € 10,30 (A)
O **Band 1 bis 9**
O **Band 10** 06/21
O **Band 11** 08/21
Bislang 13 Bände in Japan
€ 16,00 (D) / € 16,50 (A)
O **Band 10 mit Extra – limitierte Auflage** 06/21
€ 99,00 (D) / € 101,80 (A)
O **Band 1 bis 10 im Sammelschuber – limitierte Auflage** 06/21

MOTHER'S SPIRIT

von Enzo
€ 7,99 (D) / € 8,30 (A)
O **Band 1 & 2**
Bislang 2 Bände in Japan

MOTOKARE RETRY

von En Hanaya
€ 6,99 (D) / € 7,20 (A)
O **Band 1 bis 7**
In 7 Bänden abgeschlossen

MOVING FORWARD

von Nagamu Nanaji
€ 5,00 (D) / € 5,20 (A)
O **Band 1**
€ 7,00 (D) / € 7,20 (A)
O **Band 2 bis 7**
O **Band 8** 08/21
In 11 Bänden abgeschlossen

MAID-SAMA

von Hiro Fujiwara
€ 5,95 (D) / € 6,20 (A)
O **Band 1 bis 18**
In 18 Bänden abgeschlossen
O **Maid-sama Marriage**

MANGA LOVE STORY

von Katsu Aki
€ 6,95 (D) / € 7,20 (A)
O **Band 70 bis 76**
Bislang 81 Bände in Japan

MANGA-ZEICHENSTUDIO

von Kaneda Koubou u.a.
€ 19,90 (D) / € 20,50 (A)
O **Hände und Füße**
O **Gesichter und Emotionen**
O **Manga Master Book**
O **Mädchen in coolen Posen**
O **Emotionen und Mimik ausdrucksstark zeichnen**
O **Manga Basics**
O **Figuren & Hintergründe**
€ 20,00 (D) / € 20,60 (A)
O **Charmante Charaktere**
€ 24,90 (D) / € 25,60 (A)
O **Spannende Geschichten erzählen**

MANN MEINES BRUDERS, DER

von Gengoroh Tagame
€ 10,00 (D) / € 10,30 (A)
O **Band 1 bis 4**
In 4 Bänden abgeschlossen

MASHIMA HERO'S

von Hiro Mashima
€ 7,00 (D) / € 7,20 (A)
O **Einzelband**
€ 10,00 (D) / € 10,30 (A)
O **Einzelband Limitierte Edition**

MEINE LESBISCHE ERFAHRUNG MIT EINSAMKEIT

von Kabi Nagata
€ 15,00 (D) / € 15,50 (A)
O **Einzelband**

MELANCHOLISCHER MORGEN, EIN

von Shoko Hidaka
€ 9,95 (D) / € 10,30 (A)
O **Band 8**
In 8 Bänden abgeschlossen

CARLSEN MANGA! CHECKLIST

ROSEN BLOOD

von Kachiru Ichizue
€ 10,00 (D) / € 10,30 (A)
O **Band 1**
O **Band 2** 07/21
Bisher 3 Bände in Japan

RYUKO

von Eldo Yoshimizu
€ 14,99 (D) / € 15,50 (A)
O **Band 1 & 2**
In 2 Bänden abgeschlossen

SACRIFICE TO THE KING OF BEASTS

von Yu Tomofuji
€ 6,99 (D) / € 7,20 (A)
O **Band 1 bis 11**
O **Band 12** 06/21
O **Band 13** 09/21
In 15 Bänden abgeschlossen

SAKURA – I WANT TO EAT YOUR PANCREAS

von Yoru Sumino
€ 7,99 (D) / € 8,20 (A)
O **Band 1 & 2**
In 2 Bänden abgeschlossen

SAKURA DREAMS BUCH UND TERMIN-KALENDER 2022

von Melanie Schober
€ 10,00 (D) / € 10,10 (A)
O **Kalender** 06/21

SAMURAI8

von Masashi Kishimoto & Akira Okubo
€ 7,00 (D) / € 7,20 (A)
O **Band 1 bis 5**
In 5 Bänden abgeschlossen

SANTA MARIA HEARTLAND

von Rise Torio
€ 8,50 (D) / € 8,80 (A)
O **Einzelband**

SARABA, YOKI HI – SOLANGE WIR ZUSAMMEN SIND

von Yuki Akaneda
€ 7,00 (D) / € 7,20 (A)
O **Band 1**
O **Band 2** 08/21
Bisher 6 Bände in Japan

PLUTO: URASAWA X TEZUKA

von Tezuka, Urasawa & Nagasaki
€ 14,90 (D) / € 15,30 (A)
O **Band 1-3, 6-7**
€ 12,90 (D) / € 13,30 (A)
O **Band 4-5**
€ 16,90 (D) / € 17,40 (A)
O **Band 8**
In 8 Bänden abgeschlossen

POISON CITY

von Tetsuya Tsutsui
€ 7,99 (D) / € 8,30 (A)
O **Band 1 & 2**
In 2 Bänden abgeschlossen

PONE – POSUKA DEMIZU ARTBOOK

von Posuka Demizu
€ 20,00 (D) / € 20,60 (A)
O **Artbook**

Q (KU)

von Tatsuya Shihira
€ 7,99 (D) / € 8,30 (A)
O **Band 1 bis 3**
€ 8,99 (D) / € 9,30 (A)
O **Band 4**
In 4 Bänden abgeschlossen

REAKTOR 1F – EIN BERICHT AUS FUKUSHIMA

von Kazuto Tatsuta
€ 12,99 (D) / € 13,40 (A)
O **Band 1 bis 3**
In 3 Bänden abgeschlossen

RENTAL GIRLFRIEND

von Reiji Miyajima
€ 7,00 (D) / € 7,20 (A)
O **Band 1 bis 8**
O **Band 9** 07/21
O **Band 10** 09/21
Bislang 16 Bände in Japan

REQUIEM OF THE ROSE KING

von Aya Kanno
€ 9,99 (D) / € 10,30 (A)
O **Band 1 bis 12**
O **Band 13** 08/21
Bislang 14 Bände in Japan

OUR SUMMER HOLIDAY

von Kaori Ozaki
€ 7,99 (D) / € 8,30 (A)
O **Einzelband**

OVERLORD

von Maruyama & Miyama
€ 6,99 (D) / 7,20 (A)
O **Band 1 bis 12**
€ 7,99 (D) / € 8,30 (A)
O **Band 13**
O **Band 14** 09/21
Bislang 15 Bände in Japan

OVERLORD Official Comic À La Carte Anthology

von Kugane Maruyama, diverse
€ 7,00 (D) / € 7,20 (A)
O **Band 1 bis 3**
Bislang 3 Bände in Japan

PANDORAHEARTS

von Jun Mochizuki
€ 6,95 (D) / € 7,20 (A)
O **Band 1, 5-6, 10-15, 17, 19**
€ 7,95 (D) / € 8,20 (A)
O **Band 18**
€ 8,95 (D) / € 9,20 (A)
O **Band 22**
€ 10,00 (D) / € 10,30 (A)
O **Band 2-4, 7-9, 16, 20-21, 23**
€ 14,00 (D) / € 14,40 (A)
O **Band 24**
In 24 Bänden abgeschlossen

PERSONAL PARADISE NEUEDITION

von Melanie Schober
€ 6,99 (D) / € 7,20 (A)
O **Band 1 bis 7**
O **Brave Brother 1.0**
lim. Ausgabe mit Schuber

PLEASE LOVE ME

von Aya Nakahara
€ 5,00 (D) / € 5,20 (A)
O **Band 1**
€ 7,00 (D) / € 7,20 (A)
O **Band 2 bis 8**
O **Band 9** 06/21
O **Band 10** 09/21
In 10 Bänden abgeschlossen

ONE PIECE

von Eiichiro Oda
€ 6,50 (D) / € 6,70 (A)
O **Band 1 bis 97**
O **Band 98** 09/21
Bislang 99 Bände in Japan

ONE PIECE: FLUCH DES HEILIGEN SCHWERTS

von Eiichiro Oda
€ 7,95 (D) / € 8,20 (A)
O **Band 1 & 2**
In 2 Bänden abgeschlossen

ONE PIECE PARTY

von Andoh & Oda
€ 6,50 (D) / € 6,70 (A)
O **Band 1 bis 6**
Bislang 6 Bände in Japan

ONE PIECE – SANJIS LECKERE PIRATENREZEPTE

von Eiichiro Oda
€ 24,90 (D) / € 25,60 (A)
O **Kochbuch**

ONE PIECE QUIZ BOOK

von Eiichiro Oda
€ 14,00 (D) / € 14,40 (A)
O **Einzelband**

ONE PIECE Z

von Eiichiro Oda
€ 9,95 (D) / € 10,20 (A)
O **Band 1 & 2**
In 2 Bänden abgeschlossen

ONE WEEK FRIENDS

von Matcha Hazuki
€ 6,99 (D) / € 7,20 (A)
O **Band 1 bis 7**
In 7 Bänden abgeschlossen

OPUS

von Satoshi Kon
€ 14,90 (D) / € 15,40 (A)
O **Band 1 & 2**
In 2 Bänden abgeschlossen

ORANGE

von Ichigo Takano
€ 7,99 (D) / € 8,30 (A)
O **Band 1 bis 6**
Bislang 6 Bände in Japan

CARLSEN MANGA! CHECKLIST

SUPER DRAGON BALL HEROES UNIVERSE MISSION
von Yoshitaka Nagayama
€ 6,50 (D) / € 6,70 (A)
O **Band 1**
O **Band 2** 08/21
Bislang 2 Bände in Japan

TAKANE UND HANA
von Yuki Shiwasu
€ 5,00 (D) / € 5,20 (A)
O **Band 1**
€ 6,99 (D) / € 7,20 (A)
O **Band 2 bis 14**
O **Band 15** 07/21
In 18 Bänden abgeschlossen

TANIGUCHI, JIRO
von Jiro Taniguchi
€ 12,90 (D) / € 13,30 (A)
O **Der Gourmet 2**
€ 14,90 (D) / € 15,40 (A)
O **Der Gourmet**
€ 16,00 (D) / € 16,50 (A)
O **Der Kartograph**
O **Die Schrift des Windes**
€ 16,90 (D) / € 17,40 (A)
O **Ihr Name war Tomoji**
€ 20,00 (D) / € 20,60 (A)
O **Im Jahrtausendwald**
€ 22,00 (D) / € 22,70 (A)
O **Unruhige Geister und stille Gefährten**
€ 25,00 (D) / € 25,70 (A)
O **Der spazierende Mann (erw. Neuausgabe)**
€ 28,00 (D) / € 28,80 (A)
O **Der Himmel ist blau, die Erde ist weiß – Gesamtausgabe**

TEMPEST CURSE
von Martina Peters
€ 6,95 (D) / € 7,20 (A)
O **Band 1 bis 3**
In 3 Bänden abeschlossen

THE ART OF SPLATOON
von Nintendo
€ 40,00 (D) / € 41,20 (A)
O **Artbook**

THE BOOK OF LIST - GRIMM'S MAGICAL ITEMS
von Izuco Fujiya
€ 6,95 (D) / € 7,20 (A)
O **Band 1 bis 5**
€ 8,95 (D) / € 9,20 (A)
O **Band 6**
In 6 Bänden abeschlossen

SOUL EATER MASSIV
von Atsushi Ohkubo
€ 5,00 (D) / € 5,20 (A)
O **Band 1**
€ 8,00 (D) / € 8,30 (A)
O **Band 2 bis 4**
O **Band 5** 06/21
O **Band 6** 08/21
In 12 Bänden abgeschlossen

SOUL EATER GUIDE BOOK
von Atsushi Ohkubo
€ 8,95 (D) / € 9,20 (A)
O **Einzelband**

SOUL EATER SOUL ART
von Atsushi Ohkubo
€ 24,90 (D) / € 25,60 (A)
O **Band 2**

SPLATOON
von Sankichi Hinodeya
€ 6,99 (D) / € 7,20 (A)
O **Band 1 bis 10**
O **Band 11** 07/21
Bislang 13 Bände in Japan

STILLE WASSER
von Kan Takahama
€ 16,90 (D) / € 17,40 (A)
O **Einzelband**

SUNNY
von Taiyo Matsumoto
€ 16,00 (D) / € 16,50 (A)
O **Band 1 & 2**
O **Band 3** 07/21
In 6 Bänden abgeschlossen

SÜSSE KATZE CHI: CHI'S SWEET ADVENTURES
von Konami Kanata & Kinoko Natsume
€ 8,00 (D) / € 8,30 (A)
O **Band 1 bis 4**
In 4 Bänden abgeschlossen

SUPER DRAGON BALL HEROES
von Yoshitaka Nagayama
€ 6,50 (D) / € 6,70 (A)
O **Band 1 bis 3**
Bislang 3 Bände in Japan

SHERLOCK
von Jay, Gatiss & Moffat
€ 12,99 (D) / € 13,40 (A)
O **Band 1, 2 und 4**
€ 14,99 (D) / € 15,50 (A)
O **Band 3**
€ 39,99 (D) / € 41,20 (A)
O **Band 1 bis 3 im Schuber**
Bislang 4 Bände in Japan

SHIBA – EIN HUND ZUM VERLIEBEN
von Mayumi Muroyama
€ 7,00 (D) / € 7,20 (A)
O **Einzelband**

SHIKIGAMI
von Yasaiko Midorihana
€ 10,00 (D) / € 10,30 (A)
O **Einzelband**

SKETCH EVERY DAY
von Simone Grünewald
€ 20,00 (D) / € 20,60 (A)
O **Zeichenbuch**

SKIP BEAT!
von Yoshiki Nakamura
€ 6,95 (D) / € 7,20 (A)
O **Band 1-8, 10-17, 19-21, 24-33, 35-37, 41-45**
€ 8,00 (D) / € 8,30 (A)
O **Band 9, 18, 22-23, 34, 38-40**
Bislang 45 Bände in Japan

SKULL PARTY
von Melanie Schober
€ 6,95 (D) / € 7,20 (A)
O **Band 1 bis 4**
In 4 Bänden abgeschlossen

SNACK WORLD
von Level-5, & sho.t
€ 7,00 (D) / € 7,20 (A)
O **Band 1 & 2**
In 2 Bänden abgeschlossen

SOUL EATER
von Atsushi Ohkubo
€ 6,50 (D) / € 6,70 (A)
O **Band 2, 4, 6-11, 13-18 & 24**
€ 7,95 (D) / € 8,20 (A)
O **Band 25**
In 25 Bänden abgeschlossen

SCHATTENARIE
von Zofia Garden & Anne Delseit
€ 6,95 (D) / € 7,20 (A)
O **Band 1 & 2**
In 2 Bänden abgeschlossen

SCHNEEBALLEN
von Inga Steinmetz
€ 12,00 (D) / € 12,40 (A)
O **Schneeballens Fall**
€ 14,00 (D) / € 14,40 (A)
O **Schneeballen – Verliebt in Japan**

SCHOKOHEXE, DIE
von Rino Mizuho
€ 6,50 (D) / € 6,70 (A)
O **Band 1-3, 5-7, 10-17**
O **Band 18** 07/21
€ 10,00 (D) / € 10,30 (A)
O **Band 4, 8-9**
Bislang 20 Bände in Japan

SEARCH AND DESTROY
von Osamu Tezuka & Atsushi Kaneko
€ 15,00 (D) / € 15,50 (A)
O **Band 1 & 2**
€ 18,00 (D) / € 18,50 (A)
O **Band 3** 09/21
In 3 Bänden abgeschlossen

SEKAIICHI HATSUKOI
von Shungiku Nakamura
€ 6,95 (D) / € 7,20 (A)
O **Band 1, 3, 8-12**
€ 10,00 (D) / € 10,30 (A)
O **Band 2-7**
€ 6,95 (D / € 7,20 (A)
O **Band 13** 06/21
Bislang 15 Bände in Japan

SEVEN DEADLY SINS
von Suzuki Nakaba
€ 6,50 (D) / € 6,70 (A)
O **Band 1 bis 37**
O **Band 38** 07/21
O **Band 39** 09/21
In 41 Bänden abgeschlossen

CARLSEN MANGA! CHECKLIST

YAMADA-KUN AND THE SEVEN WITCHES
von Miki Yoshikawa
€ 5,95 (D) / € 6,20 (A)
O Band 1-5, 7-8, 10-17, 19-28
€ 10,00 (D) / € 10,30 (A)
O Band 6, 9, 18
In 28 Bänden abgeschlossen

YOKOHAMA STATION FABLE
von Gonbe Shinkawa & Yuba Isukari
€ 8,00 (D) / € 8,30 (A)
O Band 1 06/21
In 3 Bänden abgeschlossen

YUNAS REISE ZUM ICH ODER MY SEX CHANGE EXPERIENCEE
von Yuna Hirasawa
€ 10,00 (D) / € 10,30 (A)
O Einzelband 08/21

ZWEI ESPRESSO
von Kan Takahama
€ 12,90 (D) / € 13,30 (A)
O Einzelband

ZOMBIE 100 - BUCKET LIST OF DEAD
von Makoto Yukimura
€ 7,00 (D) / € 7,20 (A)
O Band 1
O Band 2 08/21
Bisher 7 Bände in Japan

VIGILANTE – MY HERO ACADEMIA ILLEGALS
von Horikoshi, Furuhashi & Court
€ 6,99 (D) / € 7,20 (A)
O Band 1 bis 8
O Band 9 06/21
Bislang 11 Bände in Japan

VINLAND SAGA
von Makoto Yukimura
€ 7,95 (D) / € 8,20 (A)
O Band 1 bis 23
O Band 24 09/21
Bislang 25 Bände in Japan

WALKINDER, DIE
von Abi Umeda
€ 6,99 (D) / € 7,20 (A)
O Band 1 bis 14
O Band 15 07/21
Bislang 18 Bände in Japan

WEEKLY SHONEN HITMAN
von Kouji Seo
€ 7,00 (D) / € 7,20 (A)
O Band 1 bis 3
O Band 4 06/21
O Band 5 08/21
Bislang 13 Bände in Japan

WER BIST DU ZUR BLAUEN STUNDE
von Yuhki Kamatani
€ 10,00 (D) / € 10,30 (A)
O Band 1 bis 3
€ 12,00 (D) / € 12,40 (A)
O Band 4
In 4 Bänden abgeschlossen

WET MOON
von Atsushi Kaneko
€ 19,90 (D) / € 20,50 (A)
O Band 1 & 2
€ 24,90 (D) / € 25,60 (A)
O Band 3
In 3 Bänden abgeschlossen

YAKUZA GOES HAUSMANN
von Kousuke Oono
€ 7,50 (D) / € 7,80 (A)
O Band 1 bis 4
O Band 5 06/21
Bislang 6 Bände in Japan

3/11 – TAGEBUCH NACH FUKUSHIMA
von Yuko Ichimura & Tim Rittmann
€ 12,90 (D) / € 13,30 (A)
O Einzelband

TO THE ABANDONED SACRED BEASTS
von Maybe
€ 6,99 (D) / € 7,20 (A)
O Band 1 bis 9
€ 7,99 (D) / € 8,30 (A)
O Band 10
O Band 11 09/21
Bislang 12 Bände in Japan

TORIYAMA SHORT STORIES
von Akira Toriyama
€ 5,95 (D) / € 6,20 (A)
O Band 2 bis 4, 7
€ 6,95 (D) / € 7,20 (A)
O Band 6
€ 7,95 (D) / € 8,20 (A)
O Band 5
Bislang 8 Bände in Japan

TRIAGE X
von Shouji Sato
€ 6,95 (D) / € 7,20 (A)
O Band 1 bis 5
€ 7,95 (D) / € 8,20 (A)
O Band 6 bis 20
O Band 21 09/21
Bislang 22 Bände in Japan

UNLUCKY YOUNG MEN
von Fujiwara & Otsuka
€ 19,90 (D) / € 20,50 (A)
O Band 1 & 2
In 2 Bänden abgeschlossen

UNSERE FARBEN
von Gengoroh Tagame
€ 10,00 (D) / € 10,30 (A)
O Band 1 & 2
O Band 3 06/21
In 3 Bänden abgeschlossen

VAMPIRE KNIGHT – MEMORIES
von Matsuri Hino
€ 6,99 (D) / € 7,20 (A)
O Band 1 bis 5
Bislang 6 Bände in Japan

THE CASE STUDY OF VANITAS
von Jun Mochizuki
€ 7,99 (D) / € 8,30 (A)
O Band 1 bis 8
Bislang 9 Bände in Japan

THE DEMON PRINCE
von Aya Shouoto
€ 6,95 (D) / € 7,20 (A)
O Band 1 bis 16
In 16 Bänden abgeschlossen

THE GOLDEN SHEEP
von Kaori Ozaki
€(D) 8,00 / €(A) 8,30
O Band 1 bis 3
In 3 Bänden abgeschlossen

THE HEROIC LEGEND OF ARSLAN
von Yoshiki Tanaka
€ 6,99 (D) / € 7,20 (A)
O Band 1 bis 12
O Band 13 09/21
Bislang 13 Bände in Japan
€ 7,50 (D) / € 7,80 (A)
O Doppelpack 1+2

THE KILLER INSIDE
von Hajime Inoryu & Shota Ito
€ 7,50 (D) / € 7,80 (A)
O Band 1 08/21
Bislang 9 Bände in Japan

THE PROMISED NEVERLAND
von Shirai & Demizu
€ 6,99 (D) / € 7,20 (A)
O Band 1 bis 17
O Band 18 06/21
O Band 19 09/21
In 20 Bänden abgeschlossen

THE ROYAL TUTOR
von Higasa Akai
€ 6,99 (D) / € 7,20 (A)
O Band 1 bis 13
O Band 14 09/21
Bislang 16 Bände in Japan
€ 7,50 (D) / € 7,80 (A)
O Doppelpack 1+2

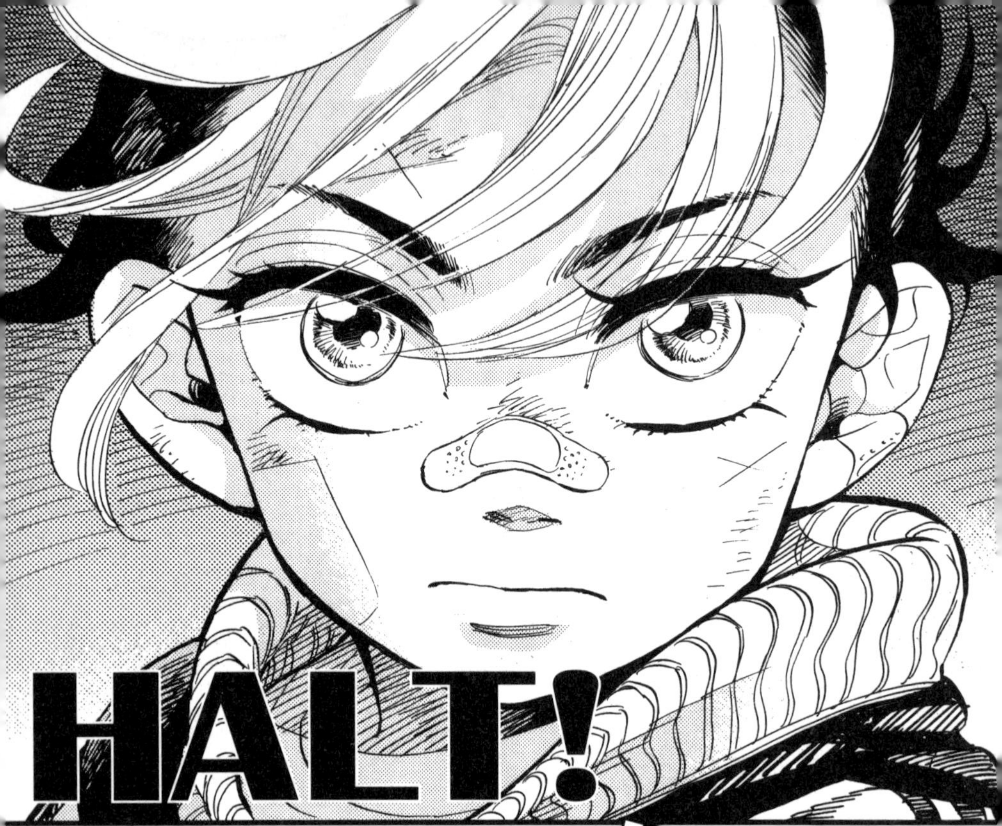

Ran und die graue Welt
ist eine japanische Serie. In Japan
wird von hinten nach vorn umgeblättert
und von rechts oben nach links unten
gelesen. Wir wünschen ein
unterhaltsam-magisches
Lesevergnügen!

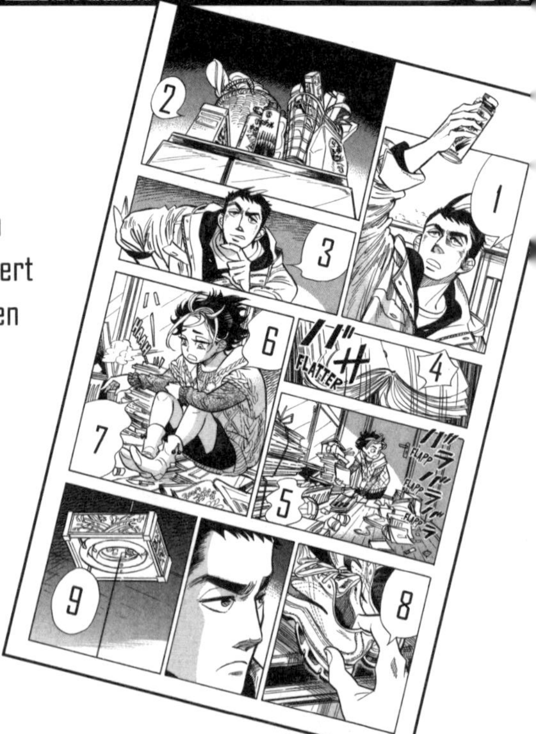